गूँज-अनुगूँज

वाणी प्रकाशन
नयी दिल्ली-110002

गूँज-अनुगूँज

(श्रवणकुमार की चुनिंदा कहानियाँ)

श्रवण कुमार

वाणी प्रकाशन

प्रकाशन के उत्कृष्टतम 62 वर्ष

सजिल्द प्रथम संस्करण : 1997
सजिल्द द्वितीय संस्करण : 2025

vaniprakashan.com

वाणी प्रकाशन

4695, 21-ए, दरियागंज, नयी दिल्ली-110 002

फ़ोन : + 91 11 23273167, 23275710

शाखाएँ

अशोक राजपथ, पटना-800 004, बिहार

कॉफ़ी हाउस कैम्पस, महात्मा गांधी मार्ग, प्रयागराज-211 001, उत्तर प्रदेश

महात्मा गांधी अन्तरराष्ट्रीय हिन्दी विश्वविद्यालय, वर्धा-442 001, महाराष्ट्र

sales@vaniprakashan.in
vaniprakashan@gmail.com

Goonj-Anugoonj
by Shravan Kumar

ISBN : 978-81-7055-281-9
Collection of Stories

मूल्य : ₹ 550

जी.एस. ऑफ़सेट, दिल्ली-110 095 में मुद्रित

वाणी प्रकाशन का लोगो मक़बूल फ़िदा हुसैन की कूची से

क्रम

यह अब तक

मेरा लेखन-काल पिछले तैंतालीस वर्षों तक फैला हुआ है। मैंने पहली कहानी संभवतया 1952 में लिखी थी जो तराश लेते-लेते 1954 में प्रकाश में आयी। मेरी अन्तिम कहानी—लेकिन अन्तिम क्यों, क्योंकि यह सिलसिला खत्म होने वाला तो नहीं है—पिछले वर्ष, यानी 1995 में अस्तित्व में आयी थी। उसे छपना तो था उसी वर्ष किसी बृहद् साहित्यिक विशेषांक में, लेकिन किन्हीं कारणों से वह कुदृष्टि की शिकार हो गयी और अब तक प्रकाश पाने के लिए छटपटा रही है।

अपने आप में यह एक विचित्र घटना है, क्योंकि मेरी कहानियाँ अक्सर लिखने के कुछ समय बाद ही प्रकाश में आ जाती रही हैं। वैसे भी इसे जब मेरे कुछ मित्रों ने पढ़ा तो वे चौंके। उन्हें विश्वास नहीं हो रहा था कि मेरे जैसा लेखक, जो वंचितों-प्रताड़ितों के प्रति पूर्णतः सहानुभूत रहा है—और उसे रहना भी चाहिए—एकाएक उनका ऐसा पहलू दिखाने पर भी उतारू हो जायेगा जिससे उनकी छवि बिगड़ती है। गरीब तो गरीब ही है। उसे और क्या नंगा करना ! वह गलाज़त में जीता है, हर तरह की प्रताड़ना सहता है, घोर से घोरतम अभावों को झेलता है, विकट से विकटतम स्थितियों का सामना करता है, क्या उससे भी कोई कोताही हो सकती है ? और यदि उससे कोताही होती भी है तो क्या कसूर हमारी सामाजिक व्यवस्था का नहीं है ?

निस्संदेह, कसूर हमारी सामाजिक व्यवस्था का है। लेकिन दुर्भाग्यवश यह व्यवस्था ऐसे लोगों के हाथों में चली गयी है जो इसे बदलने को बिलकुल तैयार नहीं, बल्कि यथास्थिति बनाये रखने के हक में हैं और इसे ज़्यादा से ज़्यादा रूढ़ किये जा रहे हैं। मसलन, चाहिए तो यह था कि हमारा समाज अब तक जात-पात के कोढ़ से पूरी तरह मुक्त हो जाता, लेकिन यह कोढ़ तो अधिकाधिक

घिनौना होता जा रहा है। और तो और, शोषण भी अब कई रूप ले रहा है। शोषक अब केवल पूँजीपति वर्ग ही नहीं रहा, वे लोग भी शोषक बन गये हैं जो कभी खुद शोषित रहे थे। उन्हें जो विशेषाधिकार प्राप्त हुए हैं, उनका लाभ वे अपने उन भाइयों तक भी पहुँचने देना नहीं चाहते जो उनके सही हकदार हैं। और परिणाम ? देश में गुर्बत वैसे ही मुँह बाये खड़ी है जैसे कि वह आज से पचास वर्ष पहले थी। हाँ, जो लाभ उठाने की स्थिति में आ गये, उन्होंने भरपूर लाभ उठाया, और करोड़ों क्या, अरबों की हदें पार करने लगे।

मैंने अपनी उक्त कहानी में इन्हीं दोज़खी शक्तियों की ओर अपने पाठकों का ध्यान दिलाना चाहा है। वैसे मेरे पाठक सब समझते हैं, और कभी-कभी मुझ से कहते भी हैं कि इन रोज़मर्रा के किस्सों-वाकयात को दोहराने से क्या लाभ ! वे ठीक भी हैं, क्योंकि इन वाकयात की संख्या इतनी बढ़ गयी है कि सिवाय छटपटाहट के हमारे हाथ कुछ नहीं लगता। कभी-कभी तो ऐसा भी लगता है जैसे कि चारों ओर दरिंदगी का साम्राज्य है। बस, चुपके-चुपके, सर नीचा किये चलते रहिए—आपने सर ज़रा ऊपर किया नहीं और उस पर कुठाराघात हुआ नहीं। लेकिन लेखक के नाते मैं यह कुठाराघात सहने को भी तैयार हूँ। भीरु बनकर जीना मेरा अभीष्ट नहीं। छोटे-छोटे, टुच्चे समझौते किसी को भी शोभा नहीं देते। आदमी को आदमी बनकर ही जीना होगा, अपनी पूरी समझ के साथ, अपनी बेहतर समझ के साथ। उसके पास जो विवेक है, उसे उसका भी इस्तेमाल करना होगा। अक्सर हमारी परिस्थितियाँ उसे दफनाने पर मजबूर करती हैं।

मैं कहानी महज़ कहानी लिखने के लिए नहीं लिखता। इसलिए मैं इसे पिटे-पिटाये ढंग से भी नहीं लिखता। हर कहानी अपना तौर-तरीका खुद तय करती है। पर हाँ, वह जीवन के निकटतम बने रहना ज़रूर चाहती है।

एक समीक्षक ने एक बार कुछ ऐसी शिकायत भी दरज की कि मैं कहानी पर कहानी पेले जाता हूँ, और वह भी ऐसे संग्रह पर जिसमें हर कहानी के अन्त में उसका प्रकाशन-वर्ष लिखा हुआ था। यानी, दस वर्षों में मैंने केवल सोलह कहानियाँ लिखी थीं। वैसे भी अपने लेखन-काल के तैंतालीस वर्षों में मैंने सौ से अधिक कहानियाँ नहीं लिखीं। दरअसल, मैं कहानी तभी लिखता हूँ जब वह मेरी अनिवार्यता बन जाती है। कई बार तो मुझे उससे दिनों, महीनों, वर्षों तक जूझना पड़ता है, और जब बात वर्षों तक जा पहुँचे तो समझ लो कि कहानी की भ्रूण-हत्या हो गयी।

मैं खुश हूँ कि मेरे वे मित्र जो मेरी अन्तिम (?) कहानी पढ़कर चौंके थे, अब मुझसे सहमत हैं और जब मैं हिन्दी कहानी में नये भाव-बोध की बात करता

हूँ तो वे उसे आगे बढ़ाने को भी तैयार हैं। हाँ, मैं हिन्दी कहानी के नये भाव-बोध का पक्षधर हूँ, क्योंकि एक ख़ास विचारधारा के तरह हम एकांगी (झूठी) कहानियों की संख्या निरन्तर बढ़ाये जा रहे हैं। मैं चाहता हूँ कि हम बदली परिस्थितियों को पहचानें और पुरानी लकीर को पीटना छोड़ दें।

लेकिन इसका अर्थ यह भी नहीं कि मैं एक नया गुट तैयार कर रहा हूँ। गुटबाज़ी से मुझे परहेज़ है, ऐसे ही जैसे कि रूढ़ चिन्तन से मैं बचता हूँ। मेरे समकालीनों ने समय-समय पर कुछ नायाब कहानियाँ दी हैं। वे कहानियाँ हमारी थाती हैं। हमें इस थारती का विस्तार करना है।

मेरी हमेशा यही कोशिश रही है कि मैं अपनी कहानियों में जीवन के विभिन्न पहलुओं को उठाऊँ। कुछ इत्तफाक भी ऐसा हुआ कि मुझे छोटे-बड़े, कई प्रकार के अनुभवों में से गुज़रना पड़ा। एक वक़्त था जब मुझे तलछटीय जीवन जीना पड़ा। फिर मैंने निम्न मध्य वर्ग और मध्य वर्ग के पेश आनेवाली अवहेलनाएँ भी सहीं, और अब कभी भावनाओं के शिखर पर होता हूँ तो कभी गहरी उदासी से भी घिर जाता हूँ। लेकिन हाँ, सच बात तो है कि मध्य वर्ग जिस तरह के थपेड़े खाता आया है, या जो पीड़ा वह अपने सीने में छिपाये रहता है, उसका चित्रण शायद सबसे अधिक मेरी कहानियों में ही हुआ है। फिर मुझे यह भी लगा कि एक आवाज़ भीतर की भी होती है, और उसे सुनना बहुत ज़रूरी है। मैंने उस आवाज़ को सुनने की कोशिश की। थोड़ा सुकून तो मिलता है उस आवाज़ को सुनकर। जीवन के रहस्यों को जानने के प्रति उत्सुकता भी बढ़ती है। और हाँ, यह नियति वाला मामला बहुत टेढ़ा है। जैसे-जैसे उम्र बढ़ती है, वैसे-वैसे इसका एहसास तीव्रतर होता जाता है। कभी-कभी तो ऐसा भी लगता है कि हम चाभी-भरे खिलौने हैं, और तब तक ही इस धरा पर रह पाते हैं जब तक हमारी चाभी खत्म नहीं होती। आप इसे नियतिवाद कहना चाहें तो कह लीजिए, लेकिन नियति का रहस्य तब तक तो बना ही रहेगा जब तक कि विज्ञान इस गुत्थी को नहीं खोलता।

बहरहाल, मैंने यहाँ अपने लेखन-काल के विभिन्न चरणों की रचनाओं को जुटाया है। मैं जानता हूँ कि आज आठ आने की बात करना बेमानी है, लेकिन इससे रचना के मर्म पर तो आँच नहीं आती। लेकिन हाँ, इससे रचनाकार रचना-कौशल के विकास का ज़रूर पता चलता है, और बदलते मूल्यों का भी। मैंने नवधनाढ्य वर्ग की करतूतों को बहुत पहले से ही रेखांकित करना शुरू कर दिया था। इसी

प्रकार राजनीति के टुच्चेपन की ओर भी मेरे इशारे स्पष्ट थे। मैंने जात-पात के मसले को भी उठाया और झुग्गी-झोंपड़ी वालों की तकलीफ को भी ज़बान दी। हाँ, मैं अमीरों की अमीरी को उतना नहीं समझ सका, क्योंकि वहाँ मेरी पैठ नहीं रही। पर इतना मैं ज़रूर जानता हूँ कि उनकी जड़ें बहुत गहरे और दूर-दूर तक फैली हुई हैं और उन्हें हिला पाना आसान नहीं। अब हम देख तो रहे ही हैं कि किस तरह वे राजनीतिज्ञों और नौकरशाही को प्रभावित करते हैं और कैसे वे उनसे मनमानी करवाते हैं।

लेकिन मानव मन में हमेशा कुछ अन्तर्विरोध रहे हैं और रहेंगे। वहाँ देवता भी बसता है और दानव भी। दरअसल, मानव मन की इन बारीकियों को पकड़ पाना अपने आप में एक बहुत बड़ी चुनौती है। लेकिन लेखक फतवे नहीं दे सकता। उसके फतवे किसी को स्वीकार्य भी नहीं होंगे। इसलिए अच्छा यही होगा कि वह पाठक को निर्णायक बिन्दु पर लाकर अपना निर्णय स्वयं लेने के लिए छोड़ दे।

मेरी यह कथा-यात्रा मेरी ज़िन्दगी का अक़ीदा रही है, और इस अक़ीदे को समय-समय पर प्रोत्साहन और प्रेरणा भी मिलती रही है। इन प्रोत्साहन और प्रेरणा देनेवालों में कुछ मेरे अग्रज हैं, कुछ समकालीन हैं, और कुछ अनुज भी। उन सबको याद करूँ तो एक लम्बी सूची बनती है। फिर भी कुछ की याद अविस्मरणीय है। जैनेंद्र कुमार (स्वर्गीय) का प्रभाव शुरू के दिनों में मुझ पर तीव्र था और सबसे पहले शायद मैं उन्हीं से मिला था। उन्हीं दिनों विष्णु प्रभाकर की छाप भी मुझ पर गहरी पड़ी और एक बार जब उन्होंने मेरी एक रचना को 'शानदार' कहा तो मैं फूला न समाया। कमलेश्वर के प्रति तो मैं एक प्रकार से ऋणी ही हूँ कि उन्होंने मेरी रचनाशीलता को पहचान दी और कुछ मोड़ भी। और फिर कमलेश्वर के माध्यम से ही मैं अपने अनेक समकालीनों से जुड़ा जिनमें मधुकर सिंह प्रमुख हैं।

डॉ. माहेश्वर के, न जाने कैसे, मैं धीरे-धीरे इतना निकट होता चला गया कि वह मेरे अभिन्न बन गये। उन्होंने न केवल मेरी कहानियों की उन सूक्ष्मताओं को रेखांकित किया जो अनजाने में ही उनमें समावेश पा गयी थीं, बल्कि अपनी रचनाशीलता और जिजीविषा से भी मुझे प्रभावित किया। कुछ ऐसी ही उन्स मेरी चित्रा मुद्गल के प्रति भी है, हालाँकि उन्होंने मेरी कहानियों पर बहुत कम टिप्पणी की है। इधर मैं प्रकाश मनु को भी अपने काफी निकट पा रहा हूँ, चाहे वह गाहे-ब-गाहे हलकी-सी खरोंच भी दे जाते हैं। पर उनकी सदाशयता मुझे हमेशा आश्वस्त करती है। यहाँ मुझे विनोदबिहारी लाल (वैज्ञानिक) की भी याद आ रही है जो साहित्यिक होने का दम न भरते हुए भी साहित्य में पूरा दखल रखते हैं। और मेरे लेखन के प्रारम्भिक दिनों में देवदत्त (पत्रकार) का योग भी

कुछ कम नहीं रहा जिनके यहाँ मैं अपनी हर नयी रचना सुनाने के लिए दौड़ता हुआ पहुँचता था। फिर एक समय अचला शर्मा तथा सुरेन्द्र अरोड़ा का सहयोग भी कम नहीं रहा, हालाँकि सुरेन्द्र अरोड़ा अपनी विनम्रता में उलटे मेरे प्रति ही कृतज्ञता-ज्ञापन करते रहते हैं। और हाँ, मेरे पहले कहानी संग्रह 'अँधेरे की आँखें' के प्रति विष्णु खरे तथा सुरेश कोहली ने जो सदाशयता दिखायी, वह भी मेरे लिए कम महत्त्वपूर्ण नहीं। डॉ. पुष्पपाल सिंह तथा डॉ. मंजुलता सिंह की सदाशयता का भी मैं क़ायल हूँ कि उन्होंने अपने आलोचना-ग्रंथों में मुझे भरपूर स्थान दिया। वैसे डॉ. कृष्णदत्त पालीवाल तो मेरे प्रति सदा सदाशयी रहे ही हैं। उन्हें मेरा कहानी कहने का ढंग सबसे अलग लगता है। डॉ. रणवीर रांग्रा, सुरेश उनियाल, डॉ. ललित शुक्ल, प्रताप सहगल, डॉ. नरेन्द्र मोहन तथा रंजन ज़ैदी—सभी ने तो मुझे भरपूर स्नेह दिया है, और अपने नैकट्य की ऊष्मा भी। विश्वमोहन तिवारी की सहज गम्यता भी मुझे कम प्रभावित नहीं करती। अहिन्दी-भाषी लेखकों में मुझे मनोज दास (उड़िया और अंगरेज़ी), इंदिरा गोस्वामी (असमिया), राज गिल (पंजाबी और अंगरेज़ी) तथा जोगेन्द्रपाल (उर्दू) की याद आ रही है जिन्होंने मेरी कहानियों को समय-समय पर सराहा ही नहीं, मेरा मनोबल भी बढ़या है। मनोबल तो मेरा डॉ. विजयेंद्र स्नातक ने भी बढ़ाया, जिन्होंने 'इंडिया टुडे' में प्रकाशित मेरी एक कहानी को वर्ष की सर्वश्रेष्ठ कहानी ठहराया और उसके अंगरेज़ी रूपांतर को साहित्य अकादेमी के वार्षिक संकलन 'उत्तरा' में स्थान दिया।

बस, यह अब तक। पैसठ वर्ष का हो चला हूँ। जाने इसके बाद और कितनी कहानियाँ लिख पाऊँगा। फिलहाल तो अपनी अधूरी पड़ी जीवनी को पूरा करना चाह रहा हूँ। क्या वह भी एक कहानी नहीं, एक लम्बी कहानी, जो मेरी विभिन्न कहानियों के कथा-सूत्रों को जोड़ देगी ?

—श्रवणकुमार

16 जून, 1996
एच-259, नारायणा विहार,
नयी दिल्ली-110028

क्रम

भीतर का आदमी

मैं उन्हें किसी-न-किसी तरह खुश करना चाहता था। किसी को खुश करने के दो ही तरीके हो सकते हैं—एक यह कि मैं उसके इर्द-गिर्द हर समय दुम हिलाते उचकता रहूँ, और दूसरे यह कि उसकी जायज़-नाजायज़, हर माँग को, किसी-न-किसी तरह पूरा करूँ।

मसलन, उनकी सर्वोपरि ख्वाहिश यह थी कि उन्हें हर रोज, हर रोज नहीं तो हर दूसरे रोज, हर दूसरे रोज़ नहीं तो हर हफ्ते, हर हफ्ते नहीं तो हर पखवाड़े, एक ताज़ा, गरम खूनवाली, पुरशबाब लड़की मिलनी चाहिए, और उन्होंने जब अपनी यह ख्वाहिश ज़ाहिर की थी, तब उनके चेहरे पर कुछ ऐसी तरलता आ गयी थी जैसे वह तेल में नहाये हों। लेकिन बावजूद उस तरलता के उनके चेहरे की झुर्रियाँ छिप न पायी थीं, और न ही उनकी चमकती चाँद का एहसास कम हो पाया था। फिर भी मैंने अपनी वफादारी का सबूत देते हुए कहा था, "हजूरेआला, आपका भी जवाब नहीं। साठ को आप ज़रूर छू रहे होंगे, लेकिन आपके चेहरे से अब भी वह जलाल टपकता है कि साला...भी क्या मुकाबला करेगा।"

मेरी बात सनुकर उनका चेहरा कुछ ऐसे खिल उठा था जैसे पंखुड़ियाँ-झड़ा गुलाब। बोले, "तुम भी क्या बात कहते हो। साठ पार किये तो मुझे पाँच साले हो गये। यह अलग बात है कि ऑफिशल खातों में अभी मैं पचपन का ही हूँ," और फिर उन्होंने अपने ख़ास अंदाज़ में अपनी ज़बान से एक ख़ास तरह की आवाज़ पैदा की थी।

मैंने कई बार सोचा कि आखिर इस आदमी के बिना मेरा क्या बन-बिगड़ रहा है। बेशक, वह ऐसे पद पर है जिसकी बदौलत मुझे भी थोड़ी प्रतिष्ठा मिल सकती है, या और कुछ नहीं तो छठे-छमाही हज़ार-बारह सौ की अतिरिक्त आय

हो सकती है, लेकिन इस कीमत पर यह प्रतिष्ठा प्राप्त करना या हज़ार-बारह सौ की अतिरिक्त आय की राह देखना क्या अपने साथ दग़ा करना नहीं होगा ? माना कि आज चारों ओर आपा-धापी मची हुई है और लोग अपने को शैतान के हाथों बेच चुके हैं, माना कि कुछ लोगों के हाथ रातों-रात शहंशाह बनने के नुस्खे भी लग गये हैं, माना कि दूसरों को रौंदते-कुचलते आगे निकल जाना आज की संस्कृति का अंग बन गया है, माना कि गरीब की गुर्बत को और गहरा करना आज की राजनीति का शेवा है, लेकिन मैं जो आज तक इन शक्तियों के प्रति अडिग रहा हूँ, कैसे इनके सामने घुटने टेक दूँ ? मुझे याद है, बहुत अच्छी तरह याद है, जब मैंने एक बार अपनी हथेली को आग में जलाकर शपथ ली थी कि मैं इन तमाम शक्तियों के खिलाफ, इन तमाम दोजखी शक्तियों के खिलाफ़ जो आदमी को आदमी नहीं रहने देतीं, जो आदमी को हमेशा कबाब की शक्ल में भून डालने को तैयार रहती हैं, लड़ता रहूँगा, लड़ते-लड़ते टूट जाऊँगा, पर झुकूँगा नहीं। पर अब न जाने कैसे मेरी हिम्मत एकाएक मुझे जवाब देने लगी थी और मेरा जुझारू रूप दुम हिलाते कुत्ते के रूप में परिवर्तित होने लगा था। आप शायद कहना चाह रहे हैं कि व्यावहारिकता भी इस़ दुनिया में अपना कुछ महत्त्व रखती है। क्यों नहीं, व्यावहारिकता के नाम पर ही तो मियाँ बीवी को तोहफे पेश करता है और मातहत अफसर के यहाँ नज़राने पहुँचाता है। तब मैंने भी अगर उन्हें एक पर्स भेंट कर दिया तो दुनिया के किस उसूल का उल्लंघन किया ? हाँ, यह बात ज़रूर थी कि पर्स नया होने की वजह से खाली था, पर था क्रोम लैदर का।

उन्होंने पर्स को कई तरह से उलटा-पलटा था, उसकी एक-एक जेब टटोली थी, और उसमें कुछ न पाकर, मेरा औपचारिक रूप से धन्यवाद करके चुप हो रहे थे। तब मुझे सहज ही लगा था कि इसकी किसी जेब में कुछ-न-कुछ रख देना चाहिए था, इस बहाने कि हमारे यहाँ किसी को खाली पर्स भेंट करने की प्रथा नही है। ज़ाहिर है कि उन्हें खुश करने की मेरी यह कोशिश खाली गयी और मैं पहले की तरह, अपने भीतर ही भीतर, सिटपिटाता रहा और उन्हें खुश करने के दूसरे तरीके सोचता रहा।

आखिर, एक तरीका मेरे और हाथ लगा। मैं जानता था कि शराब पिलाने लायक मेरी तौफीक नहीं, और वह लड़की का शौक रखने के साथ-साथ शराब का शौक भी रखते हैं। मैंने कई बार मन में हिसाब लगाया—कि अगर उन्हें शराब पिलाऊँ तो किस बार में पिलाऊँ, किस ब्रांड की पिलाऊँ। यह नहीं कि शराब मैंने कभी चखी नहीं, लेकिन अपनी जेब से खरीदने का मुझे कभी इत्तफाक नहीं हुआ, बल्कि शराब की दुकान तक पहुँचने का भी मैं साहस नहीं जुटा पाया। मानता हूँ कि इसके पीछे मेरे संस्कार रहे होंगे।

खैर, एक मौका हाथ लगा था तो मैं उसे क्यों यों ही जाने दूँ ? यह साहब पीने के शौकीन थे तो वह साहब पिलाने के, और फिर दोनों का एक-दूसरे से काम भी गठता था। दोनों अपनी-अपनी तरह के पदों पर थे। मैंने सोचा, चलो इसी बहाने, शायद, कुछ काम बन जाये।

उन साहब के यहाँ चलने से पहले इन्होंने स्पष्ट कर देना चाहा था कि पार्टी ज़ोरदार होनी चाहिए। इनका कहना था कि ये किसी छोटी-मोटी पार्टी में हरगिज़ नहीं जाते।

मैं यह तो नहीं जानता था कि स्कॉच के साथ और क्या सर्व होगा, पर इतना ज़रूर जानता था कि केवल स्कॉच नहीं होगी।

मेरा अनुमान गलत नहीं था। हम वहाँ पहुँचे थे तो वह साहब पहले से ही हमारे इंतज़ार में तैयार-बर-तैयार बैठे थे। दोनों साहबों का एक-दूसरे से परिचय करवाया गया तो वे ऐसे मिले जैसे एक ही शरीर के दो टुकड़े हों। फौरन बातों में गुथ गये। कहाँ-कहाँ के पुराने किस्से उभर-उचककर सामने आने लगे। मैं बैठा केवल दोनों का मुँह देख रहा था। हाँ, बीच-बीच में वे मेरी ओर भी देख लेते थे, जैसे मुझे यह एहसास कराना चाहते हों कि मैं बिलकुल फालतू नहीं हूँ, मेरे जैसे व्यक्ति की भी कुछ उपयोगिता होती है। और कुछ नहीं तो मैं एक ही वर्ग के दो व्यक्तियों को जोड़नेवाली कड़ी तो बना। और मुझे खुशी इस बात की थी कि चलो, एक तो राह निकली इन्हें खुश करने की।

पार्टी छोटी थी, पर इंटीमेट थी। हम केवल तीन ही व्यक्ति थे उसमें। बढ़िया चीज़ के साथ रोस्टिड चिकन था। मसालेदार काजू भी थे। लेकिन मलिक साहब को—हाँ, मैं उनका नाम बता ही दूँ—पीने में ही ज़्यादा मजा आ रहा था। वह बड़ी शायस्तगी से गिलास उठाते—और गिलास भी तो खास किस्म के थे, पीले पुखराज की तरह रोशनी की कई किरणें छोड़ते हुए—उसकी तरफ एक क्षण के लिए देखते, फिर उसे होंठों से लगाते और एक छोटा-सा घूँट भरकर उसे वापस रख देते।

उन्होंने उस शाम अजीबोगरीब किस्से सुनाये। कई देशों का उनमें ज़िक्र था। हर किस्से में वह हीरो बनकर सामने आते। लगता था, जैसे हर देश की सुन्दरी उन पर मरती रही हो, या जैसे हर देश की नियति का दारोमदार उन्हीं के निर्णय पर हो। तब मुझे लगा था कि मैं एक गलत आदमी का पिछलगू नहीं बना, मैं जितना समझता था, वह उससे कहीं ज्यादा गहरे हैं, और उनके तंतु दूर-दूर तक फैले हुए हैं। आप चाहें तो उनकी ऑक्टोपस, यानी तंदुए, से तुलना कर सकते हैं। पर तंदुआ उनके मुकाबले में बहुत छोटी चीज़ होगा। कहाँ इतने भारी-भरकम—शरीर में नहीं, अहमियत में—मलिक साहब, और कहाँ यह हाथ-दो-हाथ की लम्बाई-चौड़ाईवाला समुद्री तंदुआ ! मलिक साहब चाहें तो ऐसे

कई जीवों को हवा में उछाल-उछालकर खत्म कर दें।

खैर, उस शाम मलिक साहब ने ऐसा कोई कमाल नहीं दिखाया। वह गोगिया पाशा हैं भी नहीं। बस, ऐसे ही स्कॉच के सहारे किसी लहर की चोटी पर जा बैठे होंगे। लहर नीचे आयी तो मलिक साहब भी सतह पर आ गये। एकाएक मुझसे मुखातिब होते हुए बड़े तपाक से बोले, "क्यों भाई, अब उठें ?"

मैंने कलाई पर बँधी घड़ी की तरफ देखा। साढ़े नौ। ढाई घण्टे ही बीत चुके थे। मुझे दो बसें बदलकर घर पहुँचना है, और दूसरी बस पता नहीं मिलेगी भी कि नहीं।

फिर भी उनकी इच्छा को प्रमुखता देते हुए मैंने कहा, "जैसा आप ठीक समझें..."

उठते-उठते उन्हें पन्द्रह मिनट और लग गये। वह थे तो सतह पर ही, पर उनकी गति कुछ-कुछ उस स्पीड-बोट की तरह थी जो हर लहर का मुकाबला कर सकती है।

विदा लेकर हम बाहर आये तो थोड़ी दूर तक वह मेरे साथ वैसे ही चलते आये। मैंने सोचा था कि उन्हें टैक्सी में बिठाकर मैं उनसे तुरन्त आज्ञा लूँगा और अपनी बस के लिए दौड़ पडूँगा, लेकिन वह तो मेरे बाज़ू को कुछ इस तरह थामे हुए थे जैसे मैं उनकी गाड़ी का स्टीयरिंग राड होऊँ। वह मुझे छोड़ ही नहीं रहे थे, और बात पर बात सुनाये जा रहे थे। और तब फिर मुझे उन्होंने अपना विश्वासपात्र समझकर बताया था कि लड़की उनकी एक बहुत बड़ी कमज़ोरी है, और बिना लड़की के उनके भीतर प्रेरणा ही नहीं जगती, और हाँ, उन्होंने कहा था, पैसा भी साला बड़ी वाहियात चीज़ है। इसके बिना सब इंद्रियाँ सुन्न पड़ जाती हैं।

ग़नीमत थी कि उसी समय हमारे निकट एक टैक्सी आकर रुकी और अपनी घड़ी देखते हुए और यह कहते हुए कि उन्हें बहुत देर हो गयी है, वह फुर्ती से उसमें जा बैठे। हाँ, टैक्सी में बैठते-बैठते वह एक बात पूछना नहीं भूले कि मेरे कितने बच्चे हैं और किस-किस उम्र के हैं।

वह जा चुके थे तो मैंने भी बस-स्टॉप की तरफ अपने कदम बढ़ा दिये। लेकिन मन में विचारों ने अपनी तरह की ऊहा-पोह मचा दी थी—क्या इसे लड़की सप्लाई करनी ही होगी ? कमीना ! इशारे किस खूबसूरती से फेंकता है। पैसा भी चाहिए इसे। असल में इसके मुँह लहू लग चुका है।

तब मुझे उसकी बेटी का ख्याल आया जिसे मैंने एक दिन उसी के कार्यालय में देखा था। एकदम जवान और मस्त ! लेकिन उससे भाई ने परिचय तक नहीं करवाया। और उसकी जगह अगर मेरी बेटी होती, तो शायद इसकी जबान लपलपाकर पूरी की पूरी बाहर आ गयी होती। हरामखोर ! पर अब तक

तो वह लगभग आधा रास्ता तय कर चुका होगा। यही तो अन्तर है इनमें और हम में। जब तक ये हवाई जहाज़ से कलकत्ता से बम्बई पहुँच चुके होते हैं हम बमुश्किल पन्द्रह-बीस किलोमीटर का फासला ही तय कर पाते हैं।

दस-एक मिनट के इंतज़ार के बाद एक बस, आखिर आयी, पर वह किसी दूसरे इलाके को जाती थी। वह एक क्षण के लिए थोड़ी धीमी हुई और फिर पहले-सी रफ्तार पर हवा का एक झक्कड़ छोड़ती ग़ायब हो गयी। हवा ठंडी थी। वैसे भी फरवरी के आखिरी दिन थे। रात के वक्त ठण्ड खासी शिद्दत रखती है। मुझे ख्याल आया कि इस बार मेरे नन्हे बेटे ने सारी सर्दी हलके कपड़ों में ही गुज़ार दी थी। वह सुबह घर से जब स्कूल के लिए निकलता तो हवा के थपेड़े उसे मथ डालते। एक बार इससे पहले वह प्लूरिसी का शिकार हो चुका था और डॉक्टरों ने खास हिदायत दी थी कि उसे ठण्ड से बचाना होगा। मेरी पत्नी ने भी अपना समय फटे कपड़े सी-सी कर बिताया था। आज के ज़माने में आखिर, पाँच-छः सौ रुपये महावार होता भी क्या है। मैं खुद किसी तरह पचास रुपये जुटाकर 'चोर बाज़ार' से, एक पुराना सूट ले आया था और बूट भी मैंने वहीं से आठ रुपये में खरीदे थे। इसी तरह हथघड़ी भी मुझे वहीं से कभी पहले तीस रुपये में मिल गयी थी। यानी कुल अठासी रुपये से मेरी शक्लोसूरत काबिले बर्दाश्त हो गयी थी। मकान हमारा है ही ऐसी बस्ती में जिसे अनाधिकृत क्षेत्र कहते हैं। कुछ लोगों ने दे-दिलाकर वहाँ बिजली-पानी, हर चीज़ की व्यवस्था कर ली है, लेकिन एक हम हैं कि बिना बिजली के ही चलाये जा रहे हैं। पानी की दिक्कत इसलिए ज़्यादा महसूस नहीं होती कि नगरपालिका का नल घर के सामने ही है, हालाँकि उसकी वजह से गुण्डे-बदमाशों की नज़र हर वक्त मेरे घर के भीतर घुसी रहती है। क्या करूँ, बेटी भी जवान और माशाअल्लाह पत्नी भी जवान-सी ही है। कभी-कभी तो मुझे लगता है कि मेरा यह घर उजड़कर ही रहेगा और तब मेरा डर और बढ़ जाता है जब मैं देर से घर पहुँचता हूँ। यह नहीं कि कुछ घर उजड़े नहीं, उजड़े हैं। मेरा घर जो अब तक बचा रहा है, उसका कारण शायद यही है कि अपने आचार-व्यवहार से उन लोगों को मैं ज़्यादा वजनी दिखता हूँ।

साढ़े दस बज रहे थे। इस बार जो बस आयी, वह उस बिन्दु तक तो नहीं पहुँचाती थी जहाँ से मुझे दूसरी बस मिलती, उसके आस-पास तक ज़रूर ले जाती थी। मैं उसी में लपककर बैठ गया। रात का वक्त, सुनसान सड़कें, ड्राइवर-कंडक्टर को घर पहुँचने की जल्दी, और उस पर बस भी लगभग खाली। इसलिए बिना किसी मोड़-नुक्कड़ की परवाह किये औंधी-सीधी दौड़ी जा रही

थी। घर पहुँचा तो पत्नी बेचैन थी। बेटा भी बेचैन था। वह उसके घुटने को थामे सो-जाग रहा था। मुझे देखते ही वह मुझसे लिपट गया और मुझे बेतहाशा चूमने लगा। घर में अक्सर मैंने मलिक साहब का ज़िक्र किया था, इसलिए पत्नी उनके नाम से परिचित थी। मैंने जब उसे बताया कि उनकी माँग दिन-ब-दिन बढ़ती जा रही है, तो पहले वह चुप रही और फिर एकदम धमाके के साथ फटी, "इन कमीनों की कोई सीमा है...पर जब राजा ऐसे होंगे तो परजा खुद ही ऐसी होगी !"

"क्या कह रही हो ?" मैं नरमाई पर था।

"सच्ची बात कह रही हूँ।" वह उसी तुनकमिजाज़ी में थी, "कहने को अपना राज है, अपने लोग हैं। लेकिन नीयत इनकी देखो, इतनी गन्दी कि भगवान् भी तौबा कर उठे। और इन तीस सालों में हुआ क्या ? ऐसे मलिक साहब ही तो पैदा हुए। या..."

"या क्या ?"

"या, कुछ नहीं।" उसमें एक प्रकार की झुँझलाहट थी। वह अक्सर झुँझलायी रहती है।

"दरअसल, तुम्हें होना वकील चाहिए था। थोड़ा-सा और पढ़ लेती तो क्या था ? कुछ-एक सालों की तो बात थी। शायद तुम्हारी बदौलत हम भी तर जाते।"

"यहाँ तरते सिर्फ एक ही तरह के लोग हैं—राजनेता, या उसी तरह के कुछ सत्ताधारी। सत्ता में आते हैं तो जेब में दस रुपये भी नहीं होते, पर कुछ ही सालों बाद वे लाखों-करोड़ों के मालिक बन जाते हैं। कोई पूछे इनसे, भई माना दो-तीन हज़ार रुपये महावार तुम्हारी तन्ख्वाह थी, तब ये लाखों-करोड़ों कहाँ से आ गये ? और फिर एक को सौ भी नहीं मिलते और दूसरे को हज़ारों मिलते हैं।"

मुझे ख्याल आया मलिक साहब एक दिन कह रहे थे कि कुल मिलाकर उन्हें पाँच हजार के करीब मिलते हैं। प्राइवेट नौकरी के यही ठाठ हैं ! पर यह तमाम रकम जाती कहाँ होगी, यह वही जानें। उन्हें तो और-और पैसा चाहिए।

रात काफी गहरा चुकी थी। इसलिए हमने तुरन्त सो जाना चाहा। पर उस रात मुझे खूब सपने आये। अजीबोगरीब सपने थे। एक बार मुझे लगा कि मलिक साहब की मदद से मैं एक-एक कर कई मंज़िलें पार कर गया हूँ और अब मैं काफी ऊँची मंज़िल पर हूँ और मेरे चारों तरफ की दुनिया बौनी हो गयी है। शायद मैं उस मंज़िल पर से नीचे छलाँग लगाने को था कि एकाएक मेरी आँख खुल गयी और मैं थोड़ी देर तक कँपकँपाता रहा। एक बार फिर मेरी आँख लगी तो मैंने सपने में देखा कि मलिक साहब के हाथ में सोने की ज़ंजीर है

जिसे वह मेरे गले में पहना रहे हैं, क्योंकि मैं प्यारा-प्यारा स्पेनियल जो बन गया हूँ और उसी पर भौंकता हूँ जिसकी तरफ वह इशारा करते हैं। एक सपना मैंने और देखा जिसमें मुझे लगा कि मलिक साहब मेरी पत्नी तथा मेरी लड़की की तरफ अपने पंजे खोले बढ़े चले आ रहे हैं। उस समय जाने मेरे हाथ में क्या था कि मैंने उन्हें दे मारा और वह आनन-फानन कपड़े की चिंदियों की तरह इधर-उधर बिखर गये।

सुबह भी मेरी आँख जल्दी खुल गयी। किसी मन्दिर में पूजा के घण्टे बज रहे थे। मुझे लगा मलिक साहब यहाँ, या ऐसे ही किसी मन्दिर में ज़रूर पहुँचे होंगे। दरअसल, मैंने मलिक साहब को मन्दिरों के पास से गुज़रते समय प्रायः सिर नवाते देखा था। मलिक साहब से वैसे मेरी मुलाकात भी कौन-सी पुरानी है। पर पाँच महीनों में ही उन्होंने वोह-वोह रूप दिखा दिये हैं जिन्हें कोई अभिनेता शायद बीस वर्षों में भी न दिखा पाता। एक मित्र की मार्फत मैं उन तक पहुँचा था। उसने बताया था कि मलिक साहब बड़े काम के आदमी हैं और हर किसी की मदद करते हैं। खैर, जितनी बार मैं उनसे मिला, उतनी बार एक नया आश्वासन लेकर लौटा और लगा कि आर्थिक कठिनाइयों की वे नदियाँ जिन्हें पार करते-करते मैं अक्सर डूबने को होता हूँ, अब ज़रूर पार कर जाऊँगा। पर जैसे ही इन्हें पार करने को हुआ, वैसे ही लगा कि पुल चरमराकर अभी-अभी टूटा है। फिर भी मेरे दिमाग में हरदम मलिक साहब, मलिक साहब, बजता रहा। जाने क्यों उनके प्रति मेरे मन में इस कदर विश्वास बढ़ गया था ?

दफ्तर मैं ठीक समय पर पहुँच गया था। पहुँचा था तो मलिक साहब का फोन आ गया था। उन्होंने दोपहर के खाने पर अपने घर बुलाया था। मेरे मन में जैसे कि सौ-सौ गज ऊँची लहरें उठी थीं। अविश्वास होते हुए भी विश्वास ने जैसे कि मुझे आप्लावित कर दिया था।

सुबह घर से चलते समय पत्नी ने एक दार्शनिक की तरह कहा था, "झूठ भी दरअसल, एक शक्ति है !"

"वह कैसे ?" मैंने स्तब्ध होकर उसकी ओर देखा था।

वह चुप रही थी और मैं स्वयं ही सोचने लगा था—हम जैसे लोग ही कहते हैं कि सच पर इमारत खड़ी की जाये, तभी वह मज़बूत होगी। हम सच की तलाश में भटकते रहते हैं जबकि झूठ पालनेवाले पहले इमारत खड़ी करते हैं और बाद में नींव की सोचते हैं। हाँ, बाहर से वे उस पर कुछ इस तरह का मुलम्मा-पालिश चढ़ा देते हैं कि देखनेवाले की आँखें भक रह जायें।

फिर मैंने कहा, "तुम चाहती क्या हो ?"

"बस, यही सोच रही थी कि मलिक साहब का रास्ता सही है कि हमारा ? और कुछ नहीं, मलिक साहब अपनी जिन्दगी में तो ठाठ कर ही जायेंगे, बाद की किसने देखी है।"

पत्नी के मुँह से ऐसी बहकी-बहकी बातें सुनकर मुझे ताज्जुब हो रहा था। रातोंरात उसमें यह परिवर्तन कैसे आया ?

दोपहर को मलिक साहब के यहाँ पहुँचा तो वह घर पर नहीं थे। घर पर उनके परिवार का और भी कोई सदस्य नहीं था। इससे पहले मैं मलिक साहब के यहाँ कभी आया भी नहीं था। खैर, नौकर ने मुझे भीतर बिठाने में आना-कानी नहीं की, क्योंकि मलिक साहब शायद उसे मेरे बारे में हिदायत दे गये होंगे। हाँ, मुझे यह सहज ही पता चल गया कि मलिक साहब का परिवार उनके साथ नहीं रहता, बस कभी-कभार यहाँ आ जाता है।

मुझे जिस कक्ष की तरफ ले जाया गया, वह जमीन की सतह से नीचे था। मलिक साहब शायद अधिकतर वहीं उठते-बैठते थे। वहाँ सोफे भी बिछे थे और गद्देदार बैड भी। दीवारों पर एक से एक बढ़िया चित्र थे जिनमें से कुछ नग्न थे। छत से काँच के फानूस लटक रहे थे। कोनों में कई तरह के पैनल थे। इस तरह के कक्ष में मैं लगभग पहली बार ही बैठ रहा था।

मुझे वहाँ बैठे मुश्किल से दो-एक मिनट हुए होंगे कि मलिक साहब आ गये। वह बहुत बढ़िया मूड में थे। उन्हें देखते ही मैं उनके सम्मान में एकाएक उठ खड़ा हुआ और उन्होंने मुझे गरमजोशी से अपने में भींच लिया। फिर मुझे सोफे पर बिठाते हुए बोले, "लो, तब तक तुम यह एलबम देखो। मैं अभी हाज़िर हुआ।" और वह दूसरे कक्ष की ओर बढ़ गये।

मैंने एलबम खोला। तमाम रंगीन चित्र, तमाम...स्त्री के शरीर का ऐसा खुला प्रदर्शन मैंने पहले कभी नहीं देखा था। मन में तनाव आ गया और मैं जुगुप्सा से भर उठा।

मलिक साहब लौटे तो उनके हाथों में दो गिलास थे, जिन में वही पीले पुखराजी रंग का चमकीला पेय था। गिलास भी अपनी मिसाल खुद थे। लगा जैसे किसी शहंशाह के हाथों से आबेहयात पा रहा हूँ।

हमने कुछ घूँट भरे ही थे कि मलिक साहब ने नौकर को खाना लगाने का आदेश दिया। खाना भी वैसा ही शानदार और लज़ीज़ था जैसा कि किसी शहंशाह के यहाँ हो सकता है।

खाना खा चुके तो मलिक साहब ने मुझे सिगरेट पेश की। सिगरेट का केस सोने का-सा दिखता था। उसे खोलते ही सिगरेट अपने आप उचककर बाहर आ गयी। सिगरेट विदेशी थी। मलिक साहब ने खुद ही कहा कि यह दुनिया की बेहतरीन सिगरेट है।

मुझे दफ्तर लौटने की जल्दी थी। इसलिए मैं एकाएक घड़ी देखते हुए उठ खड़ा हुआ और उनसे जाने की इजाज़त चाही। मलिक साहब भी उठ खड़े हुए। उन्होंने मुझे गले लगाया और अपना मुँह मेरे कान के नज़दीक लाकर कुछ फुसफुसाये।

पहले मैं समझ न सका, लेकिन फिर जैसे कि ज़ोर का झटका खाकर संभला। यह नहीं कि मुझे उनसे ऐसी उम्मीद नहीं थी, लेकिन मेरा ख्याल था कि वह यहाँ तक नहीं पहुँचेंगे।

''क्या कह रहे हैं। मलिक साहब, आप ?'' मेरे भीतर का आदमी एकाएक जागा। मेरी आवाज़ भर्रायी हुई थी।

''अरे, इसमें परेशान होने की क्या बात है ! औरत, आखिर बनी किसलिए है ?'' उनके चेहरे पर उनकी स्वाभाविक तरलता थी, ''मेरा इन रिश्तों-नातों में कोई यकीन नहीं। औरत औरत है, चाहे वह बेटी हो या बहन !''

''मलिक साहब, ज़बान सँभालिए !'' मैं चिल्ला-सा पड़ा। ''मैं जानता हूँ आप स्वार्थ के लिए किसी को भी बाज़ी पर लगा सकते हैं।''

''बेवकूफी मत करो।'' वह भी अब अपने आपे में आ रहे थे, 'मैं तुम्हारे उसूलों पर टिका रहता तो शायद कहीं न होता।''

''मलिक साहब, आप आज भी कहीं नहीं हैं !'' मेरे मुँह से सहज ही निकल गया।

लेकिन मैंने देखा कि मलिक साहब को चोट करारी लगी थी। वह एकदम चुप थे और मुझे देखे जा रहे थे।

मैंने उनसे अब और बात करना ठीक न समझा और चुपके से वहाँ से खिसक लिया।

□□

इति

कभी-कभी मनहर का मन ऐसे ही उदास हो जाता है। क्यों उदास होता है मनहर का मन, वह अपने आप से पूछता है। सभी कुछ तो है उसके पास—घर-बार, रुपया-पैसा, पद-प्रतिष्ठा। कितने लोग हैं इस देश में जो यहाँ तक भी पहुँच पाये हैं ! लेकिन फिर भी उसके भीतर कहीं-न-कहीं फुरफुरी-सी होती ही रहती है। जैसे कुछ अनिष्ट होने जा रहा हो। क्या अनिष्ट हो सकता है अब उसके साथ ?

मनहर के पीछे अब ये पचपन-छप्पन वर्ष पसरे पड़े हैं। इन पचपन-छप्पन वर्षों में उसने क्या कुछ नहीं देखा ! संघर्ष, घोर संघर्ष। तिरस्कार, अपमान, अवहेलना। अभाव। गहरा अभाव। अब कहीं जाकर कुछ टिकता-सा नज़र आता है। मकान मिला तो पूरी जद्दोजहद के बाद। पद मिला तो एक उम्र बिताकर। और प्रतिष्ठा ? वह तो जैसे आँख-मिचौनी खेलती रहती है। खूब छकाया है उसने उसे। कभी-कभी पूरी तरह धता भी बता देती है। चलो, खुद आखिरी सीढ़ी तक नहीं पहुँच पाये, बच्चे तो पहुँचे। पर बच्चे भी तो अपनी राह खुद चलना चाहते हैं। वे अब सयाने हो गये हैं। उन्हें उँगली पकड़कर चलना अच्छा नहीं लगता। एक दिन छोटे बच्चे ने कह भी दिया था, 'पापा जी हमें हमेशा पढ़ने को कहते रहते हैं। खुद जो लुढ़के थे एक बार !'

कितना करारा वार किया था उस बच्चे ने उस पर। एक ही जुंबिश में पिता को चित कर दिया था। पिता तिलमिला उठा था। उसका गला रुँध आया था। उसकी आँखों के समाने अपने उन दिनों की याद ताज़ा हो आयी थी जब वह उतना लम्बा रास्ता पैदल ही तय करके अपने कार्य-स्थल पर पहुँचता था और उसकी इतनी भी बिसात नहीं थी कि तीन पैसे खर्च करके बस या ट्राम से वह दूरी पार कर ले। उधर कार्य-स्थल पर पहुँचना, इधर इम्तहान की तैयारी करना। आँखें धँस गयी थीं उसकी भीतर। गाल भी चिपक गये थे। चेहरे की

खाल भी जैसे कि खिंच गयी हो। लोग उसका ज़िक्र प्रायः 'सुकुडू' कहकर करते थे।...क्या कभी वह इस निचाई से उबर सकेगा ?

एक खस्ताहाल मकान में रहता था वह। मकान में और भी कई लोग थे। उसे उस मकान में एक कोठरी जैसा कमरा ही मिल पाया था। वहीं खाना, वहीं सोना। बस, इतनी ही जगह थी जहाँ मुश्किल से बिस्तर बिछ सके। बिस्तर भी ज़मीन पर बिछता था और उसी से थोड़ा हटकर खाना बनता था। खाना भी अपने हाथ से बनाना पड़ता था। खटमलों को शायद रूखे खाने की खुशबू अच्छी लगती थी। वे रात को बत्ती बुझते ही कतार-दर-कतार दौड़े चले आते थे और बिस्तर पर चारों ओर से चढ़ाई कर देते थे। खून ही कितना था मनहर के शरीर में तब ! शायद इसी से वे उसे कम ही काटते थे। या यह भी हो सकता है कि मनहर की हड्डी उनके दाँत में गड़ जाती हो। कई खटमल तो सुबह मरे-मसले हुए मिलते थे। सुबह उठते ही मनहर का पहला काम उन्हें झाड़ू से बुहारना होता था। वह उन्हें बुहारता तो ज़रूर था, पर उसके दाँत भी किचकिचा उठते थे।

कितना मजबूर था मनहर उन दिनों ! पढ़-लिखकर भी बेकारी के कगार पर। चलो, बेटा ब्राप से तो अधिक पढ़-लिख गया। एक जिद थी बेटे के मन में—कि वह बाप की तरह बाबूगिरी नहीं करेगा। बाप ने बहुत चाहा था कि बेटा टाइपिंग सीखे, शॉर्टहैंड सीखे और उनके ही दफ्तर में कहीं लग जाये। ज़्यादा पढ़ने की क्या ज़रूरत है ! इण्टर कर लिया है, काफी है। तरक्की करते-करते इंस्पेक्टरी मिल ही जायेगी। क्या बाप को बाद में इंस्पेक्टरी नहीं मिली ? उन्होंने तो केवल मैट्रिक ही किया था। पर मनहर ज्यों-त्यों करके बी. ए. कर लेना चाहता था। वह ज़माना और था, यह ज़माना और है। तब मैट्रिक पास की भी कदर थी। अब बी. ए. पास को भी कौन पूछता है ! लेकिन बी. ए. करने से कोई राह तो खुलती है। चाहो तो किसी प्रतियोगी परीक्षा में ही बैठ जाओ। प्रोफेशनल कैरियर के लिए भी तो बी. ए. पास होना ज़रूरी है।

मनहर किसी-न-किसी तरह एक सीढ़ी पिता से आगे बढ़ ही गया था। कहीं अध्यापन करके थोड़ा कमाता भी था, पढ़ता भी था। पिता ने सब कुछ किया था पहले उसके लिए, लेकिन बाद में जाने क्यों उन्हें उसकी हर हरकत नागवार गुज़रती थी। उन्हें उसका ज़्यादा पढ़ना तो एकदम बरदाश्त नहीं था, हालाँकि वह खुद बड़ी दारुण स्थितियों में से गुज़रे थे। उनके घर में तो कोई पढ़ा-लिखा था ही नहीं और फिर गरीबी भी इतनी कि उसके बारे में सोचकर उनका दम घुटता था। मनहर को कभी-कभी अपने पिता पर तरस भी आता। चलो, यहाँ से यहाँ तक तो पहुँचे। अब तो रेखा उसे ही बढ़ानी है। बढ़ेगी यह रेखा, ज़रूर बढ़ेगी। उसे अपने पर विश्वास था। पिता गरीब घर के थे तो क्या

हुआ, बुद्धि के तो गरीब नहीं थे। उनकी बुद्धि तेज़ थी। तभी तो उसे भी तेज़ बुद्धि मिली। बुद्धि उसकी माँ की भी काफी तेज़ रही होगी। अनपढ़ होने के बावजूद वह हर विषय की व्याख्या भरपूर करती थी, बल्कि इस व्याख्या में तो पिता से भी बाज़ी मार ले जाती थी।

मनहर को कभी-कभी अपने में अपनी माँ और बाप, दोनों के गुण दिखते। माँ तीक्ष्ण, बाप थोड़े ठहराववाले। माँ बाप को बढ़-चढ़कर बातें कह लेती। बाप अक्सर प्रतिकार करने में असमर्थ रहते। मनहर भी अपने से ज़्यादा बढ़-चढ़कर बातें करनेवालों का प्रतिकार करने में असमर्थ रहता। इस लिहाज से उसकी पत्नी उसकी माँ से बाज़ी मार ले गयी। वह तो हाज़िरजवाबी की पुड़िया है। इधर सुनी, उधर चटाक से उत्तर ! अच्छे-खासों को भी गोता लगवा देती है। इसी से सब तरफ उसकी चलती है। यह सब जीवाणुओं का ही कमाल होगा ! उठा-पटक में भी उसका मन खूब रमता है। इससे लिया, उसको दिया। वह बेचा, यह खरीदा। उधारी करने से भी उसे कोई गुरेज़ नहीं। उधारी के बल पर ही तो वह इतने बड़े-बड़े काम कर जाती है। बेटी की शादी करनी तो मंज़ूर कर ली, पर पल्ले दस कौड़ी न थीं। पर मौके पर जाने कहाँ-कहाँ से पैसा अपने आप बहकर आने लगा। हर रिश्तेदार मदद को तैयार। उधर सहेलियाँ भी मदद को तैयार। कुछ धाक ही ऐसी बैठा रखी थी उसने सब पर। सब यही सोचते कि बड़ी 'निग्गी' औरत है यह। वक्त पर ज़रूरत किसे नहीं पड़ती ! उधर मनहर था कि चुप। बल्कि सन्न-सा हुआ टेलीफोन के पास बैठा रहता। बहुधा उदास। पत्नी ठीक अपने पिता पर गयी है। वह भी बहुत उठा-पटक करते थे। कभी बिज़नेस, तो कभी नौकरी। अपने साथ ज़्यादती होती दिखी तो सरकार पर मुकदमा ठोंक दिया। सरकारी नौकरी क्यों छोड़ें, नौकरी चाहे छोटी ही हो। 'ठीक पढ़े-लिखे होते मेरे पिता जी तो न जाने कहाँ से कहाँ पहुँच जाते।' एक बार पत्नी ने ऐसे ही बहाव में आकर कह दिया था।

अब कैसे कहें कि भाग्य नहीं होता ! शादी के लिए रिश्ता तय हुआ तो मनहर झट से ढंग की नौकरी पा गया जो उसे धीरे-धीरे आगे सरकाती रही। यह सवाल दीगर है कि उस समय के ढाई सौ आज के पाँच हजार के बराबर हैं। उस समय एक रुपये की सब्जी से थैला भरता था। घी चार रुपये किलो था। दूध पचास पैसे लिटर था। जेब में दो-चार रुपये हों, तब भी काम चलता था। पर अब ? अब तो और-और के लिए ललक रहती है। चारों ओर लखपती ही लखपती तो हैं ! कोई करोड़पती भी हो तो मुज़ायका नहीं। अच्छी से अच्छी कोठियाँ हैं। कोठियों में बढ़िया-से बढ़िया कालीन-गालीचे हैं। रोशनी के लिए झाड़-फानूस का भी कोई हिसाब नहीं। लकड़ी को तराश देकर क्या-क्या रूप नहीं दिये गये। सच, आदमी कितना सयाना हो गया ! सच, क्या वह अपने

'विकास' के चरम को नहीं छू रहा? क्या कभी देखा था पहले किसी ने इतना पैसा ? जैसे पैसे का सैलाब आ गया हो। मुर्गा, शराब, पाँच तारा होटल, डिस्को स्टैप, ब्रेक स्टैप, कव्वाली की रात, गज़लों की शाम, ब्यूटी पार्लर, वीडियो पार्लर, ए. सी. कार, ए. सी. सैलून—अब क्या नहीं चलता पैसे के बल पर ! बहुत कुछ तो मनहर की शब्दावली में अब तक भी दाखिल नहीं हो पाया। भला, एक नौकरी-पेशा एक बिज़नेसवाले से क्या मुकाबला कर सकता है ! जो वह एक महीने में कमाता है, उतना वे एक दिन में कमाते हैं।...पर मनहर के बच्चों की शब्दावली एकदम अद्यतन है। उन्हें इन अमीरों के सामने किसी तरह की झेंप नहीं होती। अमीरों के बच्चे भी मनहर के घर में कभी-कभी आ ही जाते हैं साधारण-सा घर है मनहर का, लेकिन सब कुछ तरतीब लिये रहता है, और इसलिए सुन्दर भी दिखता है। उधर उन बच्चों के कीमती घरों में सब कुछ कीमती रहने के बावजूद बहुधा असुंदर ही दिखता है। 'अरे अब कैसे बतायें कि यह सब पैसा कैसे आता है ?' एक बार मनहर की बेटी से उसकी एक सहेली ने कहा था। वह सहेली हमेशा खुद ही कार ड्राइव करके उनके यहाँ आती थी और उसकी बेटी को साथ लेकर कॉलेज जाती थी। 'पापा पहले ओरवरसियर तो थे ! दस-पन्द्रह साल ही नौकरी की होगी। अच्छे पैसे हाथ लग गये। फिर नौकरी छोड़ यह कारखाना लगा लिया। साथ में अपने दो-तीन रिश्तेदारों को भी ले लिया। काम दिन-ब-दिन बढ़ता ही गया। रिश्तेदार दगा देने से बाज़ थोड़े ही आते हैं ! हमारे सगे फूफा ने ही गोलमाल करना शुरू कर दिया। पापा इन मामलों में बहुत होशियार हैं। उन्होंने कहा यह लो अपना हिस्सा और वह रहा तुम्हारा रास्ता ! एक को रास्ता दिखाया तो दूसरों को अपने आप कान हो गये। अब इनकम टैक्सवाले हैं, सेल्स टैक्सवाले हैं, बिजलीवाले हैं, पुलिसवाले हैं, लेबरवाले हैं, सबसे रोज़ का वास्ता पड़ता है, और सबको खरीद रखा है पापा ने। सबका महीना बाँध रखा है। मजाल है कोई वर्कर जो थोड़ी-सी भी चूँ-चराँ कर जाये। कान पकड़कर सीधे बाहर। एक बार यूनियनवालों ने शोर मचाया तो अच्छी धुनाई करवा दी पापा ने उनकी।...अरे, पैसे से तुम क्या नहीं खरीद सकते ! हमारे पास थोड़ा सरमाया है, हमने यहाँ के अहलकार खरीद रखे हैं। जिनके पास और ज़्यादा सरमाया है, उन्होंने और बड़े अहलकार खरीद रखे हैं। और जिनके पास और भी ज़्यादा सरमाया है, वे सरकार ही खरीद लेते हैं !

मनहर की बेटी की सहेली एकदम शीशे की तरह साफ है। उस पर कहीं कोई दाग़ नज़र नहीं आता। जो मन में आया, कह डालती है। बाप के काम को तो इतना बढ़िया समझती है कि बस...। इकलौती संतान है। 'यह मत समझो, बिज़नेस में ऐसे ही कमाई होती है,' एक बार उसने और कहा था, 'पूरी जान खपानी पड़ती है। बिजनेसवाले घरों में आदमी अपनी जान खपाते हैं, औरतें

ऐश करती हैं।'

ऐश ही तो करती थी वह लड़की। खुद तो करती ही थी, मनहर की बेटी को भी करवाती थी। आज इस फाइव स्टार में तो कल उस फाइव स्टार में। घर में भी ऐसे-ऐसे लवाज़मात आते कि पूछो नहीं। माँ बेचारी वही सीधी-सादी औरत। कहने को महँगी से महँगी साड़ी पहनती, लेकिन कहीं-न-कहीं झलक ज़रूर जाता कि अनाड़ी है। कोई काम न सूझता तो घर में पोंछे ही लगाने लगती। उस वक्त वह केवल पेटीकोट ही पहने होती। बेटी कहती, 'माँ, पिताजी के स्टेटस का तो खयाल करो,' और वह बड़ी सादगी से उत्तर देती, 'पुत्तरा, अपना पहला वक्त कदी नहीं भुलना चाही दा,' और इसलिए वह घर की नौकरानियों को भी कभी-कभी अपने बराबर बैठाकर खिलाती। वह अक्सर अपनी बेटी से कहती, 'जदों साड्डा व्याह होया सी, ओदों ते तेरे पिताजी दे घर खान नूं वी नहीं सी लबदा' (जब हमारा ब्याह हुआ था तब तेरे पिताजी को खाने के भी लाले थे)। सच, पापा इतने गरीब थे ! बेटी कभी-कभी ताज्जुब करती। पापा ने खुद भी एक बार उसे बताया था, "बेटी ईश्वर तो है, यह तो मैं मानता हूँ, लेकिन ईश्वर कैसा न्यायकारी है, यह मैं आज तक भी नहीं समझ पाया। जब तक हम ईमानदारी से चलते रहे, तब तक एक-एक पैसे को तरसना पड़ता रहा। और जब सोचा, ईश्वर जो करवाता है, वही करते हैं, भला भी और बुरा भी, तब से नक्शा ही कुछ और होता गया। पाकिस्तान बना, तब मेरी उम्र यही कोई सोलह-सत्रह साल की थी। मैं सब समझता था। दंगों में पिताजी को वहीं हमारी आँखों के सामने ज़िंदा जला डाला गया। बचा मैं, मेरी माँ और एक छोटी बहन। पता नहीं कैसे बच गये ! शरीर में काफी जान थी उस वक्त मेरे। पिताजी का जलता शरीर आज भी मेरी आँखों के सामने फड़फड़ाता है। वह मेरे मरते दम तक फड़फड़ाता रहेगा। उस वक्त हम सबकी आँखों के आँसू सूख गये थे। अपनी जान कितनी प्यारी होती है हम सबको ! बाद में माँ हर वक्त रोती रही। बिलकुल खाली हाथ आये थे हम इधर। तन पर जो कपड़े थे, बस वही थे। बिलकुल मैले-कुचैले। इधर लाकर हमें फिरोजपुर कैंप में पटक दिया गया। कैंप में आये अभी कुछ ही दिन हुए थे कि बाढ़ आ गयी। चारों तरफ पानी ही पानी।...देखा ईश्वर का न्याय ! फिर माँ को हैज़ा हो गया और वह दो-चार दिन में पार हो गयी। सोच सकती हो कैसा वक्त होगा वह हमारा ?" पिता कहे जा रहे थे और बेटी की आँखें बुरी तरह नम हो गयी थी, "फिरोजपुर से हम किसी तरह दिल्ली पहुँचे। तुम्हारी बुआ मुझसे चार साल छोटी थी। लूट-खसोट तो उन दिनों चल ही रही थी। अब कहाँ जायें हम ? हर कोई अजनबी ही अजनबी। किसी पर आसानी से विश्वास भी तो नहीं किया जा सकता था। अब ईश्वर की करनी ही कहो कि हमें पाकिस्तान से आया एक

परिचित मिल गया। वह भी पूरी तरह लुटकर आया था। बिलकुल अकेली जान। बाल-बच्चे, घर-परिवार सब फ़ना हो चुके थे। जाने उसके मन में कैसी हुमड़ आयी कि उसने हमें अपना लिया। हमें भी लगा कि हमें अपना कोई सरपरस्त मिल गया है। अपने लिए उसने एक छोटा-सा काम ढूँढ़ लिया और मेरे लिए भी ढूँढ़ दिया। साथ में मैंने पढ़ना भी शुरू कर दिया और करते-कराते ओवरसियरी के द्वार तक आ पहुँचा। ओवरसियरी का धंधा कोई बुरा नहीं है। कोई बिज़नेस न भी करे, तब भी चलता है। सब ठेकेदार तुम्हारे आगे-पीछे रहेंगे। तुम न भी लो, तब भी पहुँचायेंगे। अब आती माया को कौन मना करे ! हाँ, यह ज़रूर है कि तुम आमदनी के मुताबिक दिखावा करोगे तो झट-से गिरफ्त में आ जाओगे। इसलिए तुमने देखा होगा कि कई इंस्पेक्टर या ये ओवरसियर बड़े गरीब-से बनकर रहते हैं। और कई अपने रिश्तेदारों के नाम पर या इधर-उधर करके फैलने लगते हैं। देखा नहीं, पिछली बार जब हम अमृतसर गये थे। क्या ठाठदार कोठियाँ थीं इन ओवरसियरों की ! क्या पोस्ट और क्या कोठियाँ ! पर इन्हें पकड़े कौन ? जो पकड़नेवाले हैं, वे खुद इन्हीं की तरह मालामाल हुए रहते हैं। बस, पूछो नहीं इस दुनिया का हिसाब-किताब। जो नहीं लेते वे वैसे तंगी से परेशान, और जो लेते हैं... ! यह अंतःकरण नाम की चीज़ उन्हीं के लिए है जो इसे मानते हैं।...यह छटपटाहट तो दोनों तरफ से रहती ही है। इसलिए तंगी में घुटघुटकर क्यों मरें।''

मनहर को ये बस बातें अच्छी तरह याद थीं। बल्कि एक तरह से ये उसके मन पर खुदी हुई थीं। उसकी बेटी ने ही उसे बताया था यह सब। बेटी की सहेली का नाम रूपाली था। बेटी की शादी हुई तो बाद में रूपाली की शादी भी हो गयी। जिस घर में रूपाली ब्याह कर गयी, उनके ठाठ-बाट और भी निराले थे। कहते थे सब जगह सोना ही सोना मढ़ा नज़र आता था। हीरे-जवाहरात की भी कोई कमी न थी। पहले के राजा भी इनकी क्या ताब लायेंगे ! अब पुराने राजाओं का जमाना लद गया। अब नये राजाओं की बात करो। अब तो पुराने राजाओं को अपने ठाठ बरकरार रखने के लिए नये राजाओं के हथकंडे अपनाने पड़ेंगे ! पहले राजा गरीबों पर ज़ोर-जुल्म करते थे, उनकी बस्तियाँ जलवा डालते थे, उनकी बहू-बेटियों को सरे-आम घसीट लेते थे। आज के राजाओं को यह सब करने की ज़रूरत नहीं। वे इंपोर्ट-एक्सपोर्ट का सहारा लेते हैं। बस चलता है तो कुछ तस्करी से भी बचा लेते हैं। फिर ब्लैक की दुनिया उनकी अपनी है। उसमें चाहे जैसे भी गोते लगाते रहो। किसी सुन्दरी पर तबीयत आ गयी तो उसके सामने कुछ चुग्गा फेंको, वह अपने आप बँधी चली आयेगी।

मनहर समझता सब कुछ है, पर कर कुछ नहीं पाया। बस, अपनी उसी बँधी-बँधायी तनख्वाह के सहारे चलता रहा है। ठीक है, लाखों न सही, हज़ारों

तो आते ही हैं। देश के करोड़ों लोगों से बेहतर स्थिति में है वह ! एक बार मनहर के मन में जाने क्या आया कि वह रूपाली के पिता से मिलने चल पड़ा। उनकी मुख्य फैक्टरी मनहर के घर से ज़्यादा दूर नहीं थी। मनहर ने इधर दफ्तर से कर्ज़ लेक़र एक पुरानी फियट खरीद ली थी। स्कूटर तो उसके पास पहले से था ही। वह रूपाली के बाप से मिलने अपनी फियट में ही गया। उसे उसने पहले से फोन कर दिया था। मनहर का ख्याल था कि शायद वह उसे कहीं गेट के पास ही मिल जायेगा। पर जब वह वहाँ पहुँचा तो उसे गेट-कीपर ने रोका और सिक्यूरिटी में पास बनवा लेने को कहा। सिक्यूरिटीवालों ने उससे कई प्रश्न पूछे—कि कहाँ से आये हैं, क्यों मिलना चाहते हैं। मनहर को यह सब अच्छा नहीं लगा। क्या रूपाली के पिता ने पहले से इन्हें आगाह नहीं किया था ? गेट के भीतर दो मर्सीडीज़ कारें खड़ी थीं। मनहर को अपनी औकात का जैसे वहीं एहसास हो गया। पास लेकर वह आगे बढ़ा तो अब उसे रिसेप्शन पर रोक दिया गया और उससे दो-चार मिनट इंतज़ार करने के लिए कहा गया। मनहर को यह भी नागवार गुज़रा। नाहक ही यहाँ आये, उसने अपने आप से कहा। बेहतरी अब इसी में है कि यहाँ से लौट चलें ! लेकिन इतने में रिसेप्शन पर बैठी लड़की ने उससे कहा कि वह भीतर जा सकता है और बायीं ओर के दरवाज़े की तरफ इशारा कर दिया। दरवाज़ा खोलकर वह भीतर कमरे में घुसा तो उसे वह कमरा काफी सज्जित लगा। कमरे में उसी की उम्र का एक आदमी बड़ी-सी टेबल के पीछे एक गद्देदार कुर्सी पर आसीन था। ज़ाहिर था कि रूपाली का पिता वही था। पर रूपाली से वह एकदम भिन्न दिखा। जहाँ रूपाली के चेहरे पर सहज मासूमियत थी, उसके चेहरे पर जैसे कि थोड़ा रूखापन था।

खैर, मनहर को देखते ही वह एकदम अपनी कुर्सी से उठ खड़ा हुआ और बड़े तपाक से आगे बढ़कर उसने उससे हाथ मिलाया और फिर उसे पास ही रखे सोफे पर बैठाते हुए खुद भी उसके सामने बैठ गया। वह उसके सामने बैठा था तो मनहर को काफी अच्छा लग रहा था। फिर मनहर उसे एकटक देखता रहा। उस समय उसके मन में कई तरह के विचार आ रहे थे। क्या यह वही आदमी है जिसके जीवन की शुरुआत उस कदर दोज़खी थी ? खुद मनहर के जीवन की शुरुआत भी तो कम दोज़खी नहीं थीं। फिर जैसे कि वह और मनहर कुछ समय तक समानान्तर पटरियों पर चलते रहे और आखिर अपनी-अपनी राह पर लग गये। लेकिन रूपाली के बाप ने अगर नौकरी न छोड़ी होती तो क्या वह उससे आगे निकल पाया होता ? शायद नहीं। शायद कतई नहीं। ज़्यादा-से-ज़्यादा वह इस समय एक्सियन के पद पर होता, जबकि मनहर पिछले दो वर्षों से महाप्रबन्धक के पद पर है। खैर, अभी बातों का सिलसिला शुरू हुआ चाहता ही था कि वर्दीधारी लड़का एस्प्रेसो कॉफी के दो प्याले और कुछ खाने

का सामान उनके सामने रख गया। मनहर ने ग़ौर किया। हर चीज़ उम्दा थी, बल्कि सलीके से थी। क्या सोफा और क्या गालीचे, क्या वेनीशियन पर्दे और क्या क्रॉकरी, और क्या दीवारों की पच्चीकारी ! फैक्टरी भी सेंट्रली एयरकंडीशंड ! फिर उसने ग़ौर किया कि कमरे में क्लोज़्ड सर्कट टी. वी. सैट भी है जिसके पर्दे पर फैक्टरी तथा कार्यालय की हर हरकत उतरती रहती है। ...न जाने क्यों, मनहर को थोड़ी देर बाद ही वहाँ कुछ अटपटा-सा लगने लगा। वह किसी खास उद्देश्य से तो यहाँ आया नहीं था, लेकिन वह बात को आगे भी नहीं बढ़ा पा रहा था। और क्योंकि रूपाली के पिता को भी उससे कुछ लेना-देना नहीं था, इसलिए उसकी ज़बान भी ज़्यादा नहीं खुल पा रही थी। शायद मनहर के मन में एहसासे-कमतरी उतर आया था। शायद उसके मन ने कहा हो–काश, मैंने भी यही राह पकड़ी होती ! खैर, वह वहाँ से चलने को हुआ तो रूपाली के पिता ने उसे रोका भी नहीं, और अपने कमरे के दरवाज़े पर उससे हाथ मिलाकर उसे रुखसत दे दी।

मनहर घर लौट आया था। छुट्टी का दिन था, इसीलिए वहाँ चला गया था। उसकी बेटी कई बार कहती रही थी कि वह एक बार रूपाली के डैडी से ज़रूर मिल लें। क्यों ? क्यों भला ? तब उसकी बेटी की शादी नहीं हुई थी और न ही रूपाली की हुई थी। तब तो वह उससे मिला नहीं, फिर आज क्यों चल दिया उससे मिलने ! शायद मनहर के मन में रहा हो कि उससे कोई काम ही सध जाये ! नौकरी से रिटायर होने में अब दो-ढाई साल ही तो बचे हैं। पर वह ऐसी कोई बात वहाँ छेड़ ही नहीं पाया था। बल्कि दोनों ओर से कुछ चुप्पी-सी ही बनी रही थी।

घर पहुँचकर मनहर उदास था। क्या एक प्रकार से यह उसकी अवहेलना नहीं है ? पर ऐसी अवहेलनाएँ तो वह ज़िन्दगी में कई बार सह चुका है। हर मोड़ पर, हर चप्पे पर। क्या हुआ आज अगर वह इस पद पर है। उससे ऊपर और भी तो हैं ! अगर वे आबरू उतारने पर तुल जायें तो उन्हें कौन रोक सकता है ? एक दिन प्रबन्ध निदेशक ने कह भी तो दिया था–तुम ठीक से केस भी पुट-अप नहीं कर सकते ! कहने को महाप्रबन्धक हो ! तब उसका चेहरा पिचक कर एकदम छोटा हो गया था...और एक बार तो एक ट्रैफिक कांस्टेबल ने उसे काफी झंझट में डाल दिया था और उसके यह कहने पर कि वह एक सरकारी प्रतिष्ठान में ऊँचे ओहदे पर है, उसने तड़ाक से फटकार दी थी–ऊँचे ओहदे पर होंगे आप अपने दफ्तर में ! यहाँ तो हमारा कानून चलेगा ! वाकई, वह उस समय पसोपेश में पड़ गया था। क्या वह उसके डी. सी. पी. से बात करे ? पर डी. सी. पी. ने भी ऐसे ही झपट दिया तो ! बेशक कानून जो है सो है ही, असली कानूनदां तो ये छोटे अहलकार ही हैं जो हर कानून को अपनी तरह

से सरंजाम देते हैं। क्या उसके अपने दफ्तर में उसके अधीनस्थ कर्मचारी अगर किसी काम में अड़ंगा लगाने पर उतारू हो जायें तो अपने मन की करवाये बिना रहते हैं ? तब कैसा लाचार होता है वह उस समय ! उसे याद है एक बार एक कचहरी में उसे एक चपरासी ने बिना रत्ती-सा भी हिचके कहा था—अरे, कागज़ पर कुछ वज़न तो रखो, उड़ा जा रहा है। चपरासी को उस कागज़ पर मैजिस्ट्रेट की सिर्फ मोहर ही लगानी थी, और मैजिस्ट्रेट वहीं सामने बैठा था !

मनहर को यह अवहेलना और तिरस्कार और भी कई तरह सहना पड़ा। और तो और, अपने को 'भगवान् के बन्दे' कहनेवालों के यहाँ उसे तिरस्कार की एक दूसरी बानगी मिली। उन दिनों वह 'भगवान् के बन्दों की सभा' में अक्सर शामिल होता था। सभा के संस्थापक एक बुज़ुर्ग व्यक्ति थे। पिचासी को छू रहे होंगे, पर काठी खासी मज़बूत थी। चेहरे से जलाल भी खूब टपकता था। अपने को प्रायः वह भगवान् का अवतार ही कहते थे। सभा में जो कोई भी आता, उनके पाँवों पर अपना माथा रख देता, और वह सहज ही उसे अपने आशीर्वाद से सराबोर कर देते। मनहर उन दिनों एक प्रकार से अनीश्वरवादी था। उसने जब लोगों को उनके पाँवों पर माथा रखते देखा तो उसे कुछ असमंजस-सी हुई। वह तो केवल खड़े-खड़े ही अभिवादन करने का आदी था, और उसने उनका भी उसी प्रकार अभिवादन किया। फिर एक दिन जाने किस रौ में आकर उसने भी उनके पाँव छू लिये और उन पर अपना माथा रख दिया। कुछ सुकून तो ज़रूर मिला उसे, लेकिन ऐसा भी नहीं कि वह किसी अभूतपूर्व अनुभव से गुज़र रहा हो। फिर वह धीरे-धीरे उनके पाँव छूने और उन पर माथा रखने का आदी हो गया। खूब रमता था उसका मन उस सभा में। राम-रहीम, कृष्ण-करीम में वहाँ कोई अन्तर नहीं था। जुरथुष्ट्र और ईसा भी वहाँ उतने ही पूजनीय थे। वहाँ हिन्दू भी आते थे और अन्य भी। पुरुष भी आते थे और स्त्रियाँ भी। विदेशी अनुयायियों की संख्या भी अच्छी-खासी थी। सभी सम्पन्न थे। देशी अनुयायियों में भी अधिकतर सम्पन्न ही थे। वे अपनी कारों में आते और भेंट-स्वरूप बढ़िया से बढ़िया चीज़ें दे जाते। मनहर के पास वैसी सम्पन्नता तो थी नहीं, बल्कि अधिकतर तो वह नपा-तुला ही रहता था, इसलिए हर बार भेंट-स्वरूप कुछ ले जाने में वह अपने को असमर्थ ही पाता। इससे उसमें हीनता का भाव भी जगता और वह भीतर-ही-भीतर भीरुता-सी भी अनुभव करता रहता। तीज-त्योहार के अवसर पर तो यह भेंट का सिलसिला और भी अधिक जमता और लोग बड़ी-से-बड़ी भेंट लेकर वहाँ पहुँचते। ऐसे ही एक अवसर पर मनहर वहाँ पहुँचा तो था, पर था बिलकुल खाली हाथ। कहाँ एक-से-एक बड़े फलों के टोकरे और मिठाइयों के डिब्बे और कहाँ मनहर खाली हाथ ! उधर एक विदेशी इलैक्ट्रानिक टाइपराइटर ले आया था। भीड़ उस दिन काफी थी।

इसलिए अनुयायी लोग, पंक्तिबद्ध, एक-एक करके आगे बढ़ रहे थे। वे अपनी भेंट वहीं पास में रख देते और चरण-स्पर्श करके आशीर्वाद प्राप्त कर लेते। मनहर की बारी आयी तो वह आगे तो बढ़ा, उसने चरण-स्पर्श भी किया लेकिन आशीर्वाद के लिए वह इंतज़ार ही करता रह गया ! यह क्या ! क्या भगवान् के बन्दों में भी भेद-भाव चलता है ? क्या यहाँ भी पैसे का ही बोलबाला है ?

मनहर उस दिन काफी व्यग्र रहा। घर में पैसे की कमी ने उसे पहले ही काफी व्यग्र कर रखा था। एक खर्चा पूरा किया नहीं कि दूसरा तैयार है। और फिर पैसे की कीमत भी क्या है ! पहले तो उसे बेटी की शादी पर उठाये कर्ज़ को चुकाना है ! माना कि तनख्वाह माकूल है, लेकिन माकूल तनख्वाह क्या हर मर्ज़ का इलाज है ? उससे तो किसी तरह महीना ही पार हो पाता है। कर्ज़ उतारने के लिए तो कुछ ऊपर से भी आना चाहिए। लेकिन ऊपर से आये कहाँ से ? क्यों नहीं नौकरी ही ऐसी की उसने ? या किसी तरह का हथकण्डा ही अपनाया होता ! क्यों पैसे की संस्कृति से वह एक तरह से बेगाना ही रहा ? क्यों नहीं उसने कुछ लोगों की तरह पैसा ही सोचा और पैसा ही जिया ? क्या ऐसे लोगों के लिए बाकी सब कुछ गौण हो जाता है ? जैसे कि रूपाली के बाप के लिए। अगर कोशिश की होती उसने तो क्या वह भी पैसेवाला नहीं बन सकता था ? तब शायद उसे यह तिरस्कार भी बार-बार न सहना पड़ता। तब शायद उसे 'भगवान् के बन्दों की सभा' में स्थान भी एक प्रमुख सदस्य का मिलता और संस्थापक महोदय हर विशेष अवसर पर एक विशेष कुर्सी उसके लिए लगवाते या उसे भी अपनी बगल में ही मंच पर आसन देते।

इसी सभा में मनहर की जान-पहचान एक ऐसी महिला से हुई जो हर दृष्टि से उसे परिपूर्ण दिखी। स्वस्थ, सुन्दर, कद्दावर और स्थैर्यवाली। ओजस्विता उसकी हर भंगिमा से प्रतिभासित होती थी। मनहर को लगा जैसे कि वह जीवन के हर रहस्य को भेद गयी है। वह वहाँ शान्त भाव से आती और शान्त भाव से चली जाती। प्रवचन के समय उसकी आँखें प्रायः बन्द ही रहतीं और जब खुलतीं तो अपने में एक विशेष प्रकार का प्रकाश लिये होतीं। मनहर की पत्नी, उन दिनों, जाने क्यों, उसे बात-बात पर फटकार देती रहती और वह फटकार साथ सोते समय भी अक्सर बनी रहती। इससे मनहर के अवयव प्रायः लस्त ही रहते और कोशिश के बावजूद उनमें तनाव न आ पाता। या कई बार ऐसा भी होता कि प्रताड़ना का बोझ वह तमाम दिन अपने साथ लिये-लिये घूमता रहता और रात को भी उसे वह अपने मन से उतार न पाता, जिससे वह अपने को बेजान-सा महसूस करता। दो-चार बार तो उसे ऐसे भी लगा जैसे उसने अपना पौरुष खो दिया है जो अब कभी लौटेगा नहीं। कभी-कभी उसके सामने एक प्रश्न भी उठता—क्या वह भी अपनी पत्नी को वैसी ही प्रताड़ना दे जैसी

कि वह उसे देती है ? या दूसरा तरीका उसके प्रति एकदम क्रूर हो जाना है। क्यों नहीं ? क्या शारीरिक भूख का कोई महत्त्व नहीं ? कया शारीरिक संसर्ग के बिना स्त्री महीनों, वर्षों काट सकती है ? सभा के संस्थापक तो हमेशा यही कहते रहे कि स्त्री-पुरुष को केवल सन्तान-उत्पत्ति के लिए ही संसर्ग करना चाहिए। और जब सन्तान-उत्पत्ति की इच्छा जगे भी तो पहले गुरु से मंत्रणा लेनी चाहिए ताकि जो सन्तान पैदा हो, वह अपने में ईश्वर के सभी गुण लिये हुए हो। संस्थापक महोदय ऐसी सन्तान को 'गॉड-गाइडेड' सन्तान कहते थे।

ईश्वर ! गॉड ! कौन हो तुम, भाई ? ज़रा अपना स्वरूप तो दिखाओ। मनहर के एक मित्र ने कहा था कि वह तो कण-कणवासी है। उसने तब एक श्लोक भी दोहराया था जो यह अर्थ देता था कि जैसे दर्पण को महीन से महीन पीस देने पर भी उसमें दर्पण का गुण विद्यमान रहता है, उसी प्रकार ईश्वर भी महीन से महीन कण में अपना अस्तित्व बनाये रखता है। एक और का कहना था कि ईश्वर तो मात्र एहसास है। इसे मानो तो सब कुछ है, न मानो तो कुछ भी नहीं है। उसने इस एहसास की तुलना घण्टे की खनक से की थी जिसकी अनुगूँज धीरे-धीरे दूर होते-होते गहरी भी होती जाती है। लेकिन सबसे पहले ईश्वर के एहसास को पाया किसने ? आदमी की लाचारी ने ? उसकी निस्सहाय अवस्था ने ? अपनी नियति के सामने कितना लाचार है यह आदमी ! खूब हाथ-पाँव पटक लेने पर भी कई बार वह रोता ही रहता है ! और कई बार बिना अंगुली हिलाये ही सब कुछ अपने आप अनुकूल होता रहता है !

उस महिला से मनहर को कई विषयों पर बातचीत करने का मौका मिला था। हालाँकि वह आत्मिक बल पर बहुत ज़ोर देती थी, लेकिन उसका यह भी कहना था कि आदमी का पहला कर्तव्य अपने आस-पास, अपने सम्पर्क में आनेवालों में खुशी भरना है। आप अगर किसी को यह खुशी दे सकते हैं तो लोग जंगल में भी आपके पीछे लगेंगे, और अगर आप नफरत का ज़हर फैलाते हैं तो महलों में रहने पर भी आप से लोग दूर भागेंगे। एक दूसरे सन्दर्भ में उसने यह भी कहा था कि किसी भी काम को शुरू करते समय आपके भीतर दो तरह की आवाज़ें उठती हैं—एक मद्धिम रहती है और दूसरी प्रबल। लेकिन मद्धिम आवाज़ ही सही आवाज होती है जिसे लोग आम तौर पर सुन नहीं पाते और प्रबल आवाज़ के पीछे-पीछे चल पड़ते हैं।

मनहर को इन दोनों उक्तियों में जैसे कि जीवन की सच्चाई दिखी थी। काश कि वह अपने चारों ओर खुशी बिखेर पाता ! उसे लगा था जैसे कि वह अब तक एक संकुचित ज़िन्दगी जीता रहा है। किसी से मिलते समय उसके भीतर, जाने क्यों, कई तरह के भाव उभरते थे। कभी वह किसी से कन्नी काटना चाहता और कभी किसी को नीचा दिखाने की भी फिराक में होता। और कई

बार ऐसा भी हुआ कि जब कभी उससे निंचले स्तर का कोई व्यक्ति उससे मिलने आया, उसने उसे बैठने का संकेत तो ज़रूर दिया, लेकिन मन के भीतर उसे कहीं कुतरन-सी भी होती महसूस हूई। और तो और, परिस्थितिवश जब उसकी फुफेरी बहन एक बार अपने बच्चों सहित उसके यहाँ आ पहुँची थी कुछ अजीब तरह का भाव उसके चेहरे पर आता-जाता रहा, जबकि इसके बरअक्स उसकी पत्नी बिलकुल सहज रही। बल्कि उसने स्थिति को समझा और उस औरत को हर तरह से ढाँढस बँधायी। तब पत्नी से ही उसे पता चला था कि पति के चले जाने के बाद यह औरत हर तरह से अपने को लाचार पा रही है और बच्चों के रिश्तों के लिए मारी-मारी शहर-दर-शहर भटक रही है। तब एक दिन मनहर ने भी ग़ौर किया था कि उसकी हालत वाकई गम्भीर है और वह बैठे-बैठे हिलती तो रहती ही है, अपने से बातें भी करती रहती है। खैर, उस समय तो मनहर भी काफी द्रवित हो गया था, लेकिन बाद में दूसरे मुद्दों को लेकर उसने पत्नी को टोका था।

उन सब बातों को याद करके मनहर को जाने कैसा-कैसा लगने लगा था। क्यों नहीं वह भी सहज रह पाया अपनी पत्नी की तरह ? क्यों वह बात-बात पर उसे टोकता रहा ? फुफेरी बहन से पत्नी का रिश्ता आखिर पति के कारण ही तो है। तब कैसे पत्नी ने उसे सहज ही स्वीकार लिया जबकि वह उससे एक प्रकार की दूरी ही बनाये रहा। क्यों ? क्योंकि उनका परिवार गर्दिश में फँस गया है ? क्या नहीं था उनके घर में भी एक वक्त ? फ्रिज, रेडियो, मोटर साइकल ! लेकिन जब गर्दिश का चक्का घूमा तो सब एकाएक गायब हो गया। मनहर को याद है—जब उनका फ्रिज बिक रहा था तो किस तरह उस फुफेरी बहन की आँखों से आँसू ढुलक रहे थे। बच्चे भी बिलकुल छोटे थे। खुद घर के लोगों ने ही उन्हें घर से बेदखल कर दिया था। पति महोदय अपनी खुराफातों से बाज़ नहीं आते थे। अच्छी-खासी नौकरी थी। वहाँ जाने क्या गोलमाल हुआ कि नौकरी से हाथ धोने पड़ गये। घरवालों से तो पहले से उलझन थी ही। इसलिए वहाँ भी बेदखली तक की नौबत आ पहुँची।...कैसे होता है यह सब ? मनहर हैरान था। कहीं तो आदमी उठता है तो उठता ही जाता है, और कहीं गिरता है तो उसे थाह नहीं मिलती ! खुराफातें करनेवाले तो वैसे और भी अनेक हैं। उधर हर तरह के घपले करेंगे और इधर देवी-देवताओं की मन्नत मान लेंगे। क्या ये देवी-देवता इतनी आसानी से झाँसे में आ जाते हैं ? क्या वे उनकी कारगुज़ारियाँ देख नहीं पाते ? कहनेवाले तो यह भी कहते हैं कि हम अपनी किस्मत की डोरी खुद ही बुनते हैं, अपनी सोच से, अपने कर्मों से, अपनी इच्छा-शक्ति से। तब फुफेरी बहन के पति ने अपनी किस्मत की डोरी क्या खुद ही तैयार नहीं की ? और तो और, उस तंगदस्ती में उसकी नीयत को भी शक

की निगाहों से देखा जाने लगा और होते-होते नौबत यहाँ तक आ पहुँची कि लोग उसकी शक्ल से भी परहेज़ करने लगे। फिर सुनने में आया कि वह हर मिलनेवाली औरत पर डोरे डालने की फिराक में रहता है और अपनी हवस की रौ में उसने अपने सगे-सम्बन्धियों को भी नहीं बख्शा। फिर सुनने में यह भी आया कि उसने यह शहर छोड़ दिया है और राजस्थान के किसी दूसरे शहरे में बस गया है। फिर सुनने में आया कि अब उसका काम ठीक चल निकला है और उसके बेटे भी उसका हाथ बँटाने लगे हैं। फिर सुनने में आया कि वह काफी खुशहाल है और अच्छी-खासी जायदाद का मालिक बन गया है। और फिर सुनने में आया कि वह तो इस दुनिया से कूच कर गया है, पर उसके बेटे घर की अच्छी सार-सँभाल कर रहे हैं। जैसे कि सब कुछ सिलसिलेवार चल रहा हो। दरअसल, यह सिलसिला ही तो है जो मनहर को परेशान किये रहता है। कहीं आपने ज़रा भी कुछ बेहक झटकने को कोशिश की तो आपको उसका सिला फौरन मिल जाता है, और कहीं लोग सब कुछ हड़पे जाते हैं और उन्हें कहीं चुभन तक नहीं होती।

हाँ, एक वक्त वह भी था जब ईश्वर को मनहर ने बालाये ताक रख दिया था और देवी-देवताओं की ओर तो वह आँख उठाकर भी नहीं देखता था। तब उसकी पत्नी जब मन्दिर जाती तो वह बाहर खड़ा-खड़ा ही उसका इंतज़ार करता रहता। शनि-मगंल को मनाना भी उसे एक बेकार की हरकत लगती। कितनी कर्म-काण्डी है यह पत्नी मेरी, वह अक्सर सोचता। लेकिन फिर जाने क्या हुआ कि उसे हर कहीं ईश्वर का चमत्कार दिखने लगा। आदमी की अंग-रचना। औरत की अंग-रचना। उनका एक-दूसरे में समा जाना। मन। उसकी उड़ान। आँख झपकते ही कहाँ से कहाँ पहुँच जाना। मन का उद्वेलन। उद्‌गार। नफरत। प्यार। रोना। हँसना। पीड़ा। उल्लास। कुछ पा लेने की ललक। आगे बढ़ते रहने की लालसा। सृष्टि का क्रम। ऊर्जा। वीर्य। रज। कोई तो है जो इस सबका संचालन करता है। कोई तो है जो नियंता-नियामक की भूमिका निभाता है। नहीं तो सब एक-दूसरे से टकरा न जायें। और जब टकराते हैं तो कैसा विनाश होता है। विनाश के वैसे और भी तो कई रूप हैं ! भूकंप। बाढ़। गाज।

उन्हीं दिनों मनहर 'भगवान् के बन्दों की सभा' के एक सदस्य के सम्पर्क में आया था और उसी ने उसे सभा की राह बतायी थी जहाँ वह ईश्वरी सत्ता का बराबर कायल होता रहा, हालाँकि सभा के संस्थापक से उसे एक प्रकार का धक्का ही मिला और उनसे वह धीरे-धीरे विमुख ही होता गया। पर वह महिला ? उसने भी वहाँ आना एकाएक बन्द कर दिया था और फिर पता चला कि वह विदेश चली गयी है।

मनहर को कुछ बातें सोचकर अभी भी अपने पर हँसी आती है। कैसे

वह धीरे-धीरे स्वयं भी कर्म-काण्ड की ओर खिसकता चला गया ? मंगल और शनि के दिन जैसे कि उसके ज़हन पर नक्श हो गये थे। हर मंगल के दिन वह प्रसाद की थैली के साथ मन्दिर में पहुँचता और उसे हनुमान जी को अर्पित करने के लिए पुजारी के हवाले कर देता। इसी प्रकार हर शनिवार को जैसे ही वह 'शनि को मनावें' की गुहार सुनता, वैसे ही छाया-पात्र में चवन्नी या अठन्नी डालने के लिए तैयार हो जाता। एक बार एक ज्योतिषी ने उसे कार्य-सिद्धि के लिए एक टोटका भी बताया था और उसने विधिवत उसे पूरा किया था। टोटका क्या था, बस पुराने जूते को पुराने कपड़े में लपेटकर एक चौराहे पर इस तरह पटकना था कि कोई उसे देख न पाये, और न ही वह स्वयं मुड़कर उसे देखे। उसने पुराने कपड़े में लिपटे पुराने जूते की पोटली चौराहे पर फेंक तो दी थी, लेकिन उसे बराबर यह डर भी लगा रहा कि यदि किसी ने देख लिया तो क्या कहेगा ! नहीं, किसी ने उसे देखा नहीं था और ताज्जुब, कि उसका रुका हुआ काम भी पूरा हो गया था ! कैसे पूरा हुआ था वह काम ? क्या यह महज़ एक इत्तफाक था ? क्या हमारे नक्षत्र हमें इस तरह से प्रभावित करते हैं ? क्या ज्योतिष एक संपूर्ण विद्या है ? उस ज्योतिषी ने उसे और भी कई बातें बतायी थीं—जैसे स्वर (नाक की साँस) को अपने अनुकूल बनाना और त्राटक दृष्टि का विकास करना !

त्राटक दृष्टि ! यानी किसी को भी अपने निक्षेप से अपने वश में कर लेना। क्या आदमी के भीतर ऐसी अपार शक्ति है ? कैसे विकसित होती है यह शक्ति ? कैसे आदमी धीरे-धीरे ऊर्ध्वगामी होता जाता है ? कैसे आदमी एक के बाद एक ऊँचाई पार करता जाता है ? तब यह अवसाद और अवहेलना उसके लिए गौण नहीं हो जाते ? मनहर को लगा जैसे अवहेलना का यह भाव उसके अपने ही भीतर छिपा हुआ है जो समय-समय पर उस पर हावी होता रहता है। तब क्यों नहीं उसने उसे बाहर निकाल फेंका ? तब क्यों नहीं उसने अपने आप को पुष्ट किया ? तब क्यों नहीं उसने प्यार की जगमगाहट चाही ? वह महिला ठीक ही तो कहती थी—अपने को ऐसे बिन्दु पर ले जाओ जहाँ से फिर कोई तुम्हें गिरा न सके। 'सीक परफेक्शन,' वह बार-बार कहती, 'द रेस्ट विल फॉलो !' मनहर की आँखों के सामने उस महिला का चेहरा अब भी बार-बार दमदमा उठता है। 'कहाँ हो, भाई !' वह जैसे कि उसे गुहार लगाता रहता है।

और उस महिला ने यह भी तो कहा था, 'केन्द्रित मन एक ऐसा चिराग़ है जो हमारी आत्मा के हर कोने को उजागर करता है।' तब करो न अपनी आत्मा के हर कोने को उजागर, मनहर !

□□

याद करो-याद करो

एक दिन उसने खुद से सवाल किया, "तुम इस कदर बदहवास क्यों रहते हो ?"

उस वक्त उसके पास इस सवाल का तुरन्त कोई जवाब नहीं था। वह चुप रहा। फिर वह शीशे के सामने खड़ा हो गया, दोनों पाँव जोड़कर, और उसमें अपनी आकृति निहारने लगा। अपनी आकृति में उसे कोई खराबी नज़र नहीं आयी, सिवाय इसके कि चेहरा कुछ-कुछ कमजोर लगा। पर चेहरे का यह घटाव-बढ़ाव तो चलता ही रहता है, उसने खुद से कहा। फिर उसका अपनी टाँगों की तरफ ध्यान गया। ठीक ही तो है, जहाँ इतनी बीती, और बीत जायेगी। अब इन चीज़ों पर ग़ौर भी कौन करता है ! खास बात है तुम्हारी फबत, तुम्हारा व्यक्तित्व। अगर तुम्हारी फबत और तुम्हारा व्यक्तित्व दूसरे पर भारी पड़ते हैं तो टाँग के छोटी-बड़ी होने से क्या अन्तर पड़ता है !

उसने पाँव के पंजे को थोड़ा साधा, एड़ी को थोड़ा ऊँचा किया और दोनों टाँगें बराबर करके शीशे के सामने अटेंशन हो गया। नहीं, यह भी एक कसर रह ही गयी ज़िन्दगी में। फिर उसे याद आया कि शादी के वक्त किसी ने इसी बात को लेकर रोड़ा अटकाना चाहा था। धत् तेरे की ! अब यह सब क्या सोचना। अब तो बच्चे भी इतने बड़े-बड़े हो गये। दो की तो शादी भी हो चुकी है। उनके बच्चे भी हैं। तब यह ग़म क्यों पाले हुए हो ?

तभी उसे उरु-मूल में एक चुभन-सी महसूस हुई। बड़ी तीखी चुभन थी यह। जैसे लम्बी सूई भीतर जा रही हो। वहाँ चकत्ते-से हो गये हैं। हर वक्त परेशानी का भाव पैदा करते हैं। उपचार भी उनका बराबर चलता ही रहता है। फिर भी वे जाते ही नहीं। किसी से इनके बारे में बात करते हुए भी संकोच होता है। इसी से चेहरे पर खीझ चली आती है।

वैसे यह कोई बड़ी बात है भी नहीं। हर किसी को कुछ-न-कुछ लगा ही

रहता है। हर कोई अपनी तकलीफ खुद ही जानता है। हर कोई अपने भीतर काफी कुछ छिपाये रहता है। वैसे अगर तुम उसके अंगों को काटो तो उनमें वही लहू, वही मांस, वही मज्जा मिलेगी। तब यह तकलीफ कहाँ छिपी रहती है ? तब आदमी के ये लाखों-करोड़ों भाव कहाँ अटे पड़े रहते हैं ? तब क्यों कभी-कभी आदमी आँखें होते हुए भी देख नहीं पाता ? तब कैसे एक आदमी ऊपर ही ऊपर उठता रहता है और दूसरा नीचे ही नीचे खिसकता जाता है ? यानी आदमी की यह नियति ? कहाँ लिखी रहती है यह ? किस पाटी पर ? वैसे कितनी मुक्ममल इकाई है यह आदमी ! उसी के भीतर गरमी है और उसी के भीतर सर्दी भी !

पर ये तो प्रश्न हैं। कोरे प्रश्न हैं। ये प्रश्न आज से हज़ारों साल पहले भी पूछे गये थे और हज़ारों साल बाद भी पूछे जायेंगे। आदमी तब भी ऐसे ही खाता था। वह तब भी ऐसे ही हगता था। वह मैथुनरत भी ऐसे ही होता था। प्रजनन-क्रिया भी इसी रूप में चलती थी। घृणा और प्रेम के चक्र भी उसमें ऐसे ही क्रियाशील रहते थे। उसके भीतर तब भी देव और दानव ऐसे ही बसते थे। वह तब भी किसी को जिलाता था, किसी को नष्ट करता था। क्या-क्या नहीं हुआ महाभारत काल में ? याद करो, ज़रा याद करो।

उसने याद किया। फिर वही सिलसिला शुरू हो गया। घर-परिवार। सगे-सम्बन्धी। देना-लेना। दुनियादारी। अखबारी खबरें। खुद की खबरें। दूसरों की खबरें। अखबार कहते हैं कि बस के ड्राइवरों, कण्डक्टरों की हड़ताल खिंचती ही चली जायेगी। बेटा कहता है कि आज वह बड़ी मुश्किल से, कार-स्कूटरवालों से लिफ्ट माँग-माँगकर घर पहुँचा। बेटी कहती है कि कल उसे एक्ज़ामिनेशन सेंटर पर वक्त पर पहुँचना ही है। बीवी कहती है कि कल उसके साथ ज़बरदस्त हादसा हो सकता था, क्योंकि बैंक से बाहर आते ही उसे चक्कर आ गया और वह नाले में गिरते-गिरते बड़ी मुश्किल से बची। कितना अजब लगता है यह सब सुनकर ! बीवी के घुटने पर और आँख के पास खासी चोट आ गयी थी। उसका ब्लड प्रेशर शायद एकदम नीचे चला गया था। ब्लड प्रेशर नीचे चले जाने से उसे पहले सर-दर्द ही होता था जिसके लिए वह हमेशा अनमनी होकर दवा लेती रही थी।

उसे कुछ और भी याद आया। घर का खर्च जंगली भैंसे की तरह बेकाबू होकर उसे कुचलने को हो रहा है। इस खर्च ने अब शक्ल भी कुछ दूसरी ही ले ली है। अब पहले जैसी बात नहीं रही। अब हर किसी के लाइफ-स्टाइल में फर्क आ चुका है। पहले मामूली पानी से काम चलता था, अब मिनरल वाटर

की भी ज़रूरत पड़ जाती है। पहले दाल-सब्जी ही काफी थे, अब नूडल-मैकरौनी का ज़माना आ गया है। पहले मटन की माँग होती थी, अब चिकन के लैग-पीस दरकार होते हैं। पहले रेडियो-ट्रांज़िस्टर मनोरंजन करते थे, अब वीडियो कैसेट उनकी जगह ले चुके हैं। पहले स्कूटर की सवारी से बात बन जाती थी, अब राहत कार में बैठकर ही मिलती है।

आप कहेंगे किस काम का है यह आदमी जो आम आदमी से इतनी दूर जा चुका है ? उसने एक दिन फिर अपने से सवाल किया, "क्या वाकई मेरे और आम आदमी के बीच फासला काफी बढ़ चुका है ?" उसने उस फासले को नापने की कोशिश की, लेकिन उसकी यह कोशिश नाकाम ही रही। उसे लगा कि हर आम आदमी उससे कद में थोड़ा लम्बा ही है। उसे उन मजदूरों की याद आयी जो उसके घर में नया क्रॉकरी कब्बर्ड लेकर आये थे। क्रॉकरी कब्बर्ड वाकई काफी भारी था जिसे सीढ़ियों से ऊपर लाते-लाते वे हलकान हो गये थे। पर मजदूरी भी उन्होंने कोई कम नहीं ली थी। दो सौ रुपये। दो मजदूर ! सम्भवतया दिन में यह उनका पहला चक्कर नहीं रहा होगा। और जिज्ञासा-वश उसने उनसे ही पूछ लिया था और उन्होंने बेहिचक बताया था कि सीज़न लगने पर कई बार उनकी दिहाड़ी दो-ढाई सौ तक जा पहुँचती है, लेकिन सौ-डेढ़ सो तो बन ही जाते है। और उसकी दिहाड़ी ? वह भी तो इससे ज़्यादा नहीं है, और इस पर टैक्स-कटौतियाँ अलग। फिर इस कब्बर्ड के दाम भी वह कौन-सा अभी चुका देगा ? चलता रहता है यह हिसाब-किताब भी ऐसे ही। खैर, उसे उन मज़दूरों से कोई ईर्ष्या नहीं थी। दूसरे देशों में तो आय के बीच इतना अन्तर है भी नहीं, बल्कि मज़दूरी करनेवाले कलम घिसनेवालों से ज़्यादा ही पाते हैं। हाँ, उसने उनसे इतना ज़रूर कहा था कि अगर उनकी आय माकूल है तो वे अपने बच्चों को शिक्षा ज़रूर दिलायें ताकि वे बेहतर ढंग से जियें। लेकिन उसे लगा कि जैसे उन्हें उसकी बात में ज़्यादा दम नहीं दिखा और वे उसके यहाँ से चाय-पानी पीकर चलते बने।

थे तो उसके पूर्वज भी एक तरह से मज़दूर ही। हाथ के कारीगर थे। अपना माल तैयार कर लेते तो शाम को उसे समेटकर 'शाह जी' की दुकान पर पहुँच जाते। मंदी का ज़माना था वह। उन दिनों कोई मुश्किल से ही थोड़ा-बहुत सामान खरीदता था। इसलिए 'शाह जी' भी उन्हें हाथों-हाथ मजदूरी देने से कतराते थे। लेकिन दूसरा विश्वयुद्ध शुरू हुआ तो सब की किस्मत पलटा खा गयी। बाज़ार में अब ग्राहक ही ग्राहक दिखते थे। और माल भी देखते ही देखते उठ जाता था। अब शिक्षा उन्हें 'बेकार की चीज़' लगने लगी थी, हालाँकि पहले वे

'बाबुओं' को अपने से कदरे बेहतर समझते थे।

लेकिन एक फर्क यहाँ और साफ करना होगा—शाम होते ही आम आदमी जबकि गिलास का सहारा लेता है, उसे यह अपनी बिसात से परे की चीज़ लगती है। वैसे ही अक्सर बनिये से उधारी किये बिना पार नहीं पड़ता तो गिलास की इल्लत क्यों पाली जाये ? बनिये से ही उधारी पर नहीं चलता, बल्कि कभी-कभार इधर-उधर भी देखना पड़ता है, और तब जो खट-खट मन में चलती है, उसे तो बयान करना भी मुश्किल हो जाता है। मन में एक तरह का भय भी रहता है...कि बात फैली तो फैलती ही जायेगी। पर एक दिन बीवी ने इसका समाधान सहज ही दे दिया था। किसी का उदाहरण देते हुए वह बोली थी कि जब ऊपर से नीचे तक सब कमीशन लेते हैं, तब आप ही क्यों चिन्ता में पड़ जाते हैं !

बीवी क्या ठीक कहती है ? उसके तो उसूल ही दूसरे हैं। वह एक हाथ से खींचती है तो दूसरे हाथ से लुटाती है। वह कहती है खर्च नहीं करोगे तो भगवान् देगा भी नहीं। भगवान् देता ही उसी को है जो खर्च करता है। और इसीलिए तो घर में कभी-कभी सराय का-सा समाँ बँध जाता है और हर ऐरा-वगैर, उसके यहाँ आ टिकता है, और फिर रसोई की मिल्कियत भी वही सँभाल लेता है। और फिर चाय की पत्ती देखो तो खत्म, चीनी देखो तो खत्म, सब खत्म ही खत्म। जेब आखिर कब तक साथ दे सकती है ! इसलिए फिर जाओ बनिये की शरण में और लिखवा दो अपना नाम वहाँ उसके खाते में। चलता है, यह खूब चलता है। इधर देना है। उधर लेना भी तो है। रिटायरमेंट होने पर ढाई-तीन लाख तो कहीं नहीं गये।

ढाई-तीन लाख ! उसे कुछ और याद आया। देखो, थोड़ा-थोड़ा करते कहाँ से कहाँ पहुँच गये। एक वक्त था जब साईकिल पर ही मारे-मारे दर-दर घूमते रहते थे और कोई दो कौड़ी से भी नहीं पूछता था। बल्कि एक बार ऐसे भी हुआ कि किसी ने उसकी साईकिल की घण्टी का ढक्कन ही उतार लिया और वह सन्न-सा हुआ वहीं कुछ देर खड़ा रह गया। बड़ा अजब समय था वह। कहीं से भी निकासी नहीं दिखती थी। बस ढाई सौ रुपये माहवार की नौकरी मिल जाये, इत्ती-भर उसकी आकांक्षा थी। और यकीन मानिए जब उसे किसी ने एक हज़ार रुपये माहवार की नौकरी की पेशकश की तो उसे लगा जैसे कि किसी ने उसे एक ज़बरदस्त झंझावात के बीच ला खड़ा किया है, और वह किसी तरह भी अपना संतुलन कायम नहीं रख पा रहा है। और वाकई वह अपना संतुलन कायम नहीं रख पा रहा था, क्योंकि वह उसके पास कभी लौटकर गया ही नहीं। लेकिन अब उसे लगता है कि उस वक्त गाड़ी छूट जाने से वह उसे कभी पकड़ नहीं पाया, और इसलिए कहीं भी पहुँचने में उसे ज़्यादा से ज़्यादा समय लगता है। क्या इसे वह जीवन की विडम्बना कहे ? विडम्बना ही तो है यह कि इतनी

मंज़िलें पार कर लेने पर भी वह किन्ही मानों में ठीक उन आदिवासियों की तरह है जिनके इलाके में से रेल तो गुज़रती है, पर वे उस पर कभी सवार नहीं हो पाये। अब क्या कोई यकीन मानेगा कि इक्कीसवीं सदी की ओर अग्रसर भारत का एक खाता-पीता नागरिक कभी हवाई जहाज़ का यात्री नहीं बन पाया ? वैसे नायाब होने को और भी बहुत-सी चीजें होंगी जो उसके अनुभव से एकदम बाहर हैं और जिसकी उसने कभी कल्पना भी नहीं की।

कैसा गज़ब का देश है यह ! कैसा विचित्र परिवेश है यह ! जहाँ आप अपनी ऊँचाई कभी पा ही नहीं सकते। अखबार पढ़ो तो परेशानी और बढ़ती है। कुछ खबरें तो वाकई बड़ी नामुराद होती हैं। एक से एक बड़ा लफड़ा सामने ला खड़ा करती हैं। अब वह फरिश्ता-सूरत रहनुमा करे भी तो क्या करे ! उसने शायद हर तरह के सपने लिये थे, देश को आगे बढ़ाने के सपने, देश को चोटी तक पहुँचाने के सपने। पर चोटी तो बहुँत ऊँची होती है न। इतना भारी-भरकम देश ...इसे वह घसीटकर चोटी तक ले जाये भी तो कैसे ? तभी वह अक्सर बेहाल-सा हुआ दिखता है। अब उसके होंठों पर वह पहले जैसी मुस्कान नहीं रही, बल्कि अब तो वह कभी-कभी बेहाली में कुछ ऊल-जुलूल भी कह जाता है। अभी उस दिन उसने जाने क्या कह दिया कि भूकम्प-सा आ गया। कुछ लोगों ने तो उसे फिजूल-खर्च तक करार दे दिया—कि देश डूबेगा तो इसी के हाथों। अब देश में पैसा है तो खर्च होता है न ! किसी ने कहा था कि गरीब लोगों वाला यह देश बहुत अमीर है। पहले करोड़ो-अरबों की बात होती थी, अब नील, पदम और शंखों की बात होती है। नील, यानी सौ खरब। देश अमीर है—तभी तो इतना कर्ज़ उठा पाता है। और जो कर्ज़ उठाता है, उसे ब्याज तो देना होगा ही, चाहे किसी रूप में दे।

अखबार वाकई कहर ढाते हैं। मृणालिनी वाले किस्से को ऐसा उछाला कि बेचारे पुलिसवालों को ही लेने के देने पड़ गये। ये पुलिसवाले जाने क्यों इतने बदनाम हो गये हैं ! अखबारों में देखो तो इन्हें, और फिल्मों में देखो तो इन्हें ही घसीटा जाता है। बलात्कार करते हैं तो यही, बलात्कार करवाते है तो यही। रिश्वत लेते हैं तो यही, रिश्वत दिलवाते हैं तो यही। तस्करी के बादशाह भी यही और तस्करी के बांदे भी यही। किसी के हाथों अगर बिकते हैं, तो किसी की खरीदारी भी करते हैं। वैचित्र्य की इससे बढ़िया मिसाल और क्या होगी। देश है तो इन्हीं के बूते पर, गाँवों के गाँवों बरबाद होते हैं तो इन्हीं के बूते पर।

बड़े अफलातूनी हैं ये अखबारवाले। अब और नहीं तो मामी-भांजे का एक

मामला ही उछाल दिया। मामी बेचारी पहले तो भांजे की माँग पूरी करती रही, और जिस दिन उसने 'वह' माँग पूरी करने से इनकार किया, उसी दिन अपनी जान गँवा बैठी। भांजे ने मामी का गला तो काटा ही, साथ में उसके दो छोटे-छोटे बच्चों को भी ठिकाने लगा दिया, और रात को जब मामू अपने काम से लौटा तो उसका भी टिकट कटवा दिया। बताइए ये अफलातूनी खबर है कि नहीं ! इससे मिलती-जुलती और भी खबरें हैं ! तीन साल की लड़की के साथ बलात्कार ! सात साल की लड़की के साथ बलात्कार ! पन्द्रह साल की लड़की के साथ बलात्कार ! विवाहिता के साथ बलात्कार ! हरिजन के साथ बलात्कार ! आदिवासी के साथ बलात्कार ! बलात्कार ही बलात्कार ! क्यों साहब, समाज की नींव क्या किसी समझौते पर नहीं डाली गयी थी ? क्या वह अहद-इकरार सब खत्म हो गये ?

ठीक ही कहता था सुदर्शन...आदमी के भीतर देव नहीं, दानव है, और उस दानव की तभी तुष्टि होती जब उसे बलि मिलती है, कभी बालक की, कभी बालिका की, कभी युवक की, कभी युवती की। सुना नहीं, एक मन्दिर के चारों ओर नरमुण्ड ही नरमुण्ड बिखरे मिले थे। और फिर नरमुण्डों का व्यापार भी तो होता है। सुदर्शन के अनुसार आदमी की प्रकृति में हिंसा है, इसलिए अहिंसा की बात करना बेमानी है। अपने इस बयान को पुख्ता करने के लिए उसने एक उदाहरण भी दिया था। मान लो...उसने कहा था...अगर सोये-सोये में तुम्हारा कोई गला दबाता है तो तुम क्या करोगे ? क्या तुम उसे प्यार करोगे ? कभी नहीं, तुम तुरन्त प्रतिकार करोगे और हो सकता है अगर तुम्हारे हाथ कोई अस्त्र लगे तो तुम उसका भी इस्तेमाल कर बैठो। इसी प्रकार उसने मच्छरों-खटमलों की बात की थी। किस काम के हैं ये जीव ? हमेशा खून ही पीते हैं। है इनकी कोई और उपयोगिता ? इसलिए ऐसे जीवों का काम तमाम करके ही तुम दम लोगे।

सुदर्शन के तर्क अकाट्य थे। वह उन्हें एकचित्त हो सुनता रहा था। शायद इसी सिद्धान्त पर कुछ लोग कुछ लोगों को नेस्तोनाबूद कर देना चाहते हैं। उनकी निगाह में वे लोग मच्छर-खटमलों की तरह बेमानी होते हैं और इसलिए उन्हें जीने का कोई अधिकार नहीं। सुदर्शन के तर्क से वह एक बार तो काँप-सा गया था। उसे लगा था जैसे कि यह समाज जिसका कि वह घटक है, पूरे का पूरा बेमानी हो गया है और इसलिए किसी भी क्षण इसका अस्तित्व मिट सकता है।

उसे अखबारों की कुछ खबरें और याद आ गयीं। हाँ, वह तत्तूर गाँव ही था न, सुदूर कर्नाटका राज्य में, जहाँ एक हरिजन महिला के पति के मुँह में एक सवर्ण और उसके साथियों ने आदमी के मल से सनी चप्पल ठूँस दी थी ?

पति को पहले काफी पीटा गया, फिर उसे एक खम्भे से बाँधा गया और फिर उस पर बर्तन भर-भर कर पानी डाला गया (याद रखिए यह महीना जनवरी का था और ठण्ड ज़ोरों पर थी)। और पति का कसूर ? महज़ इतना कि उसकी पत्नी स्थानीय हनुमान मन्दिर में प्रसाद चढ़ाना चाहती थी। इससे पहले बेंडीगेरीं नाम के एक गाँव में भी यही सब कुछ घटा था। हरिजनों की इतनी जुर्रत कि वे गलती से भी एक सवर्ण के खेत में घुसकर अपने जानवरों के लिए चारा काट लायें ?

है न ग़ज़ब का देश यह हमारा ! आध्यात्मिकता में भी लासानी और बर्बरता में भी लासानी। यहाँ किस-किस गाँव और शहर का नाम बतायें हम आपको। हाँ, एक राइफल का नाम हम ज़रूर बता सकते हैं। वह नाम आपने भी सुना होगा। अखबारों में पढ़ा भी होगा। ग़ज़ब के देश में ग़ज़ब ढाती है यह राइफल। परिवारों के परिवार हमेशा की नींद सुला देती है। छोटे-बड़े यह किसी का लिहाज़ नहीं करती। यह बच्चों को बींधती है तो बूढ़ों को भी। यह युवतियों को विधवा बनाती है तो प्रौढ़ाओं को भी। अक्सर तो पीछे बचे लोग मारे दहशत के अपनी छाती भी नहीं पीट पाते। वे केवल एकटक शून्य में देखते रह जाते हैं। कसूर उनका भी बस यही है कि ग़ज़ब के इस देश को जिसे वे अपना कहते हैं, अपना समझने का हक माँगते हैं।

यह सब सोचते-सोचते उसकी बदहवासी काफी बढ़ गयी थी। वह एक अजीब तरह की उदासी से घिर गया था। बल्कि यों कहें कि उदासी सिल की तरह उस पर आ पड़ी थी। वह किसी तरह की आवाज भी निकाल नहीं पा रहा थाँ। अब वह मन ही मन उस फरिश्ता-सूरत रहनुमा से फरियाद करने लगा। मन ही मन फरियाद करने के अलाचा उसके पास चारा भी क्या है ! वह जानता है कि उसने किसी तरह आवाज़ ऊँची की भी तो वह उस तक कभी पहुँच नहीं सकेगी। पहुँचे भी कैसे जबकि वायु-मण्डल में तरह-तरह के प्रदूषण घुमड़ रहे हैं—शोर का प्रदूषण, धुएँ का प्रदूषण, पैसे का प्रदूषण। शायद यह पैसे के प्रदूषण के कारण ही है कि बदहवासी इस कदर तारी होने लगी है। शोर पैसे से ही तो होता है ! धुआँ पैसे से ही तो होता है ! जैसे क्रिकेट के मैदान में। जैसे बड़ी-बड़ी चिमनियों से।

उसे लगा उसका दम बिलकुल घुटने को है। उसने चिल्लाना चाहा। पर उसके गले में चीख नहीं थी। वह अब मन ही मन कहे जा रहा था—बचा लो, बचा लो, मुझे ! बचा लो, बचा लो, हमें !

□□

गली रायसन

आज एकाएक मुझे गली रायसन की याद हो आयी है।

गली रायसन !

हाँ, गली रायसन इस नगर की वह गली है जहाँ मैंने अपनी पहली साँस ली, जहाँ मेरा बचपन बीता, जहाँ मैंने कुछ-कुछ होश सम्भाला, और जहाँ फिर...

और अब मैं वहाँ से दूर, एक खुली, हवादार कोठी में रहता हूँ, लेकिन न जाने क्यों, कभी-कभी वहाँ जाने का मोह मैं त्याग नहीं पाया हूँ, यद्यपि मैं जानता हूँ कि वहाँ सुबह नौ बजे के करीब नालियों में भंगिनें लोगों की गन्दगी बहा रही होंगी, और उनसे उठनेवाली सड़ाँध को मेरे लैवेंडर लगे रूमाल की सौ तहें भी रोक नहीं पायेंगी। वहाँ जाता हूँ तो कुछ-एक मेरा अभिवादन करते हैं, कुछ-एक मुझसे हाथ मिलाकर बड़े गर्व का अनुभव करते हैं, और कुछ...और अगर ख्याली होता तो वह मुझसे गले मिलता। हाँ, ख्याली ! लेकिन वह अब वहाँ नहीं है। वहाँ टोली और उसका भाई टुइँयाँ है जिनकी दरजी की एक छोटी-सी दुकान है, बुलाकी और उसका भाई नारायण है, जिनका बाप नहीं था और जिनकी माँ उन्हें सुधारने के लिए तपे हुए चिमटे से पीटा करती थी और जो अब दही-बड़े का खोंचा लगाते हैं। दोनों भाइयों की शादी प्रायः साथ-साथ ही हुई थी। मेरी उमर उस समय नौ बरस की थी और उनकी क्रमशः चौदह और बारह। बुलाकी के कुल दस बच्चे हुए जिनमें से सात किसी-न-किसी रोग के कारण चल बसे। नारायण की बीवी के कई साल तक कोई बच्चा नहीं हुआ और नारायण की माँ उसे कुलटा समझा करती थी। अब उसके एक लड़की है और उसे तपेदिक है। ओ ! बुलाकी-नारायण की बात मैंने बहुत बढ़ा दी। और हाँ, नारायण कहा करता था कि उसका बाप बड़ा भारी पहलवान था और उससे सब डरते थे। एक दिन जब वह गली में से गुज़र रहा था तो वहाँ अपने

चबूतरे पर एक 'जुड़ी हुई' लड़की बैठी थी। उसे जहाँ कोई बैठा देता, वहीं बैठी रहती, अपने-आप उठ-बैठ नहीं सकती थी। उसे देखते ही मारे भय के वह वहाँ से भागने को हुई, और वाकई उसकी टाँगें 'खुल' गयीं और वह भाग गयी। हाँ, शादी टोली-टुइँयाँ की भी बचपन में ही हो गयी थी, लेकिन मुझे पता नहीं उनके कितनी संतान हैं। ओमी की माँ पनवाड़िन थी और बड़ी चटपटी औरत थी। कहते हैं उसके सोने के दाँत ने बहुतेरों के कान काटे। और पानवाले बटन जी (जो एक भजनीक भी थे) ! प्रायः हर कीर्तन में ढोलक बजाते थे, और जब ढोलक बजाते-बजाते जोश में आ जाते तो ढ़ोलक गले में डालकर खूब नाचते। उस समय लोग उन्हें भगवान् कृष्ण का ही रूप समझा करते थे। कहते हैं उनकी पड़ोसिन पारो मेहतरानी उन पर मोहित थी और वे भी उसका दम भरते थे। बाबूराम अल्पावस्था में ही अपनी एक रिश्ते की बहन पर रीझ गया था, लेकिन साथ-साथ उसे हमेशा इस बात का खतरा भी लगा रहता कि कहीं उसके 'बच्चा' न हो जाये ! मुंशी की बहन छन्नो हमारी छत पर ही धूप तापा करती थी। वह बगलवाले मकान के निचले तल्ले की एक कोठरी में रहती थी। उसका पति राजगीर था। दोपहर का खाना खाने वह रोज घर आया करता था। खाना खा चुकने के बाद दोनों एक-आध घण्टे तक कोठरी में ही बन्द रहते। एक दिन मैंने मुंशी से कह दिया कि दोनों कोठरी में 'वही' करते हैं, और उसने अपनी बहन से कह दिया, और बहन ने अपने पति से कह दिया, और फिर न जाने क्यों, मुंशी को खूब मार पड़ी और मुझे किसी ने कुछ न कहा।

मकान हमने भी किराये पर ले रखा था। मेरे पिता जी सरकारी कर्मचारी थे, और वेतन भी खासा पाते थे। मेरी माता जी गली में किसी से बात बहुत कम करती थीं, और पहले मुझे भी करने से रोकती थीं। कहती थीं "देखा, कुम्हारों-कहारों से इसकी दोस्ती है !" लेकिन बाद में वह भी मेरे दोस्तों को मेरी तरह ही मानने लगी थीं।

गली के नुक्कड़ पर एक कमरा था, बारहदरी नुमा। वहाँ प्रायः कोई पंजाबी किरायेदार ही आकर रहता था। उसकी बीवी भी प्रायः हसीन ही होती थी। पंजाबी महोदय जब अपने काम पर चले जाते तो बीवी खिड़की में खड़ी हो कर अपने बाल सँवारा करती। उस समय मैं कोई दस-बारह बरस का हो चला था। हाँ, मैं कह रहा था कि जो भी औरत वहाँ रहती थी, हसीन ही होती थी और हम भी उसे अपनी प्रिया ही समझा करते थे। मेरी आवाज़ काफी सुरीली थी। हम सब सामने की छत पर बैठकर उसे चिढ़ाया करते और चिढ़ा-चिढ़ाकर उसे चीज़ें खाया करते। तान कसनेवाला प्रायः मैं ही होता था। यदि वह कहीं व्यस्त भी होती तो स्वर-लहरी उस तक पहुँच ज़रूर जाती थी और एक बार हमें देखने वह खिड़की तक आ भी ज़रूर जाती थी। एक दिन मेरे पिता जी

ने ऑमलेट बनाया तो नारायण को कहीं पता चल गया। बस, फिर क्या था। उनकी आँख बचाकर हम सब-का-सब लेकर उस छत पर पहुँच गये और उन दिनों वहाँ जो औरत रहती थी, उसे दिखा-दिखाकर खाने लगे। उस दिन उसका पति घर पर ही था। इसलिए हमको लेकर काफी बवंडर मच गया, लेकिन गली के एक बब्बर नामक नामी गुण्डे ने उसे सँभाल लिया। सुना था बब्बर ने कई साल जेल में बिताये हैं और ज़रा-सी बात पर चाकू चलाना तो उसके बायें हाथ का खेल है। उसने एक बार गली के एक सिख जाट को भी उसके 'केसो' को अपने पाँव तले दबाकर खूब पीटा था क्योंकि उसके विचार में उसने एक शान्ति नामक बनैनी कुमारी को गर्भवती बना दिया था, हालाँकि सन्देह लोगों को स्वयम् उसी पर था।

उन दिनों की मुझे एक और बात भी याद आ रही है। मुश्किल से छः-सात साल का रहा हूँगा। खेलते-खेलते मैं किसी के घर पहुँच गया। मुझे याद है कि मेरी माता जी की उपस्थिति में उस घर की औरत मुझ से बहुत प्यार किया करती थी, औंर उस दिन जब वह उसके पास नहीं थीं तो वह अकारण ही मुझे बुरा-भला कहने लगी थी और फिर जब घबराहट में मैं उसके फर्श पर लेटे हुए बच्चे को लाँघ गया तो वह और भी खफा हो उठी और मुझे खिड़की से गली में लटकाने को हुई। मुझे तब से उस औरत से बहुत भय लगने लगा था। बाद में पता चला कि वह बच्चों पर टोना कर देती है, इसलिए मेरी माता जी ने आइंदा मुझे कभी भी उसके यहाँ जाने नहीं दिया।

अपने एक अन्य दोस्त गौरी की भी कहता चलूँ, जो हमारे पिछवाड़े रहता था, जिसके बड़े भाई ने अपने बाप को उसकी टाँग पर टाँग धरकर चीर देने का प्रयत्न किया था, जो जात का कहार था, जिसकी अंगुलियों में अंगुलियाँ डाल कर मैंने ऐसा मरोड़ा दिया था कि वह चीख उठा था और फिर कभी मुझसे लड़ने का साहस नहीं जुटा पाया था। वह अब चाट की छाबड़ी लगाता है। और हाँ, यहाँ अम्माँ धोबिन भी थी जिसकी कुँवारी बेटी की धोबी घाट पर अपने बहनोई से आँख लड़ गयी थी, और जिसने अपना बच्चा जनकर वहीं चीलों-कौवों के लिए छोड़ दिया था।

लेकिन ये सब कहने से मेरा मतलब यह नहीं कि हमारी गली में केवल कुम्हार, कहार और धोबी ही बसते थे। नहीं, यहाँ रत्तीमल जैसा सेठ भी था जिसने अपनी बीवी को बूढ़ी हो जाने पर नदी में डुबवा दिया था और फिर चौदह वर्ष की एक वेश्यापुत्री को वर लाया था। उस समय वह कोई साठ-एक वर्ष का रहा होगा। जब वह अपने किरायेदारों से मुकदमा लड़ता था तो कहा जाता

है न्यायाधीशों को अपनी ओर करने के लिए वही 'नजराना' पेश करता था। और यहाँ कमल किशोर जैसा चित्रकार भी था जिसने स्विच ऑफ करके अपने बेटे की बहू को अपने अंक में भर लिया था और फिर चाहा था कि यदि वह एक बार 'हाँ' कर दे तो वह सारी जायदाद उसी के नाम कर दे। यहाँ रघुबर दयाल जैसा ब्राह्मण भी था जिसके लिए बच्चे जनाना और जिसकी धर्मपत्नी के लिए बच्चे जनना उतना ही स्वाभाविक था जितना कि दाल-रोटी खाना। वह धर्मपत्नी नित्य-प्रति दो मील चलकर यमुना-स्नान करने जाती थी और गर्भावस्था में तो दौड़-दौड़कर जाती थी। पण्डित जी की मासिक आय 110 रुपया थी, संतान-निरोध वह पाप समझते थे, भागवत पारायण वे मूल में सिर के बल खड़े होकर किया करते थे और संस्कृत को राष्ट्रभाषा बनाने के पक्षपाती थे।

और हाँ, ख्याली ! ख्याली की बात तो मैं भूल ही चला था। ख्याली को हम 'छाली' भी कहा करते थे। वैसे अब मेरा विश्वास है कि नामकरण करते समय हमें नाम के अर्थ का ज़रूर ध्यान रखना चाहिए, लेकिन उस समय मैं यह सब नहीं समझता था। बस, छाली मुझे प्रिय था और मैं छाली को प्रिय था। हम दोनों की जोड़ी ऐसी थी कि सब हमसे ईर्ष्या किया करते थे। छाली का मुँह लकवे के कारण टेढ़ा हो गया था और वह बात रुक-रुककर करता था, लेकिन फिर भी वह मेरा परम-मित्र था। खैर, उससे मेरी मित्रता भी कुछ अजीब ढंग से हुई थी। वे लोग अभी गली में आये-आये ही थे। एक दिन कंचे खेलते-खेलते उसने एक कंचा अपने पाँव के अंगूठे से दबा लिया और मैंने अपनी कमर पर लिपटी बिजली की तार से बनायी गयी साँकल निकालकर उसके दो-एक जमा दीं। बेचारा इस बुरी तरह बिलबिलाया कि मैं डरकर वहाँ से भाग उठा। और फिर उसकी माँ गलीवालों को उसके बदन के नील दिखाती हुई हमारे घर आ पहुँची, और तब से वह मेरा परम मित्र बन गया। और फिर क्या था, उसने मुझे छिपकर बीड़ी पीना सिखाया (यद्यपि धुएँ से मेरा सिर चकरा गया था और मुझे मतली आ गयी) और मानव-शरीर के बारे में जो कुछ रहस्य उसे पता थे उनसे भी मेरी जानकारी करवायी।

छाली भी 'जात' का कुम्हार था। उसकी बहन कुबड़ी थी और उसकी शादी एक जीर्णकाय व्यक्ति से कर दी गयी थी। दोनों, पति और पत्नी, वहीं उन्हीं के पास रहते थे। जब कभी कुछ बात हो जाती तो उसका पति उसे लाठी लेकर पीटता था। एक बार मैंने भी उसे पीटते देखा था। उस समय वह इतना भयानक दिखता था कि किसी को बीच में पड़ने की हिम्मत नहीं होती थी।

छाली के पिता मिट्टी के बरतन भी बनाते थे और लोगों की टूटी हुई टाँगें

भी जोड़ते थे। वह मिट्टी का एक लोंदा चक्के पर रखकर उसे एक डण्डे से घुमाते हुए स्वयं भी उसके साथ-साथ घूमते. वह फिर धीरे-धीरे उस लोंदे को बर्तन का आकार देते और फिर डोरी से उसे काटकर उतार लेते। मैं यह देखता और स्वयं भी कुम्हार बनने की सोचता। यदि कुम्हार नहीं बन पाऊँ तो कम-से-कम एक बार उस चक्के को घुमा तो सकूँ ! मुझे छाली के पिता ने बताया था कि चक्का यदि बहुत तेज़ घूमने लगे तो उससे खतरा रहता है। वह धुरी से उछलकर व्यक्ति की जान भी ले सकता है ! सृष्टि और विनाश की बात मैं उस समय समझता तो नहीं था, लेकिन वह मेरे लिए सुदर्शन-चक्र से किसी तरह कम नहीं था। और टूटे हुए अंगों को जोड़ना ! मुझे इस काम से बहुत नफरत थी। टोली का एक बार गुड्डी उड़ाते-उड़ाते छत से गिर जाने से जब कूल्हा उतर गया, तो उसे चढ़ाने की कोशिश इन्होंने ही की थी। कुछ दिन तो उसकी मालिश होती रही और फिर उसकी टाँग को ऐसे खींचा जाता रहा कि वह चिल्लाते-चिल्लाते बावरा हो जाता। एक बार गुस्से में उसने इनके मुँह पर ज़ोर से पैर जड़ दिया और फिर वह हमेशा के लिए लंगड़ा ही रहा।

छाली की माँ के चेहरे में कुछ ऐसी विशेषता थी कि कोई उसकी ओर दूसरी बार देखे बिना रह नहीं सकता था। सिर पर गिनती के बालों में से झाँकती हुई चाँद, आँखों में सदा भरा रहनेवाला कीच, होंठों को चीरकर निकले हुए सोने की कीलों जड़े दो मैले-कुचैले दाँत, पंगु-सा शरीर, और उस पर जब वह बताया करती कि भूत बड़े भयावने होते हैं, उनके पिंडे पर मांस नहीं होता, वे बड़े लम्बे होते हैं, उनके दाँत भी बड़े लम्बे होते हैं, वे साये की तरह सामने आ खड़े होते हैं और प्रायः दोपहर के बारह बजे या रात के बारह बजे ही 'निकलते' हैं, तो सुन-सुनकर हमें अजीब कँपकँपी हो आती। छाली और मैं सिकुड़कर उस बुढ़िया कि बगल में बैठे रहते। हमें इधर-उधर ताकने का भी साहस न होता। और जब कभी हम भूले से गरमियों में दोपहर को छत पर गुड्डी उड़ाते भी होते तो भूत की याद आते ही गुड्डी-वुड्डी सब वहीं छोड़ एकाएक नीचे भाग आते। रात को भी इसी भय से हम जल्दी से जल्दी घर पहुँचने की फिकर में होते। बारह का सायरन बजा नहीं कि बस...छाली की माँ भूतों के बारे में हमें अनेक कहानियाँ सुनाया करती थी। उसने हमें उनसे बचने का एक गुरुमंत्र भी दिया था। वह यह कि उनकी आशंका होते ही कपड़े उतारकर सीधे खड़े हो जाओ। फिर उनकी क्या मजाल कि वे पास भी फटक जायें। और हाँ, एक कला जिसमें छाली की माँ बहुत निपुण थी, वह थी गुंझरे सुलझाना। हमारी डोर में चाहे कितनी जटिल से जटिल गुंझर क्यों न पड़ी हो, वह बस मिनटों-सैकिण्डों में सुलझाकर डोर की गुच्छी हमारे हाथ में दे देती।

लेकिन शीघ्र ही वह मुझसे विमुख भी हो गयी...छाली के गले में और बगलों में मैंने डोरी की लगामें डाली हुई थीं और वह मेरा घोड़ा बना सरपट भाग रहा था। हमें किसी अन्य सवारी का ख्याल नहीं था। मेरा घोड़ा था और मैं था। उस दिन हम सबसे बाज़ी मारे जा रहे थे। बाबूराम के घोड़े टूइँयाँ को हमने यों ही पछाड़ दिया था ! वह दुलकी ही चल सकता था। भला उसकी दुलकी मेरे घोड़े की सरपट के आगे क्या ताब ला सकती थी ! मेरा घोड़ा कहीं रुकने का नाम नहीं ले रहा था। इतना संयत होते हुए भी वह मेरे वश से बाहर हुआ जा रहा था। बटन जी की दुकान पर हम मोड़ जो मुड़े तो बस, मेरा घोड़ा दूसरी ओर से आती एक कार से जा टकराया और ज़ोर की एक चीख उठी। मैंने देखा, छाली की टाँग मोटर के पहिये के नीचे दब गयी थी, और...। उसी समय सब उस घटना स्थल पर इकट्ठे हो गये। टोली, टुइँयाँ, बाबूराम, बुलाकी, नारायण, दारोगा, मुंशी, सब का एक जमघट लग गया था। सब उसे टुकुर-टुकुर देख रहे थे। छाली न सुनता था, न बोलता था। वह बिलकुल सिल-सा पड़ा था। लगामें जो मैंने उस पर डाल रखी थीं, वे टूट चुकी थीं, लेकिन उनकी तेज़ धार मेरे हाथों में भी 'फिर' गयी थी। छाली की माँ ने वहाँ पहुँचते ही अपने बाल नोच लिये, उसके पिता ने दीवार से अपना माथा फोड़ लिया, और मैंने पहली बार देखा कि आदमी ऐसे मरता है !

□□

एक और मरजीवा

मन ही तो है न ! जाने कहाँ-कहाँ की उठा-पटक लगाये रखता है ! कभी शान्त, कभी उद्विग्न। कभी उदार, कभी असहिष्णु। कभी आदर्शोंन्मुखी, कभी अपकर्शकारी। कभी शिखर पर, कभी गर्त्त की ओर।

गर्त्त की सोचते ही समूची काया कँपकँपा जाती है। जैसे तूफान ने मथ डाला हो। जैसे बीच आकाश में जहाज़ के फट जाने पर कलाबाज़ियाँ खाते सीधे नीचे ही नीचे आ रहे हों। बाप रे !

अब सुरेश को ही लीजिए। है भरोसा इसका किसी तरह का भी ! सुबह कुछ है, शाम को कुछ। अभी हाँ, कुछ ही देर बाद ना। ज़रूर इसका मन बराबर किसी-न-किसी तरह की जोड़-तोड़ करता रहता होगा। वरना क्या कारण है कि मेरे भीतर की आवाज़ उसके भीतर न पहुँचे। या हो सकता है मेरे ही भीतर का आला ठीक तरह से काम न कर रहा हो। मैंने तो यही सीखा है न कि हम सब का मन एक बृहत् मन के माध्यम से एक-दूसरे से जुड़ा हुआ है। तब मेरे मन की आवाज़ उसके मन तक क्यों नहीं पहुँच रही ? क्यों उसने फिर वही धींगा-मस्ती शुरू कर दी है ? पहले उसने सुपरवाइज़र की नाक पर मुक्का मारकर उसे लहूलुहान कर दिया था, अब मुझे ही उलटी-सीधी सुनाने लगा है। "खाली बातों से पेट नहीं भरता, कुछ करके दिखाइए !"

सच कहता है यह सुरेश। महंगाई बला की है पाँच रुपये किलो प्याज, चार रुपये लिटर दूध, और तेल...? दस का नोट तो बस यों ही उड़ जाता है। इसीलिए तो मैंने बिना किसी के कुछ माँगे खुद ही हर महीने कुछ-न-कुछ प्रतिशत अधिक देने का फैसला कर लिया था और पिछले महीने दिया भी था, और सोचा था कि काम की गति अगर ऐसी ही बनी रही तो इन्हें मुनाफे में भी भागीदार बना लूँगा। मनीषी बार-बार यही तो कहते हैं न कि सब को उनकी ज़रूरत के

मुताबिक मिलना चाहिए और इधर जब काम ठीक ही चल पड़ा है तो मैं संकोच में क्यों पड़ा रहूँ ?

पर यह क्या ! इन्होंने तो मुँह इस कदर खोल दिया है कि लगता है इसमें मैं ही समा जाऊँगा। खुद आगे बढ़कर बात नही करेंगे, सुरेश को आगे धकेलेंगे। सुरेश को उस दिन मैंने समझाया भी था, "देखो सुरेश, ईश्वर मुझे देने लगा है तो इसे मैं अपने तक नहीं रखूँगा। ज़रूर सब में बाँटकर खाऊँगा। पिछले महीने सब को तीन प्रतिशत फालतू दिया, इस महीने हो सकता है पाँच प्रतिशत दूँ, और काम अगर बदस्तूर ऐसा ही चलता रहा तो यह राशि तुम लोगों की तनख्वाहों की दस प्रतिशत भी हो सकती है।"

क्या मैंने ठीक नहीं कहा था ? पहले तो हर माह घाटे-पर-घाटा खाते रहे। हाँ, एक बार थोड़े दिनों के लिए ज़रूर बहार आयी थी, वरना बराबर खिजाँ ही खिजाँ। मर-पिटकर इन लोगों की तनख्वाहें ही पूरी हो पाती थीं। न हम खुद कुछ ले पाते थे, न अहाते का किराया ही दे पाते थे। उधर बिजली-पॉवर का बिल भी अपनी हदें पार कर चुका था। अगर बिजलीवाले आकर कनेक्शन काट दें तो ! या मालिक अहाते से ही खदेड़ने पर उतारू हो जाये, तो !

दो-एक दिन के लिए तो लगा कि मेरी बात का असर हुआ है, क्योंकि सुरेश ने देर तक बैठकर काम किया और मुझे आश्वस्त किया कि ज़रूरत हुई तो वह सुबह जल्दी आकर भी कुछ निपटायेगा। पर दो दिन ही ठीक से निकल पाये थे कि फिर सब ठप्प। मैं हैरान। अब क्या हुआ ? उससे बात करने की कोशिश की तो पटाखे की तरह फटा, "मैं केवल आठ घण्टे काम करूँगा। उससे एक मिनट भी ऊपर नहीं। आप मुझे मजबूर नहीं कर सकते...।"

बेशक, मैं मजबूर नहीं कर सकता, पर क्या कोई संस्थान इस तरह खड़ा रह सकता है ? कई बार आठ घण्टों में चार-चार, पाँच-पाँच घण्टों तक पॉवर ही नहीं होती और कई बार दूसरी-तीसरी तरह की कोई और ही समस्या आ खड़ी होती हैं जिससे प्रोडक्शन एक पैसे का नहीं हो पाता। लेकिन सुरेश अब एलानिया कह रहा है कि वह यहाँ देर तक नहीं रुकेगा, क्योंकि दूसरी जगह उतनी देर काम करने से इससे दुगुना मिलता है। "नहीं विश्वास, तो चलकर देख लो मेरे साथ। मैं वहाँ मशीन चलाता हूँ।"

सुरेश, तेरी इतनी हिम्मत ! क्या तुम एक संस्थान से पूरी तरह सम्बद्ध होते हुए दूसरे संस्थान में खुल्लम-खुल्ला काम करने की घोषणा कर सकते हो ? और फिर व्यवस्थापक को बराबर चुनौती भी देते हो कि है हिम्मत तो निकालकर दिखाओ अपने संस्थान से !

माना सुरेश कि श्रम कानून सभी तुम्हारे पक्ष में हैं, लेकिन तुम उनका दुरुपयोग करने पर उतारू क्यों हो ? पहले व्यवस्थापक को शोषक माना जाता

था। अब शोषक किसे मानें ? तुम चाहते तो यही हो न कि हम ही परेशान होकर तुम्हें अलग करें जिसका मतलब होगा नोटिस पे, प्लस यह, प्लस वह...। अब इतने घाटेवाला संस्थान यह सब कहाँ से जुटाये ? अलग होना चाहते हो तो तुम्हारा जो बनता है, लो और चलते बनो। मैं जानता हूँ अगर मैं अपने पर आ जाऊँ तो तुम्हारी यह उछल-कूद दो मिनट में खत्म कर दूँ। कुछ लोग करते भी यही हैं कि इधर-उधर अहलकारों को पैसे चटा देंगे, कर्मचारी के हाथ कुछ नहीं लगने देंगे, क्योंकि उनका कहना है कि एक बार इनका रास्ता खुल गया तो हमेशा के लिए खुल जायेगा।

पर मैं सारा दोष सुरेश को ही क्यों दूँ ? इसे भड़कानेवाले तो दूसरे लोग हैं। यह तो देर तक उस दिन वैठा ही था। साथ में दूसरा लड़का भी बैठा था। दूसरा लड़का तो बराबर ठीक ही चलता रहा। लेकिन अब वह भी अकड़ बैठा है। "हमारी कुछ माँगें हैं," उसने कहा था। "तुम्हारी क्या माँगे हैं ?" मैंने सवाल किया था। "यह तो उस्ताद जी ही बतायेंगे," उसने फोरमैन मिश्रीलाल की ओर इशारा किया था। "हाँ जी, मिश्रीलाल जी, आपको क्या कहना है ?" मैं अब उससे मुखातिब था। "महँगाई बहुत है, बाबू जी। हम सब की तनख्वाहें बढ़नी चाहिए।" "बेशक बढ़नी चाहिए," मैंने सहानुभूति देते हुए कहा, "इस महँगाई ने तो हमारा भी दम फुला दिया है। तब आपको भी परेशानी ज़रूर होती होगी। बोलो, कितनी-कितनी तनख्वाह बढ़वाना चाहते हो ?"

मेरा प्रश्न सुनकर सब एक-दूसरे का मुँह देखने लगे थे। उन्हें शायद उम्मीद नहीं थी कि मैं इतनी जल्दी मान जाऊँगा। इसमें न मानने की बात ही क्या है। चार आदमियों का स्टाफ है। यदि ये लोग अपने से सब चला सकें तो मुझे सुपरवाइजर या एक्स्ट्रा हैंड रखने की ज़रूरत भी क्या है ! सौ-पचास इन्हें फालतू दे देना ज़्यादा ठीक होगा। और फिर, मैं तो खुद ही कमिटिड हूँ कि इनकी उजरत इनकी न्यूनतम ज़रूरतों से जोड़ दी जानी चाहिए ताकि इनके घर की गुज़र ठीक हो। अब ज्यों-त्यों करके ही चला पाते होंगे ये लोग। जैसे हम ही चला पाते हैं। हर महीने किसी-न-किसी का तो बकाया रह ही जाता है। और अब काम ठीक चला है तो सब कुछ ठीक हो ही जायेगा। दो-तीन महीने की मोहलत तो हमें चाहिए ही। चार सदस्य घर में हैं, चार सदस्य ये हो गये। चाहें तो पाँचवाँ मुझे मान लें। वैसे मेरे बिना ये चल भी नहीं सकते। यही कारीगर, यही सब कुछ। कहो इनसे कि मेरे बिना क्वालिटी का काम करके दिखा दें। ऐसी-ऐसी गलतियाँ कर जायेंगे कि सब कुछ किया-कराया नष्ट। उस दिन भी सौ-सवा सौ रुपये का माल ऐसे ही बरबाद कर दिया था। फिर तेल का डिब्बा जाने कहाँ रखा था कि जमादारिन झाड़ू लगाने आयी और सब बिखर गया। अब कहने को मिश्रीलाल फोरमैन है, लेकिन इसे यह तक पता नहीं कि

किस रंग में कौन-सा रंग मिलाने से नया रंग तैयार किया जा सकता है। बस, मोटे-मोटे काम करवाते रहिए। जहाँ कहीं नफासत की ज़रूरत पड़ी, वहीं मिश्रीलाल जी हो गये गणेश। और जनाब की ऐंठ ऐसी कि बिना हैल्पर एक इंच नहीं चलेंगे। इत्तफाक से अगर एक दिन हैल्पर नहीं आया तो मिश्रीलाल जी हाथ पर हाथ धरे बैठे रहेंगे और हैल्पर अगर वक्त से पहले चला गया तो मिश्रीलाल जी मशीन को वैसे ही गंदा छोड़कर चल देंगे। और तो और, पाँच-बीस हुए नहीं और मिश्रीलाल जी ने स्विच ऑफ किया नहीं, चाहे हाथ का काम मुश्किल से दस-पन्द्रह मिनट का ही क्यों न हो। और अगर खुदा-न-ख्वास्ता पाँच-पैंतीस हो ही गये तो मिश्रीलाल जी कहेंगे कि पाँच मिनट का हमें दुगुना चाहिए चाहे सुबह वह पाँच मिनट देर से आये हों। "और अगर मिश्रीलाल जी, आप रोज़ देर से आयें, तब हम आपका वक्त कैसे एडजस्ट करें ?" "तब आपका टाइम सिंगल, मेरा डबल।"

मिश्रीलाल जी ठीक ही कहते हैं। लेबर लॉज़ सब उन्हीं की तरफदारी करेंगे। ज़रूरत पड़ने पर वह लेबर इंस्पेक्टर को भी बुला लायेंगे। एक बार ले भी आये थे। अब लेबर इंस्पेक्टर बेचारा क्या जाने कि हम किस-किस तरह की यातनाएँ भुगतते हैं। उधर पार्टी का काम वक्त पर नहीं हुआ तो हम उससे पैसे कैसे माँग सकते हैं ? लेकिन मिश्रीलाल एण्ड को. को तो महीने में दो बार पैसे चाहिए ही, चाहे आप कहीं से लायें। एक बार बाइस की तेइस हो गयी तो ये चारों मेरा घेराव करके खड़े हो गये और बोले कि हमें तो वक्त पर पैसा मिलना ही चाहिए। आप कुछ भी करो। कुछ भी करूँ ? चोरी करूँ ? डाका डालूँ ? जनाब, आप लोग अगर सलीके से काम करते रहते तो यह हालत भी न होती, क्योंकि जब-जब कोई ज़रूरी काम आया, आप में से कोई-न-कोई गायब। और फिर, छुट्टी, लम्बी छुट्टी। इत्तला भी कोई नहीं। आप नोटिस दें भी तो कैसे दें ? ढूँढ़-ढाँढकर कोई दूसरा आदमी लाये भी तो आप उसी दिन हाज़िर। इसका मतलब तो यह हुआ कि आप कहीं घात में बैठे रहते होंगे कि कब कोई दूसरा आदमी आये और कब आप उसे बाहर करने तुरन्त पहुँचें...। और फिर एक-आध दिन की चिड़चिड़ाहट भी। सारा सामान तो उलटा-सीधा कर दिया है, पता नहीं, कैसे-कैसे लोगों को पकड़ लाते हैं...। "यह मजबूरी ही कराती है, श्रीमान् मिश्रीलाल जी। ज़रा आप अपने को मेरी स्थिति में रखकर देखिए। और दरअसल, हुआ, हमेशा यही है कि जब कभी कोई ढंग का काम आया, आपने अपनी तुरुप चाल चल दी, और फिर कह दिया कि हमारी सुनते नहीं। अब आप ही बताइए कि आपकी सुनें कैसे ? जब से आप हमारे यहाँ आये हैं, कितनी तरक्कियाँ ले चुके हैं आप ? क्या हर महीने तरक्की चाहिए ? अभी पिछली तरक्की मिले आपको कितने महीने हुए हैं ? तीन महीने ही न। उससे पहले एक तरक्की

मैंने आपको खुद दी थी, यह देखकर कि आप कारीगर अच्छे हैं।...यानी साल में तीन बार तरक्की। इतनी बार तरक्की कोई देता है ? दूसरी जगहों पर तो दो साल में एक बार भी मिल जाये तो ग़नीमत समझो।''

इस दुश्चक्र की जड़ में शायद मैं खुद ही हूँ। मैंने ही चाहा था कि हमारा संस्थान एक आदर्श संस्थान बने और देखनेवाले कहें कि वाकई यहाँ के कर्मचारी खुशहाल हैं। पर इन पिछले तीन-चार सालों में हमने जो नज़ारे देखे हैं, वे हम ही जानते हैं। जब वातावरण ही दूषित होगा तब राहत की साँस आप ले कैसे सकते हैं ? वही लोग ठीक हैं जो कोई भी काम बाज़ाब्ता नहीं करते...न कोई नियुक्ति-पत्र, न कोई हाज़िरी रजिस्टर और न कोई हिसाब-किताब के वाउचर। ...और इधर तो बड़े उस्ताद मिश्रीलाल और छोटे उस्ताद बालस्वरूप को सैलरी एडवांस या और किसी प्रकार के वाउचर पर दस्तखत करते हुए भी तकलीफ होने लगी है।

''जाने कैसे-कैसे वाउचरों पर आप दस्तखत करवाते रहते हैं !'' मिश्रीलाल जी फरमा रहें हैं।

''आपको शक है तो आप पुराने वाउचर देख सकते हैं ?'' मैं सफाई देता हूँ।

''इतने पढ़े-लिखे होते तो फिर यहीं काम करते होते।'' अब छोटे उस्ताद जी फरमा रहे हैं।

''ठीक है, तब हम सारे रिकार्ड खत्म कर देते हैं। आप भी अपने नियुक्ति-पत्र वापस कर दो।'' मैं झल्ला गया हूँ और इस डर से कि झल्लाहट में मेरे मुँह से कुछ उलटा-सीधा न निकल जाये, मैं वहाँ से हट जाता हूँ।

पर बात तो वहीं की वहीं रही न ! वे मुझे दोष दें, मैं उन्हें दोष दूँ ! दोनों एक-दूसरे के दुश्मन। रिश्ता ही कुछ ऐसा है। हमेशा से ऐसा चलता आया है। अविश्वास ! घात-प्रतिघात ! जो जिस पर हावी हो गया, सो हो गया। कहीं बँधुआ वे, कहीं बँधुआ हम । क्या यह बँधुआपन से कम है कि हम इनसे छुटकारा भी नहीं पा सकते ? छुटकारा पाना चाहते हो तो पहले हजारों रुपये जुटाओ। या, दूसरा तरीका है तालाबन्दी। पर उसके लिए भी पहले कोर्ट की इजाज़त चाहिए।...और तालाबन्दी से होगा भी क्या ? जो थोड़े-बहुत की उम्मीद रहती है, वह भी खत्म। इन्हें तो इधर-उधर कहीं-न-कहीं दाना-पानी मिल ही जायेगा, भूखे मरेंगे तो हम ही न।...पर ये हमारी नाकाबन्दी करते हैं तो हम भी इनकी नाकाबन्दी क्यों न करें ? क्यों न हम भी वही हत्थकण्डे अपनायें जो मालिक लोग हमेशा से अपनाते आये हैं ? एक तरीका है इनमें से किसी एक को 'आइसोलेट' किया जाये। फिर दूसरे को, फिर तीसरे को। शायद दूसरे और तीसरे तक नौबत ही न आये। एक ठिकाने लग गया तो बाकी को खुद-ब-खुद

कान हो जायेंगे।

वैसे सुरेश ही है जो हमेशा इनका अगुवा बनता है। जाने इधर-उधर की कहाँ-कहाँ से बटोर कर लाता है। सुबह-सवेरे अखबार बाँटता है। अखबार की एजेंसी जो ले रखी है इसने। पहले किसी एजेंसी वाले के लिए काम करता था। अब खुद एजेंसी वाला बन गया है और दूसरे इसके लिए काम करते हैं। इसीलिए तो यह ठसका है !...वैसे रात के तीन बजे उठो, अपने वितरण-बिन्दु से अखबार उठाओ, उन्हें अलग-अलग महल्लों के लिए अलग-अलग छाँटो और दूसरे लड़कों के हाथ माल सौंपकर चल पड़ो खुद भी घर-घर अखबार फेंकने। है तो काम जान-मारू, पर बिना मेहनत किये हाथ लगता भी क्या है। ठीक है, पाँच-सात सौ और बना ले तो हमारा क्या जाता है ! जब तक हमारे यहाँ ड्यूटी ठीक देता है, ठीक है। पर ऐसा हो तब न। "कल मैं दो घण्टे लेट आऊँगा।" "आज मुझे तीन बजे छुट्टी चाहिए।" "कल मैं आ नहीं पाऊँगा, भाई के लिए नौकरी की जुगाड़ करनी है।" "आज मेरी तबीयत ठीक नहीं। कहिए तो चला जाऊँ।"

हम जानते हैं सुरेश कि दुहरा-तिहरा काम तुम्हारे बूते का नहीं, और इधर तुमने तीसरा-चौथा धन्धा और शुरू कर लिया है, क्योंकि सब जानते हैं कि शाम को तुम उस सिनेमा घर के पास खड़े हो कर लाटरी के टिकट बेचते हो, और हमें तुम एलानिया कहते हो कि तुम शाम को कहीं और मशीन चलाते हो। शायद ये दोनों ही बातें ठीक होंगी। तब हमारे यहाँ तो तुम सिर्फ आराम करने ही आते हो न ! हम इधर-उधर हुए नहीं और तुमने लम्बी तानी नहीं। तब प्रोडक्शन साली अपनी ऐसी-कम-तैसी नहीं करायेगी क्या ? और हमें कह दिया कि पॉवर नहीं थी या माल खोलते रहे। और आपने लम्बी तानी तो बैठ गये मिश्रीलाल जी भी वहीं के वहीं ढेर होकर। एक तिनका भी इधर से उठाकर उधर रख दें तो उस्ताद जी कैसे हुए ! दो दिन सुरेश नहीं आये तो दो दिन काम ठप्प। खैर ! उनसे तो बाद में भी निबटा जा सकता है, पहले तो आप से ही निबटना होगा। आपके पिछले एक साल के रिकार्ड पर भी सरसरी नज़र डालें तो साफ पता चलेगा कि आप साल के किसी भी महीने में मतवातर ड्यूटी पर नहीं आये—किसी महीने दो दिन ग़ायब, और किसी महीने चार दिन। और कभी-कभी तो आपने हद ही कर दी—सीधे बीस-पच्चीस दिन ग़ायब। जाने कैसे हम आपको बरदाश्त करते रहे ? लेकिन तब आप गिड़गिड़ाकर माफी माँग लेते थे और ज़मीन चाटने को भी तैयार हो जाते थे, और आपकी हरकतों के बावजूद—इन्हें ब्लैकमेलिंग कहना ही ज़्यादा ठीक होगा—हम आपको तरक्की पर तरक्की देते रहे। यानी दो सालों में सौ रुपया तो आप बढ़वा ही चुके हैं। अब और बढ़वाने पर उतारूँ है।...हमने बढ़ाने से इनकार तो नहीं किया...पर आप तो गले में अँगूठा ठूँसकर बढ़वाना चाहते हैं। अब आपके पास यही तरीका है

न कि आप कल से बिना खबर दिये काम पर आना बन्द कर देंगे, और कुछ दिनों तक बिलकुल लापता रहेंगे ? ठीक है, मत आइए काम पर। आपका इलाज अब यही है।

और हमने उसकी जगह अशरफ को ला खड़ा किया है। अशरफ पहले भी यहाँ काम कर चुका है। खुश रहे तो बहुत काम का आदमी है। बस, स्वभाव से थोड़ा चंचल है। इसलिए कहीं थोड़े दिन ही टिकता है। चलो, जितने दिन टिके, उतने दिन ही सही। इससे सुरेश ने चाँय-चाँय की तो यह उसे उठा पटकेगा। इसे हमने समझा भी दिया है। दस-पाँच सुरेश से ज़्यादा भी ले लेगा तो चलेगा। हर रोज़ की दिमागी तनातनी से तो छुटकारा मिलेगा।

पर यह क्या ! हमने एक चाल चली तो सुरेश ने उसके जवाब में दूसरी चल दी। कुछ दिन अनुपस्थित रहने के बाद उसने जामुनी झण्डे का दामन थामकर हमें नोटिस भेजा है कि हम उसे काम पर आने से रोक रहे हैं, इसलिए बेकारी वेतन सहित हम उसे काम पर तुरन्त बहाल करें, वरना जामुनी झण्डा अपना काम करना शुरू कर देगा और हमें उसके परिणाम भुगतने होंगे। सुरेश का यह भी कहना है कि एकाएक बीमार पड़ जाने से वह काम पर नहीं आ सका था और जब वह काम पर आया तो हमने उसे धक्के देकर बाहर कर दिया और उसका मेडिकल सर्टिफिकेट फाड़ दिया।

खुदाया, इतना झूठ ! सुरेश तुम तो अपने झण्डे को कलंक लगा रहे हो। ...और क्योंकि सुरेश ने इन्हें बुलाया है, इसलिए यह श्रम निरीक्षक महोदय भी पधार गये हैं। पर इत्तफाक ऐसा है कि आज मेरी जेब भी मुझ से बग़ावत कर रही है, वरना निरीक्षक महोदय, आपको कुछ दाना-पानी तो डाल ही देता।... पर हमने नहीं डाला तो जामुनी झण्डे ने ज़रूर डाला होगा...इन्हें तो दाना-पानी से मतलब।...तो मैं क्या अब श्रमायुक्त की शरण जाऊँ ?...वहाँ तक पहुँचो भी और खाली हाथ ! खुद को शरम आती है।...उधर सुरेश का मीटर तो चालू रहेगा ही। कहता तो है कि मैं तो हर रोज श्रम-कार्यालय में हाजिरी लगा आता हूँ, आप अपने यहाँ घुसने दें या नहीं। माय गॉड ! ऐसा शातिर आदमी ! और फिर जामुनी झण्डे का क्या भरोसा। किसी दिन भी नारे लगने और पत्थर पड़ने शुरू हो सकते हैं।

हमारे संस्थान में एकदम सन्नाटा है। केवल चैमेगोइयाँ होती हैं। मिश्रीलाल और बालस्वरूप (छोटे उस्ताद जी) जाने क्या-क्या खुसर-पुसर करते रहते हैं।

सुरेश तो हाथ से निकल ही गया, क्या वार अब इन्हीं पर किया जाये ? तीनों को एक साथ नोटिस देना क्या उचित होगा ? नोटिस न देने के अलावा अब हमारे पास चारा भी क्या है ? जो पहले वार कर गया सो कर गया। सुरेश ने पहले किया और हमें धराशायी कर गया। अब हम...। इंतज़ाम किया तो

सही न उसके लिए, चाहे कहीं से भी किया। अब दो-तीन महीने तक तो ऐसे ही बेहाल हुए घूमेंगे ! पहले इसे उतारेंगे और...तब इन तीनों को एकसाथ देने के लिए कहाँ से आयेगा ? तीनों को बाकायदा नियुक्ति-पत्र जो दिये हुए हैं। नियुक्ति-पत्र न दिये होते तो बात कुछ और थी।

पर कैसा विचित्र रिश्ता है यह, मालिक और मजदूर का। दोनों एक-दूसरे पर निर्भर और दोनों एक-दूसरे के दुश्मन ! पैसा न होने से अक्सर मेरी इंद्रियाँ सुन्न पड़ने लगती हैं, जैसे मूर्च्छा अपना असर कर रही हो। पर ये लोग ! जैसे और सक्रिय हो जाते हैं।

''माफ करना,'' एक ने सलाह दी थी, ''उम्र में छोटा हूँ आपसे...पर बिज़नेस करना है तो इसे बिज़नेस की तरह करिए। आइडियलिज़्म को एक तरफ रखिए।...ये लोग तो तब ठीक चलते हैं जब इन्हें एक-एक पैसे के लिए तरसाया जाये, एक-एक पैसा इन्हें जतलाकर दिया जाये।''

और वाकई, जब बालस्वरूप यहाँ आया था, तब कई-कई दिन की इसके दाढ़ी बढ़ रही थी और चेहरे पर अजीब-सी भुखमरी और वहशीपन का भाव था। पर अब ?...मिश्रीलाल इतना प्रताड़ित तो नहीं लगता था, पर उसका कहना था कि पिछला मालिक बिना गाली के बात नहीं करता था—दूसरे को भी गाली, अपने को भी गाली।...पर दूसरे को दी गयी गाली कुछ ज़्यादा लगती है।... ''मेरी तो निर्मल आत्मा है'', मिश्रीलाल का कहना था, ''न किसी से सुनना चाहते हैं, न किसी को सुनाना चाहते हैं।...वक्त पर पैसा दो और काम चाहे कितना लो !...ज़्यादा पैसे की हमें इच्छा नहीं। जितना वहाँ ले रहे थे, उतना ही आपसे माँग रहे हैं।''

''वहाँ कितना ले रहे थे ?''

''पाँच सौ।''

''ठीक है, काम करो।''

मिश्रीलाल ने मुँह-माँगा पाया है। वह काम शुरू कर देता है। हाथ साफ है। मशीन चल पड़ी है। मशीन चलती रहेगी। दिल को कितनी राहत मिली है। बल्कि दिल की धड़कन और मशीन की धड़कन एक हो गयी हैं।...अगर हम सब के दिलों की धड़कनें भी एक हो जायें तो।...तब समस्या ही क्या रहे ! सब एक-दूसरे में गुँथ जायें...तू मेरे लिए, मैं तेरे लिए। सारा चक्कर तो दुई की भावना को मिटाने का ही है न ! अब सब अपने-अपने लिए हैं। तब सब दूसरे के लिए हो जायेंगे। प्रकृति हमें केवल देती ही देती है। क्या हम से कुछ लेती भी है ?

मिश्रीलाल, बालस्वरूप...हाँ, सुरेश तो अब चला ही गया है। या यह दूसरा लड़का है, पुरुषोत्तम। गेहूँ के साथ घुन पिसेगा ही। बहुत ठीक चल रहा था

यह। उम्मीद नहीं थी कि यह भी एकाएक उसी रंग में रंग जायेगा।...अशरफ ने भी मुश्किल से पन्द्रह-बीस दिन ही काटे होंगे और अपनी राह ली। सुपरवाइज़र सुरेश से पिटने के बाद खुद ही छोड़ गया था। और फिर, डूबती किश्ती में कौन बैठे रहना चाहेगा ? किसी भी तिनके का सहारा होता, तब भी कोई बात थी। लेकिन ये मिश्रीलाल, बालस्वरूप और पुरुषोत्तम—ये किस तिनके के सहारे पार होने की सोच रहे हैं ? सोचते होंगे, किश्ती को किसी तरह किनारे तक धकेल कर इसकी लकड़ी पर ही हाथ साफ किये जायें।

ठीक है, एक-एक महीने का नोटिस देना ही उपयुक्त होगा। पर ये तो नोटिस लेने से भी इनकार करते हैं। हमारा यही कहना है कि संस्थान की आर्थिक स्थिति इतनी बिगड़ चुकी है कि इसे बन्द करने के सिवा कोई चारा नहीं। पर मिश्रीलाल जी तो यही सोचते हैं न कि इन्हें अलग करके हम नये आदमी रखेंगे। अब ये अगर नोटिस न भी लें तो हम कर क्या सकते हैं ? किस अदालत का दरवाज़ा खटखटायें ? ज़ोर-ज़बर से काम क्या लिया जा सकता है ? ज़्यादा से ज़्यादा हम नोटिस रजिस्टर्ड डाक से इनके घरों के पते पर भिजवा सकते हैं। पर इस बीच बालस्वरूप ने न जाने कितनी बार अपना पता बदला है और एक बार भी हमें सूचित करने की ज़हमत नहीं उठायी।

दो दिन इसी तनातनी में बीत जाते हैं और तीसरे दिन मिश्रीलाल और उसके साथी खुद ही नोटिस हमसे ले लेते हैं और चौथे दिन हमें खबर करते हैं कि नोटिसों को जहाँ पहुँचना चाहिए था, पहुँचा दिये गये हैं।

''कहाँ पहुँचा दिये गये हैं नोटिस ?''

''यह तो आपको अब खुद ही पता चल जायेगा।''

वाकई, क्योंकि उसके तीन-चार रोज़ बाद ही जामुनी झण्डा फिर जीवित हो उठा और ज़ोर-ज़ोर से फड़फड़ाने लगा। फिर उसकी फड़फड़ाहट चारों ओर सुनाई देने लगी और लगा कि वह किसी भी समय हमें रौंदकर हमारी चिंदियाँ-चिंदियाँ कर सकता है। कभी मुझे यह भी लगता कि वह हिंसक पशु की तरह हमारे घर में घुसकर हमारे घर की शुचिता खत्म कर देगा। मुझे रात को नींद नहीं आती थी। हर वक्त उसी के बारे में सोचता रहता। दिल की धड़कन भी बुरी तरह बढ़ गयी थी।

फिर मैंने सोचा क्यों न इस झण्डे से एक बार टक्कर ली जाये ? क्यों यह हमें नाहक परेशान कर रहा है ? किस उसूल के तहत यह अपनी फड़फड़ाहट जारी रखे हुए है ? किस मनीषी ने उसे ऐसी प्रेरणा दी ?

मैंने टेलीफोन का नम्बर घुमाया। उधर से जो आवाज़ आयी, वह डरावनी तो नहीं थी। मेरी कुछ ढारस बँधी। मैं उस झण्डे के रू-ब-रू होना चाहता था। झण्डा मुझे रू-ब-रू होने का मौका देने को तैयार था। मैंने उस मौके को हाथ

से जाने न दिया और तुरन्त उसके यहाँ जा पहुँचा। मैंने सोचा था कि वह झण्डा किसी ठोस बिल्डिंग पर फहरा रहा होगा। पर यह क्या ? यह तो एक जर्जरित मड़ैया की शरण लिये हुए है। फिर भी मैंने झण्डे को झुककर सलाम किया, क्योंकि झण्डा तो आखिर झण्डा ही है न। झण्डे ने अपनी खीसें निपारे दीं और फिर एकाएक भृकुटियाँ भी तान लीं।

"क्यों तुम उन गरीबों का शोषण करते हो ?" झण्डे का पहला सवाल था।

अब मैं उसे क्या जवाब दूँ। मैंने थोड़ी हिम्मत से काम लिया।

"जनाब, क्या आप 'शोषण' शब्द को परिभाषित करने का कष्ट उठायेंगे ?" मैंने सवाल पर सवाल कर दिया।

झण्डा ज़ोर-ज़ोर से फड़फड़ाया। "क्या आपको इस छोटे-से शब्द का अर्थ भी मालूम नहीं ? आप किस तरह के व्यवस्थापक हैं ? आप अच्छी तरह जानते हैं कि अमीर गरीब का सदियों से शोषण करता आया है। क्या आप ने इतिहास नहीं पढ़ा ?"

"पढ़ा है, ज़रूर पढ़ा है," मैंने कुछ घबराहट के साथ कहा, "लेकिन एक बिन्दु वह भी तो आता है जब गरीब अमीर का शोषण करने लगे।"

"यह तो आप इतिहास को झुठला देना चाह रहे है," झण्डा फिर फड़फड़ाया, "आप फ्रेंच रिवोल्यूशन के कारणों को देख जाइए, आप रशियन रिवोल्यूशन पर एक नज़र डालिए, सच्चाई खुद-ब-खुद आपके सामने आ जायेगी।"

बेशक, जामुनी झण्डा ठीक कहता है, मैंने मन-ही-मन सोचा। सदियों से, सालों-साल से गुलामी की ज़ंजीरों में जकड़ा आया यह गरीब अगर अब भी अपने आपको मुक्त न कर पाया तो कब कर पायेगा ? अब तो जनतंत्र है। आम आदमी का राज है। इतिहास इसी तरह, समय-समय पर, करवट लेता रहा है। पर अगर वे गरीब हैं तो मैं कहाँ का अमीर हूँ ? फर्क सिर्फ यही है न कि मैंने अपने श्रम को थोड़ी तदबीर के साथ सार्थक कर लेना चाहा, जबकि इन्होंने अपने श्रम को रूढ़ कर दिया ? अगर ऐसा न होता तो क्यों ये लोग तमाम उम्र एक ही लीक से चिपटे रहते और बुढ़ापा आते-आते उसी में धँस जाते ? मिश्रीलाल पचास साल का तो खैर रहा ही होगा, लेकिन आँखें उसकी काफी हद तक पत्थरा चुकी हैं। बालस्वरूप भी सेहत के लिहाज़ से किसी तरह का विश्वास नहीं जगाता, बल्कि दाढ़ी जब उसकी बढ़ी हुई हो तो बिलकुल क्षय का मरीज़ दिखता है। और रह गया पुरुषोत्तम। अभी उम्र ही क्या है उसकी। उसी उम्र का मेरा अपना लड़का हर तरह से कच्चा-सा लगता है। इसी बात को लेकर मुझे कभी-कभी ताज्जुब भी हुआ कि सिर पर जब आ पड़े तो कैसे आदमी

धीरे-धीरे पुख्ता होने लगता है।

लेकिन भाई पुरुषोत्तम और बालस्वरूप और मिश्रीलाल जी, यह आपको क्या सूझी कि आप थाने में जाकर हमारे खिलाफ रिपोर्ट ही दरज करवा आये कि आपको हमसे जान का खतरा है। शायद आपने सोचा हो कि युद्ध और प्यार में सब कुछ जायज़ है ? तब तो यह इल्ज़ाम मुझे आप पर लगाना चाहिए था, क्योंकि इसी परेशानी में तो मैं रात को ठीक से सो भी नहीं पा रहा था। दूसरे, मैं आप पर चोरी का इल्ज़ाम भी तो दे सकता था। लेकिन मैंने यह सब नहीं किया, क्योंकि मैं अपना शुमार अमीरों में नहीं करवाना चाहता। मैं एक साधारण आदमी हूँ और साधारण रहकर ही जीना चाहता हूँ।

जामुनी झण्डे के भी शायद मेरी बात पल्ले पड़ गयी है। क्योंकि अब वह पहले की तरह फड़फड़ा नहीं रहा। दूसरे, बालस्वरूप ने पहले तो मिश्रीलाल और पुरुषोत्तम का पूरा-पूरा साथ दिया और नोटिसवाले महीने को खाली बैठकर ही पार करने का तहैया किया, और फिर बाकी लोगों के साथ संस्थान में आना भी बन्द कर दिया, लेकिन फिर एक दिन खुद ही आकर समझौता कर गया और जितने दिन काम पर आया था, उतने दिन का हिसाब लेकर चलता बना। हाँ, एक काम उसने और किया कि जाते-जाते हमें इस दलदल में से पार होने का तरीका भी बता गया। उसने एक बयान में लिखकर घोषित किया कि इस समूची खुराफात के पीछे मिश्रीलाल का ही हाथ है और मिश्रीलाल जैसे कारीगर ही दूसरे कारीगारों को बदनाम करते हैं। बालस्वरूप का यह भी कहना था कि वह यह घोषणा जामुनी झण्डा यूनियन के एक सदस्य होने की हैसियत से कर रहा है ताकि यूनियन ऐसे नकली सदस्यों से बचे।

लेकिन बलस्वरूप में एकाएक यह परिवर्तन क्यों ? ज़रूरत ने क्या उसे इस कदर मजबूर कर दिया था? लेकिन हमें तो पता यह चला था कि ये सभी लोग हमारे यहाँ काम बन्द करके कहीं और काम पर जाने लगे थे और वहाँ पर इन्होंने ऐसी व्यवस्था की थी कि पैसा तो इन्हें बराबर मिले लेकिन रिकार्ड पर कुछ नहीं आये। तब क्या हमारी तरह का एक छोटा व्यवस्थापक दूसरे छोटे व्यवस्थापक को खाने में विश्वास रखता है ? तब छोटे व्यवस्थापक क्या एक होने का नारा नहीं लगा सकते ?

खैर, बालस्वरूप की घोषणा वाकई हमारे खूब काम आयी, क्योंकि श्रम कार्यालय के सभी आरोपों का ब्योरेवार जवाब देते हुए हमने उस घोषणा की एक फोटोप्रति भी दूसरे कागज़ात के साथ नत्थी करके वहाँ भिजवा दी।

मिश्रीलाल और पुरुषोत्तम अब कहा हैं, हमें पता नहीं। बालस्वरूप अपने गाँव

चला गया है। हमारे यहाँ से जाते समय वह कह गया था कि ऐसे कामगारों का वह कभी साथ नहीं दे सकता। सुरेश शायद किसी चौराहे पर खड़े होकर अब लॉटरी के टिकट बेचता है और दूसरों की किस्मत आज़माने के साथ-साथ अपनी किस्मत भी आज़माता रहता है।

और मैं...? खण्डहर के ढेर पर बैठा एक ऐसा मरजीवा हूँ जो बराबर यही उम्मीद लगाये हुए है कि शायद ये खण्डहर एकाएक खड़े होकर एक खुशनुमा आकार ले लें।

□□

डायन

मन पर एक ऐसी खरोंच है जो जाती ही नहीं। सालोंसाल बीत गये, लेकिन यह नामुराद है कि वहीं की वहीं बनी हुई है।

अब बताओ उसे सोचकर फायदा भी क्या होगा ! जहाँ इतने साल बीत गये, और बीत जायेंगे। अब तो ज़िन्दगी की दौड़ खत्म ही हुई समझो। शरीर में अब रहा ही क्या है ! वैसे भी शरीर में होता ही क्या है ! फूँक ही है न ! निकल गयी तो सब खत्म ! फिर शरीर पटरे की तरह पड़ा रह जाता है। फूँक न कहो, प्राण-वायु कह लो। आदमी तो यों ही टापता है। टपानेवाला तो वही है। जब तक टपाना चाहता है, टपाता है। जिस वक्त बन्द करना चाहता है, बन्द कर देता है। सब कुछ पहले ही तय रहता है। माथे की पाटी पर लिखा रहता है। पढ़नेवाले इसे एक ही नज़र में पढ़ लेते हैं। उनमें भी यह शक्ति देनेवाला वही है। सब को अलग-अलग तरह की शक्ति दे रखी है उसने। जितना बड़ा ब्रह्माण्ड, उतनी ही तरह की शक्ति। साइंसवाले उलटबाजियाँ लगा रहे हैं, और लगा लें। काफी कुछ तो खोज निकाला है उन्होंने ! लेकिन क्या वे उसका पार पा सकेंगे ? मेरे जीते जी तो शायद होने से रहा। जहाँ एक रहस्य का पता लगाते हैं, वहाँ दूसरा मुँह खोले पहले ही खड़ा होता है। जैसे एक गुफा के भीतर दूसरी गुफा खुलती जाये।

उस दिन अखबार में क्या पढ़ रही थी ? अब ये मुई आँखें भी तो साथ नहीं देतीं। इन्हें सोचा था बनवा लूँगी। लेकिन अब इन्हें कौन बनवाये ! अब यह मोतिया बिन्दु मेरे साथ ही जायेगा। ऐसा तो है नहीं कि मुझे कुछ सुझाई नहीं देता। काम तो चलता ही है। थोड़ा-बहुत पढ़ भी लेती ही हूँ। कभी-कभी अखबारों में बड़ी मज़ेदार खबरें रहती हैं। कुछ-कुछ अखबारवाले तो उन्हें मज़ेदार बना भी देते हैं। कुछ इस तरह की चाशनी चढ़ाते हैं कि बस, पूछो नहीं। सुर्खियों पर तो और भी रंग चढ़ा रहता है। उस दिन वीडियो पर वह फिल्म भी तो चली

थी—सुर्खियाँ। अगर अखबारवाले इसी तरह के लोग हैं तो भगवान् ही बचाये इनसे। आदमी न हुए, राक्षस हुए। खुद ही घात लगायें, और खुद ही उनके बारे में लिखें ! पर ऐसा होना क्या मुमकिन है ? हो भी सकता है। क्या-क्या नहीं होता इस दुनिया में ! कल्पना से परे की चीज़ें हो जाती हैं ! उस दिन अखबार में जाने क्या-क्या छपा था ! अखबार भी रोज़ कहाँ पढ़ पाती हूँ ! छुट्टी के दिन पड़ोसवालों से मँगवा लेती हूँ। वह भी खाली होता है तो देते है, वरना चुप लगा जाते हैं। एक दिन पटाक से कह दिया था नित्तू के डैडी ने—इतने बड़े बेटे की माँ है, एक अखबार की जुगाड़ नहीं हो सकती इसके लिए ! सुनकर एक बार तो भीतर ज़बरदस्त झनझनाहट भर गयी थी। लेकिन फिर दम साधे रह जाना पड़ा। अब उसका भी क्या कसूर ! जब काम ही लिखने-पढ़ने का है तो अखबार कैसे दे दे ! वैसे और कोई चीज़ माँगो, झट दे देंगे। घर जैसी तो बात है ! पर घर घर ही होता है ! अपने घर में रोज़ अखबार आये तो क्या बुरा है ! जहाँ हज़ारों का खर्चा है, वहाँ क्या पन्द्रह-बीस का खर्चा बर्दाश्त नहीं हो सकता ? पर वह खर्चा तो सिर्फ मेरे लिए होगा न ! सिर्फ मेरे लिए कोई खर्चा क्यों करे ! सुरेन को अखबार पढ़ने की फुर्सत ही नहीं होती ! सुबह-सुबह तो काम पर भागता है। रह गयी पीछे बहू, तो उसे पढ़ने-वढ़ने से कुछ लेना-देना नहीं। वैसे कहने को एम. ए. पास है। बहुत हुआ तो रेडियो सुन लिया। वीडियो हर दूसरे-तीसरे रोज़ चलता ही है। सुरेन पिछली बार लन्दन से लाया था। और भी बहुत कुछ सामान आता है। पर घर में हमें उससे क्या लेना-देना ! बस, अपने दो वक्त की रोटी खाओ और मस्त रहो। ज़रा-सा मुँह खोला नहीं और तूफान खड़ा हुआ नहीं। पहले कितना क्लेश हो जाता था घर में ! बाबा, हमने तो लगाये कानों को हाथ। हमारी बला से ! रत्ती-सा भी कुछ हो गया तो झट सास-बहू का किस्सा बन जायेगा। पहले ही किस्से क्या कम हैं। पर मैं रही बुड्ढी खूसट। भला मैं उसका क्या बिगाड़ सकती हूँ ? मैं तो अपने को ही किसी तरह ढोती रहूँ तो काफी है।

बहू ने फिर किटकिट लगा दी है। भई, खाली बैठे-बैठे या इधर-उधर डावाँडोल चक्कर लगाने से तंग आ गयी और पानी से भिगो-भिगो कर किसी तरह सब्जीवाला लिफाफा खोल लिया और फिर पन्ने सीधे करके उन्हें पढ़ने के लिए जोड़ लिया तो कौन-सी आफत आ गयी ? अब वक्त तो किसी तरह काटना ही है न ! अगर मैं कहती हूँ कि भई, टी. वी. ही खोल दो ताकि मैं बैठी-बैठी देखती रहूँ तो तड़ाक से उत्तर मिलेगा, "बिजली का इत्ता बिल कौन देगा ?" या "माता जी, रिपेयर बहुत महँगी पड़ती है।" अब बताओ, खुद देखेंगे तो

रिपेयर की ज़रूरत नहीं पड़ेगी, मैं देखूँगी तो रिपेयर करवानी पड़ेगी। जैसे मेरी आँखें न हुईं, त्रिशूल हो गयीं। और फिर एक नहीं, दो-दो टी. वी. हैं घर में, एक रंगीन, दूसरा ब्लैक एण्ड ह्वाइट। अब मेरे कमरे में अगर ब्लैक एण्ड ह्वाइट टी. वी. पड़ा रहे तो क्या हर्ज़ है। पड़ोसी भी हँसते हैं जब अपना घर छोड़कर मैं दूसरों के घर देखने जाती हूँ। अपने घर में टी. वी. तभी खुलेगा जब सुरेन घर में होगा। वीडियो भी तभी चलेगा जब अपना मूड होगा। न बाबा, यह बुढ़ापा बहुत बुरा है। कहने को माँ हूँ, लेकिन हक किसी चीज़ पर नहीं। हक बेटे पर भी नहीं। सब कुछ होते हुए भी प्यासे के प्यासे। बच्चा नहीं है तो इसमें हमारा तो कोई कसूर नहीं। इलाज भी बहुतेरे कराये। किस्मत में अपना नहीं है तो किसी से गोद ले लो। ससुरालवालों से नहीं लेना तो मैकेवालों से ले लो। भई, हम तो यही कहेंगे कि किसी तरह खुश रहो। हमें रोनी सूरत तो अच्छी लगती नहीं। अब हम अगर रोना शुरू करें तो रोते ही रहें। रोने के लिए कई बहाने हैं। पाकिस्तान को लेकर रोने लगें तो यह रोना कभी खत्म ही न हो। कहने को पाकिस्तान बने चालीस साल होने को आये। आदमी के भीतर दानव भी है और देवता भी। दानव है तो देवताओं का भी महत्त्व है। दानव तो खाने पर तुले ही रहते हैं। मारनेवाला बलवान है तो बनानेवाला उससे भी बड़ा बलवान है। औरतों ने तो अपनी इज़्ज़त बचाने के लिए कुओं में छलाँगें लगा ही दी थीं। पता नहीं कितनी मरी होंगी। पर मैं तो बच ही गयी। पता नहीं कैसे बची। आँख खुली तो शरणार्थी कैंप में थी। सुरेन तब पेट में था। सुरेन के पिता मेरे सिरहाने बैठे थे। "ग़म मत करो, बचनो, ग़म मत करो। ईश्वर महान् है !"

ईश्वर वाकई महान् है। उसकी सत्ता का भान तो हमेशा होता ही रहता है। वह बार-बार आदमी को चेताता रहता है, लेकिन आदमी फिर भी नहीं चेतता। उसी की सृष्टि और उसी से दग़ा करती रहती है। ईश्वर सहन तो बहुत करता है, लेकिन सहनशीलता की हद जब पार हो जाती है, तब उसे कुछ-न-कुछ उपाय करना ही पड़ता है। एक ही झटका देता है वह, और देखते-ही-देखते हज़ारों-लाखों ढेर हो जाते हैं। पर वैसी व्यापक तबाही में भी देखो, उसे जिसे बचाना होता है, बचा लेता है। हे मेरे ईश्वर, तू अपरम्पार है। त्रिकालदर्शी भी तेरा पार नहीं पा सके।

सुरेन का जन्म शरणार्थी कैंप में ही हुआ था। मैं तब तीस पार कर चुकी थी। मैं दूसरी जगह जो थी। सुरेन के पिता पचास को छू रहे थे। पहली के बच्चे काफी बड़े-बड़े थे और अपने-अपने धन्धे में लगे थे। एक तरह से मेरे हमउम्र ही थे। लेकिन अफरा-तफरी में सब इधर-उधर बिखर गया। शादी भी हमारी मजबूरी में हुई थी। मजबूरी इधर भी थी और उधर भी। इधर यह कि मैं एकदम काली और उस पर चेचक के दाग़। उधर यह कि पचास की उम्र में अब उन्हें अपनी जवान और सुन्दर लड़की कौन दे ? ऐसे कोई रईस तो थे नहीं वह। पर

भई, खूब निभाया उन्होंने मेरे साथ। अब तक सुरेन भी सिर उठाने लगा था। बस, पूछो नहीं, कैसे-कैसे दिन देखे ! पाकिस्तान क्या बना, इनके शरीर की सारी ताकत ही खींच ले गया। दिन-ब-दिन सूखते गये वह ! फिर तरह-तरह की बीमारियाँ भी आ दबोचने लगीं। सुरेन खुद क्या था ! एकदम तीला। ईश्वर से बराबर यही मनाती रहती कि कब यह बड़ा हो और कब हमारे दिन फिरें।

देखो, टल ही गये न वे दिन ! बिछुड़े बच्चे भी मिल गये। सुरेन को भी एक छोटी-मोटी नौकरी मिल गयी। साथ-साथ उसने पढ़ना भी जारी रखा। सुरेन के पिता पर अब और भी बुढ़ापा छा गया था। हमेशा यही डर लगा रहता कि पता नहीं कब इहलीला समाप्त हो जाये। हुआ भी यही। बैठे-बैठे ही एक दिन आँखें बन्द कर लीं। हालाँकि हमें हमेशा इसकी आशंका रहती थी, फिर भी मैं सन्न रह गयी। बिलकुल सिल हो गयी थी। बतानेवाले बताते हैं कि चार दिन तक मैं जहाँ बैठी थी, वहीं बैठी रही। आँखें सूखी और पत्थर। इन में एक बूँद तक पानी न था। वैसे कुछ घटनाएँ सुनने भर से आँखों में पानी छलछला आता है। कई बार किसी की अति उदारता या अति विशिष्ट भाव-भंगिमा भी उसी गद्गद अवस्था में ले आती है। लेकिन तब जाने मुझे क्या हुआ था। मैं आज तक समझ नहीं पायी। डाक्टरों का तो यही कहना था कि मुझे गहरा सदमा हुआ है। लेकिन सदमा कैसा ! जो सामने दिख रहा था, उसके लिए तो हम तैयार ही थे। बड़े बच्चे हमारे साथ तो नहीं रहते थे, पर उनका आसरा बहुत था। वैसे उनकी भरी-पूरी गृहस्थी थी। बड़ा लड़का तो नाना बन चुका था। छोटी लड़की भी अपने बेटे के लिए रिश्ते की तलाश में थी। हम पाकिस्तान से जो कुछ बचाकर लाये थे, वह कब का खत्म हो चुका था। बस, अब सुरेन की कमाई से ही गाड़ी खिंच रही थी। अपनी कमाई पर सुरेन अब पहले जैसा पतला-दुबला भी नहीं रहा था। वह अब अच्छा-खासा आदमी दिखता था।

सुरेन के लिए रिश्ता आया तो मैं कितनी खुश थी। सुरेन लेने-देने के हक में बिलकुल नहीं था। इसे ही कुछ नहीं चाहिए तो मैं क्यों फिजूल के पचड़े में पड़ूँ। सुरेन कहता था कि मैं आदर्श विवाह करूँगा। करो आदर्श विवाह। कौन रोकता है तुम्हें ! बस, तीन कपड़ों में लड़की आनी चाहिए। आ गयी तीन कपड़ों में लड़की। सुरेन तो जैसे उसमें समा ही गया। जब देखो दरवाज़े की भीतर से चिटखनी चढ़ी है। अब मैं हँसू नहीं तो क्या करूँ। बेटा, यह भी तो समझो कि तुम्हारी माँ बाहर अकेली बैठी तुम्हारी राह देख रही है। चलो, भगवान् तुम्हें खुश रखे। तुम्हारी बहू की जल्द से जल्द गोद भरे। घर में हरियाली आये। मुझे और क्या चाहिए।

लेकिन शादी के चार साल बीत जाने पर भी बहू रीती ही रही। पहले मैंने सोचा, आजकल के नौजवान हैं, जल्दी बच्चा नहीं चाहते होंगे। लेकिन अब

पता चला कि नहीं, मजबूरी के शिकार हैं। बहू के बस में होता तो वह तो कब की जन चुकी होती। पर यह क्या ? बहू तो मुझसे ही कटी-कटी रहने लगी है। और तो और, सुरेन को भी जली-कटी सुनाने लगी। एक दिन उससे बोली, "जहाँ ऐसी काली डायन होगी, वहाँ कुछ भी हरा नहीं रह सकता। सब कुछ सूख जायेगा !" हे ईश्वर, ऐसा ज़हर ! कहीं तू अमृत बरसाता है, और कहीं...! मेरे अन्दर-बाहर ऐसे नश्तर चुभे कि सब ज़ख्म ही ज़ख्म हो गये। रह-रहकर उनसे टीसें उठतीं। कभी ख्याल आता उनका जो मुझे बीच मंझधार में छोड़कर चल बसे ! पर वह ज़िन्दा रहते तो उन पर जाने कैसी बीतती। चलो, और कुछ नहीं, हम दोनों कही अलग-से ही साथ-साथ रह लेते। अब बड़े बच्चों के पास जाऊँ तो सुरेन की बदनामी। झट कहनेवाले कह देंगे—देखा, माँ को चार दिन भी न रख सके ! ज़्यादा पढ़-लिख भी न पाये कि चलो, अपना ही कोई छोटा-मोटा धन्धा शुरू कर लेते। पर अपना धन्धा करती भी क्या ! ज़्यादा-से-ज़्यादा किसी के यहाँ आया बनकर रह लेती ! फिर भी ईश्वर, तू बड़ा कृपालु है। सुरेन अगर पूरी तरह जोरू का गुलाम बन जाता तो कब का उठाकर मुझे बाहर फेंका होता। एक बार बहू ज़्यादा झल्लायी थी तो उसने कह भी दिया था—"क्या उसे छत से नीचे फेंक दूँ ? आखिर, वह मेरी माँ है !"

माँ ! कितनी उम्मीदें पालता है आदमी बच्चों से ! मैंने कई बार अपने को समझाया भी—कि पगली, छोड़ यह मोह-माया का चक्कर, और जा बस हरिद्वार-ऋषिकेश के किसी डेरे में ! मेरी उम्र के लोगों को घर-गृहस्थी में बने रहने का हक भी क्या है ! भई, चार आश्रम हैं, उन्हीं का पालन करो। वानप्रस्थी तो अब खत्म होने को आयी। सीधे संन्यास आश्रम को अपनाओ और ईश्वर की राह पकड़ो। एक-एक सीढ़ी भी उसकी ओर बढ़ते रहे तो एक न एक दिन वहाँ तक पहुँच ही जायेंगे। वैसे तो कहते हैं बिना सद्गुरु के उस तक पहुँच पाना मुश्किल है। कई तरह की मंज़िलें पार करनी होती हैं उस तक पहुँचने के लिए। पहले रेत के मैदान आते हैं, फिर मीलों-मील दूर तक फैले हुए दरिया-समुद्र, फिर ऊँचे-ऊँचे पहाड़ और फिर कहीं रोशनी दिखाई देती है। बस, वह रोशनी ही ईश्वर है। हे मेरे ईश्वर, मुझे वह रोशनी दे। मुझे रोशनी चाहिए।

अच्छा है सुरेन खूब खाता-कमाता है। किसी चीज़ की घर में कमी नहीं। अब कार भी कुछ दिन बाद आ जायेगी। जाने बहू किस मूड में थी कि बड़े चाव से बोली थी, "माता जी, बधाई हो। हम कार ले रहे हैं।"

कार लो, बेटे, जुग-जुग जियो। भगवान् तुम्हें और खुशियाँ दे। पर थोड़ी-सी खुशी मेरे साथ भी बाँट लिया करो ! काली डायन ही सही, पर डायन भी अपने कुछ घर छोड़कर ही किसी पर वार करती है !

□□

मैं

आज मुझे एकाएक लगने लगा है कि यद्यपि आपका मेरी कहानियों में प्रायः मेरे 'मैं' से ही साक्षात्कार होता रहा, फिर भी वह 'मैं' मैं नहीं था, मैं के चेहरे पर नकाब लगाये कोई दूसरा ही 'मैं' था, क्योंकि उसे मैं हमेशा आपके सामने सजा-सँवार कर ही पेश करता रहा, उसका नंगा-बेनकाब रूप आपने कम ही देखा। इसलिए सोचता हूँ, यदि थोड़ी देर के लिए इस नकाब को उतार फेंकूँ तो ?

लेकिन इसका मतलब यह नहीं कि मैं आपको अपनी हिस्ट्री बताने चला हूँ। आप मेरी हिस्ट्री जान कर करेंगे भी क्या ? क्योंकि मेरा भी जन्म लगभग उन्हीं हालात में हुआ, जिनमें कि आपका। मेरी भी लगभग वही ज़रूरतें हैं, जो कि आपकी। तो फर्क कहाँ है ?

हाँ, तो फर्क कहाँ है ? यह मैं भी अक्सर सोचता हूँ। लेकिन जब कभी आप मुझसे बहस करना शुरू कर देते हैं तो मुझे वह फर्क साफ दिखने लगता है। और मुझे लगने लगता है कि मेरे पास उत्तर के नाते कुछ भी नहीं है। मैं बिलकुल खाली हूँ। लेकिन उस खालीपन को पूरा करने के लिए मैं कुछ नहीं करता, बल्कि वैसे ही उसे लिये-लिये मैं सो जाता हूँ। लेकिन सोचता हूँ कि अगर यह खालीपन इसी तरह बढ़ता रहा तो ?...

जानते हैं, इस खालीपन से मुझे कितनी चिढ़ है ? वह जो हमारा मालिक-मकान है न, उसने सामने की रेलिंग से एक खाली हंडिया बाँध रखी है। उसका निचला, यानी पेंदेवाला, हिस्सा तो बाहर की ओर रहता है और मुँह, यानी उसका खालीपन हमारी ओर। हंडिया के उस पेंदे पर किसी दैत्य का चेहरा 'उलीका' गया है जो मकान की ओर 'भरी' आँख देखनेवाले की नज़र को झट जज़्ब कर लेता है और खालीपन हमारी ओर फेंक देता है। सच मानिए, जब-जब

मैं सीढ़ियों से नीचे उतरने लगता हूँ और खाली हंडिया का खालीपन मुझे दिख जाता है, उस समय मेरे अन्दर एक सिहरन-सी दौड़ जाती है। इसीलिए सीढ़ियों से नीचे उतरने से पहले मैं अपने नन्हे बेटे को पुकारता हूँ और उससे बाई-बाई करता हूँ ताकि यह 'खालीपन' कहीं मुझे बाहर भी तंग न करे ! मैं अपने बेटे को 'लकी हॉर्स' जो कहने लगा हूँ !

आप मेरी बात पर हँस रहे होंगे। सुपरस्टीशस ! ट्राइबल ! लेकिन मैं आपसे असलियत छिपाना नहीं चाहता। बल्कि कभी-कभी तो ऐसा भी हुआ है कि अपने 'खालीपन' से किसी तरह बचने के लिए मैंने मंगल और शनि को घूमनेवाले 'छायापात्री' छोकरों के तेल के लोटे में कुछ पैसे भी डाल देने की सोची है...और एक दिन तो मैंने यह भी सोचा था कि चलो हनुमान के मन्दिर पर ही मानता माँगी जाये। लेकिन इस चिन्तन में मैं अकेला नहीं था, मेरी पत्नी भी मेरे साथ थी।

देखिए, यह 'खालीपन' कैसा सर्वग्रासी है ! इसने मेरी पत्नी को भी नहीं छोड़ा। पहले वह हमेशा हँसती रहती थी, बल्कि जब कभी मैं इस 'खालीपन' का ज़िक्र करता, तो वह हँसकर टाल देती—आप ही फिकर करते हैं, हम तो करते नहीं। लेकिन अब वह भी इस 'खालीपन' की उसी तरह शिकार रहने लगी है, जिस तरह कि मैं।—क्या करूँ ? कौन-सा ऐसा मंत्र पढ़ूँ ? एक दिन उसने झुँझलाकर कहा था और मैं दुबककर पीछे हट गया था।

आपका क्या ख्याल है, आप अपनी पत्नी के सामने नहीं दुबकते ? लेकिन पत्नी किसी-न-किसी तरह आदमी पर ग़ालिब आ ही जाती है, प्यार से, चाहे चिड़चिड़ाकर। इसीलिए मैंने सोचा था कि शादी नहीं करूँगा। लेकिन इत्तफाक ऐसा था कि तब मैं लिखकर अपने अकेले का भी पेट नहीं भर पाता था। फिर भी मैं नौकरी करने की नहीं सोचता था। मुझे लगता था कि उस संघर्ष में से ही बहुत कुछ पा रहा हूँ। लेकिन फिर संघर्ष करते-करते मैं एक।एक थकने लगा। फिर, जैसे ही मैंने शादी करने की सोची, मुझे नौकरी भी मिल गयी। यानी शादी और नौकरी, दोनों एकसाथ बँधे-बँधे मेरे पास आये। यह सब मेरे रेगिस्तानी जीवन में नखलिस्तान मिल जाने के समान था। लेकिन आप ज़रा सोचिए कि जब किसी औरत को इस बात का एहसास हो कि उसकी वजह से ही इस आदमी को रोटी मिलती है तो क्या उसका आदमी पर ग़ालिब होना स्वाभाविक नहीं होगा ?

लेकिन ताज्जुब की बात तो यह है कि वह औरत जो कभी मेरी रेगिस्तानी जिन्दगी में नखलिस्तान बनकर आयी थी, आज खुद रेगिस्तान की चपेट में आने लगी है और उसके चेहरे पर रेत के बगूले उड़ने लगे हैं। सच कहता हूँ, मैंने पहले कभी अपनी पत्नी को इतना परेशान नहीं पाया था।

मैंने आपको बताया नहीं कि मैं अपने बेटे को 'लकी हॉर्स' क्यों कहता हूँ। वह इसलिए कि अभी मेरे बेटे का जन्म भी नहीं हुआ था और मुझे दो पत्रिकाओं में 'नियमित स्तम्भ' लिखने को मिल गये थे। इसका मतलब था हर महीने डेढ़ सौ रुपये की नियमित आय। और जैसे ही मेरे बेटे का जन्म हुआ, उसके कुछ ही दिनों बाद मेरे पद में भी उन्नति हो गयी। दूसरे शब्दों में मैं अब सरकार का गज़ेटिड अफसर था।

जी हाँ, गज़ेटिड अफसर। मैं जानता हूँ आप मुझे हिकारत की निगाह से देख रहे होंगे। दिल्ली में हर कोई अपने को गज़ेटिड अफसर से कम कहता ही नहीं। बाबू भी अपने को गज़ेटिड अफसर कहते हैं। और अगर हुआ भी तो चलो एक और सही ! क्या फर्क पड़ता है ! गज़ेटिड अफसर के लिए बस तो कोई और होगी नहीं ! जिस क्यू में और लोग खड़े होते हैं, उसी क्यू में आगे या पीछे यह गजेटिड अफसर भी खड़ा होगा। जिस बस में और लोग कण्डक्टर-ड्राइवर की उलटी-सीधी सुनते हैं, उन्हीं के साथ यह भी सुनता है। जिस बस के साथ और लोग घिसटते हैं, उसी बस के साथ यह भी घिसटेगा। अगर फर्क होगा तो दो घड़ी का दफ्तर में। वहाँ भी ऐंड़ा-बैंड़ा बोलनेवाले को खरी-खरी सुना दी जाती है। जाओ, जो करना है करते रहो...तो सुना जनाब, ये है गज़ेटिड अफसर के दिल्ली में ठाठ। इस पर भी आप ऐंठते फिरें तो फिरा करें। इसीलिए इस 'मैं' ने, यानी इस बेनकाब 'मैं' ने, अपनी गज़ेटिड अफसरी कागज़ की तहों में बन्द करके एक तरफ डाल छोड़ी है। ज़रूरत होती है तो रबर स्टाम्प के रूप में उसे कभी-कभी निकाल लेता है।

आप सोच रहे होंगे, मैं अपना ही मज़ाक उड़ाने पर क्यों तुला हूँ ? लेकिन आपको सच बताऊँ तो कभी-कभी मैंने अपने ऊपर रो देना चाहा है, और कई बार मेरी आँखें नम भी हुई हैं। एक बार तब...

लेकिन घूम-फिर कर बात वहीं क्यों आती है ? अभी पिछले दिनों मेरे एक कहानी-संग्रह की समीक्षा करते समय दो-एक समीक्षकों ने बार-बार यही बात दोहरायी कि मैं पत्नी, घर और दफ्तर के दायरे में घूमनेवाला लेखक हूँ। मैंने एक का जवाब भी दिया था...मैं चाहूँ तो आपको आदिवासी जंगलों में ले जा सकता हूँ, चाहूँ तो पहाड़ों की बर्फीली ढलानों पर ले जा सकता हूँ, चाहूँ तो...लेकिन इस मनःस्थिति में लगता है मैं कहीं भी चला जाऊँ, यह खालीपन मेरा पीछा नहीं छोड़ेगा। और वह सब असलियत से मुँह मोड़ना होगा। और असलियत से आप मुँह कब तक मोड़े रहेंगे ? 'असलियत' तो ऐसी क्रूर है कि गरदन मरोड़ने लगे तो मरोड़ती ही जाये। इसलिए एक बार मैं डटकर इसका सामना करना चाहता हूँ।

यह चौकीदार भी देखिए किस वक्त मेरे सामने आ खड़ा हुआ ! मैंने सोचा

था कि महीने के ये आखिरी दिन घर बैठकर बिताऊँगा। न घर से बाहर निकलूँगा, न...इसलिए मैंने दफ्तर से कुछ दिन की छुट्टी कर ली थी। फिर दफ्पर में कोई-न-कोई तो मिलनेवाला आता ही रहता है। तब अन्दर ऐसी फुरफुरी होती है जैसे कि कहीं फंदा पड़ रहा हो। बात इधर करते हैं, ध्यान कहीं और होता है। जैसे कि अभी कुछ अनिष्ट हो जायेगा। भीतर-ही-भीतर अजब-सा कम्पन होता रहता है, जैसे कि अभी सब कुछ ढह जायेगा...

मैं चौकीदार से क्या कहूँ ? चौकीदार लक-लक मेरी ओर देखे जाता है। बेचारा सारी रात जगा होगा और अब लोगों के घरों से दूध की खाली बोतलें इकट्ठी कर रहा है। फी बोतल एक रुपया महावार। जितनी बोतलें, उतने रुपये महीना। हम दो बोतलें मँगवाते हैं। एक स्टैंडर्ड, एक टोंड। यानी 58+42 पैसे, यानी पूरा एक रुपया रोज़। बाकी दूध एक ग्वालिन से लेते हैं। उसको रोज़ पैसे नहीं देने होते। वह महीने के बाद ही आती है। कभी-कभी महीने के बाद भी वक्त से नहीं देते। सब चलता है। लेकिन दिल्ली दुग्ध-योजनावालों से नहीं। उन्हें हर रोज़ नकद ही देना होता है। और अब यह चौकीदार मेरी ओर लक-लक देख रहा है। उसे ताज्जुब है कि मैं इधर-उधर क्यों देख रहा हूँ। साफ-साफ क्यों नहीं कहता। एक दिन पत्नी ने साफ-साफ कह दिया था तो वह अपने पास से ले आया था और बाद में पैसे ले गया था। क्या मेरी भी वही हालत है ? मैं जो ड्रेसिंग गाउन पहने, अपने टॉप-ग्लासवाले राइटिंग टेबल पर बैठा कुछ लिख रहा हूँ, मैं जिसके दायीं ओर के एक कोने में रेफरिजरेटर पड़ा है, मैं जिसके बायीं तरफ सनमाइका टॉपवाला डाइनिंग टेबल है, मैं जिसके दूसरे कमरे में छह फुट ऊँची आईनेवाली स्टील की अलमारी खड़ी है और जिसके पास ही एक नया-नया-सा लगनेवाला दीवान बिछा है...चारों तरफ सब कुछ है, लेकिन कुछ भी नहीं है। एक सौ पैंसठ रुपया मकान किराया, तीस रुपया बस-भाड़ा, पच्चीस रुपया माँ को मनीऑर्डर...कुल जमा सात सौ दस रुपये, पैंतीस पैसे। हर महीने बैंक में तनख्वाह आकर जुड़ जाती है, और हर महीने बैंक-बैलेंस वही...कभी-कभी तो काउंटर क्लर्क ने मेरी ओर अजब नजरों से देखा है, जैसे कह रहा हो, बस...अच्छे अफसर हो ! लेकिन कोई कहता नहीं, सब समझते हैं। जैसे यह चौकीदार समझता है। खूब समझता है। लेकिन यह कहने की हिम्मत नहीं जुटा पाता कि साहब, न हो तो मुझसे ले लो। मुझे कोई मकान-किराया थोड़े ही देना पड़ता है। न मुझे मकान चाहिए ही। उस खाली प्लॉट में हमने झुग्गी डाल रखी है। जब कोई उठाने आयेगा तो हम दूसरी जगह डाल लेंगे। पत्नी तो मेरी है नहीं, लेकिन बेटी मेरी मेरे पास ही रहती है। दामाद भी मेरा चौकीदार ही है। उस दिन मुझे ढूँढ़ते-ढूँढ़ते जब आप खुद ही मुझे दूध की बोतलें देने चले आये थे तो आपकी नज़रें मेरी बेटी पर टिकी रही थीं न ?

मुझे पता चल गया था। उसका जंपर ठीक छाती पर से फटा हुआ है। लेकिन हमारे यहाँ आपकी तरह वह ढका-पोशी नहीं। वैसे मैं भी कभी-कभी आप लोगों की मेम साहबों को अजब-अजब हालत में देखता हूँ। एक तो एक दिन मुझसे ज़रा-सी ओट करके कपड़े बदलती रही थी। शायद उसे पता नहीं था कि सामने शीशे में से मुझे सब कुछ दिख रहा है।

चौकीदार अब भी मेरे सामने वैसे ही खड़ा है। उसकी मैली-कुचैली सूरत पर मुझे तरस आता है। उसके फटे हुए जूतों के तले कैसे मोटे-मोटे, उखड़े-उखड़े नज़र आ रहे हैं ! टोपी लगाता है तो ठीक गोरखा दिखता है, वरना...एक गोरखे का कहीं इश्क भी हो गया था। वह बड़ी चमक-दमकवाला था। लेकिन यह तो बुड्ढा है। सुनो-सुनो, मैं कुछ कहना चाहता हूँ, लेकिन क्या कहता हूँ, मुझे पता नहीं। और वह कई दिन अपनी सूरत नहीं दिखाता।

अब तो आप निश्चित रूप से मेरी बात पर हँस रहे होंगे। कहाँ तो राष्ट्रीय आय एवं प्रति व्यक्ति आय बढ़ जाने के बावजूद हमारे लाखों-करोड़ों लोग अब भी सब-ह्यूमन जीवन व्यतीत कर रहे हैं और कहाँ मैं सुविधाभोगी वर्ग का एक अजूबा अपनी सुविधाओं में बाधा पड़ जाने से अपने 'खालीपन' की दुहाई दे रहा हूँ ! मेरे सामने अब भी एक पत्रिका के पन्ने खुले पड़े हैं जिनमें राजस्थान के प्रान्त में भूख से मरते प्राणियों के चित्र हैं। कहीं एक व्यक्ति ने मवेशियों के गोबर में से अनाज के दाने चुन-चुनकर अपनी भूख पर विजय पाने की कोशिश की थी, कहीं भूख से व्याकुल एक स्त्री ने एक फूली हुई लाश में अपने दाँत गड़ा दिये थे...

आप यह देख रहे हैं न, यह बिल्डिंग, जिसमें मैं रहता हूँ ? यह बिल्डिंग जिसके मत्थे पर वह खाली हंडिया लटक रही है ? काफी खूबसूरत दिखती है न ? मुझे भी पहले बहुत खूबसूरत दिखती थी। तब तो मुझे इसमें कई रंग तैरते नज़र आते थे। ऐसे लगता था जैसे आप कोई साइकेडैलिक पेंटिंग देख रहे हों। अपने वृत्तों में गोल-गोल घूमती हुई, अपने रंगों में से और कई रंग छोड़ती हुई। लेकिन अब नहीं। अब तो ऐसे लगता है जैसे ये रंग मुझसे ही चुराये गये हों, यह आभा मुझसे ही छीनी गयी हो। वैसे मेरा मकान-मालिक बड़ा ईमानदार आदमी है। बड़ी साफ-साफ बात करता है। वह खुद ही कहता है कि हम कबाड़िये हैं, डिस्पोज़ल का माल लेते हैं और उसमें से लाखों कमाते हैं। पाकिस्तान बना था तो हमारे पास ये ही तन के कपड़े थे। काम करने में क्या शर्म है, बाबूजी ? रेहड़ी लगानी पड़ी, रेहड़ी लगायी। वाहगुरु ने उसी में बरकत दे दी। फिर एक छोटी-सी दुकान चलायी। फिर वह दुकान छोड़कर किसी के

साथ भाईवाली की...इस मकान पर आप पूछ रहे हैं कितना खर्च आया है ? पिचहत्तर हज़ार। आप बनवायें तो एक-सवा लाख से कम न लगे। बस, यह भी एक ट्रिक है। आप सीख कर क्या करोगे ? आपसे चलेगी भी नहीं।...ये लोग भी आदमी-आदमी देख कर लेते हैं...मैंने पैंतालीस हज़ार का लोन ले लिया था...आप हैरान हो रहे हैं न ? हैरान होने की क्या बात है। सारा पैसा बिज़नेस में से शो करें तो बस तब तो अगले दिन ही इनकम टैक्सवाले आ दबोचें ...अब देखो, लोग मकान का कंपलीशन सर्टिफिकेट लेते हैं तो हज़ारों देते हैं, लेकिन हमने सौ-सैकड़ों में ही बात बना ली। यह पूरी-की-पूरी मीनार आप देख रहे हैं न, यह नहीं होनी चाहिए। ...लेकिन यहाँ वह थोड़ी-सी शेखी बघार गया था, क्योंकि एक दिन मेरी उपस्थिति में जब कंपलीशन सर्टिफिकेट देनेवाले आये थे तो उसने कई तश्तरियाँ सजायी थीं—किसी में मेवे, किसी में काजू, किसी में रसगुल्ले, किसी में फल। और वह और उसके आदमी वे तश्तरियाँ लिये-लिये उन सर्टिफिकेट देनेवालों के आगे-पीछे घूमते रहे थे, लेकिन काम उसका तब भी नहीं बना था। फिर उसने खुद ही कहा था कि सैकड़ों से बात नहीं बनती, हज़ारों देने पड़ेंगे, हज़ारों। और तब मुझे अपनी कमतरी का एहसास और गहरा होना शुरू हो गया था। कहाँ ये, कहाँ मैं ! इनके पास हज़ारों, मेरे पास सैकड़ों भी नहीं। बल्कि आज भी अगर घर पर कोई विपत्ति आ जाये...यह कफन खरीदने की बात मेरे दिमाग में जाने क्यों बार-बार आ जाती है !—या माँ के यहाँ से बुलावे की—तो मेरे पास सिवा ऐसे ही किसी अमीर के आगे हाथ फैलाने के और कोई चारा नहीं होगा।

एक दिन, मुझे याद है, मुझे ऐसे लगा था जैसे कि यह बिल्डिंग, जिसमें हम रहते हैं, एकाएक काँपने लगी है। मैं घबराया था। कलकत्ता में तो यह कम्पन बाज़ार में से ट्राम गुज़रते समय होता था। तब ऐसे लगता था जैसे काँपते प्याले पर कोई पीतल की छड़ी घुमा रहा हो। लेकिन यहाँ ?...फिर मुझे समझते देर न लगी कि यह तो लाउडस्पीकर में से निकलनेवाली ढोलक और खड़तालों की आवाज़ है जिससे यह बिल्डिंग इस कदर फटने को हो रही है। मुझे याद आया, मेरा मालिक-मकान कल खुद अपने सिर पर 'दरबार साहब' उठाकर लाया था और जिस-जिस रास्ते से वह गुज़रा था, उसके साथ-साथ चलनेवाला आदमी अपने लोटे में से पानी का छिड़काव देकर उस रास्ते को पवित्र बनाता आया था और उसके पीछे-पीछे एक दूसरा आदमी 'दरबार साहब' पर चाँवर झुलाता रहा था। हमारे मालिक-मकान ने 'सुख' रखा था कि 'वाहगुरु ठीक करीं ते मैं पूरनमासी वाले दिन दरबार साहब दा पाठ रखवावां।' वाहगुरु ने सब ठीक किया

था, ऐसे ही जैसे 'माँ भगवती' ठीक करती है और उसके 'भगत' 'सारी रात का जागा' करवाते हैं। एक खास आवाज़ मुझे अब भी कई बार सुनायी पड़ती है, 'माई की भेंटें' गाते हुए भक्तों की, फिल्मी तर्जों पर। 'भगतों' ने 'माई' पर लाल चुन्नी, गोटेवाली चढ़ायी है। ऐसे मौके पर मैंने भी प्रायः सोचा है कि मैं भी अपने ईश्वर को अगर घूस दूँ तो वह मेरा खालीपन ज़रूर दूर कर दे। सब हमेशा घूस लेते आये हैं। पत्नी अपनी तरह से घूस माँगती है, बच्चे अपनी तरह से। मत ले कर दीजिए बच्चों को कुछ भी कुछ दिन और फिर देखिए उनका रुझान ! तब यदि पड़ोसी उनको कोई चीज़ लेकर देता रहेगा तो वे उसी की तरफ हो जायेंगे। और पत्नी ? क्या आपने यशपाल की 'पराया सुख' कहानी नहीं पढ़ी ? कितना निस्सहाय कर दिया था एक अच्छी-भली पत्नी को इस घूस ने ! लेकिन तब स्थिति क्या और विचित्र नहीं हो जाती जब मेरे मालिक-मकान के बच्चे तो रोज़ अपने फ्रिज में से फल और अंडे निकाल-निकालकर खायें और मेरें बच्चों को हमारे फ्रिज में से कुछ भी न मिले ! या जब वे ही दया के मारे एक संतरा उनकी ओर भी बढ़ा दें...तब उनके बच्चों के चेहरों पर की लाली और मेरे बच्चों के चेहरों पर का फीकापन आपको कितना स्वाभाविक लगता है ? शायद मैं आपको बताना भूल गया कि मेरे मालिक-मकान के बच्चे सेंट् कोलम्बस में पढ़ते हैं और मेरे बच्चे ने शुरू तो स्प्रिंगडेल्स से किया था, लेकिन तीन वर्षों में ही हमें तीन स्कूल बदलने पड़े और अब हमने एक ऐसा स्कूल ढूँढ़ निकाला है जहाँ समाजवाद अपने सही अर्थों में विकास पा रहा है।

मैंने शुरू में कहीं माँ को पच्चीस रुपये माहवार भेजने की बात कही थी। पहले मैं तीस भी भेजता रहा। उससे पहले कई बार पचास भेजने का भी हौसला किया। वे भी तो थे जो मुझे कॉलेज के दिनों में सौ रुपया महीना भेजते रहे। लेकिन मेरे लिए पचास भी भेजना मुश्किल हो गया। फिर तीस भी, और अब बात पच्चीस पर आ टिकी है। यह भी मैं किसी-किसी महीने मिस कर गया हूँ और फिर मैंने माँ को याचना-भरा पत्र लिखा है और उसने उसका कोई उत्तर न देना ठीक समझा है। बीच-बीच में उसके पत्र आते रहे कि इस बार बरसात में छतें चूने लगी हैं, और मैं सुनता रहा हूँ और बराबर चुप रहा हूँ। चालीस रुपये तो मकानों का किराया आ ही जाता है। फिर वहाँ खर्चे है भी क्या ! और मेरी आँखों के सामने एक पुरानी-सी, चिंदी लगी धोती पहने मेरी माँ की डोलती-सी काया मंडराने लगती है। बहुधा वह वही कपड़े पहनती है जो हम उसे भेजते हैं, जिनमें से कुछ कपड़े तो वे हैं जिन्हें मेरी पत्नी पहनना नहीं चाहती थी। कभी-कभी मुझे अजीब भी लगा है कि माँ धोती के नीचे पेटीकोट क्यों नहीं पहनती ! ऐसी ही कई बातों पर हमारी तकरार भी हुई है। माँ कहती है, मैं यहाँ तुम्हारी इज़्ज़त बनाकर बैठी हुई हूँ। लोग तो यही सोचते हैं कि मेरे

पास अब भी बहुत पैसा है, और इसकी पुष्टि में वह प्रायः ठण्डू की बीवी का हवाला देती है जो कई बार छत पर नंगी बैठी-बैठी गोबर थापने लगती है, जो सब कुछ पास होते हुए भी भिखमंगे का-सा वेश बनाये रहती है, और हमेशा मेरी माँ को जताती रहती है : लै भेने, तेरे कोल किसे चीज दा घाटा ए ? राजी रहन तेरे ए मुण्डे। रब ने सुखी-सांदी सब-कुछ दित्ता होया ए ? और इससे वह हमारा खानदान ही नहीं सराहती, मुझे आशीष भी देती है, और मुझे भी जबरन, जब कभी मैं माँ के पास पंजाब जाता हूँ, उसे 'पैरी पौना' कहना ही पड़ता है। और माँ उसे जताने के लिए मुझसे पूछ ही लेती है—मासी नू पैरी पौना कीता ई ? किया है, किया है, मौसी को 'पैरी पौना'। अब महल्ले में किस-किस को 'पैरी पौना' करता रहूँ ? उधर मेरी बहनें है, भाई है। सब अपने-अपने घर में मस्त हैं। राखी या भाईदूज के अवसर पर हम भाई-बहनों की यही ख्वाहिश होती है कि हम सब एक ही जगह इकट्ठे हों। मैं बड़ा भाई हूँ, इसलिए मेरे घर पर ही सबका जुटना 'शोभा' देता है। लेकिन इधर कई बार यह भी हुआ है कि मैं अपनी बहनों को राखी या भाईदूज के पैसे नहीं दे पाया हूँ, और बहाना यह किया है कि चलो, पैसे इकट्ठे हो जायेंगे तो साड़ी ले देंगे, और फिर मैंने किसी-न-किसी रूप में यह भी प्रकट कर दिया है कि आजकल रिश्ते कायम रखना कोई आसान काम नहीं । जबकि हमारे मालिक-मकान की बीवी ने हमेशा हमें यही बताया है कि इस बार उसके एक भाई ने राखी के उसे पचास रुपये दिये, और बाकी दो भाइयों ने पच्चीस-पच्चीस।

और इस मनःस्थिति के बावजूद यदि मैं आपसे कहूँ कि इन्हीं दिनों मैंने एक और बहन बनायी है तो आप हँसेंगे ही। लेकिन इसमें हँसने की बात क्या है ? वह मुझे राखी बाँधती है और मैं उससे राखी बँधवाता हूँ। पहली बार तो किसी बहाव में आ कर मैंने उसे दस का नोट थमा दिया था, और वह बहुत खुश हुई थी, और अपने नौकर को दिखाती हुई बोली थी देखो बन्देराम, मेरे भाई ने मुझे दस रुपये दिये हैं। और मैं भी बहुत खुश हुआ था। इससे कुछ दिन पहले बातें करते-करते उसकी आँखों में बार-बार पानी तिर आया था, और मुझे लगा था कि वाकई भाई उसके जीवन का एक बहुत बड़ा अभाव है। फिर उसने कार्पोरेशन का इलेक्शन लड़ने की तैयारी की थी और उसमें मेरा भरपूर उपयोग किया था, और इत्तफाक कि वह इलेक्शन जीत भी गयी थी। मैं बहुत खुश था, क्योंकि, दरअसल, इसे मैं अपनी ही जीत समझता था। और मैं यह भी सोचने लगा था कि सीधे नहीं तो किसी-न-किसी रूप में मुझे उससे कुछ-न-कुछ फायदा ज़रूर मिलेगा। लेकिन इधर, न जाने क्यों, मुझे उसके और अपने बीच की खाई

चौड़ी होती दिखाई देने लगी थी। मुझे खुद पर ताज्जुब होने लगा था। मैं जब कभी उसे टेलीफोन करता, उसका नौकर यही कहता कि आज उनके यहाँ बहुत लोग आये हुए हैं, क्या मैं बाद में टेलीफोन कर सकूँगा ? और एक बार जब मैं उसके यहाँ बिना टेलीफोन किये पहुँच गया था तो उसके चेहरे की रंगत अजब हो गयी थी। रह-रह कर उसकी आँखें झिपतीं और होंठ का एक कोर फड़कता। फिर मैं जब उसके साथ चाय पीने बैठा तो लगता था जैसे चाय में चीनी मिलाने के बाद मैं चम्मच गलत जगह पर रख रहा हूँ, या बिस्कुट चबाते सभय मेरा मुँह अजब तरह की आवाज़ करने लगा है। एक बार तो ऑमलेट को छुरी से काटकर जब मैं उसे काँटे से मुँह की ओर उठाने लगा तो वह मुझसे सम्भला ही नहीं और ज़मीन पर गिर पड़ा। उसी दिन उसके बिना बताये ही मुझे यह एहसास होने लगा था कि मैं बहुत छोटा हूँ, बहुत छोटा। लेकिन उसकी कोठी से बाहर निकलते समय मैं कोठी की तरफ एक बार हिकारत से देखे बिना रह न सका था।

घर लौटा था तो दूसरे कमरे में मौसा बैठे थे। मौसा ! यह कहाँ से आ गये ? एकाएक ! मुझे अपने तमाम रिश्तेदारों में अगर खटका था तो इन्हीं से ! क्योंकि जब कभी मैं पंजाब गया, मैंने देखा कि मौसा की हालत दिन-ब-दिन बिगड़ती जा रही है। कहाँ तो वह मौसा, जब वह चलते तो उनके आगे-पीछे दो-चार लोग ज़रूर होते। सिर पर हलके गुलाबी रंग का पग्गड़, कन्धे पर एक धारीदार अंगोछा, धोबी की धुली सफेद कमीज़ और उतनी ही उजली धोती। तब यह मौसा जब हमारे यहाँ आते, तो घर की खुशी कुछ और ही तरह की होती। खुद भी खाते, दूसरों को भी खिलाते, और खुद भी पीते, दूसरों को भी पिलाते। कभी-कभी माँ इनसे चिढ़ भी उठती—क्यों अपना घर लुटाते हो ? लेकिन माँ को क्या पता कि व्यापार क्या होता है। हमारे भी मौसा के यहाँ दो-चार हज़ार पड़े ही रहते। अच्छा ब्याज मिलता था। लेकिन जब भी मौसा आते, एक बात जताये बिना न रहते—तुम लोग सारी उम्र नौकरी करके कितना जोड़ लोगे ? तीस हज़ार, पैंतीस हज़ार ? और यहाँ दो-तीन सालों में ही एक लाख पार कर रहे हैं ! तब देश का बँटवारा नहीं हुआ था और मौसा ने बिज़नेस ताजा-ताजा शुरू किया था। लेकिन देश को दो हिस्सों में काटनेवाली तलवार ने मौसा के व्यापार को भी काट दिया, दो हिस्सों में नहीं, कई छोटे-छोटे हिस्सों में। देनेवाले पाकिस्तान चले गये और लेनेवाले इनके सिर पर सवार हो गये। उन्हीं दिनों, जो इन्होंने इतनी हवेलियाँ खरीदी थीं, एक-एक करके सब बिकने लगीं। मौसी के ज़ेवर भी बिकने लगे, यहाँ तक कि उनके यहाँ रखे दूसरे लोगों के ज़ेवरों को भी खतरा हो गया। लेकिन मौसा पीते बराबर रहे। यद्यपि उनके आगे-पीछे चलनेवाले लोग धीरे-धीरे उनका साथ छोड़कर पहले तो कहीं अंतर्धान

हो गये और फिर मौसा को ही अपने पीछे चलने को कहने लगे। सबसे पहले मौसा की हलकी-हलकी तोंद छीजी, फिर उनके कानों की मुरकियाँ उतरीं और फिर उनका कन्धे का अँगोछा गायब हुआ और फिर धीरे-धीरे पग्गड़ भी। वही मौसा जो पहले सफेद झक कमीज़ और उतनी ही उजली धोती पहनते थे, अब कमीज़ मैली भी हो जाती तो कोई परवाह न करते और धोती की जगह अब लुंगी पहनने लगे। दाढ़ी भी उनकी अब बढ़ी रहने लगी, जिसमें सफेद खूंटे बहुत ही बेमेल लगते। तब मौसा ने चारों ओर हाथ पसारे और हर कहीं पकड़ने की कोशिश की, लेकिन कहीं कोई छोर हाथ नहीं लग रहा था। ज्योतिषी-पण्डित बराबर यही कहे जा रहे थे कि बस, दिनों की बात है, एक बार वे दिन फिर लौटेंगे, और मौसा इसी क्षीण आशा के सहारे दिन गिनते रहे। सब कहते—रामस्वरूप, काम करने में कोई शर्म नहीं। कब तक ऐसे ही बैठे रहोगे ? लेकिन मौसा दिन गिनते रहे और साथ-साथ उनके पीने में भी कोई फर्क न आया। पहले अगर 'संतरा' चलता था, तो अब भट्ठी की चलने लगी। और एक दिन वह भी न मिली तो मौसा स्पिरिट पीने लगे। तब मौसा की तबियत काफी बिगड़ गयी थी, और जब मुझे पंजाब जाने का इत्तफाक हुआ तो देखा, मौसा एक निहायत साधारण-से, गरीब व्यक्ति दिखने लगे हैं, जिनकी आँखों के पास अनेक झुर्रियाँ हैं, दाँतों पर मैल की परतें हैं और बीनाई काफी कमज़ोर है। अब मौसा हमारे घर आते तो हमारे यहाँ यही डर रहता कि वह कुछ माँगेंगे। पहले माँगते थे तो सौ के सवा सौ लौटाते थे, अब माँगने का मतलब था दस के दस गये। माँ ने पिताजी को भी आगाह कर दिया था—खबरदार, जो इसे अब एक भी पैसा दिया !

और वहीं मौसा अपनी मैली-कुचैली, मुचड़ी कमीज़ में मेरे सामने बैठे हैं, और कमीज़ के नीचे से उनकी उससे भी मैली बंडी झाँक रही है। चेहरे पर झुर्रियाँ भी पहले से अधिक हैं, आँखों का पीलापन भी अब पहले से ज़्यादा है। ऊपर आये होंगे तो किसी ने क्या सोचा होगा ! लेकिन शायद किसी ने परवाह भी न की हो।

ज़ाहिरा तौर पर मैं खुश हूँ और पत्नी से पूछता हूँ कि मौसा के लिए चाय तैयार की कि नहीं ? खुद मैं उनके खाने के लिए कुछ जुटाता हूँ। मौसा आये हैं, और वह भी पहली बार। वही मौसा जो मुझे खरचने के लिए कितने-कितने पैसे दिया करते थे। वही मौसा जो जब मैं और उनका लड़का अखाड़े से कुश्ती करके लौटते, तो हमें पेड़े की लस्सी पिलाया करते। चाहे इनकी ओर अब भी हमारा हजार-एक रुपया तो बकाया है ही, पर वह लेन-देन होगा मेरे माँ-बाप के साथ, मेरे साथ थोड़े ही है ! लेकिन हाँ, मौसाजी मुझसे माँगें कुछ नहीं।

"कब आये मौसाजी आप ?" मेरे लिए जैसे यह पूछना लाज़िमी हो

रहा था।

और मौसा ने बताया कि उन्हें आये चार दिन हो रहे हैं, और जाने से पहले उन्होंने सोचा कि मुझसे भी मिलते चलें।

"बहुत अच्छा किया मौसाजी आपने," मैंने अपना उच्छ्वास दिखाया, लेकिन फिर मुझे डर था कि अब मौसाजी जाने के लिए रेल-किराया माँगेंगे।

नहीं, मौसाजी ने रेल-किराया नहीं माँगा, और न ही उन्होंने राहखर्च माँगा, बल्कि मेरे लड़के के लिए एक दर्जन केले लेते आये थे। और जाने को हुए थे, तो भी उसे दो रुपये दे दिये। लेकिन रुपये देते समय उनकी ज़बान लड़खड़ाने लगी थी और उनके चेहरे पर एक अपनी तरह की बेचारगी का भाव आ गया था। ख़ैर एक तरह से वे दो रुपये हमारे बहुत काम आये, क्योंकि उस दिन हम बिलकुल खाली हो रहे थे, और छुट्टी का दिन होने के कारण यही मना रहे थे कि आज हमारे यहाँ कोई न ही आये तो अच्छा।

हमारा डाइनिंग टेबल प्रायः मेरी पत्र-पत्रिकाओं से अटा पड़ा रहता है। जब से रेडियो खराब है (पिछले छह महीनों से), उसको भी मैंने उसी पर एक तरफ रख छोड़ा है। मौसा को चाय पिलानी थी तो उसकी एक साइड मैंने खाली कर दी। पता नहीं ऐसे टेबल पर मौसा पहले कभी बैठे भी हैं कि नहीं, क्योंकि दिल्ली में जहाँ वह ठहरे होंगे, वहाँ मुश्किल से दो-चार चारपाइयाँ रही होंगी तो ग़नीमत (यानी अपनी लड़की के घर, जिसका पति कहने को तो स्कूटर मकैनिक है, लेकिन उसका असली धन्धा कुछ और ही है) ! मौसा बड़ी सावधानी से 'नमकीन' का चम्मच अपने मुँह में देते हैं, लेकिन मैं देखता हूँ कि उनका चम्मच सध नहीं रहा। चाय का मग भी उनके हाथ में काँपता है जिससे थोड़ी चाय उनके मैले कपड़ों पर बिखर जाती है।

मौसा चले गये हैं तो मुझे बड़ी राहत मिली है। अगर इसी बीच कोई मिलनेवाला आ जाता तो ! खाना खाकर मौसा ने बरतनों में ही हाथ धोये थे, सनमाइका लगे डाइनिंग टेबल पर बैठे-बैठे ही, और फिर अपनी कमीज़ के बाज़ू से मुँह पोंछ लिया था। रह-रहकर मेरा ध्यान मौसा के करेड़ा-लगे दाँतों की ओर जाता था। बीच-बीच में कुछ दाँत बिलकुल नंगे हो रहे थे और अपने नंगेपन में पूरे राक्षसी लगते थे। मेरी माँ का खाना खाने का तरीका भी मौसा से भिन्न नहीं है। लेकिन जब भी वह हमारे यहाँ आयी, वह डाइनिंग टेबल पर कभी नहीं बैठी। सोफे पर भी नहीं बैठी। उसके बैठने की एक ही जगह थी, और वह थी दरवाजे के ठीक बीच, यानी दहलीज, हाथ पर माथा टिकाये, गहरी सोच में, खुद ही कुछ बुदबुदाती रही और बीच-बीच में : 'वाहगुरु, बख्शीं। सच्चे पातशा, बख्शीं। कोई नइ ओं मेरा' कहती रहतीं। उसके पास ही, अक्सर उसका घुटना थामे, मेरी छोटी बहन बैठी होती, जो बीच-बीच में उसे नोचने भी लगती, या

अपने आप ही रोने लगती। माँ अक्सर वहीं बैठकर खाना भी खाती, बायें हाथ से थाली मुँह तक उठाये हुए, और दायें हाथ से कौर तोड़ते हुए।

"यह माताजी इतनी परेशान क्यों रहती हैं ?" एक बार हमारे किसी पड़ोसी ने पूछ लिया था, और 'माताजी' ने रो-रोकर उसे अपनी दास्तान सुनायी थी। दरअसल, वह हमसे विमुख भी इसी कारण रहती है कि हम उसके ग़म में शरीक नहीं होते। क्या हम भी आपकी तरह हर वक्त रोते रहें ? एक बार मैंने झुँझलाकर कहा था और घर में एकदम उत्पात मच गया था। माँ तब बिस्तर बाँधकर फौरन जाने को तैयार हो गयी थी और तब मैंने भी गुस्से में कह दिया था कि आपके इसी रोने-धोने ने पिताजी की जान ली। पाकिस्तान में सब कुछ रह गया तो क्या हम भी उसके साथ चले जायें ? हम फिर भी लाखों से अच्छे हैं। खाते-पीते हैं। किस चीज़ की कमी है आपके पास ? और माँ ने ज़ार-ज़ार रोते हुए, अपनी नाक वहीं बैठे-बैठे निचोड़ते हुए कहा था—मैं किन्नू अपना दिल फोल के दस्साँ ? और फिर मेरी पगली बहन को सम्बोधित करते हुए बोली थी—इक्क ऐ मेरे लयी बेड़ियाँ ए—माँ जकड़ी हुई है मैं जानता हूँ। पगली बहन उन्हीं को तंग करती है और हर वक्त खाने के लिए कुछ-न-कुछ माँगती रहती है। फिर पाखाना जाने को तैयार हो जाती है और फिर...और माँ थोड़ी-थोड़ी देर बाद मेरी पत्नी से कहती रहती है—लाहसू मगरों। दे छड सू थोड़ी कु सब्जी। ए मेरे पिछले जन्मां दे फल नें।

पिछले जन्मों का फल नहीं, इसी जन्म का फल है ! मैं भी कभी-कभी बड़बड़ा पड़ता हूँ। मैं अपने अतीत को पड़तालता हूँ। मुझे याद आता है जब हमारे घर में हर चीज़ का 'रुल' था, तब भी मेरी माँ किसी-न-किसी चीज़ को लेकर चिंतित रहती थी। तब पिताजी की नौकरी ही ऐसी थी कि घर में कपड़े के थानों के थान आते थे और लक्स-गोदरेज जैसे साबुन की बट्टियों से पीपे भरे रहते। एक बार पिताजी ने मुझे सोने की 'ईंट' भी दिखायी थी। और एक बार उन्होंने अपना एक सूट छोटा करवाकर मुझे पहनवा दिया था। यह सब पाकिस्तान बनने से पहले की बातें हैं। पाकिस्तान बनने के बाद जब हमें घर-बार छोड़ना पड़ा, पिताजी की नौकरी (जो बरकरार रही) ने पाकिस्तान में हुए नुकसान को काफी हद तक भुला दिया। उन दिनों मैं कॉलेज में पढ़ता था और पिताजी ने एकबारगी ही मेरे नाम पोस्ट ऑफिस में पूरे एक साल का खर्चा जमा करवा दिया था। बीच-बीच में जब वह मुझे 'देखने' आते तो कभी मेरे लिए मक्खन और दूध का डिब्बा और कभी कुछ और लेते आते। लेकिन नौकरी से निवृत्त होने के कुछ साल बाद ही माँ ने उनका हुलिया बिगाड़ दिया। वह कंघी करते तो माँ तुरन्त टोकती—बुढ़ापे में भी कंघियाँ-पट्टियाँ नहीं भूलतीं ! जवानी तो सारी ऐसे ही बितायी, अब बुढ़ापा तो सुधारो ! और पिताजी पर माँ का आतंक जाने

कैसा था कि उन्होंने अपने बालों पर मशीन फिरवा ली और हाथ में गीता या 'जपुजी साहब' लेकर घूमने लगे। तब तक मैं नौकरी पा चुका था। अफसर तो नहीं था, पर अफसरों जैसी ही बात थी। इंडिपेंडेंट चार्ज था, एक जीप थी, चार कर्मचारी अधीनस्थ थे और बड़े-बड़े लोगों से मिलना-जुलना होता था।

उन्हीं दिनों एक बार पिताजी मुझे मिलने आये। मेरी जीप मेरे घर के ऐन सामने आ कर रुकी और मैंने सामने पिताजी को पाया। पिताजी की चाँद घुटी हुई थी और उनके कपड़ों में भी बेतरतीबी आ गयी थी। कहाँ तो बढ़िया सूट और उस पर टाई, और कहाँ अब सलवटों-भरा एक गरम कोट और नीचे बदरंग-सी ठंडी पैंट और टाई न लगाकर उन्होंने केवल अपने कालर का बटन बन्द कर रखा था। मैं हैरान था। पिताजी को यह क्या हो गया ? एकदम यह 'ज़ईफी' कहाँ से आ गयी ? लेकिन साथ-साथ मुझे यह भी समझ नहीं आ रहा था कि मैं पिताजी से इस तरह कटा-कटा क्यों महसूस कर रहा हूँ। मेरे मन में उनके प्रति वह उत्साह नहीं था जो मुझमें होना चाहिए था। 'हूँ-हाँ' के अलावा मैं उनसे ज़्यादा बात नहीं करता था। पिताजी के मन में जैसे कि कहीं कुछ 'कुरेदन' थी। वह बोलते अधिक नहीं थे। कुछ बोलते भी थे तो मैं एक ही झटके से उन्हें निरुत्तर कर देता था। फिर वह बड़े सम्भल-सम्भलकर बोलते। इसलिए कभी अटपटा भी बोल जाते, ऐसे ही जैसे कभी-कभी मैं अपने अफसर के सामने बोलने लगता हूँ। मुझे याद है, पिताजी ने कहा था कि मैं उन्हें डेढ़ सौ रुपया महीना भेजा करूँ। मैं उन्हें तब तक पचास रुपये माहवार भेजता रहा था, लेकिन हर महीने तंगी के भूत का सामना करता रहा था, उसी भूत का जिसने अब मुझे अपनी पूरी गिरफ्त में ले लिया है, वही भूत जिसके पंजे माँ को पच्चीस रुपया भेजने पर भी मेरे गले में गड़े जा रहे हैं। तब मैं केवल तीन सौ रुपये पाता था, अब मैं सात सौ दस रुपये पैंतीस पैसे पाता हूँ, और उस पर भी दो-ढाई सौ रुपया माहवार और कमाने की सामर्थ्य रखता हूँ।

मौसा चले गये हैं तो पत्नी कहती है कि मैं बाज़ार का एक चक्कर लगा आऊँ। क्यों, क्या चाहिए ? मैं पूछता हूँ। और पत्नी कहती है—बेबी का स्कर्ट। उसके स्कूलवाले कब से लिख-लिखकर भेज रहे हैं। मुझे याद आता है, हाँ, उस दिन बेबी के गाल आँसुओं से भीगे हुए थे और उसने बताया था कि उसकी टीचर ने उसे क्लास में बैठने नहीं दिया था। सुनकर मेरी अपनी आँखें नम हो आयी थीं। यह क्या हो गया है हम लोगों को ? यह किसका शाप है ? स्कूल में अब फीस भी नहीं देनी पड़ती, तब भी...और फिर मैंने अपने को झटका दिया था कि नहीं, 'भावुकता' से ज़लालत बढ़ेगी ही, कम नहीं होगी। मेहनत करो, खूब

मेहनत करो, मशीन की तरह, और टूट जाओ, यही हमारी नियति है।

लेकिन आज मेरी पत्नी सहज ही मेरे हाथ में दस-दस के दो नोट दे देती है और कहती है कि ये उसने किसी तरह स्कर्ट के लिए बचा छोड़े थे।—आप तुरन्त चले जाओ, नहीं तो ये भी कहीं उड़ जायेंगे। पत्नी बात करती है तो लगता है जैसे कि उसका पीछा भी कोई भूत कर रहा है।

मेरी जेब में सिर्फ बीस ही रुपये हैं, और दो वे हैं जो मौसा दे गये हैं, और महीने के छह दिन अभी बाकी पड़े हैं। एक रुपया रोज़ दूध के लिए चौकीदार को देना है। कुछ सब्ज़ी-भाजी के लिए भी चाहिए। सुबह लड़का गुब्बारेवाले की आवाज़ सुनकर 'बारा, ओ बारा' कहता हुआ गुब्बारेवाले को बुलाने दौड़ पड़ता है। मैं जानता हूँ मेरे दिन तो किसी तरह कट ही जायेंगे, बस का मंथली सर्वमार्गीय पास है, जिससे हर रोज़ मैं दफ्तर पहुँच ही सकता हूँ।

पत्नी फिर कहती है—आजकल तो सेल भी लगी होगी। कटपीस में कोई टुकड़ा मिल ही जायेगा। और मैं कटपीस में स्कर्ट के लिए ग्रे रंग का गरम कपड़ा ढूँढ़ते-ढूँढ़ते बाज़ार के एक सिरे से दूसरे सिरे तक घूम गया हूँ। कहीं भी बात तेईस-चौबीस से कम में नहीं बनती। मैं हैरान हूँ और अन्दर-ही-अन्दर पसीज रहा हूँ। परिचितों से भी बचने की कोशिश कर रहा हूँ...

मैं घर लौटा आया हूँ वैसे ही पसीजा-पसीजा। पत्नी को देखता हूँ तो अन्दर-ही-अन्दर हिल-सा उठता हूँ। उसके चेहरे की स्याहियाँ बुरी तरह उभरी हुई हैं और वह एकदम बुढ़िया-सी लगने लगी है।

"क्यों, क्या बात है ?" मैं घबराया-सा पूछता हूँ।

"कुछ नहीं।" और वह अपना सिर नीचे लटका लेती है।

"नहीं, कोई बात तो ज़रूर है," मैं उसी घबराहट में अपना प्रश्न दोहराता हूँ।

"बात क्या होगी ?" वह रुक-रुककर कहती है, "अभी मकान-मालकिन आयी थी। सुना गयी है कि किराया बढ़ाना होगा, नहीं तो...कहती है, सवा दो सौ तो उन्हें कइयों ने ऑफर किये हैं..."

सुनकर मेरे अन्दर एक आग-सी भड़क उठती है। अभी एक साल भी इस मकान में आये नहीं हुआ और इनकी यह जुर्रत ! और मुझे लगता है कि मैं सब कुछ तोड़ डालूँगा, सब कुछ...और चारों ओर मेरी निगाह वहशियों की तरह घूम जाती है...

□□

ज़हर

मैं अजब सपना देख रहा था। मैंने देखा कि हमारा चौमंज़िले पर का फ्लैट एकाएक कचकचाकर जमीन पर आ गिरा है और चकनाचूर हो गया है। फिर न जाने वह कैसे अपने सही रूप में आ गया और रेलगाड़ी के डिब्बे की तरह सड़क पर दौड़ने लगा। फिर मैंने देखा कि हमारे चारों ओर बम गिरने लगे हैं और ऊपर, काफी ऊपर, लेकिन आसमान से काफी नीचे, तरह-तरह की रोशनियाँ फैल गयी हैं। फिर देखा कि मैं लड़ने के लिए बुरी तरह छटपटा रहा हूँ, लेकिन मेरे हाथ-पाँव कसकर चारपाई से बाँध दिये गये हैं। फिर देखा कि मेरी पत्नी को पाँच-छह आदमियों ने बिलकुल बेकाबू कर दिया है और उससे बलात्कार करने को हैं। खुदाया ! मैं पसीने से बुरी तरह तर हो गया था और ज़ोर से चिल्लाया था, लेकिन ताज्जुब मेरी आवाज़ ही गायब थी। फिर एकाएक मेरी आँख खुली और मुझे ख्याल आया कि हम...हम तो गाड़ी में हैं। फिर मैंने करवट बदली और दूसरी बर्थ पर सोये अपने साथी को ग़ौर से देखने लगा। सब कुछ ठीक है। मैंने अपने हाथ की घड़ी देखी और फिर आश्वस्त हो गया और सोने की कोशिश करने लगा। दो ! अभी तो आधी रात पड़ी है !

लेकिन अब मुझे नींद नहीं आ रही थी। सपने में जो कुछ देखा था, ताज़ा होने लगा था। पत्नीवाली बात मुझे खास तौर से कचोट रही थी। लेकिन जब कोई इतना विवश हो जायेगा तो करेगा भी क्या ?...लेकिन नहीं, औरत के साथ कब-कब ज़्यादती नहीं की गयी ? जब-जब आदमी को मौका मिला है, उसने सबसे पहले औरत को ही अपना शिकार बनाया है।

मुझे लगा गाड़ी काफी तेज़ जा रही है। डीजल इंज़न वैसे भी काफी तेज़ जाते हैं। लेकिन सबसे अच्छी बात यह थी कि कहीं कोई कोयला-कालिख नहीं उड़ रहा था। मेरे साथी की नीचेवाली बर्थ पर वही सो रही थी, वही जिसको

गाड़ी चलने से पहले हमने काफी दबाया था, बल्कि एक ही वक्त हम दोनों ने दबा दिया था। और ताज्जुब कि उसने सह लिया था। फिर उसकी बहन आयी थी और उसको भी हमने वैसे ही दबाया था। लेकिन वह तुनक पड़ी थी और उसने काफी खफगी से हमारी ओर देखा था। फिर सम्भवतया इस विषय में उन दोनों की आपस में बात भी हुई थी और वे काफी गम्भीर हो गयी थीं। पहलेवाली एम. एस-सी. कर चुकी थी और आई. ए. एस. की तैयारी कर रही थी। मैं अपनी बर्थ से उस पहलेवाली को अपने साथी के नीचेवाली वर्थ पर लेटे अब भी देख रहा था। उसके शरीर में ऐसे कोई उभार नहीं थे जिनसे स्त्री आकृष्ट करती है। पर फिर भी हम उससे आकृष्ट क्यों हुए थे ? महज इसलिए कि वह औरत थी ?

इत्तफाक था कि हमारी तीन दिन की यात्रा में हमें एक भी अच्छी शक्ल देखने को नहीं मिली थी। मेरे साथी को रह-रहकर दिल्ली की याद आ रही थी जहाँ हर कोई अपने पूरे निखार में नज़र आता है। दिल्ली के इसी निखार को देखकर तो लोग कहते हैं—कहाँ है गरीबी भारत में ? कौन कहता है भारत पिछड़ा हुआ देश है ? लेकिन मेरे साथी को यहाँ चारों तरफ पिछड़ापन नज़र आ रहा था—देखो, देखो, ये भिखमंगे ! कभी देखे हैं ऐसे लोग ? इनका बस चले तो तुम्हारे मुँह का नवाला ही छीनकर खा जायें !

काफी देर जगे रहने के बाद मुझे फिर नींद आ गयी थी और मैं सो गया था। लेकिन ग़नीमत थी कि इस बार मुझे कोई सपना नहीं आया। सुबह आँख खुली तो मैंने अपने साथी को पहले ही जगा पाया। उसने अपनी बर्थ उठा दी थी और नीचे की बर्थ पर सोयी हुई लड़की के पाँव के पास बैठा बाहर की दुनिया देख रहा था।

"कहो, गुंटकल आने में कितनी देर है ?" मैंने उससे पूछा, हालाँकि तुरन्त ही मुझे एहसास हुआ कि वह भी इस भूखण्ड में उतना ही अजनबी है जितना कि मैं। गुंटकल आने पर हमें बोगी बदलनी थी क्योंकि यह बोगी जिसमें हम बैठे थे, हुबली जानेवाली थी और हमें बंगलोर जाना था। वे दोनों लड़कियाँ हुबली जा रही थीं।

मैं सबसे ऊपरवाली बर्थ पर था। मेरे सामनेवाली बर्थ पर एक बूढ़ा था। मेरे नीचेवाली बर्थ पर एक महिला थी और सबसे नीचेवाली बर्थ पर वह दूसरी लड़की थी। यानी दोनों लड़कियाँ आमने-सामने की बर्थों पर थीं और आँखें बन्द किये सोयी पड़ी दिखती थीं। मैं भी अपनी बर्थ से नीचे उतर आया था और मजबूरन अपने साथी की बगल में दबकर बैठ गया था। लेकिन इससे शायद उस लड़की की टाँगें जकड़ी गयी थीं और इसी से शायद वह अपनी साड़ी ठीक करती हुई उठ बैठी थी और हिकारत से हम पर एक उड़ती निगाह फेंकती हुई

हमारी ओर पीठ करके दूसरी तरफ देखने लगी थी।

बाहर का नज़ारा विशिष्ट नहीं था। कभी हरियाली आती, कभी टीले और कभी सपाट मैदान। जाने क्यों मेरा मन हो रहा था कि उन्हीं टीलों के बीच, मैदानों में बसे टापरों में जा बसूँ। कहीं-कहीं वे काफी गन्दे भी दिखते थे, एक छोटे-से, कीच-भरे छप्पर के इर्द-गिर्द बसे, जिनमें सड़ाँध-सी उठती लगती थी, और कहीं-कहीं वे बिलकुल इकले-दुकले होते जिनमें रहनेवाले लोग दूर-दराज से पानी ढो रहे होते। उन सबमें कोई आकर्षण नहीं था। फिर भी लगता कि मेरा स्थान इन्हीं लोगों के बीच है। दिल्ली की ढर्रेवाली जिन्दगी से मैं एकदम ऊब चुका था। नागपुर के आस-पास सूखे जंगलों में जब मैंने ऐसे ही कुछ झोंपड़े देखे थे, तब भी मेरा मन हुआ था कि यहीं गाड़ी रोककर उतर भागूँ और उनमें रहने लगूँ।

गुंटकल आने तक हमने अपना सामान समेट लिया था और तैयार-बर-तैयार बैठे स्टेशन आने का इंतज़ार कर रहे थे। इस बीच हम शौच आदि से भी निबट लिये थे और बतियाने या इधर-उधर ताक-झाँक करने के अलावा हमारे पास कोई चारा न था। वे दोनों लड़कियाँ भी अब जगकर बैठी हुई थीं, पर उनका हमसे कोई सरोकार न था। इसी तरह वह बूढ़ा और वह महिला भी उठ बैठी थी और दोनों सहज-स्वाभाविक ढंग से बतियाने लगे थे जिससे लगता था कि वे पति-पत्नी हैं।

मेरे साथी ने फिर वही बात छेड़ दी थी, यानी लड़कियों की। इन लड़कियों की नहीं, बल्कि अन्य लड़कियों की। यानी जिस दिन से हम गाड़ी में सवार हुए थे, उसी दिन से वह मुझे अपने यौन-पराक्रमों के बारे में बता रहा था। यह नहीं कि मैंने उसे अपने खिलवाड़ों के बारे में नहीं बताया था। बताया था, पर मेरे खिलवाड़ उसके पराक्रमों के सामने फीके पड़ रहे थे। उसकी बातें सुनते-सुनते मैं कई तरह के उतार-चढ़ाव में से गुज़रा था और होते-होते मुझे ऐसे लगने लगा था जैसे कि मेरे भीतर धीरे-धीरे कोई ज़हर घुलने लगा है जो मेरी शिराओं में फैल रहा है। उस समय रह-रहकर मेरे सामने कई चेहरे उभर रहे थे जो मेरे घर-बार को बरबाद कर देना चाह रहे थे और मैं बड़ी चालाकी से उनसे बचता हुआ उनकी ओर तंज़िया निगाह से देख रहा था।

गुंटकल आया और हम डिब्बे से नीचे उतर आये। उतरते-उतरते मेरे साथी ने एक बार फिर उन लड़कियों से अपने को छुआ देना चाहा, लेकिन ताज्जुब कि वे हमसे बिलकुल निरपेक्ष हो रही थीं। तब हम जल्दी-जल्दी बंगलौरवाले डिब्बे की ओर लपके और उसमें घुसकर कहीं सामान रखने और बैठने की जगह तलाशने लगे। हमारा सामान बहुत हलका था जिसे हम बराबर खुद ही ढोते रहे थे। दूसरे, इस यात्रा के पीछे हमारा उद्देश्य भी कुछ अजब था—यानी मामूली

आदमी की तरह मामूली आदमी के दुख-दर्द को अनुभव करना। यह नहीं कि मैं एक मामूली आदमी नहीं हूँ, लेकिन दफ्तरी जीवन के बनावटीपन में एवं सुशिक्षित होने के झूठे दम्भ के तहत कभी-कभी ऐसे भी लगने लगता है जैसे कि मैं ग़ैर-मामूली हूँ। बेशक, मैं एक विशेषाधिकार-प्राप्त व्यक्ति नहीं हूँ, यानी मैं अपने स्कूटर से किसी को गिराकर या किसी को गोली से उड़ाकर साफ बच. नहीं सकता और यदि मैंने बचना चाहा भी तो पुलिस को घूस देने के लिए तथा न्यायालय में न्याय पाने के लिए घर की एक-एक चीज़ बेचकर 'घर' जैसे विचार (कंसेप्ट्) को खत्म कर देना होगा। तब दोनों तरह से मेरी मौत होगी। लेकिन एक विशेषाधिकार-प्राप्त व्यक्ति को इस स्थिति का सामना नहीं करना होगा, क्योंकि उसका अस्तित्व हमेशा सुरक्षित है जबकि एक मामूली आदमी का अस्तित्व कभी भी मिट सकता है। हाँ, मैं इन मानों में ग़ैर-मामूली ज़रूर हूँ कि पेट भरने के लिए मुझे हर रोज़ संघर्ष नहीं करना पड़ता, यद्यपि जहाँ तक तनख्वाह का ताल्लुक है, वह महीने के पहले दस दिनों में ही 'शू' हो जाती है और महीने के बाकी दिन इधर-उधर देखकर बिताने पड़ते हैं। यहाँ यह भी स्पष्ट कर दूँ कि इस यात्रा के लिए पैसा जुटानेवाली एक साहित्यिक संस्था थी, वरना हमारी क्या बिसात कि हम घर से एक कदम भी बाहर रख सकें।

खैर, इस यात्रा में एक बात तो थी कि हम कम से कम छद्म से काम ले रहे थे, यानी हम किसी के साथ झट ही खुल जाते थे। और ताज्जुब कि वे भी खुल जाते थे। जैसे, एक अपने को सेठ कहता था, लखपतिया सेठ। हैदराबाद में उसने हमें अपने यहाँ आने को कहा। उसने हमें यह भी बताया कि अपने बिज़नेस में वह किसी तरह का हेर-फेर नहीं करता और इसीलिए वहाँ के सभी इंस्पेक्टर उससे दूर भागते हैं। लेकिन हैदराबाद आने से पहले, यानी नामपल्ली पहुँचते-पहुँचते सेठ कहीं अंतर्धान हो गया था, हालाँकि उसके गले की सोने की ज़ंजीर तथा उसके उजले, कलफ लगे धोबी के धुले कपड़े अब भी मेरे दिमाग में चमक रहे थे।

इसी तरह हमें एक मारवाड़ी परिवार मिला। तीन धाम की यात्रा पर निकला था। परिवार में बच्चे और बूढ़े सभी थे। उनके सम्बन्धियों ने उनके गले में फूलमालाएं पहनाकर उन्हें विदाई दी थी। साथ में उन्होंने उन्हें फल-मिठाइयाँ भेंट में दीं। विदाई देते समय कइयों की आँखों में पानी था। इधर इस परिवार के सदस्यों की आँखों में भी पानी था। लगता था जैसे कि वे कोई जोखिम उठा रहे हों। उनके पास हजरत नोह के बेड़े में सवार होनेवाले यात्रियों की तरह ज़रूरत का सब सामान मौजूद था। मैं हैरान था। क्या हर व्यक्ति के अस्तित्व को किसी न किसी प्रकार खतरा बना रहता है ? इन यात्रियों में एक बुढ़िया थी, सफेद साड़ी में, छरहरी, जो एक जगह टिकती ही न थी। उसकी साड़ी काफी झीनी थी जिसमें

से उसकी टाँगें-बाँगें सब दिख रही थीं, क्योंकि वह केवल साड़ी पहने थी। जब कोई स्टेशन आता। वह झट से डिब्बे से उतरती और प्लेटफार्म पर खड़ी हो कर कुछ खाने लगती, और जब गाड़ी चलने को होती तो डिब्बे में लौट आती। बाद में पता चला कि बुढ़िया डिब्बे में कुछ भी खाना-पीना पाप समझती है।

गुंटकल में जब हम गाड़ी बदलकर नये डिब्बे में आये, तब हमें जगह देनेवाली एक बुढ़िया ही थी। वैसे उसी बर्थ के दूसरे सिरे पर, खिड़की से लगी, एक चढ़ती उम्र की लड़की भी बैठी थी और उसकी ऐन बगल में थोड़ी जगह भी थी। लेकिन एक तो वह भिखमंगी-सी दिखती थी और दूसरे वह चढ़ती उम्र की थी, इसलिए उसके पास बैठने में संकोच-सा हुआ और मैं थोड़ा आगे बढ़कर बुढ़िया के पास बैठ गया। मेरे साथी को मेरे सामनेवाली बर्थ पर जगह मिली।

यहाँ पर बात का सिलसिला बुढ़िया ने ही शुरू किया। पता चला कि वह मैसूर की राह पर एक गाँव में रहती है और कुछ-एक कामों से निबटकर हज पर जाना चाहती है। उसके अनेक कामों में से एक काम अपने नाती की शादी करना था और उसका वह नाती ऊपरवाली बर्थ पर लेटा था।

थोड़ी देर बाद वह नाती नीचे उतर आया। काफी पुष्ट शरीर था उस नाती का। पता चला कि कहीं स्कूटर मिस्त्री है और खासा कमाता है। बुढ़िया ने आम काट कर उसे खाने को दिया। मुझे जाने क्या सूझी कि मैं उसी बुढ़िया के साथ उसके गाँव में कुछ दिन रहने की सोचने लगा। बल्कि मैंने उसे अपने मन की बात बता भी दी। बुढ़िया ने सहज ही 'हाँ-हाँ, कर दिया और कहने लगी, "अरे बच्चा, मेरे यहाँ क्या रहोगे, सब अल्लाह का है !" तब मैंने मजाक किया, "मुझे अपने साथ हज पर ले चलो। आने-जाने का खर्चा तुम्हारा, बाकी मैं देख लूँगा।" इस पर बुढ़िया मुस्करा दी, "अरे बेटा, उस मदीनेवाले को जिसे बुलाना होता है, बुला लेता है !"

अब कोई बड़ा स्टेशन आया था।

बुढ़िया ने खाने के दो-तीन पैकेट ले लिये और आवाज लगाती हुई बोली, "आ री, तू भी खा ले। रात से ऐसे ही भूखी बैठी है।"

सुनकर मैं चौंका—कौन ? घूमकर देखा, कोने में सिकुड़ी बैठी, खिड़की से लगी उसी लड़की को वह पुकार रही है।

"क्या इसने रात भर से खाना नहीं खाया ?" मैंने उसी अचम्भे में पूछा।

"हाँ," किसी और ने भी इस बात की पुष्टि की और कहा, "रात भर यह ऐसे ही बैठी रही है।"

लड़की अपनी जगह से हिली नहीं। वैसे ही मासूमियत से इधर-उधर

देखती रही, जैसे कोई नन्हा पिल्ला भीड़ में घिर जाने पर इधर-उधर देखता है।

बुढ़िया ने खाने का पैकेट उसकी ओर बढ़ाते हुए उसे फिर पुकारा, "आ बेटी, आ। शरम नहीं करते।"

लड़की वहाँ से उठी और बुढ़िया के पास चली आयी। वह काफी सधे ढंग से, धीरे-धीरे खा रही थी। दाल-भात खा चुकी तो बुढ़िया ने उसे आम भी खाने को दिया। जब वह सब कुछ खा चुकी तो उसके चेहरे पर काफी सन्तोष झलकता दिखा। मेरा साथी तथा उसकी अगल-बगल में बैठे अन्य लोग उसे बराबर घूरे जा रहे थे।

"क्या नाम है ?" मैं अपनी जिज्ञासा दबा नहीं पा रहा था।

"ज़किया," उसने बिना किसी झिझक के बता दिया।

"कहाँ से आ रही हो ?"

"हैदराबाद से।"

"वहाँ क्या करती थी ?"

"सेठ सुलेमान के यहाँ नौकरी करती थी।"

"कैसी नौकरी ?"

उसकी शक्ल-सूरत से साफ लग रहा था कि वह घर में आम नौकरानी का काम, यानी बर्तन मलना और झाड़ू लगाना, करती होगी। फिर भी मैं पूछ गया था। बुढ़िया कान देकर, बड़े ध्यान से, हमारी बातें सुन रही थी। उसका नाती भी।

हालाँकि लड़की ने जो काम बताया, वह आम नौकरानियों वाला ही था, पर उससे थोड़ा भिन्न भी था। यानी, सेठ सुलेमान के यहाँ नर्सों की पोशाकें सिलती थीं और वह घर के काम के साथ-साथ वहाँ कुछ सार-सम्भाल भी करती थी।

"फिर नौकरी छोड़ी क्यों ?" उत्सुकता बरकरार थी।

"वे मुझे मारते थे।"

"क्यों ?"

"पता नहीं।"

इसके सबूत में उसने अपने हाथ दिखाये जो काफी गदराये हुए थे, लेकिन जगह-जगह झुलसे हुए भी थे। उसने बताया कि सेठानी उसे गरम चिमटे से जलाती थी। यह सब उस लड़की ने ऐसे बताया जैसे ऐसा होना स्वाभाविक था। उसकी जगह अगर कोई और लड़की होती तो शायद रो-रो कर बताती। लेकिन ज़किया रोयी नहीं। उसके चेहरे पर बल्कि कुछ ठहराव-सा नज़र आता था। फिर पता चला कि ज़किया के पास टिकट भी नहीं है और वह ऐसे ही सफर कर रही है। यह भी पता चला कि सिकंदराबाद स्टेशन पर कोई रेल ड्राइवर उसे

गाड़ी में बैठा गया था।

"तुम बंगलौर में किसके पास जा रही हो ?"

"माँ के !"

फिर किसी ने वहाँ की भाषा में उससे कुछ कहा और उसने उसी लहज़े में उत्तर दिया। थोड़ी देर तक उनकी बातचीत चलती रही और मैं गुमसुम, किन्तु नयी उत्सुकता से, उन्हें ताकता रहा। फिर हमारे सामनेवाली बर्थ से कोई उठकर गया और ज़किया ज़्यादा खुली जगह पाकर वहाँ बैठ गयी। इस पर मेरे साथी ने अपने पाँव से मेरा पाँव दबाया, जिससे उसका अभिप्राय स्पष्ट था।

ज़किया अब उधर की ही भाषा में किसी और के सवालों का जवाब दे रही थी। लेकिन इस बीच मुझे पता चल गया था कि वह तेलुगू में नहीं, तमिल में बातें कर रही है। फिर मुझे यह भी पता चला कि इस लड़की की माँ ने इसे सात साल की उम्र में छोड़ दिया था और खुद किसी दूसरे मर्द के साथ रहने लगी थी। लेकिन ज़्यादा ताज्जुब की बात यह थी कि ज़किया को अपनी माँ का ठिकाना भी ठीक से मालूम न था और फिर भी वह उसके पास जा रही थी। इतने में बुढ़िया बोल उठीं, "ओ लड़की, चल तू मेरे साथ, वहीं मेरे पास रहना। तेरी शादी भी कर दूँगी !"

लड़की शादी के नाम पर कुछ झेंपी। उसके हाव-भाव से यह लग रहा था कि वह किसी तरह अपनी माँ के पास पहुँच जाना चाहती है। उसकी आँखों में अब कुछ पानी भी तिर आया था।

शादी के नाम पर लड़की भावुक होने लगी है, मैंने सोचा। लेकिन फिर मुझे दूसरे ही क्षण यह भी ख्याल आया कि बुढ़िया कहीं कुटनी न हो और शादी के नाम पर उसे फुसलाकर उससे धन्धा न करवाये। ज़किया तो, खैर, छोटी थी, लेकिन पंजाब, में मुझे याद है, एक बार बस में सफर करते समय मैंने एक ऐसी औरत देखी थी जो खुद ही एक जगह से दूसरी जगह बिकती रहती और कुछ दिन एक जगह रहकर, कुछ माल-मत्ते पर हाथ साफ करके, वहाँ से भाग खड़ी होती और अपनी पक्की जगह पहुँच जाती।

फिर बुढ़िया का कुछ ऐसा इशारा हुआ कि हम दो-चार सौ का इंतज़ाम करके उस लड़की की शादी कर दें।

"आप तो समझती ही हैं," मैंने अपनी लाचारी दिखाते हुए कहा, "हम अपने घरों से बहुत दूर हैं। इतनी बड़ी रकम का इंतज़ाम यहाँ कैसे हो सकता है ?"

"नहीं, नहीं," उसने सफाई दी, "मैं तुमसे यह नहीं कह रही। पैसे तो मुझे अल्लाह-ताला ने काफी दिये हैं...वह कमाकर हमारे लिए काफी छोड़ गये हैं।" उसका इशारा अपने ख्वाविन्द की तरफ था।

अब कोई स्टेशन आ रहा था, क्योंकि गाड़ी की चाल धीमी पड़ रही थी। मैंने पास में पड़ा किसी का अखबार उठा लिया और उसे पढ़ने लगा। वियतनाम की एक दारुण खबर थी। वहाँ पर इतने भयंकर बम गिराये गये थे कि ज़मीन कई-कई फुट चौड़े और कई-कई फुट गहरे गड्ढों से भर गयी थी और वहाँ पर आदमी का रह सकना नामुमकिन हो गया था। बंगलादेश के बारे में भी एक खबर थी—कि कैसे दस-दस फौजियों ने एक-एक औरत के साथ ज़बरदस्ती की और कैसे उनके इनकार करने पर उनके अंगों को तोड़ा गया और अब कितनी लाख औरतें उनकी बर्बरता का खमियाज़ा भुगत रही हैं।

स्टेशन आया तो वहाँ काफी चहलकदमी थी। वही कॉफीवालों की तरह-तरह की आवाज़ें, वही बिरयानी, बिरयानी, बिरयानी, वही पकौड़े या वड़े। कहीं-कहीं केले या आम वाले भी दिख जाते थे। लेकिन यहाँ के केले चित्तरीवाले न होकर नाटे और लेसदार थे और मेरे साथी को उनमें कोई रुचि न थी। इसलिए स्टेशन आने पर हमारी आँखें कोई और चीज़ ढूँढ़ रही थीं।

लेकिन इतने में देखा कि हमारे डिब्बे के बाहर एक टिकट चैकर मँडरा रहा है। काफी मुमकिन था कि गाड़ी चलने पर वह इधर ही आता। टिकट चैकर के डिब्बे में आने की सम्भावना का मैंने दूसरों से भी ज़िक्र किया। हमने चैकर के आने पर ज़किया को बर्थ के नीचे छिप जाने की सलाह दी। जकिया हर तरह तैयार थी और गाड़ी के चलने पर ज्यों ही चैकर हमारे डिब्बे में दाखिल हुआ, ज़किया झट से बर्थ के नीचे घुस गयी। अगला स्टेशन आने में लगभग डेढ़ घण्टा लगा होगा और ज़किया तब तक वहीं, उस गन्दी और सँकरी बर्थ के नीचे, औंधे मुँह दुबकी पड़ी रही। लेकिन जब वह बाहर आयी तो मुस्करा रही थी और हम भी मुस्करा रहे थे।

लेकिन सवाल अब फिर वही था कि क्या ज़किया बंगलौर में अपनी माँ को ढूँढ़ लेगी, और अगर न ढूँढ़ सकी तो उसका क्या होगा ? इसी सवाल से जुड़ा हुआ एक और सवाल भी था कि ज़किया की माँ अगर मिल भी गयी तो क्या वह उसको फिर किसी दूसरी भट्ठी में न झोंक देगी ? इसलिए मेरे मन में यह भी आया कि बंगलौर में इसे किसी नारी निकेतन में पहुँचा दिया जाये। मैंने अपने मन की बात अंग्रेजी में अपने साथी से भी कही, जिसे कुछ औरों ने भी पकड़ा। तक हम सबने यही निर्णय लिया कि बंगलौर स्टेशन आने से दो-तीन स्टेशन पहले हममें से कोई उसके लिए टिकट खरीद लोयगा। इधर ज़किया के मन में जाने क्या परिवर्तन हुआ कि वह एकाएक अम्माँ (बुढ़िया) के साथ चलने को तैयार हो गयी। मुझे लगा अम्माँ की चाल सफल रही है। कई तरह के विचार मन में आये। एक विचार यह भी था कि पुलिस को खबर कर दी जाये। लेकिन मन किसी तरह आश्वस्त नहीं होता था।

एक चुनौती थी मेरे सामने, मेरे समूचे कृतित्व के सामने, जिससे मैं किसी तरह बचना नहीं चाहता था। इसलिए मैंने बुढ़िया से बात फिर छेड़ी ''अम्माँ, तुमने अपने गाँव का नाम क्या बताया ?''

''चन्नापटना !''

''अच्छा बताओ, अगर हम वाकई तुम्हारे यहाँ आयें, तो क्या तुम हमें रहने की जगह दोगी ?''

बुढ़िया कुछ सोच में पड़ गयी, ''ठीक है, तुम आओ। वहाँ टी. बी. में ठहरा दूँगी, और वहीं सब कुछ पहुँचा दूँगी।'' टी. बी. से उसकी मुराद टूरिस्ट बंगलो से थी।

''नहीं, इन बंगलों से मेरा मन काफी ऊबा हुआ है। अब तो मैं वहीं, सबके बीच रहना चाहूँगा।''

बुढ़िया का संकट मैं समझ नहीं पाया था, लेकिन मेरा साथी ताड़ गया। इसीलिए दखलंदाज़ी करते हुए उसने बात का रुख बदल देना चाहा। लेकिन इसी बीच मैंने अपनी जेब-डायरी खोलकर उसका पूरा पता लिख लिया था। मेरा इरादा यही था कि बंगलौर से कालिकट जाते हुए या कालिकट से बंगलौर लौटते हुए हम एकाध दिन के लिए चन्नापटना रुक जायेंगे।

लेकिन बुढ़िया के साथ ज़किया के जाने की बात पक्की हो गयी थी और सब को यही हल सबसे ठीक लगा था। शायद जिस मुश्किल में मैंने सब को डाल दिया था, उससे वे सब सहज ही उबर आये थे। इससे मुझे भी थोड़ी राहत मिली, वरना बंगलौर पहुँचते ही इधर-उधर भाग-दौड़ शुरू करनी पड़ती, और हमारे लिए यह जगह बिलकुल नयी थी। फिर यह भी सम्भव था कि कोई हमारी ही नीयत पर शक कर बैठता और हमारे लिए अपना बचाव करना मुश्किल हो जाता। दूसरे, नारी निकेतनों के बारे में क्या कम सुनते हैं ? ज़किया की माँ के बारे में बुढ़िया कह रही थी, जिस माँ को सात साल की बच्ची अलग करते दया न आयी, वह भला इसको अब सम्भालेगी ?

बुढ़िया ने लड़की पर अब अपना पूरा हक जमा लिया था। इसलिए अब हम सब चुप थे। अब हमें उसके टिकट की जुगाड़ करने की भी ज़रूरत न थी। बुढ़िया के साथ उसका नाती तो था ही।

बंगलौर पहुँचने पर हुआ भी यही। किसी ने एक बार उस लड़की की तरफ मुड़कर भी न देखा और बारी-बारी से सब डिब्बे से बाहर हो गये। हमने भी अपना सामान ठीक किया और दूसरों के साथ-साथ डिब्बे से उतरने के लिए आगे बढ़ने लगे।

डिब्बे से उतरने को थे तो मैंने अपने साथी से यह ज़रूर कहा, ''यार, ठीक नहीं हुआ।''

"क्या ?"

"हमने जान बूझकर लड़की को दोज़ख में धकेला है।"

"पगले हो !" मेरे साथी ने कहा, "मैं तो असलियत झट ताड़ जाता हूँ। यह लड़की, दरअसल, बुढ़िया ने खरीदी है। लेकिन जान-बूझकर रातभर उससे फासला बनाये रही ताकि किसी को उस पर किसी किस्म का शक न हो। टिकट भी उसने उसका जान-बूझकर नहीं लिया था ताकि उससे किसी किस्म का रिश्ता न जुड़ सके। बल्कि जब तुम लड़की में ज़्यादा दिलचस्पी लेने लगे थे तो बुढ़िया घबरा गयी थी।..."

लगा कि ज़हर ने अपना असर करना शुरू कर दिया है।

□□

दीमक

मेरे शरीर पर रह-रह कर यहाँ-वहाँ सरसराहट हो रही है, जैसे कीड़े रेंग रहे हों। मैं बार-बार कमीज़ के बटन खोलकर बनियान के भीतर झाँकने की कोशिश कर रहा हूँ, लेकिन कोई कीड़ा पकड़ में नहीं आ रहा। मुझे ऐसी ही सरसराहट कभी टाँगों पर, कभी जाँघों पर भी महसूस होती है, और उसे मैं ऐसे ही ऊपर से रगड़कर मिटाने की कोशिश कर रहा हूँ। फिर मुझे लगता है कि मेरे टखनों की नसों पर किसी ने काट लिया है। उसे मैं सैण्डल की नोक या एड़ी से खुरच डालना चाह रहा हूँ। अजब बेचैनी है। रह-रहकर किसी पर गुस्सा आ रहा है, और मन हो रहा है कि उसको कुचल डालूँ। वाहियात ! कुछ भी नहीं कर सकते ये ! नीचे से लेकर ऊपर तक सब एक जैसे हैं। कहाँ फरियाद करें, किसको सुनायें ? मैंने पहले लिखकर माँग की थी, और उस बात को दो हफ्ते बीत गये। फिर मैंने दो-तीन बार इण्टरकॉम पर भी कहा, और आखिर उन्होंने बताया कि मेरी गैरमौजूदगी में जमादार मेरे कमरे में फ्लिट कर गया था।

"कब की उसने फ्लिट ? अगर की होती तो उसकी कहीं बू न होती ?"

"आप भी अजब बात करते हैं, साहब ! क्या दो-तीन दिन तक फ्लिट की बू कमरे में अटकी रहेगी ?" दूसरी तरफ से उत्तर था।

मुझे एक ही झटके में उसने निरुत्तर कर दिया था। मेरा ख्याल था कि अब ये लोग इतनी जुर्रत नहीं करेंगे, क्योंकि एक दिन मैंने इनके अफसर को काफी सुनायी थीं। "क्या समझते हैं आप अपने को ? अगर मेरी यह हालत है तो बाकी लोगों की क्या होगी ?" और मैंने उसे इस बात का एहसास दिलाना चाहा था कि मैं भी एक ज़िम्मेदार अफसर हूँ, और कुछ मानों में उससे आला भी। फिर मैंने बातों-बातों में उसे यह भी जता दिया था कि उन लोगों को, यानी एडमिनिस्ट्रेटिव स्टाफ को, इसलिए रखा जाता है ताकि वे हम लोगों की, यानी

रिसर्च स्टाफ की, ज़रूरतों को देखें। लेकिन हो इसके उलट रहा है। हम एक-एक चीज़, कागज़, पैंसिल तक माँग-माँगकर थक जाते हैं और उनके कानों पर जूँ तक नहीं रेंगती। मैं जब उससे उलझ पड़ा था तब मेरे दूसरे साथियों ने भी उसे धर दबाया था, और आखिर उसे हार माननी पड़ी थी, और मैंने सोचा था कि अब गाड़ी ठीक चलेगी। लेकिन गाड़ी कुछ ही दिन ठीक चली थी—नहीं, यह मेरा भ्रम ही था, क्योंकि इतने दिन मुझे उनसे कोई वास्ता ही नहीं पड़ा था—और फिर एकदम ठप्प हो गयी थी। जैसे कि अब !

अब मैं किससे फरियाद करूँ ? मैं इण्टरकॉम पर उसके भी अफसर को कह सकता हूँ, लेकिन इसका नतीजा क्या होगा ? एक बार उसको कहा था तो बोला था, दफ्तर में आप ही अकेले नहीं हैं; यहाँ पाँच सौ लोगों के 'इण्टरेस्ट' को 'वॉच' करना होता है, और फिर उसने इस बात का भी बुरा मनाया था कि मैं उसके पास जाकर बात क्यों नहीं कर सकता, क्यों हर बात मैं इण्टरकॉम पर ही कहता हूँ। यानी, उसने मुझे यह जता दिया था कि वह मुझ से भी कदरे आला अफसर है, और आला अफसर की मुझे कदर करना सीखना चाहिए। और फिर उसने मुझे नीचा दिखाने के लिए एक ऐसी ऊलजलूल इंकवायरी भी शुरू कर दी थी जिससे मेरी नौकरी जा सकती थी।

किससे फरियाद करूँ ? बड़े साहब से ? लेकिन उन्हें तो सब कुछ ही देखना होता है, रिसर्च भी और एडमिनिस्ट्रेशन भी। फिर वह हर पचड़े में क्यों पड़ें ? रिटायर होने में दो-एक साल तो बचे हैं ! क्यों अपना अमन ख़राब करें ? फिर, बड़े साहब को इनसे गिला भी क्या हो सकता है ? उनको फ्लिट के लिए कहना तो नहीं होता, बल्कि सब कुछ उनके यहाँ अपने-आप हो जाता है। मसलन, उनका कमरा मेरे कमरे से चौगुना बड़ा है जहाँ बढ़िया-बढ़िया गालीचे-कालीन बिछे हैं, गद्देदार आरामदेह सोफे हैं, काम करने के लिए सनमाइका टॉपवाला टेबल है, स्प्रिंगवाली रिवॉल्विंग कुर्सी है, साफ-सुथरे संगमरमरी से पैन-होल्डर हैं और पास ही उनके पार्कर इंक की दो दवातें हैं, शानदार टेबल लैंप हैं, और हर किताब झाड़-पोंछकर करीने से रैक में लगी रहती है। फिर साहब को कूलर से आराम नहीं मिला तो उनके कमरे को, इशारा पाते ही, एयरकण्डीशण्ड करवा दिया गया। फिर इस बात का भी ख्याल रखा गया कि दफ्तर की एण्ट्रेंस से उनके कमरे तक उन्हें चलने में रत्ती भर भी धचका न लगे। इसलिए इस तमाम रास्ते में कार्पेट्स बिछवा दी गयीं। चपरासी-जमादार तो अपना फर्ज़ समझते ही हैं, क्योंकि जैसे ही साहब की कार दफ्तर के पोर्टिको में रुकती है, उनके इंतज़ार में बैठा उनका चपरासी झट से उनकी कार का दरवाज़ा खोलकर उनका 'स्वागत' करता है और फिर दफ्तर की फाइलें तथा उनका ब्रीफकेस लिये-लिये उनके पीछे-पीछे चलता है। कभी फाइलों की तादाद

जब ज्यादा होती है, तब उनका दूसरा चपरासी भी उनकी मदद को आ जाता है। साहब के अपने कमरे की तरफ चले जाने के बाद उनकी कार को जमादार सम्भाल लेता है, और फिर तमाम दिन उसे किसी-न-किसी तरह चमकाता रहता है।

लेकिन इस का मतलब यह नहीं कि मुझे साहब से ईर्ष्या है। मैं अगर उस पद पर पहुँच गया तो मेरी सुख-सविधा का भी इसी अज़्तराबी से ख्याल रखा जा सकता है। बल्कि हो सकता है कि यदि मैं भी इसी दफ्तर में बना रहूँ और वे भी–यानी वे एडमिनिस्ट्रेटिव आफिसर्ज़–यहीं बने रहें–लेकिन यह सम्भव कैसे है ?–हो सकता है तब तक वे भी कहीं तरक्की पा जायें यद्यपि इसकी सम्भावना कम है, या मैं ही कहीं बीच में रह जाऊँ जिसकी सम्भावना काफी है–तो यही लोग मेरे आगे-पीछे दुम हिलाते फिरेंगे। तब मुझे इस बात की शिकायत नहीं होगी कि मेरे कमरे को बाकायदगी से झाड़ा नहीं जाता, या दीवारों के कोनों में इस कदर जाला है, या कूलर का पानी टपक-टपक कर सारे कमरे में फैल जाता है, या मेरे बुक रैक्स पर मिट्टी की मोटी-मोटी परतें जम जाती हैं, या मेरे कमरे में एक ही ट्यूब जलती है और वह भी फड़फड़ाती हुई सी, या मेरी सुराही का पानी हर रोज़ नहीं बदला जाता और उसमें से गिलास में पानी भरने पर उस पर छोटे-छोटे मच्छर-से तैरते-उड़ते नज़र आते हैं या मेरे फटे रैक्सिन वाले टेबल के पायों से दीमक की पंक्तियाँ खिंचती चली जाती हैं और फिर वह दीमक धीरे-धीरे मेरे शरीर पर पहुँचकर मुझे ऐसा एहसास देती है जैसे कि मुझे पिस्सू काट रहे हों। लेकिन हैरत मुझे इस बात की होती है कि पन्द्रह-बीस साल से नौकरी करते रहते होने के बावजूद मैंने अभी तक यह नहीं सीखा कि यह सब तो ऐसे ही चलता है, कि इस सब के खिलाफ शिकवा करना चट्टान से माथा फोड़ने के समान है। आदमी तो वही है जो दिक्कतों के बावजूद मुँह से उफ तक न करे !

नहीं, मैं उफ नहीं कर रहा। मैं चिल्ला भी नहीं रहा। चिल्लाने से कुछ होगा भी नहीं। मुझे पीते रहना पड़ेगा, पीते रहना पड़ेगा, जब तक कि...

जमादार धीरे से मेरे कमरे का दरवाजा खोलकर मेरे सामने आ खड़ा होता है।

"क्यों भाई, तुम यहाँ फ्लिट क्यों नहीं करते ?" मैं अपने भीतर की खीझ छिपा नहीं पा रहा हूँ।

"किया तो था, साहब।"

"कब ?"

"परसों।"

मैं देख रहा हूँ कि वह साफ झूठ बोल गया है। परसों तो छुट्टी थी।

"अच्छा, तुम मेहरबानी करके एक बार फिर कर दो।" मैं उससे अब दोस्ताना लहज़े में बात कर रहा हूँ "देखो मेरे पैरों की हालत ! मच्छरों ने यहाँ बैठना मुहाल कर दिया है," और मैं उसे अपने टखनों पर के उभार दिखाता हूँ। फिर मैं उसे दीमकों की सुरंगें भी दिखाता हूँ और उससे कहता हूँ कि शायद इन्हीं के कारण मेरे जिस्म पर हमेशा सरसराहट-सी होती रहती है। जमादार मुस्करा देता है और यह कहते हुए लौट जाता है कि जैसे ही स्टोर खुलेगा, वह पम्प लाकर फ्लिट कर देगा।

आध-एक घण्टे के बाद जमादार फिर आता है। लेकिन इस बार भी उसके हाथ में फ्लिट पम्प नहीं है, बल्कि वह एक रसीद बुक लिये हुए है और पूछता है कि कितने की परची काटे।

"क्या मतलब ?"

"रामलीला के लिए कुछ दे दीजिए।"

"क्या ?"

"जो आप की श्रद्धा हो।"

मेरी श्रद्धा ! मैं ज़ोर-ज़ोर से हँसने लगता हूँ और जमादार मेरा मुँह देखता हुआ-सा कमरे से बाहर हो जाता है।

नहीं, यह सब सच नहीं है। सच होता भी क्या है ? झूठ को बार-बार दोहराने से ही सच बनता है। हिटलर ने यह कर दिखाया था। हम भी इसे कर दिखा रहे हैं। यह झूठ है कि मुझे पिस्सू काटते हैं। यह भी झूठ है कि मच्छरों ने काट-काट कर मेरे टखने सुजा दिये हैं। यह भी झूठ है कि मेरे अन्दर अब कुछ मरने लगा है, और मैं बहुधा आँखें बन्द किये (जिस वक्त पिस्सू न काट रहे हों) कुर्सी पर अधलेटा-सा पड़ा रहता हूँ और खुद-ब-खुद कुछ बड़बड़ाता रहता हूँ। यह भी झूठ है कि लोग मुझे क्रैंक कहते हैं और मेरे इस कथन को कि एक दिन यह व्यवस्था बदलकर रहेगी, दिमागी फितूर बताते हैं।

सब दिमागी फितूर है, जैसे व्यवस्था के नियामकों से दो जून रोटी की माँग करना भी दिमागी फितूर है। सुबह अखबार में पढ़ा था कि देश के किसी कोने में भूख से व्याकुल लोगों ने अनाज के गोदामों को लूट लिया। भूख से ये लोग कैसे व्याकुल हो सकते हैं जबकि देश अन्न की दृष्टि से आत्मनिर्भर है ? इस समाजवादी व्यवस्था में कोई भूखा रह भी कैसे सकता है ? ज़रूर ये लोग भी मेरी तरह झूठ बोल रहे हैं, और इसी झूठ को बार-बार बोलकर इसे सच बना देना चाहते हैं। मेरे एक बॉस ने ठीक ही कहा था—ऐसे लोगों को

पागल करार देकर तुरन्त किसी लेबर कैंप में भेज देना चाहिए...

टेलीफोन की घण्टी बराबर बजे जा रही है।

"हैलो," मैं आहिस्ता से चोंगा उठाता हूँ।

"विनोद, सुनो," उधर आशिष कह रहा है, "बस सर्विस आज बिलकुल ठप्प है। क्या तुम मुझे घर पहुँचा सकोगे ?"

"क्यों, क्या हो गया है बस सर्विस को ?" मैं यों ही उससे तसदीक चाह रहा हूँ, हालाँकि मुझे पता चल गया था कि बस सर्विस निकम्मी होने के कारण आज विद्यार्थियों ने कई बसें जला दीं और कईओं को नुकसान पहुँचाया, और फिर पुलिस और विद्यार्थियों में जमकर लड़ाई हुई। आजकल अखबार ऐसी ही खबरों से भरे रहते हैं। लोग किसी न किसी बहाने से लड़ जाना चाहते है, कभी किसी स्थानीय मसले को लेकर, कभी किसी अन्तर्राष्ट्रीय मसले को लेकर, कभी खुद ही, कभी किसी निहित स्वार्थ की चाल में आकर। अभी उस दिन जेल में भी गोली चली थी, क्योंकि कैदियों ने जेल अधिकारियों के खिलाफ बग़ावत कर दी थी।

"क्यों यार, किस दुनिया में रहते हो तुम ?" आशिष कर रहा है, "चारों तरफ कोहराम मचा हुआ है और तुम कहते हो क्या हो गया है सब सर्विस को ? जानते हो तीस बसें आज हाइजैक हुई हैं।" फिर वह थोड़ा रुककर कहता है, "ओलिम्पिक्स में देखो क्या हुआ। ऑल-टाइम लो ! सब तरह से पिट रहे हैं हम !"

"देखो आशिष, ऐसी बात मत कहो। अभी हमारी डेमोक्रेसी में काफी दम है," मैं कुछ गाम्भीर्य से कहता हूँ, क्योंकि मेरे दिमाग में यह कुतरन है कि मैं इसे घर कैसे पहुँचाऊँगा, क्योंकि पेट्रोल तो पहले ही रिज़र्व पर है जिससे मैं ही मुश्किल से आज का घर पहुँचने का काम चला सकता हूँ।

"डेमोक्रेसी ? यह कैसी डेमोक्रेसी है जिसमें आम आदमी का चेहरा दिन-ब-दिन बिगड़ता जा रहा है ? कौन आता है सत्ता में ? वही न जिस के पास पैसा है या जिसे पैसेवाले पालते हैं ? क्या एक आम आदमी इतना महँगा इलेक्शन लड़ने की सोच भी सकता है ?"

मुझे समझ नहीं आ रहा आज आशिष के स्वर में इतनी तल्खी कैसे आ गयी है, जबकि अक्सर उसने लोकतंत्र में गहरी आस्था का इज़हार किया है। उसी ने एक दिन कहा था कि देखो, यही एक ऐसी व्यवस्था है जिसमें तुम्हें हर तरह की पूरी आज़ादी है—सोचने की, विचारने की, और...वरना और कोई देश होता तो अब तक पागलखाने की हवा खा रहे होते। आशिष ने यह भी

कहा था कि आदमी का पहला अधिकार उसकी 'असहमति' का अधिकार है, और वह यह अधिकार किसी भी कीमत पर नहीं खोना चाहता। लेकिन वही आशिष आज...

आशिष फिर कहता है, "बोलो, घर पहुँचाओगे कि नहीं, वरना किसी और को पकड़ूँ ?"

"यार, कैसी बात करते हो ? लेकिन...।"

"लेकिन क्या ?"

"तुम्हारी जेब में कुछ पैसे हैं ?"

"तो साले, हमसे पेट्रोल की कीमत वसूल करोगे ?"

"क्या हर्ज़ है जब हर कोई दूसरे की मजबूरी का फायदा उठा रहा है ?" और मैं थोड़ा हँस देता हूँ।

"तो तुम भी उन्हीं शोषकों में शामिल होना चाहते हो ?" वह भी हँसी का जवाब हँसी से दे रहा है, "साले, ऐसी जुर्रत की तो उलटा चौराहे में लटकवा कर खाल उतरवा दूँगा।"

"ओए, यह कसाई का काम कब से शुरू कर दिया ?" मैं थोड़ी और चुस्की लेता हूँ।

"जब सभी कसाई बन रहे हैं तो एक और के हो जाने से क्या फर्क पड़ता है ? कसाइयों में, प्यारे, कसाई बनकर ही जी सकते हो।"

आशिष ने मुझे निरुत्तर कर दिया है। लेकिन साथ-साथ वह असली बात को गोल भी कर गया है। अब मैं उसे कैसे समझाऊँ कि इस समय मेरी हालत क्या है ! एक बार उसे समझाने को कोशिश की भी थी तो उसे विश्वास नहीं हुआ था। "साले, एक हजार के करीब पाते हो। सब कहाँ चला जाता है ?" उसने तंज़िया कहा था, "हमें देखो, हम भी तो पाँच सौ से काम चलाते हैं।"

"आशिष, तुम हज़ार के पीछे क्यों जाते हो ? असलियत क्यों नहीं देखते ? कट-कटा कर मुझे मिलता ही क्या है ? मुश्किल से पाँच सौ। यह ठीक है कि मेरे पास फ्लैट होने के कारण मुझे अब मकान-किराया नहीं देना पड़ता। यह भी ठीक है कि मेरे पास स्कूटर है। यह भी ठीक है कि तुम घर में एक छोटा फ्रिज और सोफा-डाइनिंग टेबल भी देखते हो। लेकिन ये सब चीज़ें कितनी कुरबानी दे कर बनानी पड़ीं ! उन्हीं के लिए लिया गया कर्ज़ अब तक चुका रहा हूँ और कई सालों तक चुकाता रहूँगा। असली चीज़ तो यह है कि तुम घर में रोटी कैसी खाते हो ? तुम पाँच सौ से दो आदमी गुज़र करते हो, और मुझे उतनी ही रकम से पाँच लोगों का पेट भरना होता है। और यह रकम मुश्किल से महीने के दस-पन्द्रह दिन ही पार करवा पाती है। बाकी दिन...।"

कहने को तो मैं कह गया था, लेकिन आशिष मेरे इस लम्बे-चौड़े वक्तव्य

से कतई प्रभावित नहीं हुआ था, बल्कि चिढ़ाते हुए बोला था, "फ्रिज में कुछ रखने को नहीं होता तो उसमें खुद बैठ जाया करो। साले, बात करते हो समाजवाद की और दिल रखते हो सामन्तोंवाला।...बेटा, यह तुम्हारा कुसूर नहीं है, यह कुसूर समूची व्यवस्था का है। जब कोई गरीब आदमी अमीर बनता है तो उसका सामन्तीपन अमीरों के सामन्तीपन से भी बढ़कर होता है। अब देख लो इस 'नूवो रिश' वर्ग को।" आशिष का इशारा आजादी के बाद चोर बाज़ारी से पनपे नवधनाढ्य वर्ग से था, "साले कैपिटलिस्टों से बढ़कर ठाठ-बाट रखते हैं। भेड़िये को तो हम पहचानते हैं, लेकिन बकरी की खाल ओढ़े भेड़िये को पहचानना आसान नहीं।"

उस वक्त मैंने कुछ और कहना चाहा था, लेकिन आशिष ने खुद ही कहा था, "असली भेड़िये पकड़ लो तो नकली भेड़िये खुद-ब-खुद गिरफ्त में आ जायेंगे। लेकिन प्यारे, इतना मजबूत जाल फैला है इन भेड़ियों का कि इन्हें पकड़ना आसान नहीं। देश के ज़र्रे-ज़र्रे को जकड़े हुए हैं।"

फिर आशिष अपने दफ्तर की बात बताने लगा था। "मैं तो अपने सुपर बॉस को कई बार खरी-खरी सुना चुका हूँ। एक बार तो मैंने इस्तीफा भी दे दिया था।"

"क्यों ?"

"साले हरामी हैं। कहने को धार्मिक संस्थान चला रहे हैं। लेकिन दरअसल, यह ब्लैक मनी को खपाने का चैनल है।"

आशिष की बात ने मुझे चौंका दिया था। "वह कैसे ?"

"साले खर्च करते हैं चार लाख, दिखाते हैं एक लाख। और बाकी तीन लाख से जानते हो कौन पलते हैं ? इनके दरबारी कुत्ते।...हमारे सुपर बॉस को ही देख लो। कहने को संस्थान से पाता है केवल सात सौ रुपया माहवार, लेकिन हर चीज़ के झूठे बिल बनते हैं। जैसे खरीदा साहब ने अपने लिए इम्पोर्टेड ब्लेड का पैकेट और बिल बनवाया संस्थान के लिए पैंसिलों का। या...हर छोटी-छोटी चीज़ पर कमीनगी। उन सात सौ रुपयों को छेड़ने की तो नौबत भी नहीं आती होगी।"

"लेकिन ऐसा कहाँ नहीं होता ?" मैंने कहा था, और मुझे अपने एक दूसरे दोस्त की बात याद आ गयी थी, जिसने बताया था कि कैसे बड़े-बड़े लोग झूठे टी. ए. बिल वसूल करते हैं या कैसे वे किसी न किसी बहाने विदेशों का दौरा करते रहते हैं, और वहाँ के बैंकों में हिसाब खुलवाते हैं।

आशिष का दफ्तर छूटने से पहले ही मैं उसके यहाँ जा पहुँचा हूँ। मीटर पर

पाँच किलोमीटर और अंकित हो गये हैं। यानी, रिज़र्व पर स्कूटर पन्द्रह किलोमीटर चल चुका है। पन्द्रह किलोमीटर यहाँ से मेरे घर का फासला है। लेकिन मुझे तो अभी आशिष को पहले उसके घर पहुँचाना है, जिसका मतलब है दस किलोमीटर और गाड़ी दौड़ानी होगी। आशिष के घर से भी मेरा घर पन्द्रह किलोमीटर ही है। चलो, यह भी ग़नीमत है। शुरू-शुरू में मेरे एक साथी ने बताया था कि रिज़र्व पर गाड़ी पचास-एक किलोमीटर निकाल देती है।

मेरे अन्दर फुरफरी हो रही है। अगर रास्ते में ही गाड़ी रह गयी, तो ? और अगर धकेलकर भी गाड़ी ले जानी पड़ी तो घर के पास उस हनुमान के टीले जैसे पुल को कैसे पार करूँगा ? नाहक की चिन्ता सता रही है मुझे ! ऐसे ही चक्कर में पड़ा हुआ हूँ मैं ! हो सकता है आशिष के पास दो-एक रुपये फालतू निकल ही आयें। लेकिन उसकी भी अगर मेरे जैसी हालत हुई, तो ? हर महीने का कष्ट पिछले महीने के कष्ट से ज़्यादा लगता है। पिछले महीने किसी न किसी तरह बीस-बाइस तक गाड़ी खींच ले गये थे, और बाकी के दिन रद्दी बेचकर निकाले थे। लेकिन इस बार दस तक भी गाड़ी नहीं खिंची और सब इसका, उसका देने में ही बराबर हो गया, और पुरानी देनदारी वैसे ही बनी रही है। बल्कि सुबह जब बेटी स्कूल के लिए तैयार हो रही थी तो मेरी नज़र उसके शूज़ के तलों पर पड़ी थी जो बुरी तरह उधड़ चुके थे। उसकी ड्रेस भी एकदम बदरंग दीख रही थी। मुझे अजब चिन्ता हुई थी उसके शूज़ देख कर और फिर मेरा ध्यान अपने सैंडलों की तरफ गया था जिनके अँगूठेवाली साइड्ज बिलकुल खत्म हो चुकी थीं और जिन्हें बदलने की मैंने कई बार कोशिश की थी, और फिर मैं झल्लाया भी था और मन ही मन बड़बड़ाया था—लानत है, ऐसी जिन्दगी पर !

स्कूटर को खड़ा कर ही रहा होता हूँ कि आशिष के बॉस पर नज़र पड़ती है। एकदम सादा। खद्दरधारी।...गॉगल्स चढ़ाये हुए। पाँवों में कोल्हापुरी चप्पलें। उसे देखकर एक बात से मुझे बड़ी खुशी होती है—यह मुझसे कोई ज़्यादा नहीं पाता। लेकिन जब उसका शोफर उसके लिए कार का दरवाज़ा खोलकर बड़े अदब से खड़ा हो जाता है तो मेरा भ्रम फौरन दूर हो जाता है। फिर मैं देखता हूँ कि पाँच-छह बण्डल उठाये दौड़ा-दौड़ा चपरासी आया है और उन्हें गाड़ी में रख रहा है। उसके पीछे-पीछे ही एक और चपरासी आया है और अनिक (घी) के दो डिब्बे गाड़ी में रखकर एक ओर खड़ा हो गया है। दोनों चपरासी अदब से खड़े हैं और जैसे ही गाड़ी स्टार्ट होती है, साहब को तपाक से सैल्यूट मार देते हैं।

आशिष के पास पहुँचता हूँ तो उसे दोनों हाथों से सिर थामे बैठा पाता हूँ।

"क्यों, ऐसे क्यों बैठे हो ?" मैं उसे थपथपाते हुए कहता हूँ।

आशिष सहज ही अपना चेहरा मेरी ओर घुमा देता है। मैं देखता हूँ कि उसकी आँखें एकदम अंगारा हो रही हैं।

"क्यों, क्या बात है ?" मैं फिर पूछता हूँ।

"इस्तीफा दे दिया है।" वह धीरे से कहता है।

"साहब ने मंज़ूर कर लिया ?" मेरी आवाज़ में कुछ घबराहट आ गयी है।

"हाँ," वह उसी धीमे अन्दाज़ से कहता है।

"साहब ने पूछा नहीं कि क्यों छोड़ रहे हो ?" मेरी घबराहट जा नहीं रही।

"पूछा था, और मैंने बता दिया। मैंने कहा कि ये झूठे बिलों की एण्ट्री मैं कब तक करता रहूँगा। मैंने यह भी कहा कि आपने जिस काम के लिए मुझे यहाँ रखा था, आप वह काम न करवाकर मुझसे यह मुंशीगिरी करवा रहे हैं। क्या फायदा है मेरी स्पेशलाइज़ेशन का ? मैंने कंपेरेटिव रिलिजंस में डाक्टरेट इसीलिए की थी ?"

आशिष का स्वर अब शान्त नहीं है, बल्कि ऐसे लग रहा है कि उसका बस चले तो वह सब कुछ तोड़-मरोड़ डाले !

□□

विरोध

कुत्ते भौंकते हैं तो लगता है जैसे कि तड़पते प्रेतों की चीखें सामने के पहाड़ों से टकराकर लौट रही हों। मेरी तंद्रा भी जैसे कि एकाएक टूटती है या जैसे कि मेरे मृत-प्राय शरीर में स्फूर्ति आ जाती है। पहाड़ अब मुझे एक बार फिर रहस्यमय लगने लगते हैं। लेकिन यह सब क्षणिक ही है, क्योंकि तुरन्त बाद ही मेरा शरीर फिर उसी अवस्था में लौटने लगता है।

मुझे पता नहीं था कि एक ही वर्ष में मेरे भीतर इतना परिवर्तन हो जायेगा और मेरा शरीर कड़ा पड़ने के साथ-साथ उसके भीतर सब कुछ मरने लगेगा। अब मेरे लिए उन दूध-सी सफेद, चमकीली हिम-शिराओं का कोई महत्त्व नहीं रहा, न ही मेरे लिए पहाड़ों की चोटियों पर तैरते या उनसे एकस्थ हुए रुई-से मुलायम बादल कोई माने रखते हैं। अब तो पहाड़ों में यदि मुझे कुछ दीख पड़ता है तो वह है केवल उनका ऊबड़-खाबड़पन अथवा उनका भुतवापन। अप्रैल के महीने में जब यहाँ नयी-नयी चिड़िया आयेंगी तो उन्हें देखकर मेरे दिल में वह पहले जैसी हुमक पैदा नहीं होगी, न ही गदराये सीनों पर छोटे-छोटे आईने झुलातीं, सदा धुली-धुली-सी दिखनेवाली गद्दी औरतों को देखकर मेरे भीतर कोई जुंबिश होगी। अब मुझे मेलों में ढोल की थाप पर बेतरतीब हाथ-पाँव फेंकते वे पियक्कड़ भी पसन्द नहीं। इन सबकी ओर देखता मैं ज़रूर हूँ, लेकिन एकदम अनमना होकर, जैसे कोई सनका हुआ व्यक्ति अपनी मौत का मंज़र देख रहा हो।

लेकिन शरीर के कड़े पड़ने की इस प्रक्रिया का मुझे सुबह के वक्त ज़्यादा तीखा एहसास होता है। तब मैं सुन्न-सा हुआ सीधा लेटे रहता हूँ और ऐसे दिखता हूँ जैसे कि मुझे बीती रात के सपनों ने घेर रखा हो। फिर मेरे भीतर इधर-उधर की तमाम बातें घुमड़ने लगती हैं। सपने भी फिर ताज़ा होने लगते

हैं। मुझे लगता है कि मुझे एक पतले साँप ने काट लिया है। फिर मुझे लगता है कि एक बहुत बड़े बनमानुस ने मुझे अपनी मुट्ठी में कस लिया है। फिर तुरन्त ही वह साँप आदमी की शक्ल अख्तियार कर लेता है। अरे ताज्जुब, यह आदमी तो और कोई दूसरा नहीं, मेरा अर्दली ही है। दुष्ट, मेरे खिलाफ बेनाम चिट्ठियाँ लिखता रहा। लेकिन मुझे उसके प्रति कोई गिला नहीं। मैं अभी मरा थोड़े ही हूँ। बल्कि अब तो मैं उससे बड़े मान-मनव्वल से बातें कर रहा हूँ। अरे, यह तो फिर वही साँप बन गया। और अब तो उस साँप ने अपने मुँह में बीड़ी भी ले ली है। हूँऽऽऽऽऽ ! यह एक साँप नहीं, कई साँप हैं और सभी के मुँह में बीड़ियाँ हैं। क्या फूँक-फूँक कर पी रहे हैं, और धुआँ मुझ पर छोड़े जा रहे हैं ! खुदाया ! इतना घना धुआँ ! मेरा दम घुट रहा है। अरे...र...रे यह मैं अब किसकी गिरफ्त में आ गया ? और उसी गिरफ्त में अब मैं पूरे का पूरा उठ भी गया हूँ। ओ, यह तो वही बनमानुस है। उसने मुझे अपनी मुट्ठी में किस कदर कस रखा है ! अब यह मुझे और-और कसे जा रहा है। मुझे लग रहा है जैसे कि मैं निचुड़कर टिप-टिप टपकने लगा हूँ। "ऊँह, वाहियात !" वह अपने खास अंदाज़ में चिंघाड़ता है और मुझे धम से ज़मीन पर पटक देता है जिससे मुझे लगा है कि मेरे हाथ-पाँव टूटकर अलग-अलग जा गिरे हैं और मैं बिखर गया हूँ।

"क्यों, ज़्यादा चोट तो नहीं आयी ?" वह अब मुझसे अपनी हस्ब की शायस्तागी दिखाते हुए पूछ रहा है, और मैं यह देखकर चकित हूँ कि आदमी वाकई बनमानुस से अवतरित हुआ है ! आदमी ? नहीं, नहीं, मेरा बॉस ! "जनाब, मुझे बख्शिये, बख्शिये।" मैं चिल्लाता हूँ। "मैंने तो कभी कोई कसूर नहीं किया। मैं तो हमेशा ऐसे ही चक्करों में आ जाता रहा। लोग मुझे ऐसे ही फाँस लेते हैं। आप मुझे एक मौका तो दें। आपको जो चाहिए, मैं हाज़िर करूँगा। पैसा चाहिए, पैसा दूँगा, औरत चाहिए, औरत दूँगा। लेकिन मुझे खुदा के लिए बख्श दीजिए, मुझे ऐसे यातना मत पहुँचाइए।"

ओ, ये स्वप्न भी कितने भयावने हैं ! मैं कैसे पसीना-पसीना हो रहा हूँ। मेरे शरीर के काँटे भी कैसे खड़े हो गये हैं। लेकिन मैं अपने आपको व्यवस्थित करने की कोशिश करता हूँ, "नहीं, मुझे इतना परेशान नहीं होना चाहिए" मैं खुद को सांत्वना देता हूँ। "ऐसे ही सब चलता है। हर दफ्तर में यही आलम है। हर दफ्तर में ऐसे ही साज़िशें चलती हैं। हर दफ्तर में ऐसी ही गुटबन्दियाँ हैं।" लेकिन मेरे मन की हालत सुधरती नहीं। मुझे यह नौकरी छोड़ देनी चाहिए, मैं अपने से कहता हूँ। ऐसा काम करें ही क्यों जिसमें खुद को विश्वास न हो ? फिर मुझे अपने मैनुअल की याद आती है, मैनुअल फॉर पब्लिसिटी ऑफिसर्ज़। तुम मसीहा हो, इस मैनुअल में लिखा है, पब्लिसिटी ऑफीसर्ज़ नये युग के मसीहा

हैं। योजनाओं का संदेश दूर-दूर तक फैलाओ, इसमें बार-बार आग्रह किया गया है। लोगों को अब ग़फलत की नींद से जगा दो। उन्हें हर काम में सक्रिय योग देने के लिए प्रेरित करो। लोगों को पता होना चाहिए कि अब वे नये भारत के बाशिंदे हैं। भारत जो जाग उठा है। जागरण की यह मशाल अब बराबर जलती रहनी चाहिए। चारों तरफ उजाला ही उजाला भर दो, नयी सुबह के उजाले की तरह।

क्या छोटे-छोटे, लिपे-पुते वाक्य हैं ! यद्यपि एक वक्त था जब इन्हें पढ़ते ही आँखों के सामने एक दृश्य खिंच आता था, बड़े-बड़े बाँधों का दृश्य, जिनकी ओट में घिरा पानी समुद्र-सा दिखता था। बड़े-बड़े बाँध, जिनका पानी खेतों को पूरी तरह सींच देगा। बड़े-बड़े बाँध, जिनके पानी से बिजली पैदा होगी। बड़े-बड़े बाँध, जिनके पानी से चमक पैदा होगी, चमक जो चारों तरफ, हर चेहरे पर नज़र आयेगी। एक बाँध उठ रहा है...अपनी ओट में एक विशाल समुद्र को लिये हुए, फिर दूसरा बाँध उठता है, फिर तीसरा, फिर...। बाँध पर बाँध उठ रहे हैं, उनसे बिजली भी पैदा हो रही है, लेकिन किसी भी बाँध से चमक पैदा क्यों नहीं हो रही ? इंसानी दिल का चिराग़ जाने उनसे क्यों रोशन नहीं हो पा रहा ! शायद इस चिराग़ में तेल ही नहीं है ! शायद इस चिराग़ में बत्ती नहीं है। शायद इस चिराग़ की चिमनी ही कालिख से अटी पड़ी है। तब इसमें से चमक दिखे भी तो कैसे !

ओह, ये दुःस्वप्न मेरा पीछा क्यों नहीं छोड़ रहे ! मैं तो अब ऐंठ-ऐंठ कर टूटने को हो रहा हूँ। "बस, बस, बहुत हो लिया," मैं अपने को समझाता हूँ। "नहीं, यह मेरी हृदय-रेखा का कसूर है,..." मुझे एक सामुद्रिक की बात याद आती है। लेकिन उसने यह भी तो कहा था कि "मैं दावे से कहता हूँ कि आपकी ज़िन्दगी में अब एक मार्के की तबदीली आयेगी।" मार्के की तबदीली ! खूब ! लेकिन मेरी जिन्दगी में तबदीली आ ही कैसे सकती है ? कभी किसी ने क्या फीनिक्स को बदलते देखा है ? दरअसल, मैं एक फीनिक्स हूँ जिसे मरकर भी ज़िन्दा होना है। मुझे तो अभी बार-बार मरना है और बार-बार ज़िन्दा होना है। आशा का सन्देश जो पहुँचाना है मुझे लोगों तक, चाहे मेरे दिल में कोई आशा न हो !

"हिम्मत मत हारो, भाई, हिम्मत मत हारो। भविष्य तुम्हारे आगे है," मैं अपनी दिलजोई करता हूँ। लेकिन जब मैं अपनी आँखें मूँदता हूँ तो दृश्य फिर मेरे सामने घिरने लगते हैं। अब मेरे अधीनस्थ कर्मचारी मेरे सामने हैं। मैं देखता हूँ कि कर्मचारी मेरे चारों ओर घेरा-सा डाले खड़े हैं। "हमें अपने साधनों का पूरा-पूरा उपयोग करना चाहिए," मैं उनसे कह रहा हूँ, "कोई भी चीज़ बिना उपयोग में आये नहीं रहनी चाहिए। जब किसी गाँव में पहुँचो तो एंप्लीफायर

और माइक बिलकुल तैयार रखो। एक-एक व्यक्ति तक हमारे कार्यक्रम की खबर पहुँचनी चाहिए। हमें दूर-दूर तक मार करनी चाहिए। फिल्में भी इस क्रम में दिखायी जायें कि...''

नहीं, उन्हें ये हिदायतें अच्छी नहीं लग रहीं। वे मेरी ओर देखने के बजाय इधर-उधर देखे जा रहे हैं, जैसे कि वे भीतर-ही-भीतर अपने से संघर्ष कर रहे हों।

''यह एलान करने का काम तो बहुत ही घटिया है,'' मेरा सहायक अपनी टाई की गाँठ ठीक करते हुए कहता है। ''हम सरकारी कर्मचारी हैं, कोई भाड़े के ट्टटू नहीं,'' वह अपने व्यक्तित्व का प्रदर्शन-सा करता दिख रहा है।

इससे अब ड्राइवर की हिम्मत भी बँध गयी है। ''क्या मिट्टी फाँकना ही हमारे भाग्य में बँधा है ?'' वह कुछ शिकायताना अन्दाज़ में कहता है ''और जनाब, आप यह तो जानते ही हैं कि जहाँ तक हो सके पक्की सड़क पर ही रहना चाहिए। बहुत इंटीरिअर में जाने से गाड़ी की लाइफ आधी रह जायेगी।''

''हम ही क्यों मरें जबकि सारी दुनिया मज़े उड़ाती है ?'' मेरा सहायक अपनी नयी-नयी, बिना सलवटोंवाली, टेरीलीन की पैंट-बुश्शर्ट पर एक सरसरी नज़र डालते हुए अपने उसी हवाई अन्दाज़ में कहता है, ''हम मर गये तो सरकार हमारे लिए राजघाट तो बनवाने से रही !...फिल्म-शो तो आखिर फिल्म-शो ही है, चाहे आप उसमें दस डाक्यूमैंट्रीज़ दिखायें या एक। भाषण भाषण ही है चाहे आप उसमें दस आदमी जुटायें या दस हज़ार। और फिर आप जानते ही हैं कि यह आँकड़ों का ज़माना है। संसद को महज़ आँकड़े ही तो चाहिए।''

मैं बिलकुल चुप हूँ। मेरी हिम्मत मुझे जवाब दे चुकी है। दरअसल, मुझे हमेशा यही एहसास रहा है कि यह मेरे चीफ का आदमी है। और फिर भिड़ के छत्ते में हाथ डालकर क्या मैंने मज़ा चख नहीं लिया ?

...एकाएक मेरी आँखों के सामने एक चित्र उभरता है। उसके रंग वैसे तो अब कदरे फीके पड़ चुके हैं, लेकिन समय के साथ रंगो की यह हालत हो जाना स्वाभाविक भी है, यद्यपि उसकी अनुभूति की तीव्रता अब भी वैसे की वैसी ही है। यह एहसास कुछ वैसा ही है जैसे उस झक्की की याद करके होता है जो अपने पड़ोसी के जलते मकान की आग पर हाथ ताप रहा था...उन दिनों हमें एक विशेष काम सौंपा गया था, और हम उसी के लिए दौरे पर निकले थे। देखता हूँ कि गाड़ी एकाएक खड़ी हो गयी है। ड्राइवर का कहना था कि ब्रेक-डाउन हो गया है। स्टाफ के सभी लोगों ने खूब फुर्ती दिखायी और गाड़ी चलने लायक हो भी गयी, लेकिन जब तक गाड़ी तैयार हुई तब तक अँधेरा घना हो चुका था। मंज़िल पर पहुँचे तो वहाँ आदिवासियों के बहुत बड़े हजूम

को इंतज़ार करते पाया। फिल्म-शो शुरू हुआ। चारों ओर खुशी के मारे लोग लहकते-से नज़र आये। ''आदिवासी, हमारे मूल निवासी, आदिवासी, हमारी संस्कृति के संरक्षक...आदिवासी, धरती के बेटे...,'' हमारे प्रोजेक्टर से ध्वनि उठ रही थी, ''सरकार ने उनके विकास के लिए अब बहु-उद्देश्य विकास-खण्ड खोल दिये हैं।''

मैं नहीं जानता किसके कितना पल्ले पड़ा, लेकिन उस स्वर से सब आश्वस्त-से हुए दिख रहे थे। सब में जैसे कि नयी जान आ गयी थी।

फिर मेरा सहायक एकाएक घबराया-सा उठा खड़ा हुआ। ''प्रोजेक्टर रुक रहा है,'' उसने मासूमियत से कहा।

एक क्षण भी नहीं बीता होगा कि यह बात चारों ओर फैल गयी। प्रोजेक्टर अब पूरी तरह रुक गया था।

''ये आँखों में धूल झोंकते हैं,'' कोई बड़बड़ाया।

''जनता के पैसे की बरबादी है,'' वहाँ का एक नेता अपने आपे से बाहर हुआ जा रहा था।

चारों ओर अब कुछ इसी प्रकार की आवाज़ें सुन पड़ने लगीं। आवाज़ें, और आवाज़ें ! फिर एकाएक एक पत्थर उड़ता हुआ आया और सीधे प्रोजेक्टर से जा टकराया। एक पत्थर, फिर दूसरा पत्थर। इस बार वह सीधा प्रोजेक्टर चालक को आ लगा जिससे वह लहूलुहान हो गया। उसके सि्र में बहुत ज़ोर की चोट आयी थी। एक बार उसने उठने की कोशिश भी की, लेकिन वहीं धप से गिर पड़ा। हजूम अब तक पागल हो चुका था। ''मार दो, मार दो इसे,'' वे सब चिल्ला रहे थे।

होते-होते यह खबर हमारे मुख्यालय तक पहुँच गयी। मुझे सारे हंगामे के लिए दोषी ठहराया गया और मुझसे जवाब-तलबी हुई कि क्यों न मुझे निलंबित कर दिया जाये ! मुझे जैसे कि पगलाये हुए-से देखने की बीमारी हो गयी थी। मुझे शब्द भी नहीं सूझते थे। और फिर मेरे लिए कोई बोलनेवाला भी तो न था। वैसे मैं किसी का आदमी हूँ भी नहीं। मुझ पर इल्ज़ाम यह था कि मेरे होते हुए सरकारी सामान को नुकसान पहुँचा तथा मेरे स्टाफ के आदमी को चोटें आयीं।

मैं अजब गोरख-धन्धे में फँस गया था। खैर, जवाब-तलबी के बारे में तो मैं मस्त रहा, लेकिन मैंने एक अपील ज़रूर भेजी। मैंने अपील की कि मुझे मुख्यालय बुला लिया जाये और मुझे ऐसा काम सौंपा जाये जिसमें सच्चाई को इस तरह तोड़ा-मरोड़ा नहीं जाता। मैंने उत्तर की प्रतीक्षा की और फिर मैंने एक अपील और भेजी। लेकिन उससे हमारे आकाश के देवता कतई प्रभावित नहीं हुए।

मेरे लिए अब कोई रास्ता न था। सब गूँगे-बहरे हो गये दिखते थे। मैं हमेशा आतुर रहता कि कहीं से तो कुछ सुनने को मिले। लेकिन कहीं से कोई शब्द नहीं। आखिर, जब कोई उम्मीद न रही तो एक पत्र आया। मेरा दिल चलते-चलते जैसे कि एक क्षण के लिए रुका। एक बार पढ़ने से मुझे उस पर विश्वास न हुआ। मैंने फिर पढ़ा। मुझे स्थानान्तरण का आदेश मिला था। दूर-दराज के पहाड़ों में। यानी कि जहाँ मैं अब हूँ।

पहाड़, मेरे सपने ! पहाड़, मेरी वांछा ! किसी समय इन्हीं पहाड़ों के लिए मेरे भीतर कितनी छटपटाहट होती थी ! लेकिन अब ? नहीं, अब मुझे इन पहाड़ों से कोई उन्स नहीं। अब मैं पहाड़ों को लेकर कोई सपने नहीं बुनता। पहाड़ ! अब तो मुझे ऐसे लगता है जैसे कि यहाँ मृतआत्माएँ बसती हों, जैसे कि यहाँ प्रेतों का डेरा हो।

पेचदार रास्तों पर जीप बड़ी सफाई से भागी जा रही थी। हमें ऊँघ-सी आने लगी। फिर एकाएक धचका लगा। ड्राइवर को ज़बरदस्त ब्रेक लगानी पड़ी थी, क्योंकि घुमावदार मोड़ पर, सड़क के बीचों-बीच, एक बुढ़िया खड़ी थी, बदहवासी की हालत में, अपने हाथ-पाँव फैलाये हुए, जैसे कि ईसा की प्रतिमूर्ति हो। जीप रुकी तो वह उसी की ओर लपकी, लेकिन उसके पाँव डगमगाये और वह जीप के अगले भाग पर गिर पड़ी। हम कूदकर बाहर आ गये।

''ससुरी, पगली दिखती है !'' ड्राइवर ने उसे सम्भालते हुए कुछ-कुछ रोष से कहा।

''जाने दो इसे !'' मेरे स्वर में भी बेरुखी थी।

इस पर वह बुढ़िया मेरी ओर ही लपकी। ''कहाँ है मेरा बच्चा ?'' वह चिल्लायी। ''मेरा बच्चा मुझे लौटा दो,'' वह प्रलाप-सा करने लगी।

अजब तमाशा है ! लेकिन जैसे कि मुझे किसी ने झकझोर दिया।

''पीछे रहो,'' गाँव के अन्य लोग भी अब वहाँ जुटने लगे थे।

लेकिन मेरी कुछ समझ में नहीं आ रहा था।

''बेचारी का बच्चा चल बसा,'' एक गाँववाले ने मुझे समझाते हुए बताया। ''बस, वही एक बच्चा था बेचारी का। लेकिन जाने क्यों, इसे अब सब जीपवालों से चिढ़-सी हो गयी है। इसे दूर से जीप आती दिखी नहीं और यह सड़क की तरफ दौड़ी नहीं।''

''मेरा बच्चा बिना दवा-दारू के मर गया।'' बुढ़िया अब प्रलाप करने लगी थी।

''तुम्हारे यहाँ क्या कोई अस्पताल नहीं है ?'' मेरे स्वर में गम्भीरता थी।

"हमें अस्पताल दो," बुढ़िया का प्रलाप जारी था।

"ये अस्पताल क्या अपनी जेब में लेकर आये हैं ?" एक दूसरे ग्रामीण ने उसे डाँटा। उस ग्रामीण के मुँह में झाग-सी भर रही थी।

"तुम्हारे यहाँ इधर कहीं कोई अस्पताल नहीं ?" मैंने उसी झाग-मुँहे से पूछा।

"अस्पताल ? इस गाँव में ? क्या बात करते हैं, जनाब ? यहाँ तो चारों ओर दूर-दूर तक कहीं कोई अस्पताल नहीं।" कई स्वर एकसाथ उठे।

"लेकिन तुम्हारे यहाँ पंचायत तो होगी ? ब्लाक समिति तो होगी ? जिला परिषद होगी ?" मैंने उन्हें राह सुझाते हुए कहा, "अब तो तुम अपने मालिक खुद हो !"

मैं अब प्रचार अधिकारी का धर्म निभा रहा था।

"आप बजा फरमाते हैं। हमारे यहाँ पंचायत ज़रूर है, और यह नाचीज़ सरपंच आपके सामने खड़ा है," एक अन्य व्यक्ति ने गुज़ारिशबयानी के अंदाज़ में कहा।

मैं देख रहा था कि उस सरपंच कहलानेवाले व्यक्ति की कई दिनों से दाढ़ी नहीं बनी थी।

"तब ज़रा जमकर बात उठानी चाहिए थी," मैं उसे किसी तरह यकीन दिलाने पर तुला था। "आपको बी. डी. ओ. से बात करनी चाहिए थी, डिप्टी कमिश्नर साहब से कहते। दूसरे अफसरान थे। आप तो सीधे मिनिस्टर साहब से भी बात कर सकते थे।"

मैं देख रहा हूँ कि सरपंच के होंठों पर कुछ अजब-सी मुस्कराहट उभर आयी है, जैसे कि उसमें कुछ व्यंग्य भी हो। "हमने हर सू कोशिश की, साहब," सरपंच के स्वर में अब उदासी झलकने लगी थी। "जो भी अफसर इधर आया, हमने उसी से मिन्नत की। सब वायदे करते हैं और भूल जाते हूँ। हमने उन्हें खत भी लिखे, लेकिन किसे फुर्सत है !"

सरपंच तो मेरे दिल की बात कह रहा है। क्या मेरे चीफ का भी मेरे प्रति ऐसा ही रवैया नहीं था ? मैंने खूब मिन्नतें कीं, दरख्वास्तों पर दरख्वास्तें भेजीं, लेकिन सब बेकार गयीं। और बाद में पता चला कि साहब को उत्तर देने की फुर्सत ही कहाँ थी ! वह तो अपने यहाँ के षड्यंत्रों को षड्यंत्रों से पीट देने में मसरूफ थे।

लेकिन फिर मुझे अपने कर्तव्य का बोध हुआ। "तुम लिखे जाओ। उन्हें लिख-लिखकर हिला दो। कभी न कभी तो जवाब देंगे ही।" मैं उनसे कहता हूँ।

"वे सुनेंगे, ज़रूर सुनेंगे," सरपंच सनक गया दिखता है, "अगर

उनकी...'' और वह अपनी हथेली पर अंगुली रगड़कर कोई चिह्न बनाता है।

मुझे याद आता है कि मैंने भी एक बार ऐसा ही फैसला किया था ताकि...।

विरोध घुमड़-घुमड़कर मेरे मस्तिष्क में उठ रहे हैं। विरोध घुमड़-घुमड़कर मेरे दिल में उबाल खा रहे हैं।

वातावरण जैसे कि भयावह हो उठा है। मैं बोलने की कोशिश करता हूँ, लेकिन बोल नहीं पाता। धीरे-धीरे मेरे पाँव पीछे हट रहे हैं। फिर मैं एकाएक जीप में जा बैठता हूँ और ड्राइवर से कहता हूँ कि वह जीप स्टार्ट करे।

गाँववाले हाथ जोड़कर मेरा अभिवादन कर रहे हैं। मैं प्रत्युत्तर में हाथ जोड़ देता हूँ।

□□

अँधेरे की आँखें

मैं उसकी व्याकुलता को क्या जानूँ ? उसके और मेरे बीच 'पशु' और 'मानव' होने की खाई जो है।

सुबह उठते ही देखा कि डाक बंगले के बरामदे में एक बकरी ठिठुरी हुई, निरीह-सी एक कोने में सिमटी बैठी है। पहाड़ी इलाका था, शायद इसी से अपने रेवड़ से बिछुड़ गयी थी। बाहर जोर की बारिश हो रही थी। पास ही नदी घोर गर्जन कर रही थी और इससे उस जीव की ठिठुरन बराबर बढ़ती जा रही थी।

मुझे देखते ही वह सहम गयी। शायद वह चाहती थी कि उसी कोने में समा जाये। पर मजबूर थी। दीवार उसे जगह नहीं दे रही थी; फिर भी वह सिमटी जा रही थी। जैसे कि उसे मुझसे कुछ आशंका थी, भय था, त्रास था और वह उसको भीतर ही भीतर अनुभव कर रही थी। फिर मुझे अपनी ओर बढ़ते देख वह एकाएक उछलकर उठ खड़ी हुई। अपने कल्पित व्याघ्र के प्रति अनादर से बैठे रहने में उसका कोई बचाव नहीं। उसने आँखें घुमाकर सफेद कर ली थीं। लेकिन भागे तो कहाँ भागे ? टाँग उसकी टूटी हुई है, वातावरण पर उसका वश नहीं, और उस पर उसका कोई सहचर नहीं, कोई रक्षक नहीं।

कुछ देर यों ही सिटपिटाने के बाद एक क्षण आता है जब एकाएक सारी दृष्टि बदल जाती है। न जाने कैसे वह पंगु जीव मुझे ही अपना सहचर, अपना संरक्षक समझ बैठा और सहानुभूति पाने के लिए मेरे पास सहज ही आ खड़ा हुआ। मैं उसे कहता तो क्या कहता ? हाँ, उसकी नरम-नरम, रोंयेदार गरदन को सहलाते हुए मैंने उसे मन ही मन सांत्वना दी—'भई, तुम्हारे मन में मेरे प्रति यह अविश्वास क्यों ?' और जैसे कि मेरे मूक शब्द उसके अन्तस् तक अनायास ही पहुँच गये हों, वह सहज ही मिमिया उठी।

ऐसे ही खड़े-खड़े मैं उसे एकटक देखता रहा। उसके काले रूप में वह

जो चमक थी, मुझे बहुत प्रिय थी। उसको मैं कहना तो बहुत कुछ चाहता था, लेकिन किस भाषा में कहूँ ? वह, जो मेरे और उसके बीच अगम्य है, उसे कैसे पूरा जाये ? मैं उससे पूछना चाहता था कि अरे, 'क्या तुम सारी रात ऐसे ही ठिठुरती रहीं ? क्यों नहीं तुम मेरे पास आ गयीं ? तुम्हें इस अँधेरे में डर नहीं लगता ?' और जेब से रूमाल निकालते हुए मैंने उसे पुचकारा—'लाओ तुम्हारी टाँग रूमाल से बाँध दूँ'। लो, वह तो मेरी भाषा समझती है। क्योंकि रूमाल को देखते ही उचक-उचककर वह मेरे आलिंगन में आ जाने के लिए व्याकुल होने लगी। उसके मन का आदिम भय भाग जो गया था।

दूर, जैसे कि अन्तरिक्ष में, कोई व्यक्ति अपनी धोती का लंगोट बनाये उस व्यग्र, पहाड़ी नदी की शिलाओं में अटकी हुई लकड़ियाँ निकाल रहा है। वह अपने कार्य में बड़ा दक्ष दिखता है, क्योंकि ऐसी नदी से ऐसा खिलवाड़ करने के लिए असाधारण साहस चाहिए। वह बड़ी फुर्ती से इस शिला से उस शिला पर छलाँग लगाता है। ज़रा-सी असावधानी उसकी मृत्यु का कारण बन सकती है।

व्यक्ति ने शायद देख लिया कि कोई यात्री डाक बंगले में ठहरा हुआ है। पास आकर उसने झुककर, मेरा अभिवादन करते हुए पूछा, "साहब इधर ठहरेंगे ?"

"हाँ, पैदल चलते-चलते बहुत थक गया हूँ, इसलिए आज रात यहाँ आराम करने का ख्याल है।" मेरे स्वर में बेलौसपन था।

लेकिन वह इससे रत्ती भर भी अप्रतिभ न हो गिड़गिड़ाता हुआ बोला, "तो साहब, बन्दा ताबेदार है। वह सामने मेरा होटल है। जिस चीज़ की ज़रूरत हो, फौरन हुक्म दें...हाँ, तो आज दोपहर को क्या खायेंगे ? सब्जी, दाल, शिकार—जो आपका हुक्म हो ?"

मैंने संक्षेप में बताया कि मुझे साधारण खाना चाहिए। इससे शायद उसे कुछ निराशा हुई, लेकिन फिर भी अपने भीतरी भाव को छिपाते हुए बोला, "खैर, जो भी आप चाहें। अच्छा, अब चाय लाऊँ ?"

मेरी 'हाँ' सुनकर वह जल्दी से चलने को हुआ। लेकिन मैंने उसे एकाएक टोका, "दरिया से इस तरह लकड़ियाँ निकालते हुए तुम्हें डर नहीं लगता ?"

"डर ?" उसने कंजूसी से हँसते हुए उत्तर दिया, "डर किस बात का ? उस भगवान् को जो मंजूर है, वह तो होकर ही रहेगा ?"

"कहाँ के रहनेवाले हो तुम ?" मैंने उसकी तरफ एक और सवाल उछाला।

"पंजाब का।"

इस पर मैंने उसका साहस बढ़ाने के विचार से पंजाबी में बोलना शुरू कर दिया, लेकिन उसके ढंग में कोई परिवर्तन नहीं आया।

"तो इधर, इस इलाके में, तुम्हें कोई खास फायदा है ?" मैं देख रहा था कि मेरे विश्राम-गृह और उसके होटल के अलावा वहाँ और कोई सिर छिपाने को जगह न थी। हाँ, पास ही कुल्लू घाटी के 'हेसी' खानाबदोशों के एक-दो ख़ेमे ज़रूर थे।

"फायदा क्या होगा ? बस, इधर आते-जाते मुसाफिरों की सेवा हो जाती है।" उसकी भाव-भंगिमा से निर्लिप्तिता टपकने लगी।

बेटा है तो चालाक ! मैंने मन ही मन कहा।

लेकिन इस वार्तालाप के बीच वह बकरी तो ध्यान से ही निकल गयी थी। जैसे कि वह हमारी बातचीत में एकाग्रचित्त हो अपने भविष्य का फैसला सुन रही हो, क्योंकि उसके कान तो खड़े थे और आँखें उसकी टुकुर-टुकुर हममें कुछ कौतुक देख रही थीं। होटलवाले का हिलना था कि वह छपाक से उछलकर एक तरफ हट गयी। होटलवाले का क़ौतूहल जागा, "अरे, यह बकरी किसकी है ?"

"पता नहीं। रात से यही पड़ी है। बेचारी की टाँग किसी ने तोड़ दी है।"

होटलवाला कुछेक क्षण असमंजस में पड़ा रहा। फिर एकाएक बोला, "ओह हाँ, इसको तो मैंने वहाँ बाँध रखा था। यहाँ कैसे आ गयी ? कल ही तो इसे एक कुआल (गड़रिया) से बीस रुपये में खरीदा है।"

और यह कहकर वह जिस फुर्ती से नदी से मेरी ओर लपका था, उसी फुर्ती से उस भीरु जीव पर लपका और उसे दौड़ाता-धमकाता अपने होटल की ओर ले गया।

चाय पीने मैं होटल खुद ही गया। देखता हूँ सामनेवाली उच्च श्रेणी की छाया में एक छोटी-सी दुकान है जिसके मस्तक पर कोई बोर्ड तो लगा नहीं है, और न ही उसमें चोरी-डाके से बचने के लिए कोई दरवाज़ा है। हाँ, दरवाज़े के नाम पर एक झाँझर टाट का टुकड़ा ज़रूर लटका हुआ है। दुकान का नक्शा तैयार करने के लिए भी किसी ड्राफ्ट्स-मैन की ज़रूरत नहीं पड़ी। खुद ही सुविधानुसार पत्थरों के छोटे-बड़े टुकड़े चुनकर उसे तैयार कर लिया गया है।

यह असल में दुकान भी है और होटल भी, क्योंकि इसमें खाने-पीने से लेकर सूई-धागे तक, हर चीज़ मिलती है। इधर कढ़ाई से धुआँ उठ रहा है तो उधर एक कोने में रस्सी पर गोश्त सूख रहा है। यहाँ एक खूँटी से नाड़े लटक रहे हैं तो वहाँ गठरी के कपड़े के थान बँधे पड़े हैं। आपको क्या चाहिए ? रात काटने के लिए दो गज़ जगह ? वह भी आपको दो आना देने पर मिल सकती

है। यदि गरम कपड़े नहीं हैं, तो आप चूल्हे के पास उसकी गरमाई तापते-तापते सो सचते हैं। खैर !

दुकान में प्रवेश करते ही मेरी आवभगत में दो-एक स्वर उठे। उनमें ऊँचा स्वर एक युवक का था। वैसे वहाँ दाढ़ी-मूँछवाले एक संन्यासी भी बैठे थे जिनके चेहरे पर मेरे वहाँ पहुँचने से कोई स्पष्ट भाव दिख नहीं पड़ता था, क्योंकि वह आँखें मूँदे भजन-गान कर रहे थे। मुझे एक आसन पर बैठते देख वह युवक उत्कंठा से बोला, ''क्या दूँ, महाराज ?'' और फिर मेरा संकेत पा बड़े अंदाज़ से एक गिलास चाय तैयार करने लगा। मुझे अब समझते देर न लगी कि यह उस प्रौढ़ व्यक्ति का सहकारी है।

''साथ खाने को क्या दूँ, पण्डत जी ?'' उसने उस प्रौढ़ व्यक्ति को जताना चाहा।

दरअसल, वह 'पण्डत जी' नाम का व्यक्ति उस समय भागवत-पारायण कर रहा था, और यह प्रश्न शायद उसके 'मनन' में बाधा था। इसलिए इसे सुनते ही पास की नदी की गर्जना को अपनी गर्जना में डुबोता हुआ वह बोला, ''देख नहीं रहे, मैं पाठ कर रहा हूँ ?''

मैं समझ गया कि परोक्ष रूप से यह गुस्से में बुझा तीर मेरी ओर ही छोड़ा गया है। अपनी भूल सुधारते हुए मैंने कहा, ''नहीं जी, जो तुम खिलाओगे, खा लूँगा।''

सुनते ही उस 'पण्डत जी' की पूरी बाँछें खिल गयीं और अपने हाथ की उस फटी हुई पोथी को एक तरफ रख पूरे मन से मुझमें रुचि लेने लगा।

''हाँ, आप कह रहे थे,'' उसने कहना शुरू किया, ''कि दरिया से लकड़ी निकालते वक्त मुझे डर नहीं लगता ! बात असल में यह है, साहब, कि जान को जोखों में डालकर ही सब कुछ किया जाता है। पेट का मामला जो ठहरा। इधर ये लकड़ियाँ बहती आती हैं, इनका कोई वाली-वारस तो होता नहीं, सो हम...''

वह बात खत्म भी न कर पाया था कि किसी ने उसे टोक दिया। तीन-चार बच्चे बारी-बारी से सिगरेट का एक टुकड़ा पीते दुकान के बाहर खड़े कुछ कुनमुना रहे थे। संकोच और भोलापन उनके चेहरों की गुलाबी से मिलकर एक निराली छटा ला रहा था। पण्डत जी ने उनको देखते ही पहले तो दिखावे की घुड़की भरी, और फिर उनके कुनमुनाने का अभिप्राय बताते हुए बोला, ''दो जी, उनको एक-एक पैसा ! ऐसे ये जान नहीं छोड़ेंगे !''

मैंने पूछा, ''बच्चो, क्या चाहिए ?''

''हाँ, पैसा,'' उनका एकसाथ स्वर सुनाई दिया।

मैंने सब को एक चवन्नी दे दी।

उनके हाथ में चवन्नी देखकर पण्डत जी को रोमांच हो आया। झट से अनुरोध हुआ, ''लाओ बच्चो, तुम्हें मिठाई दें।''

सहकारी युवक बाहर लकड़ियाँ फाड़ रहा था, ''जायेंगे कहाँ ? लायेंगे तो यहीं न !''

मैंने उसके मन की थाह लेनी चाही। व्यंग्य किया, ''तुम तो पण्डत जी, यहाँ के सेठ हो। नहीं, सेठ की तिजोरी हो !''

पर वास्तविकता उसे कटु न लगी। अपने पोपले मुँह को खोलते हुए बोला, ''मैं ठीक कहता हूँ। ये जायेंगे कहाँ ?—लाओ लाओ बच्चो, मिठाई नहीं खाओगे आज ?'' उसने अपना रुख उधर मोड़ लिया था।

बच्चे विमूढ़-से, ना-नुकर करते हुए बड़ी सरलता से मेरी ओर देखने लगे।

मैंने कहा, ''क्या तुम्हें गाना आता है ? गाओ। और पैसे मिलेंगे।''

'पण्डत जी' ने समझा, शायद मध्यस्थता की ज़रूरत है। बोला, ''अरे साहब, इनसे क्या सुनना। इनकी बड़ी-बड़ी बहनें हैं...''

''अच्छा !'' मेरा कौतूहल जागा, ''ये लोग काम क्या करते हैं ?''

''काम ?'' मेरे कौतूहल को बनाये रखते हुए वह बोला, ''ये हेसी लोग हैं। काम इनका यही है—बस, नाचना, गाना और जब देखा कि आपकी जेब में कुछ है तो 'यूँ' हो जाना,'' और उसने अपनी अँगुलियों से एक अश्लील संकेत किया।

मैं कुछ सकुचाया भी, लेकिन यह कौतूहल जो जागा था। ''तो जैसा सुनता हूँ यहाँ कि फिज़ा ही खराब है ?''

''अरे, आप तो सब कुछ जानते हैं।'' उसने अपनी आँख मारते हुए झट से उत्तर दिया, ''बन्दा आपका हर तरह से ताबेदार है।''

इस समय तक वह दाढ़ी-मूँछवाले संन्यासी अपना भजन-गान समाप्त कर चुके थे, और इस स्थिति को अपनी बड़ी-बड़ी आँखें खोले निहार रहे थे। एक-दो बार इस पर उन्होंने अपना मतामत प्रकट करना चाहा भी, लेकिन चुप ही रहे।

इसी बीच कहीं से बकरी ज़ोर से मैं-मैं कर उठी। दुकान का वातावरण एकाएक स्तब्ध हो गया। 'पण्डत जी' अन्दर ही अन्दर आवेश में आ गया। सहकारी युवक भी एकदम सतर्क हो गया। संन्यासी की बड़ी-बड़ी आँखें फैलकर और बड़ी हो गयीं और मुझमें भी एक प्रकार की उत्सुकता आ गयी। क्या हुआ ? सबके चेहरों पर यह प्रश्न-सूचक चिह्न था। ''वोह ! वोह !'' बाहर खड़े बच्चों में हलचल-सी मच गयी थी और वे बार-बार ऊपर एक चट्टान की ओर इशारा कर रहे थे। देखा, बकरी, रस्सी से बँधी, गले में फंदा लिये एक बड़े से पत्थर से लटक रही है।

'पण्डत जी' दौड़ा, सहकारी युवक दौड़ा, मैं दौड़ा और मेरे पीछे-पीछे संन्यासी भी तेज़ कदमों पर चले आये।

बकरी के गले से रस्सी खोलते ही 'पण्डत जी' उफन पड़ा। तुरन्त उसने अपने सहकारी को आदेश दिया, "दौड़कर नीचे से छुरी ले आओ। इसको अभी बना लें, नहीं तो..."

यह सुनते ही मेरे अन्दर कुछ हौल-सा उठा। संन्यासी ने अपनी आँखें मूँद लीं।

सहकारी युवक ने धीरज से काम लिया, "इसको जरा होश में लाने की कोशिश तो करो !"

और वह अधमरा जीव ! उसकी रुकी-रुकी साँस फिर चलने लगी। आँखों में उसके पानी था, और वह अपनी व्यथा कई प्रकार से व्यक्त करना चाहता था।

शाम।

गरमी का मौसम है। सरदी का मौसम होता तो यहाँ बरफ की कई परतें जमी होतीं। फिर भी मेरे जैसे मैदान से आये व्यक्ति के लिए यह सरदी के मौसम जैसा ही है। उतरती शाम के साथ-साथ ठण्ड क्षण-प्रति-क्षण बढ़ती जा रही है। आसमान को देखकर सहज ही लगता है कि आज रात बारिश फिर होगी।

इधर हेसी लोगों के खेमों से जो धुआँ उठता है, वह वहीं ऊपर जम जाता है। पास ही खड़े उनके खच्चर कभी-कभी हिनहिनाते हैं और कुत्ते भौंकते हैं, लेकिन यह सब नदी की गर्जना में डूब जाता है। 'पण्डत जी' की बकरी भी उन खेमों के पास अपनी तीन टाँगों पर लंगड़ाती घास चर रही है।

एक खेमे के अन्दर डफ पर नृत्य का पूर्वरंग शुरू होता है। घुंघरू ठुनठुना उठते हैं। भारी-भारी कदमों की थाप सुनाई देने लगती है। फिर एकसाथ दो आवाज़ें उठती हैं। स्पष्टतः वे स्त्रियों की हैं। एक और आवाज़ उनका अनुसरण करती है। इसमें न ओज है, न कोई भाव, केवल एकलयता है। वह एक 'हेसी' युवती है। अपने गाने में किसी को बार-बार प्रेम का उलाहना दे रही है। अब यह नाच और गाना परकाष्ठा की ओर पहुँच रहा है। 'पण्डत जी' की आँखों में लाल डोरे खिंच आये हैं। वह भर-भर 'लुगड़ी' (स्थानीय नशैला पेय) के कटोरे पी रहा है। उसके सामने उसका एक हमउम्र 'हेसी' बैठा उसको पिये जाने के लिए उत्तेजित किये जा रहा है। उसकी मूँछें घनी हैं, चेहरा छोटा है और पिचका हुआ है और एक आँख में उसकी सफेदी आयी हुई है। उसकी बगल में दो

बुड्ढी औरतें कानों में बालियाँ डाले डफ बजा रही हैं, और उनके साथ, आपस में सटकर कुल्लू की दो युवतियाँ बैठी हैं। संन्यासी और सहकारी युवक दुकान में बैठे सुल्फा पी रहे हैं।

डफ बजे जा रही है, घुँघरू ठुनठुनाये जा रहे हैं और कोई ऊँचे स्वर में एकरस हो गाये जा रहा है। लगता है नदी जैसे कि यह सब कुछ सुन रही है और ज़ोर-ज़ोर से अट्टहास कर रही है।

विश्राम-गृह के बाहर अँधेरा और गहरा हो गया है। लेकिन इस अँधेरे की भी जैसे आँखें हैं।

वे आँखें मेरी ओर बढ़ती ही चली आ रही थीं। मैं अपने बिस्तर पर लेटे-लेटे सहसा चौंक पड़ा। यह क्या ? वे आँखें कुछ कहती भी नहीं, बस बिना पलक झपके देखे जाती हैं। उनमें वे ही लाल-लाल डोरे। मैंने पहचाना। ''पण्डत जी ?'' ''हाँ।'' ''क्या चाहिए ?'' कोई जवाब नहीं। फिर प्रश्न किया। इस बार टार्च का फैलता प्रकाश तीन चेहरों पर बारी-बारी से रुका। कौन ? वही हेसी नर्तकी ? वे ही दो युवतियाँ ? मुँह से कुछ बोलती नहीं, धागे से जुड़ी पुतलियों-सी खड़ी हैं।

''बोलो-बोलो, क्या चाहिए ?''

गुफाओं और कंदराओं से प्रतिध्वनित होता एक दयार्द्र करुण स्वर, ''पैयसा !''

''बोलो-बोलो, क्या चाहिए ?''

गुफाओं और कन्दराओं से प्रतिध्वनित होता एक दयार्द्र स्वर, ''पैयसा !''

फिर सन्नाटा ! नदी में अपूर्व उफान । जैसे कि उसमें सब कुछ समा जायेगा। 'पण्डत जी' में भी उफान उठा और उसके साथ एक चीख।

''देख क्या रही हो ?''

और जैसे कि एक-दो-तीन शरीरों की नग्नता ने मुझे घेर लिया ! ''पण्डत !'' मैं एकाएक उठ खड़ा हुआ। लेकिन ये अँधेरे की आँखें जो थीं, ज़रा भी न झपकीं, केवल विरत होकर पीछे हट गयीं। मुझे कँपकँपी-सी छूट आयी, लेकिन साथ-साथ मुझ में दृढ़ता भी जागी।

''ठहरो !'' मैंने लपकते हुए कहा।

लेकिन वह जो भागा तो सीधे होटल ही जाकर रुका।

मैं प्रकृतिस्थ हुआ। पर इस हालत में नींद मुश्किल थी। मन में एक प्रकार की धुकधुकी-सी लग गयी थी। इसलिए उसके पीछे-पीछे हो लिया।

दुकान पहुँचते ही उसने टाट तान लिया। मैं साँस रोके बाहर ही खड़ा

रहा। सहकारी युवक शायद संन्यासी के लिए सोने की व्यवस्था बना रहा था। उसने 'पण्डत जी' का चेहरा देखा और सब कुछ समझ गया।

"क्यों काम नहीं बना ?" उसने धीरे से पूछा।

बादल जो देर से बरसना चाह रहे थे, एकाएक वेग से बरस पड़े। "तेरी शक्ल देखकर जो गया था ?"

"मेरी शक्ल !"

"हाँ मरदूद, तेरी शक्ल।"

"धैर्य धरो, बेटा," संन्यासी अपने अधिष्ठान से बोले।

"आप ही रक्षा करो, नारायण।" 'पण्डत जी' ने याचना की, "आपको यहाँ कुछ दिन ठहरने के लिए इसलिए प्रार्थना की थी कि आपके प्रताप से..."

"यह पाप कब तक फलेगा, महाराज ?" युवक तन गया था।

संन्यासी ने अपना वरदहस्त उठाया, "धैर्य धरो, बच्चे !"

"नहीं, बात कुछ ज़रूर है महाराज," 'पण्डत जी' अपनी पराजय का कारण ढूँढ़ रहा था, "या यह बकरी ही मनहूस है !"

और जैसे कि उसने कारण ढूँढ़ ही निकाला। वह उसी क्षण उछला और कोने में सिमटी बकरी को उसने जा दबोचा। कुछ क्षण बकरी की अनवरत मैं-मैं अँधेरे को चीरती रही। फिर एक हृदय-विदारक स्वर, वैसा जो सिर्फ मृत्यु के क्षण पर ही कोई पशु निकाल सकता है। पहाड़ चुप थे। उनमें कोई हरकत न थी। पेड़ निस्पंद थे...

हेसी लोगों ने इसे ज़रूर सुना और वे बेतहाशा दुकान की ओर दौड़े। टाट खींचकर अलग फेंक दिया गया, और खून से लथपथ 'पण्डत जी' को देखकर वे आपस में कुछ कानाफूसी करने लगे। 'पण्डत जी' के हमउम्र हेसी ने, जो शाम को उसे लुगड़ी के कटोरे भर-भर दे रहा था, बकरी के सिर से जुदा हुए, तड़पते शरीर से फूटती खून की धार देखकर ज़बान से चटखारे मारने शुरू कर दिये। 'पण्डत जी' ने मौका हाथ से जाने न दिया, बोला, "दो आने !" और दाम तय हो जाने पर खून से बर्तन भर दिया गया।

'पण्डत जी' का होटल।

एक खूँटी से पिछली टाँगों से बँधी बकरी लटक रही थी और 'पण्डत जी' बड़ी होशियारी से धीरे-धीरे उसकी खाल उतार रहा था।

सुबह हो गयी थी और मैं होटल के पास चलने को तैयार खड़ा था। 'पण्डत जी' मुझे देखते ही सकपका गया, और खाल उतारते-उतारते एक क्षण के लिए रुक गया, जैसे कि उसकी चाल पर मैंने ब्रेक लगा दी हो। फिर उसे

याद आया और वह झट मेरे पास पिछले दिन का हिसाब चुकाने आ खड़ा हुआ। पर जहाँ उसने छोड़ा था, वहीं उसके सहकारी ने सम्भाल लिया। यात्री को तैयार देख हेसी भी अपने खेमों से बाहर आ गये। संन्यासी बाबा शीतल स्नान में मग्न थे।

देखते-ही-देखते सहकारी के चेहरे पर कसमसाहट घिरने लगी। छुरी चलते-चलते उसके हाथ से गिरने को हुई और वह एकाएक चिल्लाया, "पण्डत जी, यह क्या ? यह तो गाभिन थी।"

एक साथ सबकी नज़रें उठीं। पहले बकरी के कटे हुए पेट पर और फिर 'पण्डत जी' के चेहरे पर। लेकिन वहाँ तो कोई भाव था ही नहीं। केवल जड़ता थी, जड़ता। नितांत जड़ता !

□□

बवंडर

जल्दी-जल्दी बस स्टैंड की ओर बढ़ रहा हूँ। दफ्तर से देर हो गयी है। बस स्टैंड पर कभी-कभी मीलों लम्बी लाइन होती है। विशेषकर जब मुझे देर हो जाये।

मैं लपककर लाइन में खड़ा हो जाता हूँ। फुदककर। ऐसे ही मैंने सड़क पार की थी। केवल एक बार दायें और एक बार बायें देखा था और फिर स्कूटर-साइकलों के घिरते चक्रव्यूह से बचते हुए सड़क के पार हो गया था।

बस नहीं आयेगी। देर में और देर होती है। दफ्तर में जाकर हाज़िरी भी लगाऊँगा। वहाँ समय भी लिखूँगा। नौ। चाहे दस बजे ही पहूँचूं। 'वह' होगा तो दस ही लिखने पड़ेंगे। लेकिन 'वह' खुद ही दस से पहले नहीं पहुँच पाता। जिस दिन पहुँच जाता है, उस दिन सब को ठीक समय पर पहुँचने की हिदायत देता रहता है। "मि. राज, आप तो कभी गलती से भी वक्त पर नहीं आते," वह कहेगा। या हाज़िरी रजिस्टर में लाल निशान लगा देगा, और अगले महीने हमें सामूहिक रूप से एक फर्रा मिल जायेगा... "ये-ये लोग, महीने के इन-इन दिनों को देर से आये। इन्हें हिदायत की जाती है कि ये यदि भविष्य में समय पर न आये तो इनकी गृहमंत्रालय के ज्ञापन नं....।"

पिछले महीने मैं चार दिन लेट था। इसलिए 'फर्रा' मिला था। गज़ेटिड अफसर होने पर सब मजे-ही-मजे हैं। न कोई वक्त पर आने को कहे, और न कोई 'फर्रा' दे। कहेगा भी तो बड़ी नरमाई से। "आप तो एक ज़िम्मेदार अफसर हैं, आप...।" काम की भी कोई अधिक नहीं पूछता। काम होगा भी तो हमें ही बुलाया जायेगा, और बड़े साहब का नाम लेकर एक 'डोज़' पिला दी जायेगी ..."देखो, बॉस कहता था, व्हाई डोंट यू मेक दीज़ ब्वाएज़ वर्क ?" यानी हम 'ब्वाएज़' हैं। छोकड़े। जैसे 'ब्वाए' चाय लाओ। और खुद तमाम दिन ठहाके लगाते रहो, ठहा-हा-हा-हा, ठही-ही-ही। चाय पीओ। हर आध घण्टे बाद, या एक

घण्टे बाद, या दो घण्टे बाद। दोस्तों को भी पिलाओ, या दोस्तों से पीओ। हर आध घण्टे बाद, या एक घण्टे बाद, या दो घण्टे बाद। चाय-चाय-चाय। ठहाके-ठहाके-ठहाके। फिर टेलीफोन की घण्टी बजती है, ट्रिन-ट्रिन, ट्रिन-ट्रिन। "...हाँ, मैं बोल रहा हूँ।" फिर ज़ोर का ठहाका।

मन उदास है, एकदम उदास। खाली है, एकदम खाली। आँखें कभी-कभी पीड़ाने लगती हैं। गर्दन भी। गर्दन में ऐंठन-सी होने लगती है। शायद चश्मे का नम्बर बदल गया है। शायद...। ऐसे ही जैसे सम्भोग करने के बाद सोकर उठें। अलसाये से। विस्मृति में। देखते कहीं और हैं, दिखता कुछ और है। कहना कुछ चाहते हैं, मुँह से निकलता कुछ और है। ज़बान लरज़ जाती है। कभी-कभी ऐसे ही हाथ नचाकर रह जाते हैं।

मैंने खुद ही अफसर से हार मान ली थी। मैं जो स्कूली दिनों में समूची किताब रट जाता था। लेकिन अब वह बात नहीं है। अब तो सुबह का खाया शाम तक याद रखना मुश्किल है। फिर कागज़ात का याद रखना तो और भी मुश्किल है। दरअसल, यह भी एक बीमारी है, स्मृतिभ्रम की । अफसर ने कहा था यह 'एमनीशिया' है। खुदा का लाख शुक्र है कि अभी मुझे 'कम्पलीट एमनीशिया' नहीं है, नहीं तो, नहीं तो...। जैसे धीरे-धीरे यूरी को होने लगा था, जैसे कभी-कभी किसी बड़े सदमे के बाद होता है, जब इन्द्रियों में किसी बात की पकड़ नहीं रहती।

मेरी सारी ताकत तो ऐसे ही ज़ाया हो जाती है, बसों का इंतज़ार करते-करते या बसों के पीछे भागते-भागते। बस पीछे से आती है तो बहुधा रुकती ही नहीं। कभी-कभी यात्री को उतरना हुआ तो रुक गयी, वरना खाली होने पर भी नहीं रुकती। और कभी रुकती ही है तो दो-एक यात्रियों को लेकर चल पड़ती है। फिर ऐसा भी होता है कि यात्री अभी चढ़ ही रहे होते हैं कि कंडक्टर टिन-टिन घण्टी बजा देता है। कभी-कभी तो यात्री लुढ़कते-लुढ़कते बचते हैं, कभी-कभी बस के साथ-साथ घिसटने लगते हैं, जैसे कि एक दिन मैं। मुझे लग रहा था कि अभी हाथ हैंडलबार से छूटेगा और अभी मैं पहिये के नीचे दब जाऊँगा, पिच्, ऐसे ही जैसे खटमल अँगुली और अँगूठे के बीच दबकर पिच हो जाता है। खून की एक पतली-सी धार उछलती है और बस। और कभी-कभी यात्री इस तरह बिखर कर गिरते हैं जैसे कोई मुट्ठी में चावल भरकर फेंक दे। उस दिन तो एक बेचारा जब चढ़ने को हुआ था तो थोड़ा मुस्कराया था, लेकिन बस से गिरते ही सन्न पड़ गया था।

कभी-कभी मुझे लगता है कि मैं कहीं पागल न हो जाऊँ। दफ्तर जाते-जाते वाक्यों का सिलसिला बराबर मन में लगा रहता है। तब मेरे चेहरे पर खून का दौरा भी तेज़ हो जाता है। लगता है जैसे भाप निकल रही हो, गरम लोहे पर

ठण्डा पानी डालने से जैसे।

दफ्तर से देर हो ही गयी है। कह दूँगा ट्रैफिक जाम था, बस नहीं मिली थी, एक्सीडेंट हो गया था। अनेक बहाने हैं। हर रोज़ एक-एक को म्यान से निकालो। ये शमशीरें हैं जिन्हें वक्त पर काम में लाना पड़ता है।

बस में खिड़की के साथवाली सीट ही मुझे मिल गयी है। बैठते ही खिड़की के सीखचे पर अपना माथा टिका देता हूँ। गरम माथे पर ठण्डा सीखचा अच्छा लगता है। जैसे कि कोई तपे माथे पर बर्फ की पट्टी रख रहा हो। कभी-कभी मैं 'लेडीज़ सीट' के ऐन पीछेवाली सीट पर बैठनां पसन्द करता हूँ। तब खिड़की के साथवाली सीट न मिले तो और भी अच्छा। इतनी भीड़ में 'आइल' में खड़ी कोई महिला जब अपने आपको संभाल नहीं पाती तो सहज ही मेरे कन्धे से सटकर खड़ी हो जाती है। उस समय भी मुझे वैसी ही शीतलता का आभास होता है जैसी कि उस ठण्डे सीखचे के कारण। तब मैं सोचता हूँ कि वह बराबर, वैसे ही, मुझ से सटकर खड़ी रहे।

चलने से पहले बस ने ढेर सारा धुआँ उगला है। पास से गुज़रते स्कूटर-साइकल उस धुएँ में डूब-से गये हैं। मैं भी उस धुएँ में जैसे कि डूब गया हूँ। मेरे नथुनों में वह धुआँ अट गया है। मैं सहज ही रूमाल से नाक ढाँप लेता हूँ।

"हूरा फर्नीचर !" मैं सड़क के पारवाली दुकान का साइनबोर्ड पढ़ता हूँ। अब वह कई दिन से बन्द पड़ी है। पहले वहाँ खूब जगमगाहट होती थी। चमचमाता फर्नीचर था। चाहे आप उसमें अपनी आकृति देख लें। ऐबनॉयड कलर। काली-काली झलक लिये हुए। या नेचुरल कलर, जिसमें पालिश का एहसास ही न हो। सनमाइका टॉप। टेबल पर टेबल-क्लाथ की भी कोई ज़रूरत नहीं। केवल गीला कपड़ा लगाइए और सब साफ। मेरी पत्नी इस भुलावे में आ गयी थी। हम सनमाइका टॉपवाला डाइनिंग टेबल ही लेंगे, उसने कहा था। दूसरे दिन हमारे यहाँ कोई मेहमान आ रहा था। "एक दिन के मेहमान के लिए यह सब ?" मैंने कहा था, "और वह भी उधार पैसे माँग कर !" लेकिन हमने वह डाइनिंग टेबल तय कर ही लिया था, एक सौ सत्तर रुपये में। साथ में अट्ठारह-अट्ठारह रुपये की छः चेयर्स भी थीं, और पेशगी में एक सौ रुपये दे दिये थे, बिना रसीद लिये। रसीद देने के नाम पर उसने खूब छाती बजाते हुए कहा था, "हम चोर नहीं हैं। विश्वास भी कोई चीज़ है।" विश्वास ! लेकिन वायदे के मुताबिक डाइनिंग टेबल अगले दिन नहीं पहुँचा था। उससे अगले दिन भी नहीं, और फिर मुझे लगा था कि विश्वास का जनाज़ा निकल रहा है।

धोखा ! धोखा ! धोखा ! लूट ! लूट ! लूट ! न जाने मुझे क्यों लगता है कि कहीं बवंडर उठनेवाला है। रह-रहकर मेरी कनपटियाँ बज उठती हैं या बिजली की कौंध की तरह पीड़ा मेरी शिराओं में चमक उठती है। भागो, भागो, संकट के बादल, धूल से लदे बादल, तुम्हारा पीछा कर रहे हैं, मेरे एक दोस्त ने कहा था। कहाँ भागें ? कहाँ जायें ? मालिक मकान ने कहा था कि उसका मकान एक महीने तक खाली हो जाना चाहिए। एक महीने का नोटिस। लेकिन एक महीना ऐसे ही बीत गया। खूब भाग-दौड़ की थी। किराये सबा, डेढ़ गुना बढ़ गये हैं। सौ के बजाय डेढ़ सौ। डेढ़ सौ की सोचकर मेरी चमड़ी नुचने लगती है। नपीतुली तनख्वाह में से पचास रुपये और ? ठीक करते हैं वे लोग जो न किराया देते हैं, न मकान खाली करते हैं। विद्रोह। विद्रोह। इस वर्ग के प्रति विद्रोह ही करना होगा। एक दिन तो मुझे लगा था कि मेरे नीचे से धीरे-धीरे एक नया वर्ग उभर रहा है, उफनते उबाल की तरह, यानी 'नूवो-रिश', नव-धनाढ्य वर्ग। वे लोग जिन्होंने किसी न किसी तरह पैसा बटोरने की कला सीख ली है। चाहे चिट फंड की कम्पनी खोलकर या इम्पोर्ट के लाइसेन्स ब्लैक में बेचकर या ग्रामीणों को विदेशों के लिए जाली पासपोर्ट दिलवाकर।

ब्लैक ! ब्लैक ! ब्लैक ! सब तरफ ब्लैक ही ब्लैक है। अँधेरा। अँधेरगर्दी। इतने-इतने बड़े महाविद्यालयों और विश्वविद्यालयों में पढ़ने की कोई ज़रूरत नहीं। केवल थोड़ा-सा सत्य का अर्थ बदलिए, या 'अंतःकरण' को किसी गड्ढे में दफना दीजिए और देखिए अपनी करामात का कमाल। इससे लिया, उसको दिया। थोड़े-थोड़े में ही एक दिन क्रम बँध जायेगा। 'हूलाहूप' की तरह। जिसका दायरा शरीर के चारों ओर घूमता है। पैसे का दायरा भी एक दिन ऐसे ही बँध जाता है, गोल-गोल, जो बना रहे तो बना रहे, टूटे तो एकदम टूट जाये, 'भच' से। अब यह आपकी मुस्तैदी पर निर्भर करता है कि उसमें से आप अपनी ओर कितना खींचते हैं। फिर समस्या तो यह होगी कि इतना पैसा आप खपायेंगे कहाँ। फिर आप उसे इधर-उधर डालेंगे। कुछ मकान खड़े करेंगे, हमारे जैसे गरिमा-ओढ़े कबूतरों को डरबे मुहैया करने के लिए भी और कुछ बाज़ार में फेंकेंगे जिससे छोटे-छोटे दुकानदार हाथ बाँधे आपके घर चक्कर लगायेंगे कि वे सब कुछ आपको घर पर ही सप्लाई कर देंगे। शराब की बोतलें, बर्फ, सोडा, भुना गोश्त, और...और...। और आप देखेंगे कि कुछ ही दिनों में आपके शरीर में नयी हड्डियाँ बनने लगी हैं और उन पर नया मांस चढ़ने लगा है।

मैंने इस 'नूवो रिश' क्लास के सामने अपना माथा टेक दिया है। मैं गुलाम हूँ, गुलाम हूँ ! तुम्हारा, और ताउम्र गुलाम रहूँगा, यदि यह सिलसिला ऐसे ही चलता रहा तो

दफ्तर में चाहे सहमे-सहमे घुसता हूँ, फिर भी भीतर-ही-भीतर मेरा अहम्

उबाल खाता रहता है। शायद चपरासी बीड़ी पीते-पीते कुर्सी में अधलेटा-सा 'जयराम जी की' कह दे। कभी-कभी वह कह भी देता है। उस समय मेरे अहम् की बड़ी ढारस बँधती है। लेकिन बहुधा वह नहीं करता। बहुधा हमारा घण्टी बजाना भी बेकार जाता है।

चपरासी को खुश करने का मेरे पास एक ही तरीका है कि मैं हर महीने उसे कुछ इनाम देता रहूँ। भला मेरे जैसे नॉन-गज़ेटिड, क्लास टू 'अ-अधिकारी' को उससे काम लेने का अधिकार भी क्या है ? इसलिए कुछ महीनों तक हमने यह तरीका भी आज़माया। बड़ा कारगर साबित हुआ। फिर तो रोज सुबह सलाम। और सीट पर बैठे नहीं कि ठण्डा पानी हाज़िर। और चाय चाहिए या बैंक या डाकखाने में कोई काम हो, उसके लिए भी कोई झंझट नहीं। लेकिन जैसे ही एक महीने का छोर छूटता और दूसरे महीने का दिखने लगता, उसकी चाल में सुस्ती आने लगती और महीने के अन्त तक पहुँचते-पहुँचते वह सुस्ती 'ठप्प' में बदल जाती। तब मुझे साफ पता चल जाता कि मेरे पैसे का असर खत्म हो रहा है और...।

घड़ी देखता हूँ। नौ बीस हो रहे हैं। साथी बताते हैं कि बॉस आ चुका है। मुजरिम हूँ। अपने आप ही सिर झुक जाता है और उसी सिर झुकी मुद्रा में मैं उसके केबिन की ओर बढ़ता हूँ। धीरे से, बड़े सम्भलकर। उसके दरवाज़े का हैंडल घुमाता हूँ, और थोड़ा-सा दरवाज़ा खोलकर भीतर झाँकता हूँ। चमचमाता पानी का गिलास उसके मुँह से लगा है और वह गटर-गटर पानी पी रहा है। शायद अभी-अभी आया है। इसीलिए सीट पर बैठते ही पानी की तलब होती है। उसके आने से पहले पानी उसकी टेबल पर न रखा हो तो वह चिल्ला पड़ता है। टेबल पर कपड़ा न लगा हो तो और भी चिल्लाता है। "कैसे कोई काम कर सकता है ऐसे में ?" एक दिन वह कमरे में घुसते ही चपरासी पर बरसा था, "सुबह-सुबह तुम लोग मूड खराब कर देते हो !" और हम ? हारकर एक अपना ही डस्टर रख छोड़ा है और पहला काम सुबह आते ही हाज़िरी लगाने के बाद टेबल की सफाई करना होता है। हमारा पानीवाला गिलास भी चमचमाता नहीं है। बहुधा उसके तले में पिछले दिन का पानी पड़ा-पड़ा सड़ता रहता है जिससे कि उसकी सतह निहायत धुँधली हो गयी है।

साहब पानी पी चुकते हैं तो एकाएक अधखुले दरवाज़े की तरफ देखते हैं। मैं मौका देखते ही लपककर भीतर हो लेता हूँ और आदरभरी 'गुड मार्निंग सर' टिकाता हूँ। साहब का सिर थोड़ा-सा हिलता है। मैं उस लम्हे का फायदा

उठाकर झट कहता हूँ, ''सॉरी सर, गॉट लेट।'' लेकिन साहब कुछ नहीं कहते। केवल एक बार तीखेपन से मेरी ओर देख भर लेते हैं। मैं झट से रजिस्टर खोलकर उसमें अपनी हाज़िरी लगा देता हूँ, और इससे पेशत्तर कि वह अपना मुँह खोलें, मैं उनके केबिन से बाहर हो लेता हूँ और सीधा अपनी सीट पर जा बैठता हूँ।

सीट में आकर बैठता हूँ तो चाहता हूँ कि दो मिनट आँखें बन्द करके साँस ले लूँ। लेकिन उतने में चपरासी आता है कि साहब ने याद किया है। साहब ने याद किया है ? धुक-धुकी-सी होती है। कुछ अनमना-सा सीट से उठता हूँ और साहब के केबिन की ओर बढ़ता हूँ और फिर धीरे से दरवाज़ा खोलकर उसके भीतर। साहब छूटते ही पूछते हैं कि मैंने कल वाला काम खत्म किया है कि नहीं। मुझे याद है, कल मुझे काम देने के बाद वह थोड़ी-थोड़ी देर बाद उसके बारे में पूछते रहे थे, जबकि वह जानते हैं कि आज शाम से पहले वह किसी हालत में पूरा नहीं हो सकता। ''कल शाम तक यह पूरा हो जाना चाहिए,'' उन्होंने स्वयं ही उसे सौंपते समय कहा था, और अब फिर बार-बार की यह पुछवाई। इसे सौंपते समय उन्होंने यह भी कहा था कि इसे 'टॉप प्रायरटी' देनी है। इससे पहले भी एक काम सौंपते समय उन्होंने 'टॉप प्रायरटी' कहा था। ''तो पहले मैं कौन-सा करूँ ?'' मैंने यों ही कह दिया था और उन्होंने समझा था कि मैं जिरह कर रहा हूँ, और फिर उन्होंने इसके बारे में बड़े साहब के कान में कुछ डाल दिया था।

साहब के केबिन से बाहर निकलता हूँ तो कोई अपरिचित उनके केबिन में दाखिल होता है। मैं सीट में आकर धम से बैठ जाता हूँ और आँखें बन्द करके सुस्ता लेना चाहता हूँ। लेकिन सुनता हूँ कि वह चपरासी से कह रहे हैं कि फौरन चाय चाहिए और एक पैकेट सिगरेट भी। और सुनो, वह कहते हैं, पान भी लेते आना। इतने में सुनता हूँ कि टेलिफोन की घण्टी बजती है, ट्रिन-ट्रिन...ट्रिन-ट्रिन, और फिर कहिए साहब, मिजाज़ कैसे हैं, और फिर ठहाका ...ठहाके...और ठहाके...।

इन ठहाकों को मेरे साथियों ने भी सुना है और वे चुपके से अपनी सीट छोड़कर मेरे चारों ओर आ जुटे हैं। ''क्यों दोस्त, क्या बात है ? तुम उदास क्यों हो ?'' और फिर वे भी एक ठहाका लगाते हैं, लेकिन कुछ दबा हुआ सा, ताकि उनका ठहाका कहीं साहब के ठहाकों को मात न दे जाये। शायद उन्होंने साहब की नकल ही लगायी है, क्योंकि वे ऐसे ठहाके नहीं लगा सकते जिनसे दरो-दीवार हिल जायें, जिससे ऐसा लगे कि भूकम्प आ गया है। और फिर जब वे धीरे से पूछते हैं कि साहब ने सुबह-सुबह क्या फरमान जारी किया है, तो मैं कहता हूँ—काम ! काम ! काम ! और काम !

"कौन काम करता है सरकारी दफ्तरों में ?" एक साथी कहता है, "काम करना था तो सरकारी नौकरी ही करनी थी...? ठहाके लगाओ–ठहा-हा-हा-हा ठहो-हो-हो-हो।..." और हम सब एक ज़ोर का ठहाका लगाते हैं जिससे दरो-दीवार हिल जायें, जिससे भूकम्प आ जाये।

□□

दाता का शुक्र है !

छोटी बच्ची की ज़बान कभी बन्द ही नहीं होती। उसकी कच्ची, तीखी आवाज़ बराबर कानों से टकराती रहती है।

रसोईघर में प्रेशर-कुकर जैसे कि फटने को हो रहा है। उस पर लगा ढ्क्टट दो-तीन बार भाप के ज़ोर से उड़कर छत से जा टकराया है।

बड़ी लड़की रो रही है। उसका ख़्याल है कि हम उसके प्रति पक्षपात बरतते हैं और उसकी एक भी माँग पूरी न करके छोटे बच्चों की हर माँग पूरी करते हैं।

चारों तरफ जैसे कि चिल्लपों मची हुई है। उस चिल्लपों में पड़ोसियों का ट्रांज़िस्टर अपने ढंग से योग दे रहा है।

पत्नी कसमसाकर दूसरे कमरे में सोफे पर जा लेटी है और पास ही पड़े 'धर्म-ग्रंथ' के पन्ने पलटने लगी है।

या खुदा, यह कैसा दिन है ! क्या हर दिन अब ऐसा ही आता रहेगा ? पत्नी कहती है कि वह तभी घर पर ठहरना नहीं चाहती।

छोटी बच्ची को बात सुननेवाला जब कोई दूसरा दिखाई नहीं देता तो वह मेरे पास आ बैठती है और कहती है, "पापाजी, कहानी सुनाऊँ ?"

"कहानी ? नहीं ! नहीं !" जैसे कि अपनी मनःस्थिति को मैं झकझोरते हुए कहता हूँ।

"नहीं, सुनो न !" वह अल्हड़पन में अपनी आवाज़ खींचते हुए कहती है।

"नहीं, बेटा, कहानी रात को सुनाई जाती है।" मैं उसे किसी तरह टाल देना चाहता हूँ।

"रात को भी सुनाऊँगी," वह तपाक से कहती है, "पर, अभी एक कहानी

सुनो !" और वह सुनाने लगती है : "एक लड़का था, हैं ! वह बहुत अच्छा था... हैं ! जो काम कहो उसे दौड़-दौड़ कर करता था, हैं ! एक दिन उसकी मम्मी ने उसे दूध लाने भेजा...हैं ! वह मिल्क-डिपो पर दूध लाने गया...हैं ! दूध के साथ वह घर लौट रहा था...हैं ! वह धीरे-धीरे चल रहा था...हैं ! पीछे से एक कार आयी...हैं ! लड़का सड़क के बीच में खड़ा हो गया...हैं ! कार ने पीं-पीं की...हैं ! लड़के ने समझा कार कहती है पी-पी, और वह वहीं खड़े-खड़े सारा दूध पी गया...।" और मेरी बच्ची खुद-ब-खुद ताली पीटकर हँसने लगती है।

"फिर क्या हुआ ?" मैं उससे उत्सुकतावश पूछता हूँ।

"फिर कुछ नहीं !" वह अपनी मासूमियत में हँसे जाती है।

"फिर कारवाले ने उसे अपनी कार के नीचे नहीं दबाया ?" मैं उसकी बुद्धि परखना चाहता हूँ।

"नहीं !" वह पूरे विश्वास के साथ अपना सिर हिलाती है और मुझसे भी कहानी सुनाने को फिर कहती है।

मेरी बड़ी लड़की एकाएक बाथरूम में घुस गयी है, और फिर सहज ही कोई धुन गुनगुनाने लगी है। वैसे तो मेरे तीनों बच्चे अपने-अपने ढंग से कुछ-न-कुछ गुनगुनाते ही रहते हैं, लेकिन बड़ी लड़की को गाने में थोड़ी महारत भी हासिल है और इसीलिए वह बराबर कहती रही है कि हम उसे एक तानपुरा ले दें और किसी संगीत विद्यालय में दाखिल करवा दें। क्यों हम उसे दाखिल नहीं करवा पाते किसी संगीत विद्यालय में ?

छोटी बच्ची फिर कहती है कि मैं उसे एक कहानी सुनाऊँ। कौन-सी कहानी सुनाऊँ उसे ? यह छह-वर्षीय बच्ची जानती है कि मैं कहानियाँ लिखता हूँ। वह जोड़-जोड़कर पत्र-पत्रिकाओं में मेरा नाम भी पढ़ लेती है। तब क्यों नहीं मैं उसे कोई कहानी सुनाता ? मुझे याद है मेरे पिताजी हमें गुल बकावली की कहानी सुनाया करते थे। कई-कई रात एक ही कहानी चलती रहती थी। वह गुल बकावली अब जाने कहाँ गायब हो गयी है ? मेरे मन में अब उसकी धुँधली-सी भी याद नहीं है। सब कहीं धुल गया है। हाँ, इतना ज़रूर मैं कह सकता हूँ कि गुल बकावली की उस कहानी में कई खमोपेच थे और उन खमोपेचों में से वह अन्ततोगत्वा किसी-न-किसी तरह ज़रूर बाहर निकल जाती थी। लेकिन मेरी ज़िन्दगी के खमोपेच तो इस कदर दुरूह हैं कि मैं उनसे बाहर निकलने के बजाय उनमें और-और फँसता जा रहा हूँ। हाँ, अगर मुझे थोड़ी-सी सांत्वना मिलती है तो केवल यही सोचकर कि मैं अकेला ही इस खमोपेच का शिकार नहीं हूँ, मुझ जैसे और भी अनेक हैं, हालाँकि हो सकता है कि उनकी निगाह में मैं किनारे का आदमी होऊँ !

मेरी बच्ची मुझे निरुत्साहित देखकर भी अपना उत्साह नहीं खोती और अपनी बात फिर दुहराती है।

कौन-सी कहानी सुनाऊँ इसे मैं ? अपनी मौसी की, जिसे उसके पोते ने एक दिन जूतों से पीटा, और फिर मौसी की कुँआरी लड़की, यानी अपनी छोटी बुआ, पर तेज़ाब फेंकने को दौड़ा ? कहते हैं एक दिन तो उसने मौसी को सब की उपस्थिति में खुले आँगन में पटक दिया था और फिर उसे वैसे ही अपनी टाँग के बल पर चीरने को हुआ था। बेचारी मौसी ! निरी हड्डियों का ढाँचा ! उम्र भी साठ वर्ष से कम क्या होगी। जाने कौन-सा ग़म मौसी को खा गया था कि वह इस कदर छीज गयी थी। उधर पंजाब में खुशहाली का सैलाब, और इधर इस सैलाब में भी मौसी का परिवार सूखा ही रहा ! मौसी का लड़का दिन भर आस-पास के गाँवों में अपनी पुरानी-सी साइकिल पर पीतल के बरतन हाँक लगा-लगाकर बेचता फिरता और मौसी घर में ही, आँखों पर टेढ़ा-मेढ़ा चश्मा चढ़ाये, झीना-सा, मैला-कुचैला पेटीकोट पहने, मशीन पर लोगों के कपड़े सीती रहती। मौसा शायद किसी कारखाने की भट्ठी पर मज़दूरी करते थे। मौसी की जवान लड़कियाँ और उसकी बहू भी मौसी की तरह मैले-कुचैले पेटीकोट पहने या तो मौसी का हाथ बंटातीं, या अखबारी कागज़ों से लिफाफे तैयार करतीं।

एक बार किसी काम से मुझे पंजाब जाने का इत्तफाक हुआ। मौसी का घर हमारे घर से ज़्यादा दूर नहीं था। मौसी का ज़िक्र छिड़ने पर माँ ने साँस खींचकर कहा, ''इनकी गरीबी जाने कब दूर होगी ?''

''क्यों, मौसा कुछ नहीं कर पाते ?''

''वह कर पाता तो बात ही क्या थी ? उतने की मजदूरी नहीं करता जितने की शराब पी जाता है। पल्ले पैसे न हों तो बेटे को मजबूर करता है। अब, वह भी बेचारा कहाँ से दे। उसका अपना टब्बर (परिवार) क्या कम है ? कमाई इतनी होती नहीं, बच्चे पे बच्चे पैदा किये जाते हैं।''

''कितने बच्चे हैं उसके ?'' मैंने जिज्ञासावश पूछा, क्योंकि मौसी का लड़का मेरा हमउम्र ही है।

''छह। एक और होनेवाला है।''

मुझे खयाल आया मौसी की बहू जब नयी-नयी आयी थी, तब एकदम ताज़ादम दिखती थी। बल्कि उस समय मौसा-मौसी के भी कई अरमान थे। उस समय मौसा का हाथ भी उतना तंग नहीं था। पर हालात ने ऐसा पलटा खाया कि धीरे-धीरे सब 'खुर' गया और एक वक्त वह भी आया जब उनका परिवार महल्ले का एक दयनीय परिवार बन गया—सुबह पकी तो शाम का पता नहीं, शाम को पकी तो सुबह का पता नहीं !

मैंने ही एक बार वहाँ घर-घर छोटे-छोटे कारखाने लगे देखकर मौसा को सुझाव दिया था कि वह भी एक छोटा-सा कारखाना लगाने की जुगाड़ करें। पर मौसा तो मौसा, उन जैसे और भी कई ऐसे लोग थे, जिनका तदबीर और तकदीर साथ देने को कभी तैयार ही न होती थीं।

"क्या तदबीर और तकदीर नाम की भी कोई चीज होती है ?" मैंने एक बार अपने आप से जिरह करनी चाही।

"क्यों नहीं, तदबीर तो ज़रूर ही होती है, बल्कि तकदीर और तदबीर एक-दूसरे से जुड़ी रहती हैं।"

"तब उनकी तकदीर क्यों पलटा नहीं खाती जो हमेशा तदबीर से ही काम लेते हैं ?"

इस प्रश्न पर जाने क्यों मेरे भीतर एकाएक कोई उठ खड़ा हुआ और मुझे चिढ़ा-चिढ़ाकर कहने लगा—"देखो बच्चू, यह तदबीर-उदबीर की दुहाई देना छोड़ो और केवल तकदीर का सहारा लो।"

"वह कैसे ?"

"वह ऐसे कि हमारे बीच ऐसे अनेक चालबाज़ हैं जो सहज ही दूसरों की तदबीर पर पानी फेर देते हैं।...यानी, जिस श्रम को तुम सर्वोपरि समझते हो, वही निरर्थक हो जाता है। तुम्हारी प्रतिभा भी धरी की धरी रह जाती है।... इसीलिए तो कहता हूँ कि तकदीर का सहारा लो।"

"यह क्यों नहीं कहते कि इन तदबीर पर पानी फेर देनेवालों को नेस्तोनाबूद कर दो ? इन आपा-धापी करनेवाले गोरिल्लों की खाल नोच लो और इनका सही रूप सामने आने दो ? इनके रहते क्या किसी की तकदीर काम कर सकती है ? ये उसे भी छीन लेते हैं।"

चिढ़ानेवाला व्यक्ति जैसे कि एकाएक निरुत्तर हो गया। उसके चेहरे पर बेचारगी छा गयी। वह जैसे कि रो देने को हो रहा था। शायद उसकी अपनी स्मृतियाँ उसे कोंचने लगी थीं—जैसे उससे भी कोई उसकी तकदीर छीनता रहा हो।

तब मौसा, मौसी, उनका बेटा, बहू, उन सबकी तकदीर किसने छीनी ? मेरे सामने एक बहुत बड़ा प्रश्न था। मौसा-मौसी को बराबर यही उम्मीद रही कि बड़ा होकर उनका बेटा उनकी गरीबी धो डालेगा। लेकिन कैसा इत्तफाक कि गरीबी धुलते-धुलते उनके अंग ही गलाने लगी। पिछली बार जब मैंने मौसी के बेटे को देखा था तो मुझे लगा था कि ज़िन्दगी इसके साथ कुछ ज़्यादा ही खिलवाड़ कर रही है, क्योंकि उसके शरीर के कई हिस्सों पर फुलबहरी फूट पड़ी थी, सिर के बाल जगह-जगह दूधिया सफेद हो गये थे और कंकाली वजूद पूरी तरह नुमायाँ हो उठा था।

"यह क्या, भाई प्रकाश, यह क्या ?" मेरे मुँह से बेसाख्ता निकल गया था।

प्रकाश उस वक्त शायद अपना चक्कर लगाकर लौटा ही था, क्योंकि उसकी पत्नी ने पहले उसकी साइकिल से बरतनों की बोरी उतरवायी और फिर साइकिल के हैंडलों से लटके दो-एक बरतनों को उतारकर भीतर ले गयी। लेकिन मुझे ताज्जुब उस वक्त और ज़्यादा हुआ जब मैंने देखा कि प्रकाश का दूसरा लड़का भी हू-ब-हू उसी की तरह कंकाली और भूरा-भूरा-सा हो रहा है। ग़नीमत थी कि उसका पहला, यानी सबसे बड़ा लड़का, तंदुरुस्त दिख रहा था और जवानी की देहरी पर था। प्रकाश, मौसा-मौसी, प्रकाश की बहू, इन सबकी उम्मीद अब इसी लड़के पर केंद्रित थी–"देखो, एक फैक्ट्री में काम सीखना शुरू तो कर दिया है इसने ! बाकी, जो किस्मत रंग लाये !"

वाकई, किस्मत रंग लाने लगी, क्योंकि वह लड़का हालाँकि अपने बाप की तरह अनपढ़ ही रहा, उसने कई फैक्टरियों में कई तरह के काम सीखे। आखिर, उसने हौज़री को अपना लिया और पुल-ओवर तैयार करनेवाला एक अच्छा कारीगर माना जाने लगा। पहले वह गुरायाँ से रोज़ लुधियाना जाता, लेकिन अब उसने लुधियाना में ही एक कमरा किराये पर ले लिया और वहीं रहने लगा। जवान लड़का, कच्ची उम्र और जेब में पैसा ! मौसी के परिवार में फैसला हुआ कि मौसी भी वहीं उसी के पास रहे ताकि उसे पकी-पकाई रोटी घर में ही मिल जाये। मौसी को अपने पोते पर फख्र था कि चलो, आखिर कोई तो गरीबी से उबारनेवाला निकला ! मौसी के बेटे और बहू को भी फख्र था कि भगवान् ने आखिर उनकी सुन ली। लेकिन फिर जाने लड़के और माँ में क्या साँठ-गाँठ हुई कि वह अपनी दादी, यानी मौसी से कटने लगा। वैसे मौसी उस पर तो निर्भर थी भी नहीं, क्योंकि वह अपनी सिलाई की मशीन अपने साथ लिवा ले गयी थी और सिलाई का काम बराबर किये जा रही थी, बल्कि उसकी मदद के लिए उसकी सबसे छोटी लड़की (जो उसके पोते की लगभग हमउम्र थी) भी उसके साथ हो ली। लड़का जो भी पैसा कमाता, या तो उसे अलग से जमा किये जाता या गुरायाँ में अपनी माँ को थमा जाता। यानी, जहाँ गरीबी किसी तरह पूरे परिवार को आपस में जोड़े हुए थी, वहाँ पैसे ने उसे तोड़ना शुरू कर दिया। शायद उन्हीं दिनों वह अपने ज़ोम में मौसी पर हाथ भी उठा बैठा और होते-होते उसे चीर डालने पर आमादा हो गया। और शायद उन्हीं दिनों वह अपनी हमउम्र बुआ पर भी तेज़ाब की बोतल के साथ लपका और उसे भस्म कर देने पर उतारू हो गया।

मौसी अपनी बड़ी लड़कियों की तो किसी तरह जोड़-तोड़ कर शादी कर चुकी थी, हालाँकि दहेज में वह उन्हें गरीबी के सिवाय और कुछ न दे सकी,

पर इस छोटी लड़की के हाथ पीले करने अभी बाकी थे। उस पर अब मौसी कहीं आ-जा भी नहीं सकती थी। बहुत मजबूरी होती तो किसी रिक्शा का सहारा ले लेती। धीरे-धीरे मौसी की टाँगें बिलकुल जवाब दे गयी थीं और वह गुरायाँ लौट आयी थी।

मैं उन दिनों फिर पंजाब में था और घूम-घूमकर एक योजना के अंतर्गत वहाँ की खुशहाली का जायजा ले रहा था। एक मित्र ने सुझाया कि पंजाब की खुशहाली की बानगी देखनी हो तो शाम किसी कैबरे में गुज़ारो और फिर बताओ कि कुवेत और भारत में कहाँ अन्तर है। एक ही शाम में लोग पाँच-पाँच हजार रुपये फूँक डालते हैं और इनके पैसे लुटाने का ढंग भी अपनी तरह का होता है। ये अपनी रान नंगी करके उस पर सौ-सौ के नोटों की गड्डी जमा देते हैं और नाचनेवाली लड़की से कहते हैं कि वह एक-एक नोट उठाती जाये। इसके अलावा गाँवों में भी ऐसे कई किसान मिल जायेंगे, जिन्होंने यूरोप वहीं अपनी जमीन पर उतार लिया है और एयर-कंडीशनरों की शीतलता में देश की झुलसानेवाली लू से बेखबर पड़े रहते हैं। खैर, ये तो सब सुनी-सुनायी बातें थीं, पर जो कुछ मैंने अपनी आँखों देखा था, वह भी कम प्रभावित करनेवाला नहीं था। मसलन, क्या किसी को इस बात से इनकार है कि पंजाब में हर मोड़ पर मिल्क-बार है, जहाँ आप जी भरकर दूध पी सकते हैं ? दूसरे शब्दों में पंजाब श्वेत-क्रांति के द्वार पर है ! और क्या कोई इस तथ्य से भी इनकार कर सकता है कि पंजाब में नहरों में तैरते रेस्तराँ हैं जहाँ सैलानी जीवन का सम्पूर्ण सुख भोग सकते है ? और क्या कोई यह कह सकता है कि पंजाब में गोविन्दगढ़ जैसा इस्पात नगर नहीं है ? और फिर आपको सांख्यिक यह भी बतायेंगे कि पंजाब की प्रति व्यक्ति आय देश की औसत प्रति व्यक्ति आय से कहीं ज़्यादा है। ये सब सच्चाइयाँ हैं, लेकिन सच्चाई यह भी है कि पंजाब में मेरी मौसी के परिवार जैसे परिवार भी बसते हैं—ऐसे परिवार जिनके लिये जीवन विष का पर्याय है और विष जीवन का।

मौसी अब अपने बेटे-बहू के पास गुरायाँ में ही रहने लगी थी। उसके साथ उसकी छोटी बेटी भी लौट आयी थी। मौसी में अब काम करने की ताकत नहीं बची थी। काम करने की बात तो दूर, वह अब चारपाई से उठ-बैठ भी नहीं सकती थी। मौसा का ठिकाना कहीं ठीक नहीं होता था। वह कभी घर आते, कभी नहीं। उधर बहू ने बेटे को भी कुछ ऐसी बूटी सुँघायी कि वह भी माँ से विमुख होने लगा। बस, बेटी थी और माँ थी। उस पर भी बहू को चैन नहीं। वह बेटी, यानी अपनी ननद, को किसी-न-किसी काम में जोते रखती जिससे कि

वह मुश्किल से ही माँ की खबर ले पाती। ऐसे में कोई इलाज भला हो सकता था ? इलाज की बात तो दूर रही, उसे कुछ खाने को ही मिल जाये ! पर ऐसी हालत में वह खा भी क्या सकती थी ? अगर कोई दो-चार दाने खिचड़ी के मुँह में डाल देता तो वह शायद खा भी लेती, रोटी वह कैसे खाती ?

मैं जब मौसी को देखने गया तो वह इसी हालत में पड़ी थी। चारपाई पर कुछ बिछा हुआ भी न था—वैसे ही उसे उस पर पटका हुआ था। टाँगों पर वही झीना-सा मैला-कुचैला पेटीकोट।

अब मौसी अपने-आप करवट भी नहीं बदल सकती थी, इसलिए एक तरफ पड़े-पड़े उसके शरीर पर घाव पड़ गये थे।

मेरे उनके यहाँ पहुँचने पर मौसी मुझे पहचान न पायी। उसके क्षीण-से शरीर में केवल अब उसकी दो आँखें ही दिखती थीं—बाकी शरीर जैसे कि था ही नहीं। उसके अलावा उसके मुँह की आवाज़ भी खत्म हो चुकी थी।

मुझे काफी देर तक वह वैसे ही टकटकी लगाये देखती रही। पास में उसकी छोटी लड़की खड़ी थी। उसने दो-तीन बार ज़ोर-ज़ोर से कहा, ''माता, देख भा जी आये ने !''

लेकिन उसे जैसे कि सुनाई ही नहीं दे रहा था। फिर लगा कि उसने मुझे पहचान लिया है, क्योंकि उसकी आँखों में एक पतली-सी चमक आयी थी—शेष शरीर वैसे ही बेहिस पड़ा था।

साधारणतः मेरी आँखों में आँसू नहीं आते, लेकिन उस समय मैं अपनी आँखों का आँसू दबा न सका—ओह, कैसे यह ऐसी हालत हो गयी ?

मैंने एक बार अपने को धिक्कारा भी कि क्या मैं मौसी के लिए इतना भी नहीं कर सकता था ? शायद मैं अपनी छोटी-छोटी सुविधाओं से बहुत ज़्यादा घिर गया था। शायद मध्यम वर्ग का व्यक्ति अपनी छोटी-छोटी सुविधाओं को ही अपना सर्वस्व मान बैठता है और किसी कीमत पर भी उनकी कुर्बानी देना नहीं चाहता।

उस वक्त इत्तफाक से मेरी जेब में सौ-एक रुपये फालतू थे। जो कुछ कर सकता था, मैंने किया। कुछ दवाई की व्यवस्था की, एक बिछौना खरीदा, कुछ फल ले आया और वहाँ से चलते समय कुछ राशि नकद भी दे दी। मौसी की बहू मेरी उपस्थिति में तो बड़ी मीठी-मीठी बातें करती रही, लेकिन जैसे ही मैंने वहाँ से रुखसत ली, वैसे ही उसने सब कुछ हड़प लिया। इस सबकी खबर मुझे माँ से लग गयी थी।

पंजाब से लौटे मुश्किल से पन्द्रह-बीस दिन बीते होंगे कि पता चला मौसी मरने से पहले अपनी बेटी की शादी कर देना चाहती है। उसके लिए एक लड़का भी तैयार किया गया। लेकिन जैसे ही बारात गुरयाँ पहुँची, वैसे ही मौसी ने

हमेशा के लिए आँखें मींच लीं। ग़नीमत थी मौसा उस समय घर पर ही थे। कुछ रिश्तेदारों से राय-मशविरा किया गया और लड़केवालों की मिन्नत-समाजत करके लड़की-लड़के के किसी गुरुद्वारे में फेरे डलवा दिये गये और वहीं से बारात के साथ लड़की को रवाना कर दिया गया। इधर घर में लाश, उधर गुरुद्वारे में शादी। सब कितना अविश्वसनीय लगता है। लेकिन कई बार सच्चाई अविश्वसनीय ही तो होती है !

मौसी चली गयी। मौसी के चले जाने के छह महीने बाद मौसा भी चल बसे। हमारा उस परिवार से जैसे कि एकदम रिश्ता ही खत्म हो गया। मैं नहीं कह सकता प्रकाश, यानी मौसी का बेटा, अब किस हालत में है। बस, कभी-कभी सुनने में आ जाता है कि उनके बेटे, बब्बलू के रंग-ढंग ही न्यारे हैं। वह अब माँ-बाप को भी आँखें दिखाता है और अपना कारखाना लगाने के सपने ले रहा है, यानी स्वातंत्र्योपरान्त जन्मे देश के नव संपन्न धनाढ्य वर्ग में वह भी शामिल होने जा रहा है !

मेरी छोटी बच्ची की आवाज़ अब घर में कहीं सुनाई नहीं पड़ रही। मुझे खामोश देखकर शायद वह पड़ोस में खेलने चली गयी है। लेकिन मेरे मन में अब एक के बाद दूसरी कहानी खुलती चली जा रही है। मुझे उस दिन की भी याद आ रही है जब मुझे तार मिला था कि मेरे छोटे भाई को केवल इसलिए थाने में ला बिठाया गया कि उसके महल्ले में चोरी हो गयी थी और महल्ले में आर्थिक दृष्टि से वह ही सबसे अधिक कमज़ोर था।

और हाँ, मुझे उस दिन की भी याद आ रही है जब मुझे टेलीफोन पर एक इण्टरव्यू के लिए आमन्त्रित किया गया था।

"आपने एक डेपुटेशन पोस्ट के लिए एप्लाई किया था न !"

"कैसी पोस्ट ?"

"हमारे प्रतिष्ठान में वरिष्ठ गवेषणाधिकारी की पोस्ट के लिए।"

"जी हाँ।"

"तब कल क्या आप एम. डी. साहब से बातचीत के लिए आ सकते हैं ?"

"क्यों नहीं !"

और अगले दिन मैं निश्चित समय पर एम. डी. साहब से बातचीत करने उनके कार्यालय पहुँच गया था। एम. डी. साहब ने मुझसे बड़े अनौपचारिक ढंग से बाचचीत की थी और हर प्रश्न का माकूल उत्तर पाकर आश्वस्त हो गये थे कि मेरी योग्यता का दूसरा व्यक्ति मिल पाना कठिन होगा। उन्होंने खुद ही पूछा

था कि क्या मैं उनके यहाँ काम करना पसन्द करूँगा।

"क्यों नहीं !" मैंने उत्साह से भरकर कहा था, और मुझे लगा था कि जीवन में अगर अन्याय है, तो न्याय भी ज़रूर है, वरना व्यवस्था की यह इमारत कब की भरभराकर टूट गयी होती—और फूला-फूला-सा मैं घर लौटा था।

मेरा सोचना वाकई गलत नहीं था, क्योंकि इस वार्तालाप के कोई पन्द्रह दिन बाद मुझे पहले दिन टेलीफोन करनेवाले सज्जन ने सहज ही बताया था कि मैं 'सिलैक्ट' कर लिया गया हूँ और नियुक्ति-पत्र मुझे कुछ ही दिनों में मिल जायेगा। सच, लगा था जैसे कि ज़िन्दगी अब मोड़ लेने पर उतारू हो गयी है, जैसे कि रोज़मर्रा की छोटी-छोटी चिन्ताओं के दिन लदने को हैं। अब बच्चों को एक-दूसरे से न ईर्ष्या होगी और न ही पत्नी पैसे के अभाव में बात-बात पर जी मसोस कर रह जाया करेगी।

दिन बीतते गये। एक महीना तीस दिन का ही तो होता है न ! लगा अब तक मेरा भाग्य मुझसे खिलवाड़ करता रहा था, और अब उसकी हिम्मत पस्त हो चुकी है। पहले हम किसी को दोषी ठहरा भी कैसे सकते थे ? अगर पैनल पर मेरा नाम न आ पाता था तो कसूर मेरे नाम का ही था न ! पत्नी भी कभी गम्भीर होकर और कभी मज़ाक करती सी कहती, "खैर मनाओ जो यह नौकरी भी मिल गयी। पिछले जन्म में कोई पुण्य-कर्म किये होंगे, नहीं तो... !"

मैंने पत्नी से जब अपने 'सिलेक्शन' की बात की तो वह नास्तिक की तरह मुस्करा उठी थी—"उस दिन जानूँगी जब आपको एप्वाएंटमेंट लैटर मिलेगा ?"

"तुम कब से इतनी अविश्वासी हो गयी हो ?"

"क्यों, अब तक क्या नहीं होता रहा जो अब नहीं होगा ?"

"पर इस बार तो उन्होंने स्वयं, अपने मुँह से कहा है कि तुम्हें चन्द दिनों में बुला लिया जायेगा ?"

"क्या मतलब है तुम्हारा ?"

"हम ऐसे भाग्यशाली नहीं हैं।"

"आदमी अपना भाग्य खुद बनाता है।"

"बनाता होगा कहीं और ! यहाँ तो बना-बनाया भाग्य भी छीन लिया जाता है।...बनाते रहिए आप अपना भाग्य। छीननेवाला तो छीनकर यह जा, वह जा।...मियाँजी, हमारी बात मानिए और अपनी फिलासफी किसी और समय के लिए बचा रख छोड़िए। दूसरी जगहों के निष्कर्ष हमारे यहाँ लागू नहीं होते।"

पत्नी ने मेरी ज़बान बन्द कर दी थी। हमारी ज़बान पर वैसे भी ताला

पड़ा रहता है। समझ लीजिए कि मेरी ज़बान उस सेफ-डिपाज़िट में चली गयी है जिसकी एक चाबी तो गलती से मेरे पास रह गयी है और दूसरी कोई और, जो अपने आपको मेरी नियति का नियामक कहता है, ले गया है।

मैंने कहा न, महीना तो तीस ही दिन का होता है न ! यदि चार महीने भी बीत जायें तो केवल एक सौ बीस दिन की ही बात हुई न ! तब मेरा परेशान होना बेजा था न ! फाइल थी, आखिर चेयरमैन साहब के दस्तखत के बिना कैसे लौटती ? लेकिन लौटते-लौटते उसमें कुछ ऐसा हुआ कि ठीक वहाँ जहाँ मेरा नाम लिखा था, खुब-ब-खुद कोई दूसरा नाम लिखा गया। जादुई स्याही के बारे में आपने सुना ही होगा। चैक काटते समय वह एकदम चमकीली होती है, लेकिन चैक काटकर दूसरे व्यक्ति के हवाले करने के कुछ ही समय बाद, दरसअल, जितने समय तक आप उस व्यक्ति के रू-ब-रू हैं—एकदम ग़ायब हो जाती है। मेरे नाम के साथ भी लगभग ऐसा ही हुआ।...मुझे फोन करनेवाले सज्जन से अब मैं सम्पर्क साधने की कोशिश करता तो पता चलता कि वह तो बहुत व्यस्त हैं, कुछ दिन के बाद ही बात कर सकते हैं। फिर मैंने सोचा कि मैं सीधे उन्हीं एम. डी. साहब से बात करूँ, जिन्होंने भाग्य की परिभाषा मेरे लिए बदल दी थी। लेकिन एम. डी. साहब से बात कर पाना भी उतना सहज न था, क्योंकि उन तक पहुँचने के लिए प्राइवेट सेक्रेटरी नाम की एक नदी पार करनी होती है, और वह नदी ठीक वैसी ही थी, जैसी कि स्वर्ग की ओर बढ़ने की कामना करनेवाले व्यक्ति को पार करनी होती है—एम. डी. साहब अभी लंच पर हैं; एम. डी. साहब अभी मीटिंग में हैं; एम. डी. साहब इन दिनों विदेश में हैं; एम. डी. साहब आजकल अस्वस्थ है !

काश, मैं एम. डी. साहब होता !

एक दिन मैंने तय किया कि बिना फोन किये ही सीधे मैं उनके यहाँ जा पहुँचूँगा और तब देखूँगा कि प्राइवेट सेक्रेटरी कौन-सी चाल चलता है। लेकिन प्राइवेट सेक्रेटरी की चाल तब भी सफल रही, क्योंकि उस दिन एम. डी. साहब दफ्तर के अहाते से बाहर ही रहे।

एम. डी. साहब से न्याय न पा सका तो मैंने दूसरे दरवाजे खटखटाने चाहे, लेकिन उन दरवाज़ों तक पहुँचने के लिए एक ही ड्योढ़ी में से होकर गुज़रना पड़ता था। बाइबल में कहा गया है न कि स्वर्ग का रास्ता संकरा होता है। लेकिन मुझे अब पता चला कि स्वर्ग पहुँचने का रास्ता अक्सर भिड़ा रहता है, और वह कुछ खास-खास लोगों के लिए ही खुलता है।

खेल खत्म हो चुका है। जिन्हें जहाँ पहुँचना था, पहुँच चुके हैं। मैं समझ गया हूँ—वे खास हैं, मैं आम हूँ। खास और आम दोनों साथ-साथ नहीं चल सकते। एक के लिए शाही सड़क सुरक्षित है, दूसरे के लिए पगडंडी है। मैंने

फिज़ूल ही पगडंडी से शाही सड़क पर जाने की कोशिश की। कुछ की नियति पगडंडी पर चलने की ही होती है।

मेरी माँ तभी शायद अक्सर सर्द आह भरकर कहा करती है, 'दाता तेरा शुक्र है, जे तूँ ऐन्ना वी दे रहयाँ !'

सच, दाता का इतना भी देने पर शुक्र करना चाहिए ! अगर खाली पेट पर पानी भी पीने को मिलता रहे तो उसका शुक्र ही करना चाहिए !

□□

धब्बा

डिब्बों में लोग इस कदर ठुसे पड़े थे कि लगता था हम गाड़ी पर चढ़ नहीं पायेंगे।

आखिर एक डिब्बे में थोड़ी-सी जगह दिखी तो हम दूसरों को रौंदते-से आगे बढ़ने लगे। लेकिन हम ज़्यादा बढ़ भी न पाये, क्योंकि दूसरी केबिन के पास हमें एक ने आगाह किया—सम्भल के, टट्टी है ! वाकई, किसी के पाँव तले कुचले जाने से वह जगह बेहद गन्दी दिख रही थी। फिर भी बैठनेवाले नाक को कंपड़े से ढाँपे, मुँह दूसरी तरफ घुमाये, वहीं पास की सीटों पर बैठे थे।

हमारी मजबूरी थी। हम केबिन की बर्थों के बीच की जगह में खड़े हो गये।

थोड़ी देर खड़े रहे तो एक बुढ़िया ने खुद ही कहा, "यहाँ बैठ जाओ।" और वह थोड़ा-सा सरक गयी। उसके सामनेवाली बर्थ पर एक और बुढ़िया बैठी थी। वह भी थोड़ा सरक गयी जिससे हम दोनों को आमने-सामने बैठने की जगह मिल गयी।

बैठ गये तो ग़ौर किया कि मेरे साथी की बगल में बैठी बुढ़िया कुछ अजब-सी दिख रही है। कहाँ तो मेरे सूट-नैकटाई-धारी साथी का भराभराया शरीर और कहाँ उस बुढ़िया की सिकुड़ी-सी, कीचट हुई, गट्ठरी-सी काया ! और तो और, उसके चेहरे की खाल इस कदर खिंची हुई थी कि आसानी से यह कहना भी मुश्किल था कि वह किसी उम्रयाफ्ता का चेहरा है या कि किसी बच्ची का ! मेरी बगल में बैठी बुढ़िया भी किसी मायने में दूसरी बुढ़िया से ज़्यादा तंदुरुस्त न थी, पर उसकी खाल उस तरह खिंची हुई नहीं थी।

मेरी वाली बर्थ पर, मुझसे थोड़ा हटकर, एक जवान औरत भी बैठी थी जिसके ऐन सामने एक जवान आदमी बैठा था। वे अक्सर किसी-न-किसी बात को लेकर आपस में ठट्ठा करने लगते।

मेरे साथी ने सहज ही उस औरत से उसके बारे में आवश्यक जानकारी प्राप्त कर ली और फिर वह उसी सहज ढंग से अपनी बगल में बैठी बुढ़िया से भी बतियाने लगा।

"कहाँ जा रही हो ?"

"हाथरस !"

"वहाँ क्या घर है ?"

"नहीं, काम के लिए।"

"कैसा काम ?"

"क्लेसर पर ?"

'क्लेसर' से उसकी मुराद 'केन क्रशर' से थी। यह शब्द मैंने उसी दिन अपने साथी के गाँव में सीखा था। वहाँ ऐसे कई 'क्लेसर' थे। मैं साथी के साथ उसके गाँव से ही लौट रहा था।

"क्या तुम्हारे अपने यहाँ क्लेसर पर काम नहीं ? लोग तो काम के लिए उलटे वहाँ जाते हैं !"

बुढ़िया ने बड़ी लाचारी से सिर हिलाया। उसका इशारा 'प्रारब्ध' की ओर था।

"क्या दिहाड़ी देते हैं ?"

"पता नहीं। लड़कों ने तय किया है। शायद सौ रुपये पर दो रुपये। चार-छह रुपये दिहाड़ी के बन जायेंगे।"

"तुम गांडूडे लगाओगी ?"

"हाँ।"

'गांडूडे लगाने' से उसका अभिप्राय मशीन में गन्ने डालना था।

"यह क्या गांडूडे लगा पायेगी ?" मैंने हैरत दिखायी।

"अरे, इसमें हैरान होने की क्या बात है ? गाँव में देखा नहीं यह काम तो छोटे-छोटे बच्चे भी कर लेते हैं !"

मेरे साथी ने ठीक कहा था। मैंने गाँव में कई छोटे-छोटे, सात-आठ वर्ष की उम्र के बच्चों को गन्ने छोलते, 'क्लेसर' में गांडूडे लगाते और भट्ठी में खोंई-पत्ती झोंकते देखा था। मुझे यकीन नहीं हो रहा था कि इस युग में भी इतनी कम उम्र के बच्चों को रात-रात भर इस तरह के काम करने पड़ते हैं। मेरे साथी ने भी उस कम उम्र में रात-रात भर ये सब काम किये थे और सुबह बस्ता उठाकर वह दो कोस दूर स्कूल में पढ़ने जाता था। यह सिलसिला तब तक चलता रहा जब तक कि उसने मिडल पास नहीं कर लिया। बाप गरीब हरिजन ! माँ बहुत छुटपन में ही मर गयी थी। बस, किसी तरह धीरे-धीरे आगे बढ़ता रहा। मेरे इस साथी ने मुझे यह भी बताया था कि इन 'क्लेसरों' पर

अधिकतर हरिजन, यानी चमार, ही काम करते हैं। मेरे साथी को 'चमार' शब्द से खास चिढ़ थी। "क्यों लोग चमार को इतनी हिकारत से देखते हैं ?" उसने मुझसे पिछले दिनों गाँव की ओर बढ़ते हुए पूछा था। "किसी को गाली देने के लिए भी उन्हें इससे बढ़िया शब्द नहीं सूझता !"

साथी के प्रश्न ने मुझे चक्कर में डाल दिया था। समूची समाज-व्यवस्था को चुनौती थी। अपने मन को टटोलने की भी बात थी। हमारे समाज में, दरअसल, यही सब होता रहा है। हुनरमन्द आदमी के प्रति हमारे यहाँ हमेशा एक तरह की उपेक्षा बरती गयी है। राज, बढ़ई, ठठेरा, लोहार—इन सब को समाज ने निचला दर्जा दिया। और तो और, ये हुनरमन्द लोग स्वयं एक-दूसरे को कैंड़ी नज़रों से देखने लगे। सुनार ठठेरे से अपने को बड़ा मानने लगा। ठठेरा लोहार से अपने को एक बाशिलत ऊँचा समझने लगा। और फिर चमार ? वह भी कूड़ा कमानेवाले से दो हाथ की दूरी बनाये रखने लगा। यानी, सब इस बात पर गर्व पाने की फिराक में पड़ गये कि वे किसी से दो अंगुल बड़े हैं। यह कैसी विडम्बना है हमारे समाज की ! सबके शरीर पर जैसे कि ठप्पे लगे हैं और सब अपने-अपने ठप्पे को दूसरे के ठप्पे से सुन्दर मान रहे हैं !

मैं अपने साथी को कोई उत्तर नहीं दे पाया था, लेकिन कुछ याद कर मन ही मन कुढ़ने लगा था। मुझे अपने कस्बे के उस कुबड़े ब्राह्मण की एक बात अब भी कचोटती है। शक्ल ऐसी जैसे किसी ने दो पाटियों के बीच भींच दिया हो। पहनावा ऐसा जैसे किसी ढाबे में तमाम उम्र बरतन मलता रहा हो। हमारे घर से थोड़ी दूर उसकी तम्बाकू की एक छोटी-सी दुकान थी। वहाँ अक्सर वह खुद ही तम्बाकू कूटता दिखाई देता। उसकी बीवी हमारे यहाँ 'हंदा' लेने आती थी। हम उसे लिहाज से 'मौसी' कहते थे।

एक दिन मौसी 'हंदा' लेने नहीं आयी तो माँ ने मुझे ही दो चपातियाँ देकर उसके यहाँ भेज दिया। इत्तफाक से उस समय वह ब्राह्मण, यानी मौसा, भी घर में मौजूद था। मुझे मौसी की ओर चपातियाँ बढ़ाते देख वह एकाएक दहाड़ता-सा बोला—अरे, यह कब से ? पैसा हो गया तो इससे इनकी जात भी बदल गयी ? हैं तो छींबे ही न ! छींबे, यानी कपड़ों पर बेल-बूटों के ठप्पे लगानेवाले। कब ? कहाँ ? शायद मेरे परदादा यह काम करते थे। लेकिन मेरे दादा इस क्षेत्र के एक जाने-माने डॉक्टर थे और मेरे पिता एक जाने-माने पत्रकार। लेकिन कपड़ों पर ठप्पे लगाना या कपड़े सीना क्या नीच जाति का काम है ? जाने क्यों मेरे मन में इस बात को लेकर एक प्रकार का भय-सा बैठा रहता है। क्या पता यह राज़ ! लेकिन फिर सोचता हूँ इस बात से डरूँ क्यों ? मैंने इस तथ्य का कभी कोई गलत फायदा तो उठाया नहीं !

गाड़ी पैसेंजर होने की वजह से हर स्टेशन पर रुक रही थी। बीच में

दो-एक फ्लैग स्टेशन भी आये थे जहाँ हरी झंडी पाने के कारण गाड़ी ने अपनी रफतार बरकरार रखी थी। इस बीच मुझसे थोड़ा हटकर बैठी वह जवान औरत ऊँघने लगी थी और उसके सामने बैठा वह जवान आदमी कभी आँखें खोलता था, कभी बन्द करता था।

मेरे साथी को एकाएक जाने क्या सूझी कि उसने अपनी बगल में बैठी बुढ़िया से, थोड़ा झुककर, पूछा, "चमार हो ?"

बुढ़िया की आँख पहले तो एक सैकंड के लिए थिरकी, लेकिन फिर सहज ही उसने स्वीकृति में सिर हिला दिया।

साथी की जैसे कि हिम्मत बँधी। उसने तत्परता दिखाते हुए कहा, "मैं भी चमार हूँ।"

अपनी आँखें बन्द करने और खोलनेवाला वह जवान, साथी की स्वीकारोक्ति से एकाएक सतर्क हो गया और उसे घूरने लगा। उन दोनों बर्थों पर बैठे बाकी लोग भी उसकी तरफ गौर से देखने लगे।

साथी ने बुढ़िया को अपने गाँव का परिचय दिया और फिर उससे गाँवडी बोली में बतियाने लगा। बातों-बातों में उसने बुढ़िया को यह भी बताया कि वह अब दिल्ली में रहता है और अफसरी ओहदे पर है।

मैं साथी के साहस पर हैरान था। कितने लोग ऐसे होंगे जो अच्छी पोज़ीशन पर पहुँचकर ऐलानिया कह सकें कि वे चमार या कहार परिवारों से हैं ? स्वयं मैं यह कभी ऐलानिया स्वीकार नहीं कर सका कि मेरे पूर्वज छींबे थे। और तो और, छींबों के सामने भी मुझे ऐसा स्वीकार करने की कभी हिम्मत नहीं हुई, और मैंने उनके सामने यही ज़ाहिर किया कि मैं बहुत ऊँचे वर्ग से हूँ।

गाँव में मेरे साथी ने मेरा अपने एक भतीजे से परिचय करवाते हुए कहा था कि यह बी. ए. पास है और एम. ए. की तैयारी कर रहा है। भतीजे की वेश-भूषा कुछ ऐसी थी कि वह पढ़ा-लिखा बिलकुल नहीं दिखता था, बल्कि अंग्रेज़ी वह बहुत कम समझता था। मेरे यह पूछने पर कि क्या कॉलेज में उसे किसी तरह के भेद-भाव का सामना करना पड़ता है, उसने बिना अधिक सोचे बताया था कि उसने अनुसूचित जाति से सम्बन्धित होने का कभी कोई लाभ नहीं उठाया और न ही उठाना चाहता है, और इसी वजह से कोशिश करने के बावजूद अब तक वह किसी प्रकार नौकरी नहीं पा सका है।

"लेकिन जब तक बेकार हो, तब तक अपने गाँव में ही कोई काम क्यों नहीं कर लेते ?" मैंने उसे सुझाव दिया था।

"कैसा काम ?" उसने विस्मय से पूछा था।

"क्लेसर पर ही।"

गाँव में घूमते समय एक 'क्लेसर' मालिक ने मुझे बताया था कि उसके यहाँ लोग बत्तीस रुपये दिहाड़ी तक बना लेते हैं, यद्यपि मालिक का यह दावा उसके यहाँ काम करनेवालों ने वहीं गलत साबित कर दिया था। फिर भी यह तो था ही कि वे बीस रुपये दिहाड़ी तक बना लेते थे। मुझे लगा कि आज के हालात में गाँव में बैठे-बिठाये बीस रुपये रोज कमा लेना कोई कम नहीं है !

"काम में तो कोई बुराई नहीं है," मेरे साथी के भतीजे ने बड़ी हलीमी से कहा था, "लेकिन आप देख ही रहे हैं कि इन तथाकथित बड़ी जातिवालों का व्यवहार अब भी हमारे प्रति कैसा है !"

"मसलन ?"

"मसलन यह कि चारों तरफ खेत ही खेत हैं, लेकिन उनमें हमारा कोई हिस्सा नहीं।"

"यानी यह कि तुम लोगों में से किसी के पास अपनी कोई ज़मीन नहीं ?"

एक अजनबी के गाँव में आने की खबर पाकर लोग उत्सुकतावश वहाँ जुटने लगे थे और मेरे बारे में सही जानकारी न पा सकने के कारण कई तरह की अटकलें लगा रहे थे।

लेकिन मैंने अपने साथी के भतीजे के साथ अपनी बात जारी रखी थी। मुझे याद था कि हमारे कस्बे में घोसी हमारी गाय चराने ले जाता था और जिस दिन गाय चरने नहीं जाती थी, उस दिन वह ढीली पड़ जाती थी।

"भैंसें चर न पायें तो उन्हें क्या खिलाते हो ?"

"बस, ऐसे ही खूँटे से बँधी रहती हैं। हम लोग स्वयं ही खेतों से घास काट लाते हैं और कभी-कभी जब खेतवाले उसके लिए भी मनाही करते हैं, तब लड़ाई की नौबत भी आ जाती है !"

मुझे याद आया ऐसी लड़ाई की अखबारों में इधर कई खबरें छपी हैं और कहीं-कहीं तो हरिजनों को अपनी जान से भी हाथ धोने पड़े हैं।

वहाँ जो लोग जुट पड़े थे, उनमें अब केवल हरिजन ही नहीं थे, ब्राह्मण, जोगी, वाल्मीकि—सब तरह के थे, और सब मेरे बारे में घोड़े दौड़ा रहे थे। एक को तो मैंने धीमे से यह भी कहते सुना था—होगा यह भी झींगरे की तरह का कोई नवीन शर्मा। 'झींगर' मेरे साथी का गाँव का नाम था, और 'नवीन शर्मा' तो आप समझ ही गये होंगे !

'नवीन शर्मा' की उपाधि मेरे साथी को डंक की तरह पीड़ा पहुँचा गयी थी।

"नहीं, यह हमारी तरह के 'नवीन शर्मा' नहीं हैं, आपकी तरह के पुरातन शर्मा हैं !" मेरे साथी ने उन्हीं के शब्दों में मेरा परिचय दिया था, "...रेडियो पर इनके कई ड्रामें आते हैं।"

"तो ये डिरामा लिखनेवाले हैं ?" एक ने सवाल किया था। "क्या ये रेडियो पर बोलते भी हैं ?"

मेरे परिचय का प्रभाव कोई बुरा नहीं पड़ा था, लेकिन मेरे भीतर ही भीतर कुछ कुतरन भी शुरू हो गयी थी। अगर इन्हें यह पता चल जाये कि मेरे कुछ सगे-सम्बन्धी अब भी अपना वही पुश्तैनी पेशा यानी कपड़े पर रंग चढ़ाना या उस पर ठप्पे लगाना—अपनाये हुए हैं, तो इन पर इसका क्या असर पड़ेगा !

अँधेरा काफी गहरा होता जा रहा था। गाँव में अँधेरा वैसे भी काफी गहरा होता है। फिर यह तो है भी दिसम्बर का महीना। हमारे चारों ओर जुटे हुए लोग अब धीरे-धीरे लोप होते जा रहे थे।

रात को हम सब एक ही जगह सोये थे—यानी मेरा साथी, मैं, उसके भाई तथा रिश्तेदार, तथा उसका वही बी. ए. पास भतीजा। रात को सोने से पहले मुझे वे किस्से भी बताये गये थे जब ज़मींदार लोग अपने कम्मी-कमीनों को घसीटकर काम पर ले जाते थे और हुक्म-अदूली करने पर घर-बार से बेदखल कर देते थे। मेरे साथी के रिश्तेदारों ने मुझे यह भी बताया कि कुछ हरिजनों को अब भी दो जून रोटी नसीब नहीं होती और वे गन्ने के रस से उतरनेवाली 'मैली' को पकाकर उससे अपनी भूख शान्त कर लेते हैं। वैसे आम तौर पर यह 'मैली' सूअरों को खिलाने के काम आती है !

गाड़ी अपनी उसी रफ्तार से चली जा रही थी। जो लोग जहाँ बैठे थे, वहीं बैठे थे; जो जहाँ खड़े थे, वहीं खड़े थे। खड़े लोगों में जाने एक को क्या सूझी कि वह एकाएक बोल उठा, "शैड्यूल्ड कास्ट्स को बहुत सिर चढ़ा लिया गया है। जहाँ देखो उनके लिए जगहें सुरक्षित हैं। अब तो मामला वास्तव में उलटा होने लगा है। यहाँ हम तड़पते रह जाते हैं, वहाँ ये हाथ पे हाथ मार रहे हैं !"

"तो इसमें बुराई क्या है ?" मेरे साथी ने कहा, "हम भी तो सदियों से तड़प रहे थे। अब हमारी हालत सुधरने लगी तो आप लोगों को पेरशानी हो उठी !"

"क्या ऐसा नहीं हो सकता," मैंने बीच-बचाव करते हुए कहा, "कि एक बिन्दु तक तो ये जगहें सुरक्षित रखी जायें, लेकिन फिर बराबर का मुकाबला हो ?"

"हाँ, यह भी किसी हद तक ठीक है।" वह आदमी बोला, "पर यहाँ तो मामला और भी खराब है। ब्राह्मण के घर पैदा क्या हुए कि मुसीबत हो गयी ! पिता मामूली स्कूल मास्टर थे। किसी तरह मैट्रिक करवा पाये। मैं मुश्किल से सत्रह वर्ष का था जब से क्लर्की कर रहा हूँ। इस बात को पन्द्रह वर्ष होने को

आये। मेरे साथ जो शैड्यूल्ड कास्ट लगा था, वह अब सुपरिंटेंडेंट है और हर बात पर हमारी बेइज्जती करता है !"

लगा जैसे कि साथी मन-ही-मन बहुत खुश है। "माना आपके साथ ज़्यादती हो रही है, महोदय," उसने टेक-टेक कर अपनी बात उठायी, "लेकिन आपके ये तथाकथित सवर्णलोग जो हम पर जुल्म ढाते रहे, उन्हें आप भूल गये ? स्वयं बाबा अम्बेडकर, जो इतने बड़े विद्वान् थे, और जिन्होंने भारत को संविधान दिया, इस जुल्म से बच न सके ! आप जानते हैं एक तथाकथित सवर्ण ने उनके जूठे बरतन छूने से इनकार कर दिया था ?"

बहस शायद ज़्यादा खिंच जाती, लेकिन खिड़की के पास बैठी जवान औरत ने एकाएक आँखें खोलकर जम्हाई ली और सब लोगों की तरफ ऐसे देखने लगी जैसे कोई बहुत खराब सपना देखकर उठी हो। उसके सामने बैठे जवान आदमी ने अपनी टाँगें इस तरह फैला रखी थीं जिससे वे औरत की टाँगों को छूती रहें।

मेरा साथी अब तक काफी जोश में आ चुका था। उसकी आवाज कानों पर बड़ा तीखा प्रहार कर रही थी। वह कहे जा रहा था, "शैड्यूल्ड कास्ट का आप मतलब समझते हैं ? इसका मतलब चूड़े-चमार से नहीं, बल्कि सामाजिक-आर्थिक रूप से पिछड़े उन लोगों से है जिन्हें ऊपर उठाने के लिए सरकार ने उन्हें एक लिस्ट में शामिल कर लिया। क्या लिस्ट में शामिल हो जाना ही अपने में एक गुनाह हो गया ? मैं तो कहूँगा कि उन सब तथाकथित सवर्णों को, जो आर्थिक रूप से पिछड़े हुए हैं, इसी सूची में उतार लिया जाये।"

एक बार तो मुझे लगा कि यह सुझाव बहुत बढ़िया है, लेकिन फिर एकाएक मेरे मुँह से निकला, "लेकिन यह तो नाइंसाफी को और तूल देना होगा। अगर अनुसूचित जाति से ताल्लुक रखना एक स्टिगमा है, तो इस स्टिगमे को, इस कलंक को, दूर करने के बजाय फैलाया क्यों जाये ? मैं तो फिर यही कहूँगा कि जैसे-जैसे अनुसूचित जातियों के लोग एक मिनिमम स्टैंडर्ड तक पहुँच जायें, उन्हें सवर्ण मान लिया जाये।"

बहस का, लगता था, कोई अन्त ही न था। उधर हम अपनी मंज़िले-मकसूद तक पहुँच चुके थे। गाड़ी से उतर रहे थे तो साथी अपने को कहने से रोक न सका, "मैं तुम सवर्णों की सब चालबाज़ी समझता हूँ। यह धब्बा तुमने सिर्फ हमारे लिए ही सुरक्षित रख छोड़ा है...!"

□□

नहीं, यह कोई कहानी नहीं

मेरा ऐसा कोई दावा नहीं कि मैंने जो कुछ सुना, वह सब सच ही है, लेकिन मैं जो अपनी आँखों देख रहा हूँ, उसे झूठ कैसे मान लूँ ? मसलन, क्या यह तालाब झूठ है, जिसके सड़ते पानी में तेज़ाबी असर आ गया है और जिसका तेज़ाबीपन दिन-ब-दिन इतना बढ़ता जा रहा है कि हो सकता है, एक दिन वह तमाम पानी पूरा तेज़ाब ही बन जाये। मुझे बताया गया कि इस तालाब में कई जानवर—कुत्ते, बिल्लियाँ, सूअर—मरे पड़े हैं और एक-दो बार इसने बच्चों की बलि भी ली है। मैं इस बात को थोड़ा दरकिनार भी कर सकता हूँ, पर मुझे यह तो मानना ही पड़ेगा कि इस तालाब से रात को इस कदर मच्छर उड़ते होंगे कि बस्ती की एक-एक झुग्गी की सींक को डस डालते होंगे। शाम के इस वक्त भी, जब कि मैं यहाँ के लोगों से थोड़ी और बातें कर लेना चाहता हूँ, वे एक के बाद एक मुझे लहूलुहान किये दे रहे हैं।

लेकिन मैं शौकिया इन लोगों के बीच नहीं आया। दरअसल, लोगों से यहाँ-वहाँ मिलते रहना और इधर-उधर खबरें सूँघते फिरना, मेरा पेशा ही है। मुझे पता चला था कि किसी बात को लेकर इस बस्ती में ज़बरदस्त हलचल हुई, जिससे एक बार तो यहाँ के सब लोग जुंबिश में आ गये, लेकिन अब तो यहाँ हर चेहरे पर दहशत-सी दिख रही है।

सच-सच कहूँ, तो...पर सच होता भी क्या है ? सच और झूठ के बीच अब अन्तर रह भी कितना गया है ! वैसे हर सिक्के के दो पहलू होते हैं, और अब गलत पहलू को सही पहलू साबित करना उतना मुश्किल नहीं रह गया है।

मेरा ख्याल है मुझे कहीं बैठ जाना चाहिए। अब खड़ा नहीं रहा जा रहा। वैसे भी मारे गरमी के मुझे लग रहा है जैसे मेरी आँखों से धुआँ उठ रहा हो। मेरे सिर की नसों में भी थोड़ा खिंचाव है। मैं अपनी नज़र कहीं टिका नहीं पा

रहा। अब लुढ़कते-लुढ़कते मेरी नज़र फिर उस औरत पर जा टिकी है जिसके शरीर का गठन ठीक-ठीक है, जिसका चेहरा-मोहरा भी ठीक-ठाक है। वैसे यह क्या बात है कि आदमी की नज़रें हमेशा ठीक-ठाक चेहरे-मोहरेवाली, ठीक-ठाक गठनवाली औरत को ही ढूँढ़ती रहती हैं ? क्या औरत की नज़रें भी हमेशा ठीक-ठाक चेहरे-मोहरेवाले, ठीक-ठाक गठनवाले आदमी को ढूँढ़ती रहती हैं ? पर हमारी औरतें मुँह से ऐसी सच्चाई कम ही कहती हैं। मुँह से कहने के बजाय शायद वे 'हो जाने' में यकीन रखती हैं।

मैं यहाँ कोई फलसफा नहीं झाड़ रहा। मन का कुतूहल है जिसे सहज रूप से आपके सामने रख रहा हूँ। मसलन, उस दिन वह औरत, यह झुग्गीवाली नहीं, बस में खड़े-खड़े (हाँ, उस दिन मेरी कार खराब थी) कई बार अपने नितंब-द्वय का आभास मुझे देती रही, और मैं आखिर तक इस बात का फैसला न कर सका कि नितंबों की यह टकराहट आकस्मिक है या कि विचारवश।

ख़ैर, जाने दीजिए इस बात को। मेरा असली मुद्दा तो कुछ और ही है, यानी मैं आपको...पर पता नहीं, आप मेरी बात का यकीन कर भी रहे हैं कि नहीं। दरअसल, इस यकीन को हम पहले ही बारूद के धमाके से उड़ा चुके हैं। अब आदमी-आदमी के बीच यकीन बचा ही कहाँ है ? दरअसल, आदमी-आदमी के बीच यकीन उड़ा देना किसी शासक की जबरदस्त जीत है।

अच्छा आइए, अब आपसे असली मुद्दे पर बात कर ही ली जाये। असली बात, यानी इस तालाब की बात ! यह तालाब जिसके किनारों पर गज-गज गहरा दलदल है और जिस दलदल में हमेशा सूअर लोटते रहते हैं, इस बस्ती के ठीक बीचोंबीच है। मैं यह तो नहीं बता सकता कि यह तालाब यहाँ कब से है, यह ज़रूर कह सकता हूँ कि यह तालब यहाँ है। शायद आप यह भी पूछें कि यह तालाब यहाँ क्यों है ? पर आपका यह पूछना कुछ वैसा ही होगा जैसे यह पूछना कि यह बस्ती यहाँ क्यों है। बहरहाल, आप यह भी पूछ सकते हैं कि यह तालाब अगर इतना ही गंदा और ज़हरीला है तो इसके चारों ओर इतनी सारी झुग्गियाँ बसाने की क्या तुक थी ? और अगर ये झुग्गियाँ किसी तरह बस ही गयी थीं, तो इन्हें इस कदर बहाल करने की क्या ज़रूरत थी ? आपके सवाल सब ठीक हैं, क्योंकि इस बस्ती में कहीं-कहीं नगरपालिका के नल भी लगे हुए हैं और यहाँ-वहाँ चमकली, दूधिया रंग की रोशनी देनेवाली ट्यूबें भी हैं। हाँ, मैं आपको एक बात तो बताना भूल ही गया। वह यह कि यहाँ जो लोग रहते हैं, उनके पेट का ख़्याल रखते हुए शासन की ओर से यहाँ 'सस्ते आटे' (रिज़लटेंट फ्लोर) की एक दुकान भी खोल दी गयी है। 'सस्ते आटे' में कितने पोषक तत्त्व हैं और कितनी भूसी, यह बता सकना मेरे लिए सम्भव नहीं। हाँ, मैं इतना बता सकता हूँ कि इस आटे से कई बार जानवर भी मुँह मोड़ लेते हैं।

अब आप वाकई सोच रहे होंगे कि मैं आपको किस भूलभुलैया में लिये जा रहा हूँ। पर इन दिनों हमारी स्थिति क्या एक भूलभुलैया में पड़े व्यक्ति की-सी नहीं है ? हम लाख कोशिश करते हैं, पर यह और जटिल होती जाती है। अब और कोई तरीका नहीं बचा है इससे बाहर निकलने का, सिवा इसके कि इसे हम सब मिलकर तोड़ डालें।

अच्छा चलिए, आपका इन लोगों से परिचय ही करवा दूँ जो यहाँ मुझे घेरे खड़े हैं। पहले इसी औरत से मिल लीजिए जिसके चुस्त गठन और ठीक-ठाक चेहरे-मोहरे ने मेरा ध्यान आकर्षित किया था। बेशक, इस औरत के गठन पर मेरी नज़रें टिकी थीं, पर इसके चेहरे की दहशत और लुटे-लुटे भाव को देखकर मैं अपने में ही सकुचाया था। नहीं, आप मुझे सदाचारी मत समझिए। सदाचार मुझसे कोसों दूर है ! पर हाँ, किसी की लाचारी को नज़रअंदाज़ करना मेरी फितरत में नहीं।

यहाँ खड़े सब लोग मुझे अपनी-अपनी परेशानियाँ बता रहे हैं। एक पत्र-प्रतिनिधि में अब भी लोगों का कुछ-कुछ विश्वास बच रहा है। पत्र-प्रतिनिधि के नाते मेरा दायित्व भी है कि मैं तथ्यों को तोड़ूँ-मरोड़ूँ नहीं, और न ही किसी डर से असली बात को गोल कर जाऊँ। लेकिन कई बार ऐसा हुआ है कि मुझे स्टोरी को टोन डाउन करने के लिए कहा गया है और जब मैंने नहीं किया, तो मेरे लिए दूसरी तरह की परेशानियाँ खड़ी कर दी गयी हैं। एक बार तो ऐसा भी हुआ कि मेरी कार का एक ट्रक काफी देर तक पीछा करता रहा और जब मुझे लगा कि अब कार को वह हिट करने ही वाला है, तो वह अपने ही ज़ोम में एक तरफ लुढ़क गया। एक-दो बार मुझे धमकी-भरे पत्र भी मिले और इधर-उधर से दवाब भी पड़े, लेकिन मैंने अब तक अपना स्वर बरकरार रखा है। नहीं, इत्मीनान रखिए, मैं कोई डींग नहीं मार रहा, केवल अपने दायित्व की बात कर रहा हूँ...

मैंने अभी उस औरत का परिचय देना चाहा था, जिसके चेहरे पर लुटे हुए होने का भाव है। दरअसल, वह एक हरिजन औरत है। हरिजन से मेरी यह मुराद कतई नहीं कि वह कूड़ा उठाती है। वैसे कूड़ा उठाया भी हो, तो क्या कोई हर्ज़ है ? क्या हम किसी से महज़ इसलिए परहेज़ करने लगें कि उसे एक खास किस्म का काम करना पड़ता है ? जैसे एक लुहार या ठठेरा किस मायने में नीच है ? या, एक बढ़ई या राजगीर किन अर्थों में घटिया है ? महज़ इसलिए कि उन्हें मुफ्तखोरी नसीब नहीं हुई ?

माफ कीजिएगा, मैं बार-बार अपने मुद्दे से हटता हूँ। लेकिन क्या कभी आपने इसका कारण भी खोजने की कोशिश की ? दरअसल, हमारी स्थितियाँ इतनी बदल-बिगड़ चुकी हैं कि कोई बात सीधे-सीधे बयान हो ही नहीं सकती।

खैर, जाने दीजिए इस बात को भी आइए, अब थोड़ी इस हरिजन औरत की ही बात कर लें, वह हरिजन औरत जिसका नाम शायद शरबतिया है। बस्ती में जो जुंबिश हुई, वह इन्हीं लोगों के कारण हुई। शरबतिया चटाई बुनने का काम करती है। वह तो चटाई बुनती ही है, उसका घरवाला भी यही काम करता था। 'था' से मेरा मतलब यह नहीं कि वह किसी और के साथ चला गया है। 'था' से मेरा मतलब है कि...

देखिए, अब मुझे मजबूरन पुलिसवालों के बारे में बात करनी पड़ रही है। अब तक तो मैं इसे किसी तरह बचाता आया था, लेकिन अब भी चुप रहूँ तो साफ है कि अपने दायित्व से बचता हूँ। आखिर साफगोई और साहस ही तो पत्रकारिता के दो पहले गुण हैं।

मैं अगर साफ-साफ कहूँ कि पुलिस ने शरबतिया को मारा, तो आप थोड़ा चौंकेंगे ज़रूर, पर चौंककर ही रह जायेंगे। फिर आपके मन में कई तरह के सवाल भी उठ सकते हैं। जैसे, हो सकता है, आप सोचें, शरबतिया बदचलन हो। हो सकता है, आप यह भी सोचें, शरबतिया कोई और ही धन्धा करती हो। या यह भी हो सकता है, आप सोचें...आप कई कुछ सोच सकते हैं। दरअसल, गरीब पर कई तरह के शक करना हमारी संस्कृति का अंग ही है। मलसन, गरीब चोरी करता है, गरीब डाका डालता है, गरीब अस्मत बेचता है, गरीब सब कुछ करता है, और अमीर ? अमीर कुछ भी नहीं करता। केवल इन सबको बैठे-बैठे देखता रहता है और मौका आने पर एक अच्छे अभिभावक की तरह इनकी पीठ ठोंक देता है। दरअसल, अच्छे अभिभावक का काम अब पीठ ठोंकना और हौसला-अफज़ाई करना ही तो रह गया है !

तो पुलिस ने शरबतिया को क्यों मारा ? शायद पुलिस का इरादा शरबतिया को मारने का कतई नहीं था, पर शरबतिया क्योंकि बीच में पड़ गयी, इसलिए उसकी पिटाई हो गयी। और पिटाई थोड़ी नहीं हुई, जमकर हुई। साथ में उसके घरवाले की भी हुई, और वह उसी दिन से यहाँ से ग़ायब है। माँगेराम कहता है कि शरबतिया के जिस्म पर अब भी पिटाई के निशान हैं। माँगेराम ने डरते-डरते और भी कुछ बताया, और यह भी बताया कि...

पर शायद आप पहले यह जानना चाहें कि यह रुक-रुककर, डर-डरकर बात करनेवाला माँगेराम है कौन ? माँगेराम ने अपना परिचय कुछ इस तरह दिया :

"साहब, कहीं कोई सुनवाई नहीं ! चारों तरफ धाँधली है !"

"क्यों, कहना क्या चाहते हो ?"

"साहब, गाँव छोड़कर यहाँ आया कि कोई काम मिलेगा। एक तो कोई काम नहीं, उधर इतनी मँहगाई, और फिर राशन कार्ड तक नहीं बनता ! बताओ,

कहाँ से खाऊँ? राशन कार्ड बनानेवाले पचास रुपया माँगते हैं ! पचास रुपया दो तो राशन कार्ड अभी बन जाये !''

''...............!''

''साहब, कोई ऐसा तरीका नहीं जिससे मैं फौरन जेल चला जाऊँ ? सुना है जेल में खाने को काफी मिल जाता है ! खुद भी जेल जाऊँगा और साथ में बच्चों को भी ले जाऊँगा।''

माँगेराम की बात सुनकर मेरे चेहरे पर जबरन हँसी आ गयी। मुझे हँसता देखकर पास खड़े बाकी लोग भी हँसने लगे।

''लेकिन अब तक रोटी की जुगाड़ कैसे करते रहे ?

माँगेराम के पास इसका कोई जवाब नहीं। माँगेराम, जिसका धड़ नंगा है और जो नीचे के हिस्से पर सफेद रंग की बेलबॉटम उठाये हुए है और उस बेलबॉटम पर चौड़ी पेटी भी कसे हुए है। शक्लोसूरत से भी माँगेराम भुखमरी का शिकार नहीं दिखता। तब कैसे गुज़र करता होगा माँगेराम अपनी ?

लेकिन माँगेराम खुद ही कहता है—जब मेरे पास कोई काम नहीं होगा तो मैं जेबें ही काटूँगा न ? पर जेब ससुरी अभी तक मुझसे ठीक से कटती ही नहीं ! हाँ, मैं जेब काटूँगा, चोरी करूँगा, डाका डालूँगा, और जब पकड़ा जाऊँगा, तो मज़े से जेल की रोटियाँ तोड़ूँगा। पर मुझे एक ही फिकर है कि जब मैं पकड़ा जाऊँगा, तो मेरे बच्चों का क्या होगा !

न जाने क्यों मुझे माँगेराम से सहानुभूति हो आयी और मेरे मुँह से अचानक ही निकल गया—वोट देते वक्त तुम लोग ये सब क्यों नहीं सोचते ?

मैंने अपने मन की बात कह तो दी, लेकिन, मुझे डर लगने लगा कि ये लोग मुझे कोई नेता-वेता न समझ लें। इसलिए अपनी बात को थोड़े और विस्तार से कहा, ''देखो, जब मुझे लगा कि ये पार्टीवाले हमारी भावनाओं के साथ खिलवाड़ करते हैं, तो मैंने इन्हें वोट देना छोड़ दिया। सच तो यह है कि मैं पिछले दस-बारह वर्षों से किसी को वोट देता ही नहीं !''

''साहब, वोट कैसे नहीं देंगे ? वोट नहीं दें तो गुण्डे हमारी बस्ती को ही जला डालें !''

''लेकिन यह भी तो होता है कि तुम लोग थोक रेट पर सौदेबाज़ी करते हो ?''

मेरी बात पर कुछ लोग मुस्करा दिये, कुछ एकदम गम्भीर हो गये।

इस पर माँगेराम ही आगे आया, ''साहब, आप गलत नहीं कहते। पर हम भी गलत नहीं हैं। या तो हममें इतना एका हो कि हमारी तरफ कोई आँख उठाकर देख न सके, या...सोचा था, इस बार एक भी वोट नहीं देंगे, तो गुण्डों के साथ-साथ पुलिस ने भी दबिश डालनी शुरू कर दी। तब सोचा, इससे अच्छा

तो यही है कि...''

देखिए, अब शरबतिया उस झुग्गी की आड़ में कैसे सहमी खड़ी है !

''शरबतिया, तुझे पुलिस ने क्यों मारा ?'' मैंने उसी से बात करना ठीक समझा।

शरबतिया के लुटे हुए भाववाले चेहरे पर एकाएक कसाव-सा आ गया और वह तमतमायी-सी बोली, ''उस दिन कमेटीवाले हमारी झुग्गियाँ तोड़ने आये थे। बस्ती के औरत-मर्द सब काम पर गये थे। झुग्गियों में ज़्यादातर बच्चे ही थे। एकदम ऐसे लगा जैसे कोई भूचाल आया है। मेरी बहन और उसका मर्द हमारे यहाँ ही थे। हमने कहा, नहीं, ये झुग्गियाँ मत तोड़ो, हम कहाँ जायेंगे ! बच्चों ने भी बड़ी गुहार की। लेकिन वे किसी की सुनते ही न थे। तब मेरी बहन के आदमी ने उठाकर उन्हें एक ईंट दे मारी। ईंट इंस्पेक्टर के जा लगी। बस, ईंट का लगना था कि उन्होंने एकदम से हमें दबोच लिया और फिर मेरी बहन को बेइज़्ज़त करने लगे। हज़ूर...''

''फिर ?''

''मेरी बहन का आदमी भी काबू से बाहर हो गया था उसके जो हाथ लगा, उसने पुलिस और कमेटीवालों पर दे मारा। बात बढ़ती गयी। वे मुझे और मेरे आदमी को भी पीटने लगे। मेरा आदमी तो पहले ही बीमार था। वह तब से जाने कहाँ गायब है ! मैंने भी वहाँ से भागने की कोशिश की, पर मैं अभी मुश्किल से कुछ ही दूर गयी थी कि मेरी बहन की चीखों से मेरा दिल फटने लगा। इतनी जवान लड़की और उसकी यह हालत ! तब मेरे हाथ एक फरसा लगा और मैंने सोचा कि इनको चीर दूँगी। पर तब तक मैंने देखा कि मेरी बहन का आदमी पास ही एक बिजली के खम्भे पर चढ़ गया है और बिजली के तारों को कुरेदने लगा हैं। देखते-ही-देखते उसका शरीर ऐंठने लगा और वह वहीं तारों से झूल गया। अब चारों तरफ इतना हाहाकार मच गया था कि...''

क्या आप सोच सकते हैं इसके बाद क्या हुआ होगा ? माँगेराम कहता है बस्ती में जितने भी लोग थे, बच्चे, बूढ़े, औरतें, उन सबने इतने पत्थर बरसाये कि पुलिस भी एक बार तोबा कर उठी। शायद बात और भी बढ़ती, पर बड़े अधिकारियों के बीच में पड़ने से वह टल गयी।

खैर, मैं यह स्टोरी फाइल करूँगा तो सही, पर मैं आपको यह विश्वास नहीं दिला सकता कि यह ज्यों-की-त्यों ही छप जायेगी ! हो सकता है कि जब यह दूसरे हाथों में जाये, तो शरबतिया को किसी और रूप में पेश कर दिया जाये और...

□□

खण्डहर

कुछ तो यह पहाड़ी इलाका था और कुछ लगातार बारिश होती रही थी जिसकी वजह से हवा थोड़ी खुनक हो गयी थी।

शायद इस खुनकी का आभास मेरे दोस्त को भी हुआ था, क्योंकि उसने रेस्ट हाउस में कदम रखते ही पूछा था, "चलेगी ?" उसके पास चार रम और एक गुलाब की बोतल थी। इसके अलावा वह साथ में पोर्क और मछली के सीलबन्द डिब्बे भी लेता आया था।

इत्तफाक से बारिश जल्दी ही थम गयी और उसने नन्ही-नन्ही फुहार की शक्ल ले ली। हमने बारजे में कुर्सियाँ डलवा लीं और वहीं फुहार में बैठ गये। हरियाली दूर-दूर तक, बल्कि क्षितिज से भी परे तक, फैली हुई थी और लगता था जैसे खण्डहर उसी में से उगे हों। खण्डहरों के आस-पास, बल्कि उन्हें घेरे हुए ताल-तलैयाँ भी जैसे कि हरियाली की अंग बन गये थे।

शायद बात हरित क्रांति से उठी थी और होते-होते जन क्रांति तक जा पहुँची थी। मेरे दोस्त को लग रहा था कि हरित क्रांति चाहे किन्हीं मानों में असफल रही हो, जन क्रांति अब रुकेगी नहीं, और अपने कथन की पुष्टि में उसने उन सब घटनाओं को फिर से ज़िन्दा कर दिया था जिनसे देश के कई कोनों में भूकम्प-से आये थे और कहीं-कहीं बारूदी धमाके भी हुए थे।

"पर मैं तुमसे सहमत नहीं हो सकता," मैंने यूँ ही अपनी बात को तूल देते हुए कहा था, "इस देश में जहाँ कि प्रबुद्ध वर्ग हमेशा भीरु बना रहा है, क्रांति के ख्वाब लेना महज़ खामख्याली है। ईवन द जियोग्राफी ऑव दिस कंट्री हैज़ बिन अगेंस्ट रेवूल्यूशन !" और मैंने एक सुना-सुनाया वाक्य दुहराकर उसकी तमाम दलीलों का मटियामेट कर देना चाहा था, हालाँकि क्रांति का मैं बराबर पक्षधर रहा हूँ।

अपनी दलीलों को पुरज़ोर बनाने के लिए मेरे दोस्त ने कई कलाबाज़ियाँ

लगायीं, पर आखिर उसे चुप रह जाना पड़ा। वैसे भी जैसे-जैसे उसे चढ़ती जाती है, वह चुप होता जाता है, यद्यपि उसके चेहरे से लगता यही है कि वह बराबर कुछ कहे जाना चाहता है।

फुहार अब और भी कम हो गयी थी और हलके धुएँ के से बादल बड़ी तेज़ी से हमसे टकराते, हमें उकसाते, हमसे दूर उड़े जा रहे थे। हम उठे और नीचे सड़क पर आ गये। पास ही कपूर तालाब था जिसकी सीढ़ियों पर बैठकर हम कुछ देर तक उसकी सतह पर बड़ी फुर्ती से एक-दूसरे के पीछे लगी लहरों को देखते रहे। लहरों से जी ऊबा तो हम खण्डहरों में घूमने लगे और उनकी सार्थकता पर प्रश्नचिह्न लगाने लगे। हिंडोला महल, शाही महल और फिर जल महल। शाही महल के बीचोंबीच चंपा बावड़ी थी जहाँ चमगादड़ों की बीट से तीखी गन्ध उठ रही थी। जल महल शायद किसी सुलतान की गर्भिणी बेटी को अलहदगी मुहैय्या कराने के लिए बनवाया गया था।

जल महल से हम जहाज़ महल की तरफ चले आये। एकदम सीधी सीढ़ियाँ थीं और फिर एक बहुत ही वसीह कमरा, जिसकी ऊपर की छत न जाने कैसे उड़ गयी थी। कमरे के दूसरे सिरे पर एक बारजा था जिसके ठीक मध्य में एक कुण्ड था। बारजे से नीचे भी एक कुण्ड था जिसके कटाव कुछ ज़्यादा ही तराशे हुए थे, बल्कि ग़ौर से देखने पर योनि के आकार के दिखते थे। कुएँ के चारों ओर थोड़े-थोड़े फासले पर, दोतरफी सीढ़ियाँ थीं जिन पर बैठी सुन्दरियों को शायद बादशाह सलामत कुण्ड में नहाते समय देखते-भोगते होंगे।

ये सब पुरानी बातें थीं, फिर भी ताज़ा लग रही थीं। मेरी आँखों के सामने रह-रह कर दिल्ली और बम्बई के उन बड़े-बड़े होटलों के दृश्य घिर रहे थे जहाँ आज की काली दुनिया के राजा-महाराजा, अपने घनीभूत क्षणों की तथाकथित कमाई के सैलाब-कुण्ड में तैरते, अपने चारों ओर घिर आयीं सुन्दरियों के रूप-सौन्दर्य को देखते-परखते ही नहीं, वक्त-बेवक्त उसकी नीलामी भी लगाते रहते हैं।

कुण्ड को कुछ देर तक देखते रहने के बाद हम फिर हाल कमरे को पार कर उन्हीं सीढ़ियों पर आ गये थे जिनकी सीधी चढ़ाई चढ़कर हम जहाज़ महल में दाखिल हुए थे। तेज़ हवा बादलों को उड़ा ले गयी थी जिससे वातावरण में निखार-सा आ गया था। हरियाली अब जगमगाती-सी दिखती थी।

हम वहीं बैठ गये, उन्हीं सीढ़ियों पर। दिन डूबने को हो रहा था। तभी देखा हमारे सामने एकाएक एक लड़का आ खड़ा हुआ है। गन्दा-गन्दा सा, मैला, गाढ़े का कुर्ता पहने हुए, जो मुश्किल से उसकी जाँघों तक पहुँच पा रहा था। इसके अलावा उसके पास कोई परिधान न था।

हमारी उस पर नज़र पड़ते ही वह मुस्कराया जिससे उसकी गन्दी आकृति

और नुमायाँ हो उठी।

"कहो, क्या बात है ?" मेरे साथी ने कहा।

"कुछ नहीं," उसने निरीहता से अपना सिर हिलाया।

"तब क्यों खड़ा है ?" साथी ने डाँटा।

इससे वह लड़का हसरत-भरी आँखों से हमारी अंगुलियों में धुआँती सिगरेटों की ओर देखने लगा और फिर धीमे से बोला, "सिगरेट पिऊँगा।"

"साले, अभी से सिगरेट !" साथी ने एक और डाँट लगायी जिससे कि उसकी दुबली-पतली काया कुछ सहम गयी। पर उसकी दृष्टि हमारी सिगरेटों पर वैसे ही टिकी हुई थी।

इस पर साथी ने नीचे की सीढ़ी पर फेंके सिगरेट के एक टोटे की ओर इशारा करते हुए कहा, "वह ले लो।"

लड़के ने टोटा उठया। पर वह बुझ गया था। तब मैंने उसे अपने हाथ का टोटा दे दिया जिस पर वह बड़े इत्मीनान से कश लगाने लगा।

"अरे, क्या काम करता है तू ?" मैंने उसकी नंगी टाँगों की ओर देखते हुए पूछा। साथी ने भी रुचि दिखायी।

इतने में पास से कुछ सैलानी अपने ट्रांज़िस्टर पर कोई उकचानेवाली धुन सुनते निकल गये। उनमें ज़्यादा लड़कियाँ थीं जो तरह-तरह के लिबास पहने हुए थीं। कोई मैक्सी में थी, कोई बैलबॉटम में। कुछ ने ग़रारे पहन रखे थे। उनके साथ कुछ लड़के भी थे जो अधिकतर बैलबॉटम-धारी थे।

खैर, अपनी टाँगों की ओर इस तरह देखे जाने से लड़के को कोई संकोच नहीं हुआ। उसने बड़ी सादगी से कहा, "सामने रेस्ट हाउस का खानसामां जो काम कहता है, कर देता हूँ।"

"कैसा काम ?"

"बाजार का। दिन में दो-चार बार हो आता हूँ।"

"और इसके बदले में तुझे क्या मिलता है ?"

"दो-तीन बीड़ियाँ !"

"बस ?" मैंने ताज्जुब ज़ाहिर किया।

"खाने को रोटी या चाय वगैरा नहीं देता ?" साथी ने फिर टोका।

"नहीं।"

"और क्या करता है ?" साथी उसे कुरेद रहा था।

"कुछ नहीं।"

"हुश साले, झूठ बोलता है ! छोरी नहीं लाता ?"

"नहीं।"

"फिर झूठ ?" मेरे साथी ने जैसे कि उसे हलका कोड़ा लगाया।

लड़का बक पड़ा, "लाता हूँ। चाहिए ?"

"हाँ। कितने पैसे लेती है ?"

"चार, दो, एक। जिससे जो मिले।"

"हमसे क्या लेगा ?"

"एक छोरी का, एक अपना। छोरी को अभी जाकर दे आऊँगा।"

"वह क्या अभी आ जायेगी ?"

"हाँ।"

"कितने बरस के हो तुम ?" मेरा प्रश्न।

"होगा दस-एक साल का," मेरे साथी का उत्तर। फिर साथी ने समर्थन चाहा, "क्यों बे, ठीक है ना ?"

"हाँ।"

"साले, दस बरस का हो गया, अभी तक नंगा घूमता है !" साथी ने फिर घुड़का। "अच्छा, बोल, तेरी बहन कितनी बड़ी है ?"

"उसकी तो शादी हो गयी।"

"क्या उसको ला सकेगा ?"

लगा लड़के की हाज़िरजवाबी कहीं गुम हो गयी है। कुछ रुककर बोला, "वह उस पार रहती है। वह छिनाल नहीं है।"

"और यह छिनाल है ?"

"हाँ," उसकी हाज़िरजवाबी फिर लौटने लगी थी।

"इनके खेत नहीं हैं ?"

"हैं।"

"तो यह वहाँ काम नहीं करती ?"

"करती है।"

"तब ?"

"खेत से क्या मिलता है ? जो मिलता है वह साहूकार को चला जाता है।"

"इनके घर में और कोई नहीं ?"

"हैं क्यों नहीं। इस छोरी का बाप है।" फिर थोड़ा रुककर बोला, "वह देख लेगा तो जान ले लेगा।"

"तब कहाँ करेंगे ?"

"नीचे कोठरियाँ हैं, वहीं।"

"और वहाँ अगर कोई आ निकला तो ?"

"मैं देखता रहूँगा।"

मेरे साथी ने फिर अपना तेवर बदला, "अबे, तू तो एक रुपया माँगता

है। एक रुपया तो बहुत होता है।''

लड़का कुछ सोचने लगा। फिर बोला, ''अच्छा, जो ठीक लगे दे देना। आठ आने दे देना।''

''और तुझे ?''

''कुछ भी।''

इतने में सीढ़ियों के पास एक कार आकर रुकी। उसमें से खिलखिलाने की आवाज़ आ रही थी। फिर उसमें से एक-एक करके लोग बाहर आने लगे। तीन जोड़े थे। सभी चुस्त पोशाक में थे। उनमें लड़कियाँ ज़्यादा चुस्त, बल्कि पारदर्शी पोशाक में थीं। कार में से बाहर निकलकर उन्होंने अपने आपको झटककर थोड़ा और चुस्त बना लेना चाहा और फिर एक-दूसरे की कमर में हाथ डालकर खण्डहरों की ओर बढ़ने लगे।

''जाओ, उनके पास जाओ,'' मैंने कहा, ''उनसे तुम्हें काफी पैसे मिल जायेंगे।''

''नहीं, वो नहीं देते,'' लड़के ने यथार्थ भाव से कहा, ''वो अपने आप सब कुछ कर लेते हैं। वहाँ भीतर जाकर पहले शराब पियेंगे और फिर...''

''पता नहीं इनके पास इतना पैसा कहाँ से चला आता है ?'' मैंने अपनी भड़ास निकालनी चाही।

''प्यारे, यह हाथ की सफाई है, हाथ की !'' मेरे साथी ने मेरा ज्ञानवर्द्धन करना चाहा, ''है हिम्मत तो तुम भी आगे बढ़कर कुछ कर दिखाओ। दूसरों को देखकर खाली जलने या ठण्डी आहें भरने से कुछ नहीं मिलेगा।''

मेरा साथी भी, दरअसल, पिछले दो-तीन सालों से लाखों में खेलने लगा है।

लड़का अब तक वहीं जमा खड़ा था।

''अच्छा, कौन जात हो तुम ?'' मैंने ऐसे ही एक सवाल पूछ डाला, यद्यपि मैं जानता था कि यह एक बेहूदा सवाल है।

''भील हूँ,'' लड़के की आश्वस्ति लौटने लगी थी।

''अरे, भील होकर यह काम !'' मेरे साथी ने उसे टंकारा।

इस पर लड़के के चेहरे पर कुछ लाचारी-सी घिर आयी। उसके होंठ फड़फड़ाने लगे और वह अपनी आश्वस्ति फिर खोने लगा, ''मेरी माँ मूली के गट्ठर सिर पर लादे-लादे तीन-तीन गाँवों में घूम आयी, मगर किसी ने हमें जवार नहीं दिया। घर में नमक भी नहीं है।''

मेरी आँखों के सामने अब इस प्रांतर में घुसते समय एक उपनगर के चौक में खड़ी देखीं तीन आकृतियाँ उभर आयीं। तीनों के पास लम्बी-लम्बी लकड़ियों के तीन गट्ठर थे जिन्हें उन्होंने सीधे ज़मीन पर टिका रखा था और खुद भी

उनके पास वैसे ही ठठरी बनी खड़ी थीं। वह दृश्य काफी देर तक मेरी आँखों में कसमसाता रहा था।

"यार चलते हैं," मैंने साथी को चेताते हुए कहा।

हम उठे खड़े हुए और सीढ़ियाँ उतरने लगे। वह लड़का हमारे आगे-आगे उतर रहा था।

अभी हम सारी सीढ़ियाँ उतरे भी न थे कि लड़का रुका और दूर से आती एक लड़की की तरफ इशारा करते हुए बोला, "यही है।"

हम सड़क के किनारे खड़े-खड़े आनेवाली लड़की की राह देखते रहे। वह जब पास आयी तो मुझे वह निहायत कमज़ोर-सी लगी, कमसिन-सी। उसके चेहरे पर चेचक के दाग थे और एक आँख भी उसकी सम्भवतया खराब हो चुकी थी।

लड़के ने लड़की को आँख मारी। प्रत्युत्तर में लड़की मुस्करा दी और बिना रुके उसी तरह आगे बढ़ती रही।

वह चली गयी तो साथी ने कहा, "चल सकती थी !"

और मुझे लगा कि खण्डहरों में जैसे कि कोई एकाएक चीत्कार कर उठा हो और लहूलुहान हुआ हमसे परे दौड़ा चला आ रहा हो।

□□

चालाक

हवा में कुछ ऐसी गन्ध है कि मेरी नाक छिली जा रही है। धूल ज़मीन से आसमान तक अटी पड़ी है। ऐसे लगता है जैसे कहीं भारी उपद्रव हुआ हो।

घर से फिर पत्र आया है कि बाज़ार से धीरे-धीरे सब चीज़ें गायब होती जा रही हैं और सिर पटकने पर भी कुछ नहीं मिल रहा। घर में मेरी बूढ़ी माँ है और बूढ़े पिता हैं, जो अपनी ज़ईफी के दिन वहाँ बिता रहे हैं।

पिता का पत्र पाकर मुझे सख़्त झटका लगा है और मैं लतियाये कुत्ते की तरह भीतर-ही-भीतर चौं-चौं कर उठा हूँ। चौं-चौं करने के अलावा हमारे पास चारा ही क्या रहा है ? हम इतने त्रस्त हैं कि किसी को काट भी नहीं सकते। तंगी सह-सहकर हमारा त्रास दिन-ब-दिन बढ़ता जा रहा है। मेरे सामने पिता का वह क्षीण चेहरा उभरता आ रहा है जिसमें से आँखें उबलकर बाहर आती-सी दिखती हैं। मेरे सामने उनकी वह मुद्रा भी ताज़ा हो उठी है जब उन्होंने अपने चेहरे पर भरपूर विद्रूप लाकर चेतावनी दी थी, "देख लेना, अगर लूटखसूट की यही हालत रही तो एक दिन यहाँ ज़रूर उपद्रव मचेगा !"

क्या उपद्रव का दिन नज़दीक आ गया है ? मेरे दिमाग़ में उन खबरों की अनुगूँजें भी हैं जिनके अनुसार भूख से सताये हुए लोग गल्ले के गोदाम लूटने पर मजबूर हो गये, पर बाद में गोली का शिकार होकर वहीं धराशायी हो गये।

क्यों मेरे भीतर एकदम सन्नाटा भर गया है ? मैं अपने आपको झकझोरता हूँ। मेरे बच्चे मेरे सामने खड़े हैं और मुझे कुछ याद दिला रहे हैं। दरअसल, मेरी याद्दाश्त कुछ ज़्यादा चालाक हो गयी है। वह उन सब बातों को नज़रअंदाज़ कर देती है जिनका मेरी जेब से ताल्लुक है। दरअसल, वह जानती है कि मेरी जेब में प्रायः कुछ होता ही नहीं, क्योंकि उसने कई बार मुझे खाली जेब फटकारते देखा है। पर मेरे बच्चे मेरी याद्दाश्त की चालाकी ताड़ गये हैं और उसे कोंचते

हुए कह रहे हैं कि दुकानें बन्द होनेवाली हैं और कल शनिवार है; अभी महीने का शुरू ही है और यदि अब भी उन्हें सफेद बूट न लेकर दिये तो उन्हें क्लास में काफी शर्मिन्दा होना पड़ेगा। मैंने पहले उन्हें बताना चाहा कि शर्मिन्दा होने से क्या डरना ! शर्मिन्दा तो अब हमें कदम-कदम पर होना पड़ेगा। किन्तु यह सोचकर चुप हो गया कि इतनी कच्ची उम्र में इतनी पक्की शिक्षा देना कोमल त्वचा पर तेज़ाब डालना होगा। इसीलिए मैं तुरन्त उन्हें अपने साथ लिवा ले चलने के लिए तैयार हो गया।

चलने लगा तो पत्नी ने एकाएक टोका, "वह सामने देखो, लाइन के पार कोई लाश पड़ी है। बहुत देर से पड़ी है। लोग उसके पास से गुज़रे भी, पर वहाँ कोई रुका नहीं।"

पत्नी की बात सुनकर मैं दो-एक क्षण के लिए ठहर गया हूँ। वाकई, पत्नी क्या सच कह रही है ?

बारजे पर खड़े-खड़े मैंने धूल के सैलाब को किसी तरह नज़र से परे ठेलते हुए उस लाश को देखने की कोशिश की। हाँ, कोई है ज़रूर। पर वे आते-जाते लोग वहाँ इकट्ठे क्यों नहीं हो रहे ?

यह मेरे दिमाग़ में रुक-रुककर ठक-ठक कैसी हो रही है ? साढ़े सात बजे दुकानें बन्द हो जायेंगी और मैं अभी यहीं खड़ा हूँ। मैंने फौरन बच्चों को साथ लिया और सीढ़ियाँ उतरने लगा। सीढ़ियाँ उतरते-उतरते मेरे दिमाग में फिर ठक-ठक हुई। क्या हमारा यह पड़ोसी पुलिस को फोन नहीं कर सकता ? फोन केवल उसी के यहाँ है। मैंने ज़्यादा पसोपेश में पड़े बिना उसके यहाँ घण्टी दाब दी।

पड़ोसी मेरी तरह ही किसी उलझन में दिखता था। घण्टी सुनते ही हड़बड़ाकर वह मेरे सामने आ खड़ा हुआ। शायद दफ्तर से लौटकर अभी कपड़े बदलने ही वाला था, क्योंकि वह बुश्शर्ट पहनता-पहनता-सा बाहर आया था।

"आपको एक काम करना होगा !" मैंने चटपट बात खत्म करने के अंदाज़ में कहा।

वह चुप था। वह बिना कुछ बोले मेरी पूरी बात सुन जाना चाहता था।

"वहाँ, रेलवे-लाइन के पार, एक लाश पड़ी है। अच्छा हो, आप पुलिस को फोन कर दें।"

पड़ोसी को जैसे कि तीखा डंक लागा। "आप क्या कह रहे हैं ? क्या मेरा दिमाग खराब है ? आप जानते नहीं, ऐसे मामलों में पुलिस सबसे पहले खबर देनेवाले को ही पकड़ती है ! और नहीं तो गवाहियाँ भुगतते-भुगतते ही दम निकल जायेगा !"

"इसका मतलब तो यह हुआ कि कोई मरता मर जाये और हम उसकी ज़रा भी चिन्ता न करें ?"

"हाँ, साहब, इस डेमोक्रेसी से आप और उम्मीद भी क्या कर सकते हैं ?"

मेरी मजबूरी है। मैं पड़ोसी से बात का सिलसिला ज़्यादा बढ़ा नहीं सकता। हो सकता है बाज़ार अब तक बन्द हो भी चुका हो। साढ़े सात बज ही रहे हैं।

मैं बच्चों को लेकर बाज़ार की तरफ प्रायः दौड़ता-सा गया। मेरी याद्दाश्त ने फिर मेरी मदद की। मैं रेलवे लाइन के पार पड़ी लाश को बिलकुल भूल गया था।

घर लौटा तो पत्नी को रसोई में पाया। रसोई की गन्ध ने मेरी भूख को एकाएक चमका दिया। मैंने बच्चों को भीतर कमरे की तरफ ठेला और खुद पत्नी के पीछे आ सटा। पत्नी भी उस समय मुझ पर मुग्ध थी।

पर इतने में बच्चों की फिर आहट सुन पड़ी और मैं छिटककर अलग हट गया और दरवाज़े पर आ खड़ा हुआ। हाँ, वह लाश ? धूल के कारण अँधेरा और गहरा हो गया था और कुछ दिख नहीं रहा था। अलबत्ता, दूर, कहीं-कहीं मद्धिम-सी रोशनी के संकेत ज़रूर मिलते थे।

पहले मैंने चाहा कि खाना खाकर ही इस लाश से निबटा जाये, पर भीतर कुछ कुतरन हुई। कानून और व्यवस्था का जो आलम है, हो सकता है कल कोई मेरे ही छुरा घोंपकर मुझे वहाँ फेंक जाये और मैं भी ऐसे ही उपेक्षित पड़ा रहूँ।

मैंने पड़ोसी के यहाँ जाकर फिर घण्टी बजायी। अब मैं चाह रहा था कि वह टार्च लेकर मेरे साथ लाइन के पार चले।

"तो क्या ज़रूर चलना होगा ?"

"हाँ, मेरा ख़्याल है चलना ही चाहिए।"

"लेकिन, आपने क्या इस सब का परिणाम सोच लिया है ?"

"यही न कि पुलिस हमीं को सबसे पहले अपना निशाना बनायेगी ?"

मेरे पड़ोसी की हिम्मत जैसे कि बन्ध गयी थी। वह बुश्शर्ट पहनकर और हाथ में टार्च और डण्डा लेकर मेरे साथ चल पड़ा। चलते-चलते मुझे एक दूसरे पड़ोसी की याद आयी। वह सरकारी अस्पताल में डॉक्टर है। अपने घर के बाहर खुले में ही पंखा लगाकर बैठा था।

"डॉक्टर साहब !" मैंने दूर से ही पुकारा।

डॉक्टर चौकन्ना हो गया और मेरे पास पहुँचने पर और चौकन्ना हो गया।

"डॉक्टर साहब," मैंने पास पहुँचकर कहा, "लाइन के पार एक लाश पड़ी है। हमारा ख़्याल है उसे एक बार देख आना चाहिए। और यह भी हो सकता है कि उसमें अब भी थोड़े-बहुत प्राण बाकी हों। शायद आप उसे बचा सकें !"

डॉक्टर मेरी बात सुनकर हँसा, "किस-किस को बचाते रहेंगे आप ? अब

ये तो आये दिन की वारदातें हैं।''

''फिर भी, डॉक्टर साहब, शायद आपके साथ होने से वह बच जाये,'' मैंने एक बार फिर अपना मत उस पर लादना चाहा।

''नहीं, आप ही हो आइए,'' डॉक्टर ने जम्हाई लेते हुए कहा, जिससे मुझे लगा कि बाहर की तमाम धूल उसके भीतर अट जायेगी।

हम चल पड़े, मैं और मेरा पड़ोसी। रास्ते में हमारे इलाके का अगुआ भी हमें मिल गया। उसे भी हमने साथ ले लिया। इसी बीच हमारा एक और पड़ोसी भी हमारे साथ आ मिला।

अब हम चार थे और धीरे-धीरे बतियाते हुए पुल की तरफ बढ़ रहे थे, जिसे पार कर हमें लाश तक पहुँचना था।

पुल के बीच पहुँचकर मेरे साथियों ने टार्चों के प्रकाश से लाश की स्थिति को निश्चित कर लेना चाहा। लाश साफ तो नहीं दिख रही थी, पर कपड़ों की एक गठरी का-सा एहसास ज़रूर हो रहा था।

''नहीं,'' मेरे एक साथी ने कहा, ''यह लाश हरगिज़ नहीं हो सकती। लाश होती तो अब तक कुत्ते उसे ज़रूर नोच रहे होते।''

''आप ठीक कहते हैं,'' मेरे दूसरे साथी ने कहा, ''कुत्तों को तो मौत का बहुत पहले ही पता चल जाता है, और वे इसीलिए ज़ोर-ज़ोर से रोने लगते हैं।''

हमें पुल पर से लाइन पर रोशनी फेंकते देख कुछ राहगीर हमसे सवाल करने लगे।

''अरे, वही पियक्कड़ होगा,'' एक राहगीर का कहना था, ''वह तो हर दूसरे-चौथे दिन यहाँ पड़ा मिल जायेगा।''

''हाँ, मैंने भी उसे एक दिन देखा था,'' दूसरे राहगीर ने पहले की पुष्टि की।

''तब वहाँ तक जाने का क्या फायदा !'' मेरे पड़ोसी को सूत्र मिल गया था।

''हाँ, मेरा भी ख़्याल है वहाँ तक जाना बेकार होगा,'' हमारे इलाके के अगुआ ने अपनी राय दी।

''मुझे भी वहाँ तक जाने में कोई तुक नहीं दिखती,'' हमारे तीसरे साथी का कहना था। ''अपने इलाके का आदमी होता तब भी कोई बात थी।''

हम लौट पड़े। ज़मीन और आसमान के बीच धूल उसी तरह अटी पड़ी थी, और उस धूल में से दूरी पर दिखनेवाले मद्धिम-से प्रकाश के कण अब दिखने बिलकुल बन्द हो गये थे।

□□

मामूली लोग

जाने किस बात के सिलसिले में मुझे वे सब बातें एकाएक याद आने लगी थीं। वही गली-महल्ले, वही पड़ोसी, वही लोग। फिर लाशें ही लाशें। एक लाश मैंने एक सुबह उस खेत में देखी थी। बिलकुल नंगी। गोरी-चिट्टी। दूर से ही दिख रही थी। किसी औरत की थी। ऐसे फूल रही थी जैसे उसमें किसी ने हवा भर दी हो। ऐसे ही एक सुबह मैंने कुछ लाशें शूगर मिल के पास देखी थीं। कुछ तड़प रही थीं, कुछ बिलकुल मुर्दा थीं। लेकिन एक अन्धी बुढ़िया को किसी ने नहीं मारा था। वह ऐसे ही हाथ पसारती हुई इधर-उधर डोल रही थी और कोई भी 'थोह' न मिलने के कारण बार-बार बुदबुदाये जा रही थी, 'वे पुत्तरो, मैंनू अन्नी नू किस वास्ते ज्यूंदा छडिया ए ! वे पुत्तरो, मेरी वी कोई गरदन लाह् दयो,'' लेकिन ताज्जुब कि उसकी गरदन उतारने को कोई तैयार न था। कुछ ने मज़ाक किया, ''यारो, लाह् दयो बुड्डी दा वी बेड़ा पार।'' लेकिन 'बुड्डी' का बेड़ा पार कोई नहीं लगाता था। उससे किसी को कुछ नहीं लेना-देना था। जिनसे लेना-देना था, उनसे हिसाब तुरन्त कर लिया गया था। मसलन, उस काफिले में जितनी जवान लड़कियाँ थीं, उन्हें खींच-खींचकर अलग कर लिया गया था और एक ओर हाँक दिया गया था। बाकी सब पर किरपानें-तलवारें इस तरह बरसी थीं जैसे कि बटन दबा देने पर कल-कारखानों में खुद-ब-खुद चीज़ें कटने लगती हैं। उस मारकाट में केवल वह 'बुड्डी' ही बची थी। या जितने ढोर-डंगर थे, उन्हें भी लोग लड़कियों के साथ हाँक कर ले गये थे। लेकिन मुझे ताज्जुब इस बात का था कि ऐसी सामूहिक विपत्ति में भी व्यक्ति इतना निरीह कैसे हो जाता है, कि मरने से पहले वह एक बार 'हाँ-हूँ' भी नहीं करता !

अजब यादें हैं ये सब ! पर इनके साथ जुड़ी हुई और भी ऐसी कई यादें हैं। जाने ये दिमाग़ की किस गुहा में छिपी पड़ी रहती हैं ! एक निकली तो सब

निकल पड़ीं। जैसे पानी के दबाव के सामने कुछ नहीं टिकता। सब रिस-रिस कर सामने आने लगता है। हवा के दबाव के सामने भी कुछ नहीं टिकता। वह भी खोज-खोज कर चीज़ों को बाहर लाती है। या किसी को एकदम उर्रिया करना हो तो वहाँ खूब हाई पावर के बल्ब लगा दो। मेरे दिमाग़ में भी जैसे कि किसी ने हाई पावर के बल्ब लगा दिये हैं और सब कुछ उर्रिया हो उठा है। या वहाँ पर भी जैसे कोई हवा-पानी का वैसा ही दबाव ही दे रहा है जैसा गाड़ी साफ करते समय सर्विस स्टेशन पर दिया जाता है। खुद-ब-खुद मिट्टी रेशे-रेशे में से बाहर आ जाती है। मेरी यादें भी तो मिट्टी के समान हैं जिनका ज़ाहिरा तौर पर कोई महत्त्व नहीं, लेकिन जो उघड़ पड़ें तो आँख में शूल के समान तिलमिलाहट पैदा कर दें।

उन दिनों मुझ में जाने कहाँ की इतनी दिलेरी भर गयी थी ! एक पतला-दुबला, उठंग-सा लड़का, और हाथ में किरपान लिये घूमता फिरे ! पहले मेरे हाथ में हॉकी थी। लेकिन मुझे लगा था कि हॉकी से वार करारा नहीं होगा। ज़्यादा से ज़्यादा आदमी बेहोश होकर गिर पड़ेगा। लेकिन किरपान का वार खाली नहीं जाता। यदि ठीक से पड़ गयी तो गरदन साफ ! गरदन साफ करने का भी शायद एक सुख होता है। और मैं उसी की तलाश में था। मेरे साथ दो-तीन साथी और थे। मुझे 'सू' मिल गयी थी कि हमारे महल्ले में मुसलमान आये हैं। हम उन्हीं को इधर-उधर ढूँढ़ रहे थे। फिर एकाएक हमारा-उनका सामना हुआ और मेरे मुँह से सहसा निकला, "रुक जाओ वहीं !" ताज्जुब, वे वहीं रुक गये। उन्होंने मेरा हुक्म माना। मैं जो शरीर और कद में उनके किसी तरह भी बराबर नहीं था। उनके चेहरे का रौब एकदम ग़ायब था और वे बिलकुल वैसे ही निरीह हो रहे थे जैसे कि उस काफिले के लोग। फिर उनमें से एक बोला, "लेकिन इन्हें मारने से पहले हमें भी मारना होगा !" यह कौन है, मैंने अपने साथियों की तरफ देखा। "यह हिन्दू है और यहीं का रहनेवाला है।" लेकिन इस पर भी मेरी हिम्मत क्षीण नहीं हुई थी। मेरी वेश-भूषा भी अजब थी। मुँह पर शायद दाढ़ी के थोड़े-बहुत रोयें हों, सिर के बाल भी शायद बिखरे हुए हों, पर पैंट-कमीज़ न पहनकर मैं लुंगी और उस पर एक पुरानी-सी कमीज़ पहने हुए था और पाँव में स्लिपर थे। पाकिस्तान में हमने मुसलमानों का क्या बिगाड़ा था जो उन्होंने हमें इस तरह बेघर कर दिया, मैं कभी-कभी सोचा करता, और फिर सोचता कि वहाँ नहीं तो यहाँ इनसे बदला ज़रूर लेंगे, अब तो हम अपनी ज़मीन पर हैं। और आज वह मौका एकाएक हमारे सामने आ खड़ा हुआ था।

"नहीं, नहीं, मत मारो। पुराना महल्लेदार था। अपना मकान देखने आया होगा। इसने हमारा कुछ नहीं बिगाड़ा।" मेरा साथी फुसफुसा रहा था।

हमने नहीं मारा। मेरा तनाव एकदम जाता रहा। मुझे कुछ शर्म भी आयी।

मैं वहाँ से एकदम सबकी नज़र बचाकर खिसक लिया और फिर कई दिनों तक अपने घर में ही खोया-खोया घूमता रहा।

लेकिन उस दिन हमारे महल्ले में वाकई कोहराम मच गया। सब लोग 'मोये रफ्यूजिओं' को गाली दे रहे थे। इन्हीं के कारण चीज़ों के दाम बढ़े है, इन्हीं के कारण शहर में इतनी गन्दगी भर गयी है। "मोये गन्दे ! जहाँ देखो टट्टी ही टट्टी है। खेतों में, सड़कों पर, सब जगह। वैसे कहते हैं कि 'लुट-पुट के' आये हैं। पर इनकी औरतों के फैशन देखो ! इन्होंने अपनी तरह की गन्दगी फैला रखी है !"

ग़नीमत थी कि हम उतने 'रफ्यूजी' नहीं ये। यहाँ हमारा नानी का मकान था। हम उसी में आ गये थे। कुछ लोग हमें 'पुराने शहरदार' ही मानते थे।

लेकिन उस दिन वाकई बड़ा कोहराम मचा। हमारे एक रिश्ते के मामा ने एक मुसलमान सिपाही को धराशायी कर दिया था और फिर वहीं महल्ले के चौक में लकड़ियाँ चिनकर उसको आग भी लगा दी थी। आग की लपटें खूब तेज़ थीं, यहाँ तक कि कुछ लोग अपनी छतों पर चढ़कर उन्हें अनुभव कर रहे थे। तरह-तरह की चैमेगोइयाँ थीं। कोई कहता था सिपाही मामा के वार से नहीं मरा, मामा तो शराब के नशे में उलटे-सीधे वार क़िये जा रहा था और सिपाही अपनी लाठी से उन्हें झेले जा रहा था। और वह सिपाही भी अकेला न था, उसके साथ तीन और थे, लेकिन वे भाग गये थे—शायद वे हिन्दू थे। कोई कहता, नहीं यह भी हिन्दू ही था। मामा को चाहिए था कि पहले 'देख' लेता। इसी ग़लतफहमी में कई मासूम लोग मारे गये।

एक दिन स्टेशन पर भी ऐसे ही हुआ था। कुछ लोग कह रहे थे कि वह पागल है, कुछ कहते कि नहीं, जासूस है। फिर उसे एक तरफ ले जाया गया और उससे कहा गया कि अपना पाजामा खोले। पाजामा खोलने पर साबित हो गया कि वह मुसलमान ही है, और आनन-फानन उसे छुरे के एक ही वार से अल्लाह-तालाह के यहाँ भेज दिया गया !

पर मामा ने तो आव देखा न ताव, और उस पर धावा बोल दिया था। वह घबरा तो गया था, पर उसने फिर भी मुकाबला किया था और फिर ज़मीन पर गिर पड़ा था। उस समय तक मामा के और भी हिमायती आ गये थे और उन सब ने वहीं उसके लिए चिता तैयार की थी और उसे उस पर लिटा दिया था। पर ताज्जुब कि वह जली लकड़ियों में से भी उठ बैठा था और हाथ जोड़ कर अपनी जान की खैर माँगने लगा था। तभी उधर से एक और किरपानधारी गुज़रा था और उसने एक ही वार से उसका सिर धड़ से अलग कर दिया था।

चिता जल रही थी, लेकिन मामा एकदम डर गया था। वह डरकर अपने घर में छिप गया था और फिर ज़ोर-ज़ोर से रोने लगा था। बड़े अजब ढंग से रो रहा था वह ! काफी लोग उसके इर्द-गिर्द खड़े थे और उसे दिलासा दे रहे थे। पर मामा रोये जा रहा था। बीच-बीच में वह काँप भी जाता था। अजब तरह से रो रहा था मामा ! बच्चों की तरह। बिलकुल निरीह-सा। वैसे ही निरीह जैसे उस दिन उस काफिले के लोग थे, जो समर्पण में अपनी गरदनें आगे बढ़ाये हुए थे।

माँ ने उस दिन मुझे खास कहा था। "अभी तुम बहुत छोटे हो, और यह तुम क्या करते-फिरते हो !" लेकिन मैं घर में कोई तेज़ हथियार ढूँढ़ता फिर रहा था। हमारे घर में कोई हथियार नहीं था, यहाँ तक कि कोई ढंग की लाठी भी न थी। दरअसल, जब रेडियो-अखबारों में हिन्दुस्तान-पाकिस्तान बनने की खबर आयी थी तब किसी ने ऐसा कभी सोचा भी नहीं था कि हमें घर-बार छोड़कर इस तरह भागना पड़ेगा। काफी लोगों ने तो यही सोचा था कि हम पाकिस्तान में ही रहेंगे। मेरे पिताजी भी पाकिस्तान में ही रहना चाहते थे।

उन्होंने तो शायद कहीं लिखकर भी दे दिया था कि हम पाकिस्तान में ही रहेंगे। पर फिर धीरे-धीरे परिवर्तन होने लगे। हमारे पड़ोस में जो दो मुसलमान परिवार थे, वे अपने घर बेचकर किसी मुसलमानी महल्ले में चले गये, और उनकी जगह हिन्दू परिवार आ गये। फिर धीरे-धीरे हिन्दू-सिख परिवार भी अपनी सम्पत्ति बेचकर हिन्दुस्तान जाने लगे। लेकिन हमने अपना मकान नहीं बेचा। हमारे आस-पड़ोस में भी किसी ने अपना मकान नहीं बेचा। सब का ख़्याल था कि हमारा महल्ला सबसे अधिक सुरक्षित है। हमारे महल्ले के लोग थे भी बड़े मज़बूत। मेहनती लोग थे। सारे शहर में उनकी धाक थी। उनसे कोई टक्कर ले सकता था तो केवल कश्मीरी मुसलमान ही। पर कश्मीरी मुसलमान उनके दोस्त थे। हमारे पड़ोस में भी जो मुसलमान परिवार थे, वे भी शायद कश्मीरी मुसलमान थे। हमारे मकान से लगा हुआ मकान तो कश्मीरी मुसलमानों का था ही। उससे लगा हुआ मकान शायद कश्मीरी मुसलमानों का नहीं था। ये ही दो मकान थे हमारी गली में। पहला मकान हमारा था और बाकी दोनों मुसलमानों के। उसके बाद एक खुला 'खोला' था, और फिर बन्द। बाकी महल्ला मेहनतकश लोगों का था जो दिन भर हथौड़े चलाते थे। उनसे ज़्यादा मेरी दोस्ती भी नहीं थी। मेरी दोस्ती थी तो सलामतउल्ला यानी शौंकी से, जिनका मकान आखिरी था। लगभग मेरा हमउम्र था वह। बचपन मैं वह और में दोनों शहर की सड़कों पर घूमा करते थे और सिगरेट की खाली डिब्बियाँ बटोरा करते थे। कभी-कभी

मेरे साथ हमीद यानी महीदा भी जाता था। वह मेरा पहला पड़ोसी था। लेकिन उम्र में छोटा था। मैं भी तब उतना बड़ा नहीं था। तभी उसकी माँ के पास दुबककर जा बैठता था। काफी गोरी थी उसकी माँ, स्वस्थ भी। "चाची," एक दिन मैंने उससे कहा था, "मैं इस छूरी से मुसलमानों को मारूँगा !" वह हैरत से मेरी तरफ देखने लगी थी। "नहीं, नहीं," फिर मैंने सफाई दी थी, "मैं तुम लोगों को नहीं मारूँगा। उनको मारूँगा, उनको।" मेरा इशारा शायद बेलचियों की तरफ था जो शहर में कभी-कभी कवायद करते देखे जाते थे। कैसा आतंक-सा छा जाता था उन्हें देखकर मुझ पर। पर यह तो काफी बाद में पता चला कि वे लाल कुर्तीवाले और वे बेलचिये हिन्दू-मुसलमानों के मित्र हैं।

इनके मकान को बेचकर चले जाने के बाद जो परिवार इस मकान में आया, वह एक तरह से हमारा पूर्व-परिचित ही था। बल्कि उसी पूर्व-परिचय के बल पर मैं आसानी से उनके घर भी आ-जा सका। दरअसल, मैंने सुन रखा था कि 'इस घर की औरत काफी चालू है, और मैं देखना चाहता था कि 'चालू' औरत कैसी होती है ! दूसरे, वह थी भी बहुत खूबसूरत और एकदम स्वस्थ, पहली पड़ोसिन से भी ज़्यादा। इसीलिए मैं कभी-कभी बिना खटका किये मुण्डेर फांदकर उनकी छत पर उतर जाता था और फिर सीढ़ियों की राह उनके कमरे में पहुँच जाता था। एक बार मैं उनके यहाँ गया तो वह अकेली थी और ब्लाउज़ के साथ काफी तंग जाँघिया पहने हुए थी। दूसरी बार गया तो वह अपने पति के साथ लेटी हुई थी और उनका बच्चा उसकी छातियों से खेल रहा था। मुझे ताज्जुब हुआ कि जबकि मैं सब कुछ जानता हूँ, उसे मुझसे कतई संकोच नहीं हो रहा था।

पाकिस्तान बना तो वह भी उसी शहर में आ गयी जहाँ हम पहुँचे थे। बल्कि वहाँ पर भी वह एक प्रकार से हमारे पड़ोस में ही थी। पर उस मकान में हम ज़्यादा दिन नहीं टिके और अपने नानीवाले मकान में आ गये। फिर कुछ ही दिन बाद सुना कि उसके पति की तबीयत ठीक नहीं रहती थी, इसलिए वह उसे 'गुरुओं' के पास ले गयी, जहाँ उन्होंने उसके 'जिन्न' छुड़वाने के लिए उसे लोहे की सांकलों से पीटा और जिन्न उसे छोड़ते-छोड़ते उसके प्राण भी अपने साथ ले गये। वह बाद में शायद मुझे तभी मिली थी जब वह अपने रुग्ण पति से मुक्ति पा चुकी थी। बड़ी चमकीली आँखें थीं उसकी। बड़ी-बड़ी। बाद में किसी व्यक्ति-विशेष का नाम उसके नाम के साथ जोड़ा जाने लगा और फिर यह भी सुना कि उसने लाइसेन्स ले लिया है और आखिर में यह सुना कि वह उस व्यक्ति-विशेष की रखैल बनकर दूसरे शहर में रहती है।

बात कहाँ से कहाँ तक पहुँच गयी।...दरअसल, पाकिस्तान बनने की घोषणा होने से काफी पहले ही मुसलमानों को पता चल गया था कि हिन्दू-सिखों को पाकिस्तान से खदेड़ दिया जायेगा। ऐसा ही प्रायः वे सब लोग सोचते थे। वरना क्या कारण था कि वे हमारी गलीवाली अपनी सम्पत्ति बेचकर कहीं और रहने चले जाते। उससे उन्हें दोहरा फायदा हुआ। मकान बेचकर जो नकद कमाई की, वह अलग। बाद में उन्होंने फिर अपने उन्हीं मकानों पर कब्जा कर लिया।

जिन दिनों मारकाट शुरू हुई, उन दिनों लोग मिट्टी के भाव चीज़ें फेंक रहे थे और उन्हें कोई खरीदनेवाला नहीं था। मुझे याद है, मकान और दूसरी चीज़ों के साथ-साथ हमें अपनी गाय भी वैसे ही छोड़कर आना पड़ा था। कुछ लोगों ने तो अपने ढोरों को खुला छोड़ दिया था ताकि वे जहाँ चाहें चले जायें। पर ढोर घूम-घूम कर वापस घर आते थे। मेरी माँ को काफी अर्से तक इसी बात का ग़म रहा कि ज़रूर हमारी गाय ने हमें 'श्राप' दिया होगा।

इंसानी दिमाग की यही खराबी है—वह बहकता बहुत है। अब मैंने ही कहना कुछ और चाहा था, कह कुछ और गया। लेकिन मुझमें एक विशेष कमज़ोरी है—मैं चौंकता बहुत जल्दी हूँ। बचपन में भी मैं चौंकता था, पर अँधेरे से विशेष भय खाता था। पाकिस्तान बनने से तीन-चार वर्ष पहले की बात होगी। तब मेरी जवान बहन एकाएक मर गयी। एकाएक नहीं, बल्कि ज्वर आने के तीसरे दिन। लोगों ने कहा कि यह गरदनतोड़ बुखार था। हमारा मकान चाहे गली के नुक्कड़ पर था, लेकिन खासा बड़ा था, यहाँ तक कि उसका निचला हिस्सा हम प्रायः उपयोग में ही नहीं लाते थे। उन दिनों किरायेदार रखने का भी कोई ऐसा रिवाज़ नहीं था। किरायेदार मिलता भी था तो चार-पाँच रुपये महावार पर। बहन मरी थी तो उसे निचले हिस्से में सहन में ही लिटाया गया था। माँ खूब छाती पीट-पीट पर 'कुरलाती' थी। पिताजी को ग़श आ गया था। पर मैं पत्थर बना चुप बैठा रहा था। इसीलिए शायद माँ ने एक दिन उलाहना दिया था, "कैसा पत्थर दिल है !" पर मैं माँ के उलाहना देने पर भी नहीं रोया था। खुद ही एक दिन रोया था, और खूब रोया था।

पर जिस बहन के लिए मैं रोया था, उसी का विचार अब मुझे भयभीत किये रहता था। यहाँ तक कि जब मुझे कभी निचले तल्ले के पास से गुज़रना पड़ता, तो मैं आँखें बन्द करके, भागकर, वहाँ से निकल जाता। इसी प्रकार जब बहन के बाद मेरे एक छोटे भाई की भी मृत्यु हो गयी तो मैंने डर के मारे सामने के सदा बन्द पड़े रहनेवाले मकान के जाली-लगे रोशनदानों की ओर देखना ही छोड़ दिया। मुझे लगता था जैसे अभी वहाँ से कोई भुतवा-सी चीज़ झाँकेगी और

मेरी ओर लपकेगी।

पर निचले तल्ले में न जाने का एक और कारण भी था। सहन में बहन के एकाएक उठ खड़े होने का डर था तो भीतर के कमरे में 'बावे' के प्रकट होने का। (माँ ने तो शायद पहले वहाँ कभी दीया भी जलाया था)। 'बावे' के बारे में मैंने बहुत कुछ सुन रखा था—वह कभी सफेद चोला पहने एकाएक प्रकट हो जाता है और कभी रेंगते हुए बच्चे का रूप ले लेता है, पर वह डरावना रूप कभी धारण नहीं करता। हालाँकि उसके एकाएक प्रकट हो जाने का ख़्याल मुझे बहुत भयभीत करता था।

पाकिस्तान के अस्तित्व में आने से पूर्व हम अपने इस मकान में ताला डाल कर 'अपने' देश में पहुँच गये। पिताजी भी हमारे साथ थे। पर उन्हें वापस ड्यूटी पर जाना था। माँ ने मुझे भी उनके साथ भेज दिया ताकि मैं कुछ और सामान ला सकूँ। वहाँ हमारे परिचित लोग अब भी रह रहे थे। पिताजी मुझे वहीं उनके भरोसे छोड़ खुद दूर के एक शहर में ड्यूटी पर चले गये और मैं उनके पीछे सामान वगैरह तैयार करता रहा। तब मुझे ताज्जुब था कि मुझ में कितना साहस भर गया है ! उतने बड़े मकान में मैं एकदम अकेला था और पास-पड़ोस में भी किसी की आवाज़ नहीं थी। वैसे जब-जब मैं सामान तैयार करने अपने मकान में जाता, मुझे एक बार कँपकँपी ज़रूर होती, विशेषकर ताला खोलते समय। पर फिर धीरे-धीरे मैं उस पर काबू पा जाता।

सब महल्ले अब प्रायः खाली थे और वहाँ 'अल्लाह-हू-अकबर', 'हर-हर महादेव' या 'सतसिरीअकाल' के नारे बेमानी हो गये थे। नारे अब लगाये भी किसके लिए जाते ? हर गली-महल्ले के मुहाने पर रातोंरात खड़े किये गये लोहे के गेट भी बेमानी हो गये थे। लेकिन जब तक शहर खाली नहीं हुआ था, तब तक काफी उत्पात मचता रहा था। पहले दिन कहीं बम का धमाका हुआ था और उसके साथ ही 'अल्लाह-हू-अकबर' के नारों से टकराते हुए 'सतसिरीअकाल' और 'हर-हर-महादेव' के नारे लगने लगे थे। फिर तड़-तड़-तड़-तड़ गोलियाँ भी चली थीं, बल्कि कुछ गोलियाँ हमारे सिर के ऊपर से सरसराती निकल गयी थीं। उस दिन मैंने चारा काटनेवाला टोका भी ढूँढ़ निकाला था और तमाम दिन एक सिल पर उसकी धार बनाता रहा था। पर धार बना लेने पर भी वह धार कहीं काम नहीं आयी थी, और नारों के बीच में ही कहीं खो गयी थी।

पिताजी और मैं जब कुछ सामान लेकर लौटे थे तो पिताजी के दायें हाथ कि उँगली पर 'उठाव' उठ आया था। इससे पहले भी उनकी उँगलियों पर 'उठाव' उठते रहे थे और चीरा देने से ठीक हो जाते थे। पर इन दिनों उसे चीरा देनेवाला भी कोई नहीं था। फिर पिताजी के कहने पर मैंने ही उनकी उँगली पर चीरा लगा दिया और खू दबा-दबाकर पीप निकाली। पिताजी को खूब दर्द

था। फिर किसी तरह मैंने उन्हें पट्टी भी कर दी और उन्होंने अपना पट्टी वाला हाथ एक और बड़ी पट्टी से गले से लटका लिया। हालाँकि अफवाहें थीं कि गाड़ियाँ रास्ते में ही रोककर एक-एक सवारी को साफ कर दिया जाता है, पर हमारी गाड़ी को किसी ने नहीं रोका था।

मुझे पहुँचाकर पिताजी फिर अपनी ड्यूटी पर लौट गये थे। हालाँकि उन्हें सबने मना किया था, पर वह माने नहीं थे। फिर मारकाट की खबरें और गहरी होने लगी थीं और हम दिन-रात चिन्ता में डूबे रहते थे। आखिर एक दिन पिताजी आ गये। वह बिलकुल भूत हो रहे थे। उनके कपड़े एकदम गन्दे थे और दाढ़ी भी काफी बढ़ी हुई थी। पिताजी ने बताया कि कैसे ज़बरदस्ती उनके कुछ मुसलमान मित्रों ने उन्हें गाड़ी में बैठाया और वापस हिन्दुस्तान भेजा। रास्ते में पिताजी को खाने को भी कुछ नहीं मिला था। जो थोड़े-बहुत बिस्कुट, डबल-रोटी वह अपने साथ रखते थे, उसी को उन्होंने कुछ दिन खाया और जब वह भी खत्म हो गयीं तो पानी पी-पी कर गुज़र की। उन्होंने बताया कि उनकी गाड़ी से पहले जो गाड़ी रवाना हुई थी, उसके एक-एक आदमी-औरत को चुन-चुनकर काटा गया था और फिर लाशों से भरी और खून से लथपथ गाड़ी को 'हिन्दुस्तान' के लोगों को भेंटस्वरूप भेजा गया था। फिर बाद में सुना कि ऐसी ही एक गाड़ी पाकिस्तान को भी हिन्दुस्तान की ओर से भेंट की गयी, और इस भेंट का आदान-प्रदान काफी दिनों तक चलता रहा।

पाकिस्तान से आये हुए हमें काफी दिन बीत गये थे और पिताजी अपनी नौकरी बहाल करवाने दिल्ली गये हुए थे। तब एक दिन हमारी गली में किसी औरत की आवाज़ सुनाई दी। वैसे तो उन दिनों औरतें खाने-पकाने से फुरसत पाकर प्रायः गली में ही अपने चबूतरों पर बैठी रोज़मर्रा की वारदातों पर 'विचार-विनिमय' करती रहती थीं, पर उस औरत की आवाज़ में कुछ ऐसा था कि प्रायः सभी के कानों से वह आवाज़ आ टकरायी। औरत बुड्ढी थी और ज़ईफ थी, और डगमगा-सी रही थी। फिर वह एक चबूतरे पर बैठ गयी और हाँफने-सी लगी।

माँ ने पूछा, "क्या बात है ?"

"कुछ नई, धीये," उसने मेरी माँ को 'बेटी' कहकर सम्बोधित किया, "जदों किस्मत ने ही हार दे दित्ती ते दोष किस नूँ दां।"

वह बात कहती जाती थी और बीच-बीच में अपना माथा ठोके जाती थी। "सबना ने हार दित्ती," उसने कहा। उसका घरवाला नहीं रहा था। उसे पाकिस्तानियों ने उसकी आँखों के सामने ही मार दिया था। बेटा बाहर गया

हुआ था। वह लौटा ही नहीं। बेटी धोखा दे गयी और वहीं पाकिस्तान में ही एक 'मोये लफंगे' के साथ रह गयी। पीछे मिलिट्री उसे ढूँढ़ कर लायी थी, पर एक रात वह फिर भाग गयी।...

"हुन दस्स, मैं की करां ?" अकेली जान, जहाँ वे सब मर-खप गये, वहाँ उसे क्यों न मौत आयी !

"माँ, जब सिर पर बनती है, उसे सहना ही पड़ता है," मेरी माँ ने कहा, "तू सबर कर। सबर के सिवा अब चारा भी क्या है !"

"हाँ, धीये, कोई चारा नहीं। एसरां ही सबर दा घुट पी के रह जान पेयेगा !"

बुढ़िया ने सब्र का पाठ सीख लिया था और वह बड़े शांत मन से रोज़ हमारे महल्ले में आ जाती थी और हर घर से उसे कुछ न कुछ खाने को मिल ही जाता था।

पर जाने क्या हुआ कि बुढ़िया की हालत दिन-ब-दिन बिगड़ती गयी और वह अब लाठी के सहारे बड़ी मुश्किल से घिसटकर हमारी गली में आ पाती थी। फिर एक दिन देखा कि उसके जिस्म पर घाव उग आये हैं और उनमें से मवाद बहने लगा है। फिर एक दिन सुना कि उस मवाद में कीड़े रेंगने लगे हैं। फिर एक दिन सुना कि महल्ले के बच्चों ने उसे पत्थर मारे। फिर एक दिन सुना कि वह अब उठ-बैठ नहीं सकती और अपनी झोंपड़ी में ही पड़ी रहती है। फिर एक दिन सुना कि वह मरणासन्न है। फिर एक दिन सुना कि वह मर गयी है। सब क्रमिक था, लेकिन सब...। लेकिन तब माँ ने एक दिन उसका ज़िक्र छिड़ जाने पर कहा था, "मालका, एहो जयी मौत कुत्ते नूं वी न आये !"

सच, क्या कोई मौत ऐसी भी होती है जो कुत्ते की मौत से भी बदतर होती है ?

□□

चेहरे

पाँच बजते-न-बजते उसने काम से अपने हाथ खींच लिये थे। सुबह से टाइप करते-करते उसके बाज़ू पीड़ाने लगे थे और अँगुलियाँ की-बोर्ड पर से छिटकने लगी थीं।

काम समेटकर वह बाथरूम की ओर लपकी थी और वहाँ से लौटकर अपना हैंड-बैग सँभलते हुए बस स्टैण्ड की ओर बढ़ चली थी।

बस स्टैण्ड पर पहले से ही काफी भीड़ थी। उसे ताज्जुब हुआ। कब से ये लोग यहाँ पर डटे हुए होंगे ? उसने अपनी कलाई पर बँधी घड़ी देखी। मुश्किल से पाँच बजकर पाँच मिनट हुए थे और छुट्टी सवा पाँच बजे होती है। रब्बा, वह मन ही मन बड़बड़ायी, आज वक्त पर पहुँच गये तो ग़नीमत समझो !

उसने गर्दन घुमाकर पीछे देखा। जादुई साँप की तरह 'क्यू' बढ़ती जा रही थी। दो ही मिनटों में वह कहाँ से कहाँ पहुँच गयी थी।

अँधेरा उतर आया था। सर्दियों में अंधेरा ऐसे ही उतर आता है, और फिर ऐसे ही हर क्षण गहरा होता हुआ पेड़ों में, झाड़ियों में, अटका हुआ दिखने लगता है। सर्दियों के इस अँधेरे में आसमान को चीरती हुई वह सत्रह-मंज़िली बिल्डिंग भी अजब तरह से धुँधलायी-सी दिखती है। पास ही एक उससे भी ऊँची बिल्डिंग उठ रही है। लगता है कुछ समय बाद ये बिल्डिंगें ही बिल्डिंगें होंगी, और चाहे कुछ भी न हो।

उसने घड़ी देखी। छः बीस। ओह, एक घंटा तो बीत भी गया ! एक बस आकर लग गयी थी। क्या इसमें बारी आ पायेगी ? वह धीरे-धीरे सरकती कतार के साथ आगे-आगे सरकती जा रही थी। कहीं यह कतार टूटेगी तो नहीं, उसके अन्दर हौल-सा उठा। फिर तो रात के नौ ही बजे समझो ! एक-डेढ़ घंटा तो

बस में ही लग जायेगा। वह धीरे-धीरे कतार के साथ-साथ सरकती रही।

उसने देखा बस के अन्दर अब लोग खड़े होना शुरू हो गये थे। इसी से उनकी कतार दो हिस्सों में बँट गयी थी। वे लोग जो बैठकर जाना चाहते थे, एक तरफ हटते जो रहे थे। दूसरी कतार में वे लोग थे जो खड़े-खड़े जाना चाहते थे। उसने सोचा वह बैठकर ही जायेगी। लेकिन फिर यह सोचकर कि दूसरी बस के लगने में पता नहीं और कितना समय लगे, वह लपककर खड़े होनेवालों की कतार में जा मिली थी। कहीं कण्डकटर 'प्रवेश' पर अपनी अंगदी टाँग अड़ाकर 'बस, और नहीं' न कह दे, वह मन ही मन डर रही थी। तब तो वह न इधर की रहेगी, न उधर की, और पीछे जो भीड़ ठुँसती आ रही थी, उससे बाहर निकलना भी मुश्किल हो जायेगा।

लेकिन उसकी बारी आने तक खैरियत ही रही, और वह फुर्ती से 'लेडीज़ सीट्स' पर बैठी महिलाओं की बगल में जा खड़ी हुई। पर भीड़ बढ़ती ही जा रही थी, क्योंकि उसके बाद भी लोगों का चढ़ना बन्द नहीं हुआ था, बल्कि कुछ लोग तो बस के चलने पर उसकी पीछे की खिड़कियों से भी लटक गये थे।

अजब भीड़ थी। यदि उस भीड़ में कोई तरतीब होती, तब भी कोई बात थी। यहाँ तो आड़े-तिरछे, एक-दूसरे में गुथे हुए से लोग खड़े थे। कुछ-कुछ तो छत के दोनों डण्डों को पकड़े बस के बीचों-बीच दूसरों का रास्ता रोके ऐसे खड़े थे जैसे सूली पर चढ़कर दूसरों के लिए परेशानी का बायस बनना ही उनकी नियति हो। वह सीट के बीच की जगह में काफी धँसकर खड़ी थी। लेकिन फिर भी उसे लगा कि वह धीरे-धीरे भिंची-सी जा रही है। जैसे दो स्लैबों के बींच। फिर उसे लगा जैसे कि उसके पीछे कुछ छू रहा रहा है। उसने थोड़ा मुड़कर देखा। किसी के हाथ की पुश्त थी। चलो, बेध्यानी में छू गया होगा। लेकिन जैसे-जैसे बस रफ्तार पकड़ती जा रही थी, वैसे-वैसे वह हाथ और-और दबाव देता जा रहा था। एक बार उसका मन हुआ भी कि वह डपटकर कहे, 'यह क्या बदतमीज़ी है !' लेकिन यह सोचकर कि आजकल कोई किसी का पक्ष नहीं लेता, बल्कि ऐसे मौके पर लोग उलटे औरत का ही मज़ाक बनाने लगते हैं, वह चुप रही।

चौराहे पर बत्ती चँदनी से लाल हो गयी थी। ड्राइवर ने एकाएक ब्रेक लगायी। इससे वह एकदम आगे को झुक गयी। उसके पीछे खड़ी सवारी भी उस पर झुक गयी। कुछ लोगों ने ड्राइवर से मज़ाक किया, ''भई, आजकल देसी घी तो खाने को नहीं मिलता !'' ड्राइवर ने एक बार पीछे मुड़कर देखा, और फिर मुस्करा दिया।

ये लोग ऐसे ही मुस्कराते हैं, उसने सोचा, जब कोई जवान औरत खड़ी हो। कुछ ड्राइवर तो जब देखते हैं कि कोई लड़की चढ़-उतर रही है, तो खड़ी-खड़ी बस की ब्रेक दबाकर उसे ऐसे झुलाते हैं जैसे लद्दू घोड़े को रॉक एण्ड रॉल कराया जा रहा हो।

बस चली तो उस पर झुकनेवाली आकृति अब उससे ठीक सटकर खड़ी थी। उसके पीछे। उसे कुछ गरम-गरम सरसराहट-सी महसूस हुई। शाल के बावजूद। ठण्ड में गरम सरसराहट का एहसास उसे बुरा नहीं लगा। लेंकिन उसने चेहरे पर झुँझलाहट लाकर पीछे देखा। "सॉरी," उसने किसी को एकाएक सम्भलते पाया।

'सॉरी' कहनेवाला व्यक्ति थोड़ी देर बाद ही बस से उतर गया। लेकिन इस बीच वह दबाव पीछे से कई रूप लेता रहा। कभी हलका, कभी गहरा, कभी छितराया-सा, कभी घनीभूत। कोई तरीका भी तो नहीं है इससे बचने का। वह हो भी तो कैसे खड़ी हो ! बस, बीच-बीच में आँखें तरेरकर देखते रहो, और...।

उसने सुना। कोई कह रहा था, "अरे, तीस रुपये माँगती है !"

वह एकदम झुँझला उठी। यह किसकी कीमत लगने लगी ? हुश ! इनकी निगाह में सब बिकाऊ माल है। वह अपने को सम्भाल न सकी। उसकी आँखों में एकदम वहशत आ गयी थी। उसने देखा, दो भारी-भरकम आदमी उसके पीछे खड़े थे। खूब बढ़िया सूट पहने। "कमीने !" वह बुदबुदायी। लेकिन उन्होंने नहीं सुना। वे परस्पर बतियाये जा रहे थे। "यार ! मज़ा आ गया आज तो मीट का। तुम ठीक ही कहते थे। एक किलो मीट का पता भी नहीं चला कहाँ गया। बहुत बढ़िया रोस्ट करता है।" उनकी बातें जारी थीं, "हमारे यहाँ तो हर दूसरे रोज़ किलो मीट पकता है। अपना एक यार है मिल्ट्री में। ब्लैक नाइट काफी सस्ती मिल जाती है।"

हुँ...। उसने सोचा। हराम की कमाई आती होगी। यहाँ तो सब किराये-भाड़े में ही उड़ जाता है। मैं अगर नौकरी न करूँ तो शायद महीना भी पार न हो पाये। फिर भी, कभी यह नहीं है, कभी वह नहीं है। और तो और, कभी-कभी बस-भाड़े तक के लिए पैसे नहीं बचते...।

इस बीच उन आदमियों ने बड़े ज़ोर का ठहाका लगाया था, "ठीक है, ठीक है, मेरी ज़रा कार आने दो, फिर मज़े करवाऊँगा। इस बार के सौदे में वारे-न्यारे हो गये। सीधे एक लाख का फायदा हुआ है...ईमानदारी से कभी कुछ मिलता है ?...ओ, ज़्यादा पढ़ाई-लिखाई में भी क्या पड़ा है, जी ? मैं तो लड़के को बस दसवीं तक पढ़ा कर बिज़नेस में लगा लूँगा।...हमारे किरायेदार तो बहुत अच्छे हैं। सब नौकरीपेशा हैं। अपने आप हर महीने चार सौ रुपया किराये का

आ जाता है।... बिज़नेसमैन को तो कभी भूल कर भी मकान किराये पर नहीं देना चाहिए... ।''

वह सुनती रही, सुनती रही। वह एकदम चौकन्नी हो रही थी। चलो, अगले साल तो हमारा भी अपना मकान हो जायेगा। डी. डी. ए. के लिए पाँच हज़ार रुपये जुटाने की बात है। इस बार तो कर ही लेना हैं, चाहे सारा ज़ेवर ही गिरवी क्यों न रखना पड़े। पतिदेव को लाख समझाया कि अभी स्कूटर मत लो। कट-कटाकर तनख्वाह का बचता ही क्या है ! डिलिवरी के समय जी. पी. फण्ड से 'एडवांस' लेना पड़ा। नहीं लेती तो गंवाती जान अस्पतालों में। बच जाती तो अपनी किस्मत। सुरजीत का क्या हाल हुआ था ! एक दिन वह ऐसे ही वहाँ से भाग आयी थी...

बस को अब फिर रुकना पड़ा था। अब तक वह किसी स्टॉप पर नहीं रुकी थी। लोग हाथ उठाते रह जाते थे और वह निकल जाती थी। यदि किसी यात्री को उतरना भी होता तो वह आगे-पीछे रुकती थी जिससे कि उसमें और सवारियाँ न चढ़ पायें। एक बार बस के किसी आदमी ने चढ़ना था तो उसने झुककर सड़क के बीचों-बीच संकेत दिया था और ड्रावर ने बस को थोड़ा धीमा कर दिया था, और जब वह चढ़ गया था तो 'चलो' चिल्लाते हुए उसने बस के टीन को बजा दिया था...

लेकिन अब बस रुकी थी तो उसके साथ एक 'लेडीज़ सीट' भी खाली हुई थी और उस पर बैठी दो बुड्ढी औरतें (शायद बहनें ही थीं) ''वे भरावा, रोक वे,' कहती हुई उतर गयी थीं। ''ए मोये ते रस्ते विच ई अड़े रैंदे ने।'' उतरते-उतरते उन्होंने रास्ता रोकनेवालों को कोसा था। ''बस की मौज तो बम्बई में है। मजाल है एक से दूसरी फालतू सवारी आ जाये। सीधी बस पुलिस स्टेशन पहुँच जायेगी, और वहीं पचास रुपये जुर्माना—ऐसे ठीक होते हैं लोग।''

वह अभी खाली सीट पर ठीक से बैठ भी न पायी थी कि एक बुड्ढा-सा व्यक्ति, टाईवाला, धप से उसकी बगल में आ बैठा था, सटकर। उसने सुना, वह कह रहा था, ''बेटी, यह बस क्यों रुक गयी है ?'' ''बेटी ! हुष्ट !''

बुड्ढा अब अपने बालों पर हाथ फेरता हुआ शायद अपनी थकावट उतार रहा था। एक बार उसने अपनी टाँगों को भी दबाया था, और मुँह से ऐसी आवाज निकाली थी जैसे कि काफी देर बाद उसे राहत मिली हो। ''बारात है, बारात, बाबाजी,'' वह थोड़ा खीझकर बोली थी। ये बुड्ढे तो और भी खुदा की मार हैं, वह मन ही मन बड़बड़ायी थी। फिर उसे अपने पर ही कुछ ताज्जुब हुआ था। मैं भी खूब हूँ, कभी किसी पर गुस्सा आता है, कभी दया आती है।

दरअसल, कुछ लोग दया के पात्र ही होते हैं। इन निरीह-से दिखनेवाले लोगों का और हो भी क्या सकता है ! इन पर गोली चलाओगे तो वह भी फिज़ूल जायेगी। पिटी ! पिटी दैम !

उसने घड़ी देखी। पौने सात। अभी कम-से-कम आधा घण्टा तो और लगेगा ही। उसने बाहर देखा। इस सिरे से उस सिरे तक बारात ही बारात थी। सरकार लाख समाजवादी समाज बनाने के सपने लेती रहे, ये 'टकसाली' लोग कभी पेश नहीं जाने देंगे। कानून बनाओ तो ये कोई और रास्ता ढूँढ़ लेंगे। फिर उसने सुना—बैंड की वही पिटी-पिटायी धुनें—तेरे मेरे प्यार के चर्चे हर ज़बान पर—और उनके साथ 'ट्विस्ट' या 'भंगड़ा' नाचते हुए बारातियों की बुबली। किन्हीं शादियों में तो उसने लड़कियों और औरतों को भी नाचते देखा है, और खुशी में कभी-कभी लड़के के माँ-बाप भी 'फुदकने' लगते हैं। दूर से यह सब कितना भौंडा लगता है ! जैसे कागज़ के पुतले नाच रहे हों, कभी पैर जोड़कर टाँगें चौड़ी करते हुए, कभी थिरकते जिस्म को पीछे फेंकते हुए।

क्या कमाल है इनके पैसे में, उसने सोचा, और क्या कमी है हमारे पैसे में ? एक-एक लड़की की शादी में ये लोग कई-कई लाख दे डालते हैं, जबकि हम एक शादी करने के बाद ही ठप हो जाते हैं। मेरी खुद की शादी हुए दस साल बीत जाने पर भी पिताजी अभी तक 'बराबर' नहीं हो पाये। यह सारा चक्कर ब्लैक के पैसेवालों का ही चलाया हुआ है...जिससे कि आदमी की कीमत बराबर गिरती जा रही है। ये लोग, दरअसल, आदमी का चेहरा पूरी तरह बिगाड़ कर ही दम लेंगे।

किसी-न-किसी तरह हिचकोले खाती हुई बस बारातियों के चक्र-व्यूह से निकल आयी थी। देर तो हो ही जायेगी, उसने सोचा। मियांजी कब के आ गये होंगे और टाप रहे होंगे। चलो, आज खाना उन्हीं के हाथ का सही।

"औरत के क्या दिमाग़ होता है ?" कोई किसी से जिरह कर रहा था।

बस भी अजब तमाशा है, उसने मन ही मन सोचा। किसी से कुछ कहने की ज़रूरत नहीं। चाबी भरी हुई है अपने आप लोग बोलते जाते हैं। एक तरह से बस क्या समाज के एक बहुत बड़े वर्ग का प्रतिनिधित्व नहीं करती ? कितने लोग हैं जो कार-स्कूटर खरीद सकते हैं ? खरीद भी लें तो पेट्रोल के पैसे कहाँ से आयें ? पेट्रोल के पैसे भी यदि किसी तरह पूरे कर लिये तो एक बार यदि मरम्मत करवानी पड़ गयी तो लग गयी तबीयत ठिकाने। या फिर वर्कशापवालों से मिलकर झूठे बिल वसूलो। जैसे पड़ोस के शर्मा जी करते हैं।

"मैं कहता हूँ, अगर हमारे जवानों को किसी ने खराब किया है तो सिनेमा और नॉवलों ने।"

इस वाक्य ने एकाएक उसे चौंका दिया।

"लेकिन आप बात समझने की कोशिश क्यों नहीं करते ?" अब कोई प्रश्न कर रहा था ! "चलिए छोड़िए, बताइए आप पढ़ते क्यों हैं ?"

उसकी इच्छा हुई कि थोड़ा मुड़कर देखे, लेकिन ऐसा करना उसे अशिष्ट-सा लगा।

"हाँ, मैं बताता हूँ कि हम क्यों पढ़ते हैं।" उत्तर काँपती आवाज़ में था, "इसलिए कि हमें ये जो मनुख जन्म मिला है, वोह सुधरे। और वोह रमैन पढ़कर सुधरेगा, महाभारत पढ़कर सुधरेगा।"

"लेकिन आप जानते हैं कि महाभारत अपनी तरह का दुनिया में सबसे बड़ा नॉवल है। उसमें क्या नहीं है ? उसमें इश्क नहीं है, कि उसमें सैक्स नहीं है, कि...?" दूसरा स्वर उसे काफी संयत-सा लग रहा था।

वह मुड़कर एक बार उन दोनों को देखने से अपने को रोक न सकी। एक विद्यार्थी-सा दिखनेवाला युवक एक प्रचारक-से दिखनेवाले प्रौढ़ से उलझा हुआ था। खूब ! नये-पुराने की टक्कर है। होगी। जमकर होगी। इसके अलावा कोई चारा भी नहीं है। एक बार तो यह समूचा ढाँचा चरमराकर ही रहेगा।

"भई, आगे-आगे बढ़ो न ! आगे क्या बारिश हो रही है ?"

उसने यह वाक्य कई बार सुना है। आज फिर सुन रही है। बारिश ! बारिश नहीं, कुछ और ! कुछ भाई तो मौका देखा और जेब साफ। अभी पिछले दिनों ही सुना था कि जैसे ही लोगों ने एक जेबकट को पकड़ा, उसने झट छुरे से वार कर दिया और दो आदमियों को घायल करके भाग निकला, और बाकी लोग सन्न-से खड़े देखते ही रह गये। लेकिन बड़े शहरों के लोगों में क्या वाकई कोई दम नहीं रहा ? उनकी आँखों के सामने लोगों को काटा जाता है और वे चुपचाप देखते रहते हैं !

एकाएक उसके दाँत सामने की सीट के लोहे से टकराने को हुए। ड्राइवर ने फिर एकदम ब्रेक लगायी थी। ज़रा-सी असावधानी में अभी मुँह टूट गया होता। उसे ड्राइवर पर बेहद गुस्सा आया। मुआ, कमीना ! किसी में इतना दम नहीं कि इसे बालों से पकड़कर ज़मीन पर दे मारे !

सामने की पंक्ति में एक बच्चा बुरी तरह रो रहा था और एक औरत विलाप-सा कर रही थी। "अभी तो डॉक्टर की फीस भी वसूल नहीं हो पायी कि तूने फिर मेरा वही हाल कर दिया !" उस औरत ने सिसकियों के बीच कहा।

वह समझ नहीं पायी कि इस औरत को तकलीफ क्या है। लेकिन कुछ लड़के पास में खड़े हँसे जा रहे थे—"कोई बात नहीं, ड्राइवर साहब, एक बार फिर लगाओ।"

"हाँ, लगाऊँगा," ड्राइवर लाल-लाल आँखें दिखाता हुआ कह रहा था, "बस है कि मन्दिर की घण्टी। जिसका दिल होता है, बजाये जाता है। अभी

वह साइकिलवाला नीचे आ जाता, तो ! हमारा क्या था ? हमें फाँसी थोड़े ही होती, और वह साला चींटी की मौत मर जाता...! ऐसी-कम-तैसी ऐसी नौकरी की। सबुह से शाम तक चक्कर लगाते-लगाते पागल हो जाते हैं और उस पर भी लोग चैन नहीं लेने देते !''

फिर उसने सुना कुछ लोग कह रहे थे, वह साइकिलवाला गिर पड़ा है। सब लोग खिड़की से झाँक-झाँककर देख रहे थे—चलो, बेचारा बच गया !

साइकिलवाला तब कपड़े झाड़कर उठ खड़ा हुआ था। उसने फिर लोगों को कहते सुना, ''चलो ड्राइवर साहब, भगवान् ने उसकी जान बचा ली। चलो, चलाओ अब बस। पहले ही काफी देर हो रही है।''

सब को जल्दी है, उसने सोचा। किसी को देखने की फुर्सत नहीं कि कोई मरता है या जीता है ! सच, क्या हम ऐसे ही एक-दूसरे की मौत का कारण बनेंगे ?

उसने बाहर देखा। उसे अब उतरने की तैयारी करनी चाहिए, नहीं तो ड्राइवर फिर चिल्लायेगा। लेकिन उसे डर भी था का ड्राइवर फिर कहीं एकाएक ब्रेक न लगा दे। वह भीड़ के घने जंगल को चीरती-सी शरीर के कई भागों पर तरह-तरह के दबाव सहती जब गेट के पास पहुँचने को हुई तो उसने किसी को कहते सुना—''ह्वाट ए प्रिटी फेस !''

''ह्वाट ए प्रिटी फेस !'' उसने बस से उतरते हुए एक लम्बी साँस ली। ''येस, आई हैव ऐ प्रिटी फेस, बट यू...?'' और उसे लगा कि इन चेहरों को अब बिना अधिक समय खोये बदलना होगा, नहीं तो...।

□□

महल्ले की बेटी

वह एक साधारण-सा महल्ला था। इस महल्ले में सब तरह के लोग रहते थे। अमीर-गरीब, बड़े-छोटे, बाबू-मिस्त्री, दबंग-दब्बू, उस्ताद-शागिर्द, बाँके फूहड़—यानी हर मिजाज़, हर तेवर, हर रंगत के लोग।

इसी महल्ले में मेरी मामी भी रहती थी। मामी, यानी मेरी माँ के फुफेरे भाई की बीवी। मामी, दरअसल इसी महल्ले में पैदा हुई, इसी महल्ले में परवान चढ़ी और इसी महल्ले में...।

मामी के माँ-बाप बचपन में ही उसे छोड़ चल बसे थे। सीलन-भरे घर में तपेदिक एक बार घुसी, तो उन दोनों को अपने साथ लिवा ले गयी। मामी को उसके भाई-भावज ने ही पाला। भाई उससे उम्र में पच्चीस बरस बड़ा था। वह तब एक-डेढ़ बरस की थी।

मामी का घर हमारे घर से लगा हुआ था। बचपन में मैं और मामी साथ-साथ ही खेले। मामी, दरअसल उम्र में मुझसे दो-एक साल ही छोटी थी। बड़ी अच्छी लगती थी मामी मुझे। पर उस वक्त वह मेरी मामी नहीं थी, उस वक्त वह केवल दमयंती थी।

नन्ही दमयंती बड़ी चपल थी। स्टापू खेलने में एकदम अव्वल। लेकिन घरेलू काम-काज में भी बड़ी निपुण। भावज को हमेशा खुश रखने की फिराक में रहती। उसे पता था उसके माँ-बाप नहीं हैं, और भाई-भावज अगर नाराज़ हो गये तो उसकी ज़िन्दगी दोजख हो जायेगी। भाई राजगीर था। सुबह अपना सामानवाला झोला उठाकर काम पर निकल जाता और शाम को छः-सात बजे तक लौटता। इसलिए घर में भावज और दमयंती ही रह जाते। इत्तफाक से भाई-भावज के कोई संतान नहीं थी। इसलिए भी भावज का उसे काफी स्नेह मिलता।

एक राजगीर के घर में जन्म लेकर भी दमयंती बड़ी सयानी बातें करती। दुनिया-भर की अक्ल उसमें भरी हुई थी। पाँचवें-सातवें दर्जे तक स्कूल में जाती रही। वहाँ सबके कान काटती थी। उसकी बातें सुनकर टीचर भी हैरान रह जातीं। कभी पिछले जन्म की बातें करती। कभी ईश्वर से लौ लगाने की।

दमयंती ने एक और तरह से भी स्कूल में नाम कमाया था—स्वर लहरियाँ उसके भीतर से अपने आप फूटतीं। मीरा के उसे कई पद याद थे। ज़रूर यह पिछले जन्म से ही सब कुछ अपने साथ लेकर आयी होगी, कुछ लोग कहते। वैसे, जब वह चार-पाँच वर्ष की थी, तब से ही उसने अपनी भावज को बताना शुरू कर दिया था—भाभी, हम पहले नदी किनारे रहते थे। वहाँ एक मन्दिर था। मन्दिर के पास ही एक घर था। हम वहीं रहते थे। मुझे तब सब राधा-राधा कहकर पुकारते थे। मुझे तब भगवान् कृष्ण ने दर्शन भी दिये थे। हमने भगवान् के सामने भोग लगा रखा था। भगवान् जी उस भोगवाली थाली में ही चले आये थे। ओह, बड़ा मज़ा आया था ! और दमयंती खुशी से उछलते हुए ताली पीटने लगती।

उधर महल्ले की कीर्तन मण्डली भी काफी सक्रिय थी। उसमें स्त्री-पुरुष, सभी अपना योग देते। हर तीसरे-चौथे किसी-न-किसी के यहाँ कीर्तन चलता। दमयंती मीरा बनकर उसमें नाचती। वह अब बारह-तेरह वर्ष की हो चली थी। यह कीर्तन मण्डली होली के मौके पर तो और भी मस्ती में होती। महल्ले के बाहर एक चौक था। वहीं होली जलायी जाती, और वहीं वह मनायी जाती। कुछ शरारती लोग इसे गन्दे ढंग से भी मनाने की कोशिश करते। चौक में एक बड़ा हौज़ था। उसे पानी से लबालब भर लिया जाता, और जो भी उधर से गुज़रता, उसे उठाकर सीधे डुबकी लगवा दी जाती।

मामा, यानी गुरचरण, उन्हीं दिनों हमारे यहाँ एकाएक आ पहुँचा था। बड़ा ताज्जुब हुआ था हमें उसे देखकर। ठीक मेरी ही उम्र का था। कद भी उसका लगभग मेरे बराबर ही था। बल्कि कुछ-कुछ मुझसे मिलता-जुलता भी था। फर्क सिर्फ इतना था कि वह सिख था, यानी केशधारी था और सिर पर पगड़ी बाँधता था और मेरे केश कटे हुए थे, बल्कि आज के फैशन के थे। पिता जी मेरे भी जल्दी ही चल बसे थे, और अब सारा दारोमदार माँ पर ही था।

माँ मेरी एक निहायत दमदार औरत थी। जब पिताजी का देहान्त हुआ, तब उसकी उम्र पच्चीस वर्ष से अधिक क्या रही होगी। ग़नीमत थी कि वह कुछ पढ़ी-लिखी थी, वरना परेशानी बढ़ सकती थी। जिस स्कूल में दमयंती पढ़ने जाती थी, वहीं उसे नौकरी मिली थी। माँ को वैसे भी हर कोई पसन्द करता था। वह हर किसी का काम करने को तैयार रहती। हर किसी की ग़मी-खुशी में शरीक होती। उसके मैके वाले सिख थे, लेकिन मेरे पिताजी सिख नहीं थे। वह राशनिंग इंस्पेक्टर थे। एक दिन राशन की बोरियाँ चैक करने एक ट्रक पर

चढ़े तो ड्राइवर ने ट्रक चला दिया और फिर उन्हें वे लोग पीटते-पीटते कहीं सुनसान में ले गये और वहीं उन्हें फेंक आये। तीन-चार दिन बाद पिताजी की लाश ही मिली।

माँ को नाना-नानी लिवा ले जाना चाहते थे, पर माँ अपने पाँव पर ही खड़ा होना चाहती थी। घर में वैसे खाने-पहनने को काफी था। पिताजी की नौकरी कोई बुरी नहीं थी। और कुछ नहीं, राशन का सामान तो आसानी से घर पहुँच ही जाता था, बल्कि पिताजी के चल बसने के बाद भी यह दिक्कत हमें देखनी नहीं पड़ी। पिताजी भी माँ-बाप की इकलौती सन्तान थे। माँ-बाप ने सब कुछ छोड़कर बुढ़ापा आते-आते ही संन्यास ले लिया था।

माँ के मन में न जाने यह कैसी चाह थी कि मैं एक फौजी अफसर बनूँ। उसने बल्कि बचपन में ही मुझे फौजियोंवाली वर्दी सिलवा दी थी। वह कभी-कभी मेरे साथ खुद भी परेड करती। इत्तफाक, मुझे कमीशन मिल भी गया। मैं जब-जब छुट्टी पर घर लौटता, माँ खुशी से जैसे बावरी हुई जाती। पर वह अपनी खुशी ज़्यादा ज़ाहिर नहीं करती थी। बस, शालीनता से मुस्करा भर देती।

मैं घर पर नहीं था तो मेरी जगह मामा ने ले ली थी। मामा माँ का सगा भाई नहीं था। सगा भाई उसका कोई था ही नहीं। वह भी माँ-बाप की इकलौती सन्तान थी। इसलिए गुरचरण को माँ ने तत्परता से अपना लिया था। वह उसका फुफेरा भाई था। उनके घर में जाने कहाँ से इतनी मुफलिसी आ घुसी थी। इसलिए वह अपना घर छोड़ आया था। सामान के नाम पर उसके पास एक सन्दूकची ही थी। कपड़े भी उसके बेहद गन्दे और मुचड़े हो रहे थे। माँ ने उसे गले लगाया था और उसे ढेर-सारा प्यार दिया था। फिर माँ ने चाहा था कि वह भी मेरे साथ स्कूल में पढ़ने जाया करे, लेकिन मामा का मन पढ़ाई में नहीं लगता था। वह स्कूल जाने के बजाय बाजार में स्कूटर-कार मिस्त्री की दुकान खोजता रहता और यदि कहीं कोई दिख जाती तो वहीं खड़े-खड़े उन्हें काम करते देखता रहता। मेरी उम्र उस वक्त चौदह वर्ष की थी। मामा की भी चौदह वर्ष रही होगी। फिर मामा ने एक मिस्त्री के यहाँ शागिर्दी कर ली और स्कूटर मैकेनिक का काम सीखने लगा।

मामा को यदि पढ़ने-लिखने का शौक नहीं था तो उसमें और अनेक गुण थे। मिस्त्री का काम अभी वह सीख ही रहा था, कि पाँच-छः महीने बाद ही लोग उसे 'छोटे उस्ताद जी' कहकर पुकारने लगे थे। वह बहुत बढ़िया तैराक भी था और बहुत ऊँचे से छलाँग लगा सकता था। फिर जितना बढ़िया वह तैराक था, उतना बढ़िया वह धावक भी था। यदि वह थोड़ा पढ़ा-लिखा होता और कमीशन के लिए उसने कोशिश की होती तो फौरन सफलता पा जाता और शायद हमसे कहीं आगे रहता।

दमयंती का हमारे घर आना-जाना तो लगा ही रहता। पहली बार आयी तो मामा को देखकर जैसे कि भौंचक रह गयी। मामा मेरा रूप ही तो था। वह उसे कनखियों से देखते हुए जैसे कि गद्गद हुई जा रही थी। फिर वह कभी मेरी ओर देखती, कभी मामा की ओर। मामा भी उसे ग़ौर से देख रहा था। वह चली गयी तो मामा कुरेद-कुरेदकर उसके बारे में पूछने लगा। वह उसके बारे में सब कुछ जान लेना चाहता था। फिर थोड़ी देर में ही दमयंती के घर से उसकी स्वर-लहरी उठने लगी। मामा के कान एकदम खड़े हो गये। दमयंती का मकान हमारे मकान से बिलकुल लगा हुआ था। मुंडेर भी बहुत ऊँची नहीं थी। इसलिए अगर कोई चाहे तो खटिया या स्टूल पर खड़े होकर दूसरी तरफवाले से बात भी कर सकता था। मामा ने दमयंती के स्वर में स्वर मिलाया। दमयंती अच्छा गाती थी तो मामा भी कम अच्छा नहीं गाता था। मैंने कहा न, मामा में अनेक गुण थे।

मामी अब मुझमें उतनी रुचि नहीं लेती थी जितनी मामा में लेने लगी थी। एक दिन मामा और दमयंती एकांत में बैठे बातें कर रहे थे। उस वक्त दमयंती की आँखों में पानी था। मामा ने शायद दमयंती को अपनी सारी गाथा कह सुनायी थी। ताज्जुब, दमयंती उस उम्र में भी आदमी की तकलीफ पूरी तरह समझती थी। उसने मामा को ढाँरस बँधाया था। आदमी चाहे तो क्या कुछ नहीं कर सकता ! दरअसल आदमी की नियति तो ऊँचे से ऊँचा उठने की है, पूर्णत्व प्राप्त करने की है, पर आदमी राह चलते-चलते भटक जाता है और फिर मंज़िल को भी भूल जाता है।

मामा ने अब ऊँचे से ऊँचा उठने की ठान ली थी। वह मेरी माँ से भी ऐसी ही बातें करता था। माँ स्वयं इसी लीक पर चलना चाहती थी—कि अपने काम में उच्चतम बिन्दु तक पहुँचो, अपने काम को पूजा समझो, बाकी सब-कुछ अपने आप होता चलता है। वक्त ज़रूर लगता है लेकिन है यह अवश्यंभावी। पर कुछ लोग तो इसके विपरीत चलते हैं। काम के उच्चतम बिन्दु तक पहुँचने में उन्हें कोई विश्वास नहीं। वे बस, पैसा चाहते हैं, पैसा। यानी फल। वे कहते हैं पैसा हाथ में आ गया तो बाकी सब अपने आप होता चला जायेगा। जैसे महल्ले के तुलसीरमण जी।

अरे तुलसीरमण जी, आप अब तक कहाँ थे ? आपकी खोज-खबर तो हमने ली ही नहीं। भई, सफलता तो अब आपकी दासी है। वह तो आपके हर क्षण कदम चूमती है। क्या कोई अब कह सकता है कि दो साल पहले आप महल्ले के बाहर सिनेमाघर के सामने ब्लैक के टिकट बेचने में ही अपनी सारी शक्ति लगा देते थे ? पर साहब, अच्छी मिलीभगत थी आपकी सिनेमाघर के कारिंदों से। कायदे से टिकट चाहनेवालों के लिए तो 'हाउस फुल' हो जाता,

लेकिन आपके ज़रिये टिकट बराबर मिलते रहते। अपनी आय का कुछ हिस्सा आप कानून के रखवालों को भी शायद देते होंगे। कानून के रखवाले तो सभी हैं न। पुलिसवाले भी और दादा लोग भी। महल्ले का बब्बर तो आपका गुलाम ही है। जिधर आप उसका स्टीयरिंग घुमा देंगे, वह उधर ही चलता है। कब से रह रहे हैं आप लोग इस महल्ले में ? शायद तब से जब से इस महल्ले की नींव पड़ी थी। शायद सौ साल से, शायद दो सौ साल से। पत्थर के मकान हैं, मज़बूत हैं। हर प्रकार की हलचल सह जाते हैं। खानदानी पेशा तो शायद आपका भी राज-मिस्त्री ही है न ! बढ़िया काम है। क्यों छोड़ दिया ? इस तरह की मेहनत-मशक्कत शायद आपको पसन्द नहीं थी। क्या दिया इस मेहनत-मशक्कत ने आपको, आप पहले हमेशा कहते थे। बस, एक छोटा-सा मकान ही न ! लेकिन ब्लैक की कमाई में देखो कितनी बरकत है। आपने तो अब इसके बल पर अगल-बगल के दोनों मकान भी अपने मकान में मिला लिये और अब तो आप यहाँ के रईसों में शामिल होते हैं। (एक रईस इस महल्ले के नुक्कड़ पर लाला रामदयाल हैं, और दूसरे आप हैं। अब आपके घर में किस चीज़ की कमी है ! लाला रामदयाल जी के घर की तरह आपके यहाँ भी एक बगिया है, बगिया में दो झूले हैं और कोने में एक फव्वारा भी चलता है। अरे हाँ, अब तो आप एक नामी-गिरामी ट्रांसपोर्टर हैं और इधर का माल उधर, और उधर का माल इधर करने में आपको कोई दिक्कत पेश नहीं आती। वाकई, आदमी जिस दिशा में भी बढ़ना चाहे, बढ़ सकता है। ईश्वर सभी को पूर्णत्व प्राप्त करने का अवसर देता है।

अच्छा बताइए, मामा ने आपका क्या बिगाड़ा है कि आप उससे खुंदक खाये बैठे हैं ? बेशक, पहले आप मेरी माँ की तरफ अजीब नज़रों से घूरते थे और बब्बर को भी आपने उसके पीछे लगाया था, और अब आप दमयंती की तरफ भी अपने पंजे फैलाने लगे हैं। माँ से तो आपने मुँह की खायी, अब दमयंती से भी खायेंगे। और मामा को भी आप ऐसा-वैसा मत समझिए। मुझे तो अब यहाँ से कुछ समय बाद जाना ही होगा। घर-बार की सारी ज़िम्मेदारी मामा पर ही रहेंगी। हम समझ रहे हैं—मामा ने क्योंकि स्कूटर रिपेयर की अपनी एक छोटी-सी दुकान खोल ली है इसलिए आपको तकलीफ हो रही है। और आपने जो इतना बड़ा महल खड़ा कर लिया है, यहाँ के गरीबों को खदेड़ कर उससे आपको तकलीफ नहीं हो रही ?

समय देखो किस तेज़ी से बीता है ! मैं कमीशन पा गया हूँ, मामा अब एक बढ़िया स्कूटर-मिस्त्री माना जाता है। उसकी दुकान के सामने सवेरे-सवेरे ही मरम्मतवाले स्कूटरों की कतारें लगने लगती हैं। दमयंती खिंचते-खिंचते अब मामा से पूरी तरह बँध गयी है, यानी वह मेरी मामी बन चुकी है। माँ पर अब

उम्र के आसार नज़र आने लगे हैं। दस साल का वक्फा कुछ कम नहीं होता ! एन. डी. ए. में सिलेक्ट होने के बाद मैं छुट्टी पर जब-जब घर आया, मामा को मैंने आगे ही आगे बढ़ते पाया। मैं तब बार्डर पर था जब मामा-मामी की शादी की खबर मुझे मिली थी। वहाँ दुश्मन से छोटी-मोटी झड़पें होती ही रहती हैं। सब कंधे से कंधा मिलाकर दुश्मन का सामना करते हैं। धर्म या व्यक्तिगत मान्यताएँ वहाँ कहीं आड़े नहीं आतीं। मान्यताएँ अपनी जगह, ड्यूटी अपनी जगह। ट्रेनिंग के दौरान हमें यही शिक्षा मिली थी।

इस बार छुट्टी पर आया तो मामा में एक खास परिवर्तन पाया। मामा दो-एक साल से, यानी जब से उसकी शादी हुई थी, अलग तो रहने ही लगा था, अब वह मुझसे कुछ कटा-कटा भी दिखाई देता था। मामी, यानी दमयंती, में भी कुछ इसी प्रकार का परिवर्तन था। मैं हैरान था– मामा में यह परिवर्तन क्यों ? पता चला तुलसीरमण उसे काफी परेशान किये रहता है–बल्कि पंजाब से अजीबोगरीब खबरें लाता रहता है। उसने एक खबर तो यह फैला रखी थी कि मामा का आतंकवादियों से गहरा सम्बन्ध है और इस महल्ले में किसी दिन भी धमाके हो सकते हैं। फिर एक दिन तो हद ही हो गयी। अपने स्कूटर की मरम्मत को लेकर एक ग्राहक ने मामा से तू-तू मैं-मैं शुरू कर दी और देखते ही देखते इसने हंगामे की शक्ल ले ली। हंगामा करनेवालों में ज़्यादातर तुलसीरमण के आदमी ही थे। बात शायद मार-पीट तक पहुँच जाती, अगर मैं वहाँ वक्त पर न पहुँचता। माँ ने भी उन्हें खूब दुत्कारा। पर वे माननेवाले कहाँ थे। उन्हें तो हंगामा-फसाद करने-कराने का कोई मौका चाहिए। खाली बैठे-बैठे वे करें भी क्या ? तुलसीरमण ने उन्हें कोई काम तो दे नहीं रखा। यह काम क्या कम है कि महल्ले की बहू-बेटियों पर आँख रखी जाये, और जहाँ कोई कमज़ोर दिखे, उसे दबोच लिया जाये। राजनीति की बुनियाद में क्या यही सब कुछ नहीं है ? तुलसीरमण जी भी अगर राजनेता बन जायें तो क्या हर्ज़ है ! इस बार वह म्यूनिस्पैलिटी की सदस्यता के लिए खड़े हो रहे हैं, फिर वह महानगर परिषद् के लिए खड़े हो सकते हैं और फिर संसद भवन की राह पकड़ेंगे। उनके सगे-सम्बन्धी तो सब गरीब ही हैं। गरीबों की भलाई गरीबों में से उपजा व्यक्ति नहीं करेगा तो और कौन करेगा !

जिस मकान में मामा-मामी रहते थे, उस मकान में और भी कुछ परिवार थे। कुल मिलाकर दस-बारह परिवारों से कम क्या होंगे। सबके पास एक-एक, दो-दो कोठरियाँ थीं। मामा-मामी के पास दो कोठरियाँ थीं। सामनेवाली कोठरी में रसोई पकती थी और भीतर उठने-बैठने, सोने-जागने की जगह थी। मामा-मामी के पास ज़्यादा सामान तो था नहीं, लेकिन वैसे उनके हिस्सेवाली जगह सबसे अलग दिखती थी। एक करीना तो था उतनी-सी जगह में भी। बाकी

लोग तो गूदड़ ओढ़ते थे और गूदड़ ही पहनते थे। संडास सबका साँझा है। सहन में म्यूनिस्पैलिटी के नल के अलावा हैंडपम्प भी है। वहीं सब नहाते हैं। औरतें तभी नहाती हैं जब मर्द घर से चले जाते हैं। काफी चुहल करती थीं औरतें पहले आपस में।

मामा से हुए झगड़े के बाद से इस मकान का वातावरण भी बदलने लगा। मकान की औरतें अब मामी से पहले की तरह पेश नहीं आ रही थीं, बल्कि बात-बात में डंक चुभो देतीं। एक ने तो यहाँ तक कह दिया कि क्या तुम्हें यह सिख ही मिला था शादी करने को ! हिन्दुओं में बढ़िया से बढ़िया लड़के मिल जाते। मामी को भी खूब गुस्सा आ गया था। वह शेरनी की तरह दहाड़ी थी—अरे जिस हिन्दूपन की तुम इतनी दुहाई देती हो, क्या उसकी एक भी बुनियादी बात तुम जानती हो ?

पर मामा-मामी का मन अब इस महल्ले से उखड़ चुका था। उधर पंजाब से भी आये दिन कोई न कोई खबर आती ही रहती। यहाँ तक कि पंजाब से खदेड़ा हुआ एक परिवार भी इस महल्ले में आ पहुँचा था और उन्होंने तो कुहराम ही मचा दिया था। हर किसी के गले से लगकर वे लोग रोते।

वातावरण पूरी तरह दूषित हो चुका था। मामा-मामी की कोठरी के बाहर अब हर तीसरे-चौथे कोई-न-कोई टोना किया रहता—कभी मांस के लोथड़े, कभी मौली बँधी हंडिया, जिसमें गुड़, पत्तियाँ, रोली और जाने क्या-क्या पड़ा होता।

मामा-मामी ने आखिर महल्ला छोड़ने की तैयारी कर ली। एक टैंपो में उनका सामान लदने लगा था। मामा-मामी, दोनों बेहद उदास थे। सामान लद गया था। मामा-मामी उसमें बैठने को हुए। महल्ले के कुछ और लोग भी वहाँ आ जुटे थे। मामी माँ के गले से लगकर बहुत रोयी। वह अपने भाई-भावज के गले से लगकर भी रोयी। उसे ज़्यादा दुख महल्ला छोड़ने का नहीं था, ज़्यादा दुख आदमी के भीतर बैठे दूसरे आदमी को लेकर था।

□□

लच्छमी

नन्हा किशनू देखो, अभी तक सोया पड़ा है ! रात को अँधेरा होते ही सो गया था और अब सूरज सिर पर होने को आ रहा है ! अरे भाई, हम कोई अमीर-साहूकार तो हैं नहीं जो इस तरह पसरकर सोयेंगे। हम तो गरीब-गुर्बा हैं, झुग्गी-झोंपड़ी में रहनेवाले, जिनके मुकद्दर में मेहनत ही मेहनत है। उठो, उठो, किशनू, उठ जाओ, भाई। अभी चले जाओगे कूड़ा बीनने तो कुछ उम्मीद भी है। देर से जाओगे तो हाथ कुछ नहीं लगनेवाला। करनेवाले पहले ही सब साफ कर जायेंगे। कूड़ा बीनना है तो मुँह-अँधेरे जाओ। सब कुछ तरोताज़ा मिलता है। तब तक उसमें गउएँ भी मुँह नहीं मार पातीं। तब तो वह सोना होता है, सोना ! जी भरकर उसमें से कागज़ बीनो, प्लास्टिक बीनो और भर लो अपने झोले। चार आने किलो तक कागज बिक ही जाता है। प्लास्टिक के थोड़े ज़्यादा मिल जाते हैं, पर वह मिलता ही कितना है ! इसलिए किशनू अब कागज़ ही बीनता है। उठो बेटा, उठो, यही उम्र है मेहनत करने की। अब की कमाई शायद तेरे आगे भी काम आ जाये। और फिर जब बड़े हो जाओगे तो क्या पता हमारी सूरत से भी नफरत करने लगो !

लच्छमी, जाने क्यों, एकदम इतना सोच गयी थी। पिछली रात झुग्गियों में झगड़ा भी तो खूब जमकर हुआ था। ये झुग्गियाँ क्या हैं, जानलेवा नरक हैं, नरक। न किसी को बैठने का शऊर, न उठने का। सब तरफ ताक-झाँक ही ताक-झाँक। पड़ोसी भी झाँके और आने-जानेवाले भी झाँकें। अरे, गरीब की ज़िन्दगी है भी क्या ! कुछ अपने नाम की चीज़ तो होती ही नहीं। न यह तन अपना, न यह मन अपना। सब बिकाऊ है, बिकाऊ। सब की बोली लगती है ! गाँव में थे तो इससे भी बदतर ! कोई पता नहीं किस वक्त कौन आ पड़े ! बस, चुपके-चुपके सहते रहो तो सब ठीक है, ज़रा-सी हूँ-हाँ की

नहीं कि मुसीबत टूट पड़ी ! किशनू के बापू को मोओं ने एक बार कैसे बेरहमी से पीट दिया था। अरे, हम नीच जाति के हैं, मेहनत-मजदूरी करनेवाले लोग हैं तो क्या हुआ ! हमें क्या अपने बारे में इत्ता भी सोचने का हक नहीं ? चलो, शहर में हैं, कुछ तो ठीक है। चलती तो यहाँ भी गुण्डों-दादाओं की है। फिर भी।

लच्छमी को अब किशनू पर गुस्सा आने लगा था। किशनू का बापू तो अब बिलकुल निखट्टू हो गया है। मुए को हर वक्त पीने को चाहिए। नुक्कड़ की झुग्गी में अब यह ही तो धन्धा चलता है ! पुलिस आती है, छापा मारती है और चली जाती है। अरे, उनमें से कुछ-कुछ तो खुद भी छकने बैठ जाते हैं।

एक दिन एक मुआ सिपाही कैसे देखता था। अरे, धन्धा करती हूँ तो अपनी जाँघों के बल-बूते पर। दमखम हो तभी यह धन्धा चल पाता है। फिर परमात्मा की दी हुई थोड़ी शक्ल-सूरत भी तो चाहिए। थोड़ा-सा नाज़-नखरा भी। सिल की तरह पड़ जाओ तो कोई पलटकर देखेगा भी नहीं। फिर ज़्यादा बक-बक करने की ज़रूरत भी नहीं। दो-चार ढंग के लोग मिल जायें तो रोटी तो बढ़िया चल जाती है ! पर न भाई, न। किसी गलत आदमी के हाथ पड़ गये तो समझ लो ज़िन्दगी बरवाद हो गयी। और अब तो मरी कैसी-कैसी बीमारियाँ भी आती जा रही हैं !

रात को इसी बात को लेकर तो हंगामा हुआ था। अरे, कस्तूरी कौन होती है हुज्जत करनेवाली ! जैसे एक नंगी, वैसे ही दूसरी नंगी। दोनों सुबह उसी नल पर तो नहाती हैं। बालटियाँ लीं, पानी भरा, और थोड़ा हटकर बैठ गयीं उसे उँड़ेलने अपने बदन पर। अब जायें भी तो कहाँ जायें। ले-दे के वही तो जगह है। एक झुग्गी में जगह हो भी कितनी सकती है ! वहीं चूल्हा, वहीं चौका। और दिन में जब ज़रूरत पड़े, वहीं थोड़ी आड़ लेकर बैठ जाओ। पास ही बहती हुई गन्दी नाली है। एक रात तो दो झुग्गियाँ हटकर किसी को साँप ने काट लिया था। अब सबको बसेरा तो इसी पृथ्वी पर करना है न। यह भी ग़नीमत समझो कि ये झुग्गियाँ अभी तक बची हुई हैं, नहीं तो कब की म्यूनिसपैलिटीवाले तोड़ गये होते। एक बार तोड़ने पर तुल ही गये थे। कइयों का सामान उठाकर बाहर भी पटक दिया था। पर ये तो प्रधान थे जो कोरट से स्टे आर्डर ले आये। अरे जालिमो, गरीबों का इस धरती पर क्या कोई हक नहीं ? मत समझो यह कि इस झुग्गी की जगह ऐसे ही मिल गयी थी हमें ! पूरे पाँच सौ दिये थे, पाँच सौ। बना के तो दिखाओ झुग्गी ऐसे ही इस ज़मीन पर ! तोड़नेवाले न तोड़ गये रातोंरात तो हमें कहना। साथ में हड्डियाँ बची रहें तो अपनी किस्मत समझो।

छिः लच्छमी, ऐसा भी क्या गुस्सा ! बच्चा है, किसी दिन थोड़ा अधिक भी सो लिया तो क्या ! नहीं, लच्छमी को इतना गुस्सा किशनू पर नहीं, जितना अपने आदमी पर है। निखट्टू को पास ही वह पान-बीड़ी-सिगरेट का खोखा लगा के दिया था कि चलो, जो आये, वही ठीक है। पर इसका तो सुबह-सुबह ही कुछ पता नहीं चलता। पहुँच गया होगा वहीं शराबवाली झुग्गी में। पहले शराब बदन तोड़े, फिर शराब बदन जोड़े। अरे वाह, यह अच्छा नुस्खा है ! ऐसे ही निचुड़-निचुड़कर मर जाओगे एक दिन, किशनू के बाप ! गाँव में थे तब जवानी वैसे नहीं आयी, और अब जवानी को ऐसे ही ठेल दिया। कर लो बच्चू मौज लच्छमी की जाँघों के बल पर ! यह भी थोड़े दिन ही चलेगा। जैसे ही जवानी ढली, वैसे ही लोग दुत्कार देंगे। अरे, बुढ़ायी कुतिया को कौन पूछता है !

अजब औरत है यह लच्छमी भी। पटरी करने पे आये तो अपने को ही पटरी कर देगी। रात को भी पट्ठी ने वोह सुनायीं, वोह सुनायीं कि अच्छे-अच्छे पोथे भी बेकार हो जायें। तब पता नहीं कौन आ बिराजता है उसकी ज़बान पर ! साक्षात् चाण्डालिका ही समझो। बस, इत्ती-सी ही कसर समझो कि पूरे कपड़े नहीं उतारकर फेंक दिये वहाँ, और हर किसी को ललकारा नहीं कि है कोई माँ की जनी जो उसके मुकाबले पे आये ! एक बार उसने ऐसा किया भी था। देखनेवाले खूब मज़ा ले-लेके तमाशा देख रहे थे और यह थी कि पागलों की तरह बके जा रही थी, चिल्लाये जा रही थी और जब और कहीं पेश नहीं गयी थी तो अपने आदमी को ही झुग्गी में घसीट ले गयी थी और पीट डाला था उसे धाँय-धाँय !

हाय री लच्छमी, तुझे भी परमात्मा ने एक ही बनाया ! जवानी दी, शक्ल-सूरत दी, दम भी दिया, पर तूने उस सब को ऐसे ही दाँव पर लगा दिया। अरे मजबूरी में जो हुआ सो हुआ, अब दीदा-दानिस्ता तो इस भट्ठी में न कूद दे प्यार बच्चे को ! दे प्यार आदमी को ! देख, धीरे-धीरे कैसे सब कुछ अपने आप बदलने लगता है ! अरे, बड़ी शक्ति है इस प्यार में ! एक बार दिलों के तंतु जुड़ जायें तो फिर देख नज़ारा ! उस दिन मन्दिर में एक महात्मा कुछ ऐसा ही तो प्रवचन दे रहे थे। वह तो भगवान् से भी कुछ इसी तरह का नाता जोड़ने को कह रहे थे। भगवान् से नाता जोड़ो और अपना कर्म करो। फिर देखो कैसे-कैसे चमत्कार होते हैं तुम्हारे जीवन में ! भगवान् अपने आप ही राह सुझायेंगे ! एक राह तो तेरी तेरा किशनू ही है ! क्यों इसे कूड़ा बीनने भेजती है ? डाल इसके पेट में दो अक्खर ! सींच इसे प्यार के पानी से और फिर देख यह पौधा कैसे लहलहाता है !

तू भी लच्छमी, बस एक ही है। जिधर बह गयी, सो बह गयी। माना यह

दुनिया गंधाता कूड़े का ढेर है, माना इस धरती पर गन्दगी ही गन्दगी है, पर यह तो बता ये ताज़ा हवा के झोंके कहाँ से आते हैं ? अरे लच्छमी, तू तो गन्दगी में और गन्दगी डाले जा रही है। बढ़ा प्यार का हाथ अपने बेटे की तरफ ! बदल डाल यह समूचा वितान एक ही झटके में !

और लच्छमी को जाने क्या हुआ कि वह खड़े-खड़े अविरल आँसू बहाये जा रही थी। उसे लगा कि यह दिन और दिनों की तरह नहीं है !

भिखमंगे

मैंने काफी हाथ-पाँव मारे थे, लेकिन सब तरह से नाकामयाब रहा था। अब मुझे कोई रास्ता नज़र नहीं आ रहा था, कोई भी नहीं। मैं पूरी तरह हार चुका था।

लेटे-लेटे मैं सहसा चौंका।

क्या हुआ ?

"ओह ! यह तो मेरी मानसिक शिथिलता है।" मैंने खुद से कहा। लेकिन मुझे लगा जैसे कोई दरवाज़ा खटखटा रहा हो।

मैंने आलस्य से करवट बदली, मेरी शिथिलता ने भी। फिर मुझे याद आया कि आठ आने चाहिए, बहुत ज़रूरी, नहीं तो रात का खाना नहीं पकेगा। वैसे तो चार दिन से यही आलू उबाल-उबालकर खा रहा हूँ, और अब तो स्टोव में तेल भी खत्म हो चुका है कि...मैं इसी क्षोभ से सन्न पड़ता जा रहा था कि दरवाज़े पर खटपट फिर हुई।

"कौन, रामपाल ? अरे, आओ भाई, बड़े दिनों बाद आये !"

और यही तो हमारा वह परिचित है, दोस्त ही कहो, जो मुसीबत में काम आता है, जो हमें उधार आटा दे देता है, दो रुपये का, फिर तीन का। मैंने सोचा, एक बार ही अधिक ले आऊँ। हो सकता है, रोज़-रोज़ माँगने से उसे बुरा लगे। पाँच रुपये का आटा मैंने उससे उधार ले रखा है और उसे विश्वास है कि जब भी मेरे हाथ पैसे लगे, मैं उसे तुरन्त लौटा दूँगा।

रामगोपाल मेरे पास आकर बैठ गया। मैंने सोचा, इस बार भी यह काम आयेगा। एक अठन्नी की ही तो बात है। और जब मेरे पास पैसे आ जायेंगे, मैं इसे पूरे पाँच रुपये आठ आने लौटा दूँगा। केवल एक अठन्नी इससे माँगूगा, केवल एक अठन्नी। चार आने का तेल लाऊँगा और चार आने का डालडा, और फिर खाना...।

लेकिन इतने ही में वह जाने को तैयार हुआ। आठ आने कैसे माँगूँ ? पहले के ही पाँच रुपये देने हैं। इस पर आठ आने और ! नहीं, नहीं...। फिर मुझे ख़्याल आया कि आठ आने बहुत ज़रूरी हैं। आठ आने से बहुत काम चल सकता है।

"अच्छा, मैं भी तुम्हारे साथ चलता हूँ।" मैंने कुछ तत्परता दिखायी।

मैंने सोचा, रास्ते में ही किसी बहाने माँग लूँगा।

वह चलते-चलते रुका : "आओ, सिगरेट पी लो।" वह जानता है कि मैं सिगरेट पीता हूँ। उसने मेरे लिए एक सिगरेट खरीदी और अपने लिए एक पान।

"धर्मतल्ला चलोगे ?"

मैंने सहज ही 'हाँ' में सिर हिला दिया। रास्ते में उसने मेरे लिए दो सिगरेटें और लीं और हम विक्टोरिया मेमोरियल के सामनेवाले मैदान के छोर पर एक तरफ बैठ गये। पास ही एक मूँगफलीवाला बैठा था। उस समय बड़े ज़ोर से मूँगफली के लिए मेरी तबीयत होने लगी। मैंने चाहा कि उस मूँगफलीवाले की सारी मूँगफली ही खा जाऊँ। मेरे साथी ने एकाएक उससे दो आने की मूँगफली ले ली। हम अपने सामनेवाली जगमगाती इमारतों को देखते रहे और मूँगफली खाते रहे।

सहसा मेरा ध्यान पीछे की ओर गया। कालिमा से पुता एक दीर्घविस्तृत मैदान। लगा, मेरी तरह ही वह भी शिथिल पड़ा है। एक बार तो मेरे दिल में आया कि क्यों न मैं वहीं जाकर पड़ा रहूँ, अपने सादृश्य के ऊपर। जैसे मैं शिथिलता से जर्जरा रहा हूँ, वैसे वह भी। शून्य ! जैसे किसी अथाह गर्त में ! कभी-कभी पास से कोई जोड़ा गुजर जाता था। उनकी निगाहें ऊपर न उठती थीं। वे जल्दी-जल्दी पाँव ठपठपाते चले जाते थे। मेरे दिल में आया कि उनसे पूछूँ, क्या वे भी उसी अथाह गर्त में पड़े थे जिसमें शिथिलता है, जिस शिथिलता की एक पैनी धार भी है, जो अन्दर घुसती चली जाती है और कुछ-एक क्षणों के लिए व्यग्र बना देती है ? इतने में मेरा साथी बोला, "चलो घर चलें।"

मुझे फिर याद आ गया कि इससे एक अठन्नी माँगनी है। हाँ, एक अठन्नी।

लेकिन मैं उससे बातें किये जा रहा था। एकाएक किसी की कराहट मेरे कानों से टकरायी। एक लूला भिखारी अपनी कटी बाँहें झुलाता मेरी ओर लपका। वह मेरी ओर बढ़ता आता था, मैं पीछे हटता जाता था।

"यह क्या है ?" मैंने एकाएक सिटपिटाकर कहा।

"दो पैसे, बाबू। कल रात से खाना नहीं खाया है।"

"कल रात से खाना नहीं खाया है ?"

"हाँ।"

"पर मैं भी तो चार दिन से आलू उबाल-उबालकर खा रहा हूँ। और अब उसके लिए भी मेरे पास पैसे नहीं हैं। मुझे एक अठन्नी चाहिए, और यह मैं अपने इस साथी से माँगने जा रहा हूँ। तुम भी, ऐ भिखमंगे, इससे दो पैसे माँग लो। पहले तुम माँगो। फिर मैं माँगूँगा। तुम दो पैसे माँगोगे, मैं आठ आने माँगूँगा। तुमने कल से खाना नहीं खाया, मैं चार दिन से आलू उबाल-उबालकर खा रहा हूँ।"

मेरे साथी ने पाँच पैसे का एक सिक्का जेब से निकालकर उस भिखमंगे को दे दिया। मैंने सोचा, मुझे भी अब अठन्नी माँग ही लेनी चाहिए। पर न जाने क्यों, मेरे मन में जैसे कि एक तूफान-सा उठने लगा। मेरा सारा शरीर काँप रहा था। मैं उस लुंज भिखारी जैसा अभिनय कैसे करता ?

न जाने कैसे मैंने एकाएक उसे अपनी बाँहों में भर-सा लिया और उखड़े हुए स्वर में बोला, "भाई, तुम्हारे पास एक अठन्नी है ?"

उसने एक क्षण चकित हो मेरे हतप्रभ चेहरे को देखा और फिर बिना कुछ बोले मेरे हाथ पर आठ आने रख दिये।

उस सभय उसके निकट खड़े रहने की शक्ति मुझमें नहीं बची थी। इसलिए मैंने भी उसी क्षण उससे विदा ली, उस भिखमंगे के साथ-साथ।

□□

इन्तज़ार

कइयों से पूछा है मैंने, पर इस ज़िन्दगी का राज़ नहीं मिल रहा। कुछ कहते हैं कि धूल बन जाओ, मिट्टी बन जाओ, टपकने दो लार अपने मुँह से। कुछ मुहम्मद इक़बाल का सहारा लेते हैं और कहते हैं कि खुदी को बुलन्द करो, खूब बुलन्द करो ताकि एक बार खुदा को भी तुमसे पूछना पड़े कि ऐ बन्दे, बता आखिर तेरी रज़ा क्या है। किस की बात मानूँ ? दोनों तरह से करके देख लिया है। दोनों तरह से पटखनी खायी है मैंने। दोनों पक्ष अपनी-अपनी तरह की दलीलें देते हैं। कुल मिलाकर कहूँ तो बस, दलीलें ही दलीलें हैं. निष्पत्ति कहीं नहीं दीखती।

पर भाग्य तो है न ? क्या ख़्याल है आपका ? नियति कहूँ उसे, या कि एक पूर्व-निर्धारित क्रम ? क्या उसी के अनुरूप सब कुछ नहीं चलता ? आप चाहें तो उसे 'इत्तफाक' नाम दे सकते हैं या 'जुगाड़' कहकर भी पुकार सकते हैं।

कैसे बात शुरू करूँ इस विषय पर ? क्यों, क्या कोई व्यक्ति ऊपर ही ऊपर नहीं उठता रहता, और दूसरा है कि हरचन्द कोशिश करने के बावजूद नीचे ही नीचे धँसता रहता है ? कैसे छिनता है कभी-कभी किसी के मुँह का नवाला भी, और कैसे बनती है कभी-कभी मिट्टी भी सोना ? अजब तमाशा है यह सब ! एक राज़ है यह, गहरा राज़ है। क्या कोई खोल पाया है इसे ? कभी-कभी इशारे से ही सब कुछ बनता जाता है, और कभी-कभी सरतोड़ कोशिश के बावजूद सब कुछ बिगड़ता जाता है।

दो रोज़ पहले ही फोन आया था वहाँ से। नज़दीकी रिश्तेदारी है। उनका कहना था कि उनके यहाँ 'जागरण' है, और हमें वहाँ ज़रूर पहुँचना चाहिए। पत्नी तो ऐसे मौकों के लिए हमेशा उतावली रहती ही है। मैंने कहा भी कि

उनके यहाँ तो मच्छरों की भरमार है, फिर जगह इतनी दूर है कि वहाँ से रात को लौटा भी नहीं जा सकता। पर वह ऐसी छोटी-मोटी बाधाओं की कब परवाह करती है ! वह अक्सर यही कहती है—जाने किस रूप में भगवान् मिल जायें।

अब मैं क्या कहूँ उससे ? भगवान् के रास्ते पर जो व्यक्ति जा रहा हो, उसे मैं कैसे रोक सकता हूँ ? पर यहीं उसका और मेरा रास्ता अलग-अलग हो जाता है। वह हर कहीं कुछ-न-कुछ मनौती मान बैठती है, जबकि मैं चुप खड़ा उसे देखता रहता हूँ। हाँ, एकान्त में बैठकर ध्यान लगाने में मैं ज़रूर यकीन रखता हूँ।

उसने दो वर्ष पहले हरिद्वार के मनसा देवी के मन्दिर में कुछ मनौती मानी थी और वहाँ एक पेड़ पर तागे की दो गाँठें बाँध आयी थी। उस पेड़ पर और भी कई लोग गाँठें बाँधे जा रहे थे। कुछ खोल भी रहे थे। उनकी मनोकामनाएँ पूरी जो हो चुकी थीं। पत्नी भी अब वहाँ पहुँचकर गाँठें खोलना चाहती है। उसकी मनोकामनाएँ भी तो पूरी हो चुकी हैं। बेटी अच्छे घर में ब्याही गयी है, बेटा विदेश पहुँच चुका है, और...

बेटा जिन दिनों विदेश जाने की कोशिश कर रहा था, उन्हीं दिनों हमारे पड़ोस में एक 'संत' आये थे। उम्ररसीदा व्यक्ति थे। 'पहुँचे हुए' बताया जा रहा था उन्हें। अच्छी-खासी भीड़ लग गयी थी तब वहाँ। उनके सेवादार भी उनके साथ थे। सब लोग उनकी उपासना में जुट गये थे। देखते ही देखते वहाँ काफी धन इकट्ठा हो गया। कुछ लोग नकदी के अलावा सोना भी चढ़ा रहे थे। यह दान-पुण्य एक आलीशान ऐतिहासिक धर्म-स्थान बनवाने के लिए इकट्ठा किया जा रहा था। पड़ोसिन का कहना था कि संतजी को दान में दिया सौ रुपया दस हजार बनकर लौटता है। पत्नी के कहने पर बेटा भी संतजी की चरणस्पर्शी के लिए पड़ोसिन के घर जा पहुँचा था और एक सौ एक रुपया भेंट कर आया था। बाद में जब वह विदेश चला गया तो पड़ोसिन ने बार-बार कहा, "देखा, मैंने कहा था न ! संतजी को दिया बहुत फलता है।"

लेकिन इसके बाद ही कुछ ऐसा हुआ कि रुपये-पैसे के अभाव ने हमें आ दबोचा। बेटा विदेश जा रहा था तो उसके लिए हर तरह की तैयारी तो होनी ही चाहिए थी। पता चला था कि विदेश में हर चीज़ महँगी है, चाहे कमाई अच्छी है। इसलिए जो ज़्यादा से ज़्यादा जुटाया जा सकता था, जुटाया गया था। आखिर, बेटा तो हमारा है न ! क्यों आये उसके मन में किसी तरह की हीन भावना ? माँ-बाप होते किसलिए हैं ? मैंने भी कहा था कि अगर ज़ेवर भी बेचने पड़ें तो बेच दो। खैर, ज़ेवर तो नहीं बिके थे, दूसरी तरह की कुछ चीज़ें ज़रूर बिकी थीं।

पर हमें ग़म नहीं था। हमें पता था कि विदेश की कमाई और देश की

कमाई में ज़मीन-आसमान का अन्तर है। जितना हम यहाँ तमाम उम्र नहीं कमा सके, उतना वहाँ दो-तीन वर्षों में ही कमाया जा सकेगा। हाँ, उस कमाई में से कितना बचता है, यह बात अलग है।

पर उसने विदेश पहुँचने के कुछ ही दिन बाद हमें एक माकूल रकम भेज दी थी। पत्नी ने उससे एक बार कहा था कि वह अपनी पहली कमाई का कुछ हिस्सा 'गुरुओं' के नाम से अलग कर दे। वह कर पाया था कि नहीं, लेकिन उसने जो रकम भिजवायी थी, उसका दसवाँ हिस्सा पत्नी ने अलग रख छोड़ा था और अब वह इस इन्तज़ार में थी कि उसे किसी तरह 'गुरुओं' के यहाँ पहुँचाया जाये।

हमारे गुरु भी तो कोई साधारण गुरु नहीं, वे नाग हैं। यह खोज भी पत्नी ने ही की थी। हुआ यों कि एक रात मुझे सपना आया कि मुझे एक साँप ने काट लिया है। लेकिन मैं तुरन्त भूलुंठित नहीं हुआ था। पहले मैंने अपने दोनों हाथ जोड़कर सबको प्रणाम किया था, और फिर मैं धीरे-धीरे आगे की ओर झुकता गया था। पर मैं मरा नहीं था। अगली सुबह मैंने इस विचित्र स्वप्न के बारे में अपनी पत्नी से बात की थी, और उसने आव देखा न ताव, पहुँच गयी थी एक ज्योतिषी के यहाँ। वह ज्योतिषी हमारे महल्ले में नहीं था, शहर के दूसरे कोने में था। पर ज्योतिषियों का पता तो पत्नी ढूँढ़-ढूँढ़कर लगा लेती है। यह ज्योतिषी वहाँ मन्दिर का पुजारी था, और मन्दिर जीर्ण-शीर्ण अवस्था में था। इसलिए ज्योतिषी का भी जीर्ण-शीर्ण दिखना स्वाभाविक था। पर पत्तरी देखकर उसने जो बताया था, वह स्वाभाविक नहीं था। उसने सपने का अर्थ खोजते हुए कहा था कि हमसे हमारे 'कुल गुरुओं' का अनादर हुआ है।

कौन हैं हमारे कुल गुरु ? अब पत्नी ने 'कुल गुरुओं' की तलाश शुरू कर दी थी, और इसी तलाश में वह अपने बड़े-बुजुर्गों के यहाँ जा पहुँची थी। उसके बड़े-बुजुर्ग और मेरे बड़े-बुजुर्ग एक तरह से बहुत करीब थे, इसलिए हमारे पुरखों के बारे में सब कुछ जानते थे। उन्होंने बताया कि हमारे 'कुल गुरु' नाग हैं और उनकी 'गद्दी' पास ही के एक गाँव में है। बस, फिर क्या था, पत्नी वहाँ भी जा पहुँची, और वहाँ हर तरह की मन्नत मान आयी। उसने यह भी मन्नत मानी कि वह यहाँ चाँदी का नाग चढ़ायेगी। वैसे वहाँ चढ़ावे के चाँदी के नाग काफी थे, और ज़िन्दा नाग भी अक्सर दिख जाते थे। खैर ! अब मैं अपनी पत्नी के विश्वासों के बारे में क्या कहूँ ? बाद में मैंने कहीं पढ़ा था कि नाग संप्रदाय बहुत बड़ा संप्रदाय है, और इस संप्रदाय के लोग अपने नाम के साथ 'नाथ' ज़रूर जोड़ते हैं। फिर 'नाथ' को 'नाद' से भी जोड़ा गया।

बहरहाल, बेटे ने जो राशि भेजी थी, उससे कुछ दिन का संकट तो टल गया, लेकिन वह संकट फिर मुँह बाये आ खड़ा हुआ। मेहनत मैं भी भरपूर कर

रहा था, और किसी भी सूरत में बेटे की कमाई पर निर्भर नहीं रहना चाहता था, लेकिन यहाँ कुछ-न-कुछ आड़े आ ही रहा था। और बात स्पष्ट करूँ तो यह कहना चाहूँगा कि सेवा-निवृत्ति के बाद मुझे जो पेंशन मिलती है, वह मुश्किल से एक-आध बिल ही चुकता कर पाती है, बाकी बिलों को चुकता करने के लिए मुझे फ्री-लांसिंग का सहारा लेना पड़ता है, और विज्ञापन की दुनिया में फ्री-लांसिंग का मतलब आप समझ ही सकते हैं। अव्वल तो काम आसानी से मिलता नहीं, मिलता भी है तो उसका मुआवज़ा कब मिलेगा, उसका कोई हिसाब नहीं। कोई दो दिन कहकर दो महीने ले लेता है, और कोई दो महीने कहकर दो साल। मत पूछिए इन विज्ञापनवालों की। कुछ भाई लोग तो पहले 'कॉपी' का नमूना माँगते हैं और फिर चुप्पी लगा जाते हैं। फिर करते रहिए आप उन्हें दिन-रात टेलीफोन।

खैर, समय पर पैसे मिलते जायें तो किसी किस्म की कमी न आये। समय पर पैसे नहीं मिलते तो उधारी भी उठानी पड़ जाती है, और फिर कभी-कभी कुछ लोग तकाज़े पर भी उतर आते हैं। इसीलिए जैसे ही बेटा कमाने लायक हुआ, उसे ज्यूँ-त्यूँ करके विदेश भेजने की सोची।

मैंने कहा न, मुझसे जितनी मेहनत होते बनती है, मैं करता हूँ। पर मैं तो मेहनत ही कर सकता हूँ न। उसका फल अगर मुझे समय पर न मिले तो मैं क्या कर सकता हूँ ? अब लेने को तो मुझे यहाँ से भी लेना है और वहाँ से भी, पर ऐसा दायरा खींच रखा है किसी ने मेरे चारों ओर कि मजाल है पैसा मुझ तक पहुँच पाये। यहाँ तक कि बेटे ने जो राशि भेजी थी, वह भी हम तक पहुँचने में आनाकानी करती रही, क्योंकि जिसने हम तक वह राशि पहुँचानी थी, वह केवल वायदे पर वायदे किये जा रहा था और बात हर रोज़ टल जाती थी।

अब क्या कहूँ इसे ? नियति ? पहले कुछ काम इतनी आसानी से बने थे कि ताज्जुब होता था। जो फैसला होता था, मेरे हक में ही होता था। मसलन सेवा-निवृत्ति से कुछ वर्ष पहले पंचाट ने अपना फैसला ठीक उस समय सुनाया जब कि मेरी पद-अवनति होने को थी, और मैं काफी चिन्ता में था। आप भी कहेंगे कि विज्ञान के इस युग में मैं कैसी दकियानूसी बातें ले बैठा। पर ये बातें ही कुछ ऐसी हैं कि यहाँ विज्ञान की ज़बान भी बन्द हो जाती है। थोड़ा विस्तार से बताऊँ आपको ? पर हो सकता है आपके पास इससे भी बढ़कर चमत्कारिक उदाहरण हों। लेकिन मैं तो अपनी बात ही बता सकता हूँ न। मुझे किसी अन्य विभाग में प्रतिनियुक्ति पर जाना था। प्रतिनियुक्ति का मतलब था अच्छी-खासी पदोन्नति, जो मुझे अपने विभाग में कई वर्षों से नहीं मिल पा रही थी। इसके लिए कई औपचारिकताएँ पूरी की जानी थीं। वे सब पूरी हुईं। मंत्री महोदय ने भी फाइल पर हस्ताक्षर कर दिये। पर एक विभाग ऐसा था जो अनावश्यक रूप

से देरी किये जा रहा था। यहाँ मुझे अपनी पत्नी के माध्यम से एक ज्योतिषी का सहारा लेना पड़ा। ज्योतिषी ने कोई नुस्खा तैयार किया और वह काम भी कर गया। अब मेरी प्रतिनियुक्ति हो चुकी थी और मेरे वेतन में भी काफी अन्तर आ गया था। इसलिए धीरे-धीरे मेरा आत्म-विश्वास भी बढ़ने लगा।

ऐसे ही एक साल बीत गया। दो साल मुझे यहाँ और बिताने थे, और तब तक, उम्मीद थी, मुझे अपने विभाग में ही आगे सरकने का मौका मिल जायेगा। पर यह क्या ? एक साल बीता नहीं और प्रतिनियुक्तिवाले विभाग ने इस पद को फिर से विज्ञापित कर दिया। मैंने विभागवालों से बात की तो उन्होंने कहा कि यह लोक सेवा आयोग का निर्णय है, क्योंकि फाइल को उनसे भी 'क्लियर' करवाया जाना था। मुझे लगा मेरी नियति फिर मेरे साथ खिलवाड़ करेगी। खैर, विभागवालों के कहने पर मैंने भी अपना आवेदन दे दिया, और अपने दिन गिनने शुरू कर दिये। बड़ी विकट स्थिति थी यह ! ले-देकर किसी तरह पदोन्नति हुई ही थी कि 'पुनर्मूषको भव' होने जा रहा था। आर्थिक हानि एक तरफ और मानसिक हानि दूसरी तरफ। लेकिन इत्तफाक, लोक सेवा आयोग ने, अन्य प्रतिवेदियों के मुझसे अधिक अर्हता-प्राप्त होने के बावूजद मेरी ही पुष्टि की। शायद यहाँ मेरा विस्तृत अनुभव काम आ गया। शायद विभागवालों ने मेरी ज़ोरदार सिफारिश की थी। बहरहाल, मुझे तीन साल और मिल गये। लेकिन उधर, मेरे अपने विभाग में, अभी तक कुछ नहीं सरका था, और मेरे साथी वहीं के वहीं बैठे थे। क्या मुझे वापस उसी पद पर जाना होगा ? इसका मतलब तो पद-अवनति ही हुआ न !

अब मेरे मन में एक तरह से क्लेश पैदा हो गया था। सरकार को गाली देता था कि हमेशा आदमी को अपने शिकंजे में कसे रखती है और उसे बौना बनाकर ही छोड़ती है। अब मंत्री और ऊँचे पदवाले तो बनते जायें लखपती-करोड़पती, और हम लोग, नीचेवाले, ठीक से खाना भी न खा पायें। अपने विभाग से पूछता तो पता चलता कि मामला पंचाट में अटका हुआ है। क्या हो गया है इस पंचाट को ? क्यों नहीं फैसला सुनाता अपना तत्परता से ? क्यों जकड़े बैठा है उसे अज़दहे की तरह ?

इधर तीन वर्ष, यानी कुल चार वर्ष, भी पूरे हो रहे थे। फिर इस विभागवालों को जाने क्या सूझी कि उन्होंने खुद-ब-खुद मेरे लिए छः महीने और बढ़ाने की सिफ़ारिश कर दी, और वह सिफारिश मान भी ली गयी। और जैसे ही ये छः महीने पूरे हुए, पंचाट ने अपना फैसला भी सुना दिया, और इस तरह मैं पटखनी खाते-खाते बच गया। अब पहलेवाले विभाग में मैं लौट तो आया था, पर एक पद का लाभ पाकर, और सरकार में एक पद कभी-कभी बड़े मायने रखता है। यानी, पूरा परिदृश्य ही बदल जाता है। हुआ तो इसके बाद भी कुछ

चमत्कारिक ही, लेकिन उसे सुनाकर मैं आपको अपनी बातों के नीचे दबा देना नहीं चाहता।

इसके बरअक्स अब यह बेमानी तंगी। तंगी भी कैसी, बस फिज़ूल की एक बाधा-सी है। जाने इसका तिलस्म कब टूटेगा ? रोज़ इन्तज़ार करो। रोज़ बाट जोहो पैसे की, पर पैसा हमसे जैसे कि दूर ही रहना चाहता है। भई, कब तक हम लाचारी में इधर-उधर देखते रहें ? क्या घर की कुछ और चीज़ें बेचें ? रद्दी कागज़ और खाली शीशियाँ-बोतलें बेचने से तो बात बनेगी नहीं। यहाँ तो हज़ारों की कमी है। एक हज़ार होता भी क्या है आज की महँगाई में ! एक मामूली मज़दूर की कमाई भी डेढ़-दो हज़ार से कम नहीं है। लेकिन प्रवचन देनेवाले प्रवचन दे ही देते हैं। वे कहते हैं हवा तो तुम्हें मिलती है न, पानी भी मिलता ही होगा, तब रोना किस बात का ?

चलो, ये नहीं समझते हमारी बात, ज्योतिषी तो समझते हैं न ! एक नये ज्योतिषी ने मेरी तकलीफ समझने की कोशिश की थी। मैंने कहा था, "पण्डित जी, क्या बताऊँ आपको ! जेब में, बस, ये दस रुपये ही हैं। ये भी खत्म हो गये तो समझ लीजिए...।" एक सफेदपोश इससे ज़्यादा और क्या कहे ! एक तरह से यह 'पण्डित जी' के लिए इशारा भी था कि उन्हें मैं इस समय दक्षिणा देने की स्थिति में भी नहीं हूँ। पण्डित जी शान्त रहे। उन्होंने उसी वक्त मेरे लिए एक यंत्र तैयार किया और मुझे सौंपते हुए बोले, "इसे अपनी जेब में रखो। बस, यह हमेशा आपके पास रहना चाहिए। जहाँ भी जायेंगे, कामयाबी मिलेगी।"

मैं बहुत खुश था। मुझे लगा कामयाबी का नुस्खा सहज ही मेरे हाथ लग गया है। ऐसे ही नुस्खे ने पहले भी तो एक बार काम किया था। उसी की बदौलत तो मेरी प्रतिनियुक्ति की राह में आनेवाली अड़चनें अपने आप निरस्त हो गयी थीं। क्या अब नहीं होंगी ? मैंने इन्तज़ार किया। एक दिन, दो दिन, एक हफ्ता ! पर स्थिति तो बद से बदतर होती जा रही थी। लोग अपनी बात कहकर मुकर जाते थे। कई बार तो वे टेलीफोन पर ही नहीं आते थे। अगर मैं अपनी मान-मर्यादा बालाए तक रखकर उनके यहाँ पहुँच भी जाता, तब वे मुझे घण्टा-आध घण्टा, यों ही इन्तज़ार करवाते रहते। क्या कहूँ इसे ? बदनिज़ामी ? नहीं, नहीं, नियति कहने से थोड़ी आसानी रहती है। नियति में विश्वास रखनेवाले तो यह भी कहते हैं न कि जब समय अनुकूल होगा, तब आप से मुँह फेरनेवाले भी आपकी ओर देखे बिना नहीं रह पायेंगे।

बहरहाल, एक दिन मैंने गुस्से में आकर उस यंत्र को दूर हवा में उछाल दिया। जाओ तुम, मैंने मन ही मन कहा, मुझे भूखों मरना है तो मैं भूखों ही

मरूँगा।... पर उसके अगले दिन ही बेटे द्वारा भेजी गयी राशि हमें मिल गयी, और एक और जगह से भी कुछ रकम आ गयी जिससे कुछ तो राहत मिली। लेकिन वही तंगी अब फिर जो मुँह बाये खड़ी है। सब का चुकता हो जाये, तब ही तो जान में जान आये !

मैंने कहा न पत्नी 'जागरण' जैसे किसी धार्मिक अनुष्ठान में शामिल होने के लिए हमेशा उतावली रहती है। इसलिए निमंत्रण पाते ही उसने वहाँ पहुँचने की हामी भर दी। मैं थोड़ा तनाव में था। तनाव का कारण तो वही था। मैं वैसे भी ऐसे अनुष्ठानों से दूर ही रहता हूँ। फिर मैंने सोचा अगर मेरी नियति संघर्ष की है तो कौन टाल सकता है इस संघर्ष को ? पर पत्नी का विश्वास है कि ईश्वर की महिमा का वारापार नहीं, वह चाहे तो पलक झपकते ही कुछ से कुछ हो जाये। वह चाहता है तो किसी को आग से भी बचा लेता है, और चाहे तो उसी क्षण उसकी इहलीला समाप्त कर देता है। पल-पल का हिसाब है उसके पास। भाग्य बनाने-बिगाड़नेवाला और कौन है ? क्या करेंगी हाथ की लकीरें भी उसके सामने ? सब जन्म पत्तरियाँ रखी की रखी रह जाती हैं।

खैर, अगली सुबह पत्नी वहाँ से लौट आयी थी। वह वहाँ के बारे में विस्तार से बता रही थी। कह रही थी कि दूर-दूर से लोग वहाँ पहुँचे हुए थे, और कुछ तो बच्चों समेत वहाँ पहुँचे थे। जागरण क्या था, शादी का धूम-धड़ाका ही समझो। कुछ औरतों के गले में तो सोने के तीन-तीन, चार-चार हार झूल रहे थे। फिर रात को उन्होंने दो-एक बार साड़ी भी बदली। खुद हमारे रिश्तेदार की बीवी के ठाठ-बाट क्या किसी तरह कम थे ! पति इतनी बड़ी विपदा से जो बचा था। कितना ज़बरदस्त हादसा था वह। मारुति तो पिचककर दुहरी हो गयी थी। किसी शक्ति ने ही उसे बचाया। खरोंच तक नहीं आने दी उसे।

इस रिश्तेदार के बारे में शायद आप थोड़ा और जानना चाह रहे हों। पिता थे इसके किसी फर्म के मैनेजर, लेकिन तालीम उनकी कुछ ऐसी-वैसी ही थी। छोटा शहर, इसलिए चलता था। पर्सनेलिटी के नाम पर भी ज़ीरो। बेटे बड़े हुए तो उन्हें उसी फर्म में चपरासी लगवा दिया। बड़े बेटे, यानी इस रिश्तेदार की पर्सनेलिटी ठीक थी। ज़बान भी मिश्री घोलती थी। उस समय तक यह शायद मैट्रिक ही कर पाया था। पर बाद में किसी तरह ग्रेजूएट हो गया। फिर पिता का साथ छोड़ा और यहाँ दिल्ली आ गया। तब तक इसकी शादी हो चुकी थी। ससुरालवाले दिल्ली में ही थे। थे तो वे भी साधारण लोग ही, पर उनका कुछ सहारा मिला और इसने किसी बिल्डिंग मैटीरियलवाले के यहाँ नौकरी कर ली। नौकरी से बात धीरे-धीरे पार्टनरशिप पर आ गयी, और फिर पार्टनरशिप से यह अपने बिजनेस पर आ गया। अब यह बिल्डिंग मैटीरियल तो सप्लाई करता ही है, ज़रूरत पड़े तो ठेकेदारी भी कर लेता है, और ज़रूरत पड़े तो प्रापर्टी डीलर

कर धन्धा भी करता है। यानी किसी काम से इसे इनकार नहीं। और हाँ, एक बार जब हमने इसे ऐसे ही फोन किया तो इसने फौरन कहा कि वह हर तरह से हाज़िर है। यानी, वह हमें अपनी मारुति में कहीं भी घुमा लाने को तैयार था। मेरे मुँह से ऐसे ही निकल गया कि हमें देना क्या होगा, तो इसका जवाब था कि डी. एल. वाई. टैक्सीवाले जो लेते हैं, उससे जितना कम चाहें, दे सकते हैं। यानी, स्पष्ट था कि यह अपनी मारुति टैक्सी के रूप में भी इस्तेमाल करता है।

देखा न, ऐसे मोड़ता है व्यक्ति नियति का मुँह ! एक बात और, वह कहता है माँ भगवती का उसने कभी दामन नहीं छोड़ा, और दुःख में, सुख में, हमेशा उसे याद करता रहा है। यह जागरण भी उसी उपलक्ष्य में हुआ था। बहरहाल, अब तो उसके गले में हर वक्त सोने की चेन चमचमाती रहती है, कलाई पर भी सोने की एक मोटी चेन और ब्रेसलेट रहती है जिन्हें वह बातचीत के दौरान अक्सर झुलाता रहता है।

अब हर बात जब आपको बता ही दी है तो यह भी बता दूँ कि जिस शाम हमारे इस रिश्तेदार का फोन आया था, उसी शाम पत्नी को पता चला था कि हमारी पड़ोसिन अपनी कार में अगली सुबह 'संतजी' के दर्शनार्थ जा रही है। रात को जब हम सोने चले तो पत्नी ने मुझसे कहा, "घड़ी में सवेरे पाँच बजे का अलार्म लगा दो।"

पत्नी की बात सुनकर मैं कुछ-कुछ असमंजस में पड़ गया। "क्यों, कोई खास बात है क्या ?" मैंने ज़ाहिरा तौर पर जिज्ञासा दिखायी।

पत्नी समझ रही थी कि मैं टोक दूँगा। इसलिए पहले वह झिझकी, फिर धीरे-धीरे बोली, "सामनेवाले सवेरे संतजी के यहाँ जा रहे हैं। वह भी तो गुरु हैं। मैं सोचती हूँ गुरुओं के नाम का पैसा उन्हें ही चढ़ा आऊँ।"

मैं एकदम स्तब्ध। कोई दलील दूँ तो बवंडर खड़ा हो सकता है। क्या यही राशि किसी अन्ध आश्रम या विधवा आश्रम में नहीं दी जा सकती ? उधर पड़ोसिन ने तो जताया ही था कि आपके बेटे ने 'संतजी' को एक सौ एक रुपया चढ़ाया था और उसे तुरन्त फल मिला था। पत्नी अब और फल की कामना में है। वैसे वह मुझसे कई बार यह भी कह चुकी है कि हमने पेशा ही गलत चुना, वरना क्या हम भी अपने रिश्तेदार की तरह लखपती-करोड़पती नहीं बन सकते थे ! बेशक, मैंने लखपती-करोड़पती बनने के सपने नहीं लिये, लेकिन मैंने यह तो ज़रूर चाहा है कि सब कुछ सुगमता से चलता रहे और बेमानी संघर्ष से हमें छुटकारा मिले। अब मेरी उम्र संघर्ष करने की भी तो नहीं है।

पत्नी अगली सुबह पड़ोसिन के साथ 'संतजी' के यहाँ गयी थी और 'गुरुओं' के नाम की राशि उन्हें भेंट कर आयी थी। वह खुश भी थी। कह रही

थी बड़ा नूर है उनके चेहरे पर। सेवादारों की भी कमी नहीं। फिर उसने उसी समय घटी एक घटना का भी ज़िक्र किया। कहने लगी एक सेवादार उनके दर्शनार्थ अपनी वैन में आ रहा था। वैन रास्ते में ही उलट गयी। सुबह का वक्त। कोई बचानेवाला भी नहीं। किसी तरह 'संतजी' तक यह खबर पहुँची और उन्होंने तुरन्त सेवादारों का एक दस्ता वहाँ मदद के लिए भेजा। तब तक पुलिस भी पहुँच चुकी थी और उन्होंने वैन को सीधा खड़ा कर दिया था। पर ताज्जुब, वैन-चालक बिलकुल सही-सलामत था, चोट आने का तो सवाल ही नहीं उठता था।

पत्नी ने यह भी बताया कि यही वैन चालक एक वक्त बहुत बीमार हो गया था और डॉक्टरों से उसे जवाब मिल चुका था। उसे 'संतजी' का पता चला और वह उनकी शरण में आया। 'संतजी' ने कहा, ''जा, लंगर खा।'' लंगर में उड़द की दाल और रोटी थी। वह 'संतजी' के आदेश पर हैरान था। 'संतजी' ने अपनी बात दुहरायी। उसने डरते-डरते किसी तरह एक कौर मुँह में डाला, और फिर खाता ही चला गया। खा चुका तो 'संतजी' से फिर आदेश माँगा। 'संतजी' ने कहा, ''जाओ, सेवादारी करो।'' उसने सेवादारी की और वह धीरे-धीरे बिलकुल ठीक हो गया।

मेरे पास इन 'तर्कों' का कोई उत्तर नहीं है। मैं इन पर हंस भी सकता हूँ और अचंभा भी कर सकता हूँ। बहरहाल, अब मैं इन्तज़ार कर रहा हूँ कि देखें कौन-सा चमत्कार होता है, और कैसे मेरी नियति का मुँह मुड़ता है !

□□

मैं और तुम

यहाँ तुम और यहाँ मैं। कोई रेखा तो नहीं खिंची है हम दोनों के दरम्यान, फिर भी कुछ ऐसा रहा कि एक संयम-सा खुद ही काम करता रहा। कई बार मन हुआ भी कि तुम्हारी कनपटियों पर झूल आये तुम्हारे बालों को हलके से सहला दूँ या तुम्हारे उमगते शरीर के किसी हिस्से पर मासूम-सी दाब दे दूँ, पर जाने क्यों हाथ उठते-उठते रुकता रहा। फिर एक दिन जूँ-तूँ करके मैंने कह ही दिया कि तुम मेरे दिलो-दिमाग पर छायी हुई हो। उस समय हम कुछ ऐसी स्थिति में थे कि मैं पलटकर तुम्हारा चेहरा नहीं देख पाया था, पर तुम्हारी आवाज़ से कुछ ऐसा लगा जैसे तुम्हें यह वाक्य नागवार गुज़रा हो। शायद तुम इससे कहीं बेहतर वाक्य की उम्मीद करती थीं। शायद तुम्हें लगा था कि जब सम्बन्ध एक ऊँचाई को छू रहे हों तो ऐसे वाक्य बेमानी-से हो जाते हैं। फिर थोड़ा-सा सहज होते हुए तुमने बस इतना ही कहा कि मैं तो आपको एक बेहतरीन दोस्त के रूप में ही मानती हूँ। उस वक्त तो मुझे लगा जैसे तुमने मेरी बात पर कोई तेज़ धार चला दी हो, पर बाद में सोचकर यह भी लगा कि दोनों स्थितियों में विशेष अन्तर क्या है ! अन्तर शायद है भी। एक मोह की स्थिति है और दूसरी निस्संगता की। मोहासिक्त व्यक्ति शायद अपना विवेक खो सकता है जबकि निस्संगता में एक तरह की शक्ति भरी रहती है। तब क्या तुम शक्ति की बुलन्दी पर हो ?

बुलन्दी पर तो तुम हो ही, क्योंकि जो तुम बोलती हो, उसमें वज़न होता है, जैसे बहुत गहरे से तुम्हारे शब्द उपजते हों। दरअसल, गहरे में उतरना एक प्रकार से तुम्हीं ने मुझे सिखाया। तुम्हें याद हो, बहुत पहले, जब हमारा परिचय अभी ज़्यादा पुराना भी नहीं था, तुमने भीतर झाँकने की बात कुछ ऐसे विश्वास के साथ उठायी थी कि वह विश्वास हमेशा के लिए मेरा हो गया। फिर तुम्हारा

अंदाज़ भी कुछ अपनी तरह का था। सुन्दर तो तुम हो ही, उस पर अगर अंदाज़ भी हो, तो तुम समझ सकती हो कि वह कैसा असर पैदा करेगा। शायद उस समय तुमने पूर्णत्व की बात भी उठायी थी और किसी श्लोक का सहारा लेकर तुमने मनुष्य द्वारा पूर्णत्व प्राप्त करने पर ज़ोर दिया था। और फिर जब स्त्री-पुरुष के शारीरिक सम्बन्धों पर बात आयी थी तो तुमने साबित करना चाहा था कि स्त्री के लिए एक ही पुरुष के प्रति अन्त तक मनसा-कर्मणा समर्पित रहना कोई मुश्किल नहीं, और फिर जाने क्यों, तुमने अपने होंठों को खोल कर उनके बीच अपनी ज़बान ऐसे घुमायी थी जैसे तुम कामुकता की प्रतिमूर्ति हो। तुम्हारा गौर वर्ण, तुम्हारे लाल होंठ और उनके बीच थिरकती तुम्हारी लाल जिह्वा। खुदाया ! जैसे किसी ने कहर बया कर दिया हो। और इस पर भी जब तुम प्रभाव की यह परत जमाना चाहो कि पति के रूप में ही तुमने सब कुछ पा लिया है और पति ही तुम्हारे लिए सर्वोपरि है, तो मुझे कुछ अचंभा-सा हुआ था। सच कहूँ तो इस मुद्दे पर मेरी पत्नी भी ठीक तुम्हारी तरह अपनी बात उठाती है और अपनी सहजता में कभी-कभी वह तुम्हें भी मात देती दिखती है। प्लस प्वाएंट्स उसमें भी बहुत हैं। मसलन, सुन्दर वह भी काफी है, हालाँकि उम्र उस पर अब अपना असर दिखाने लगी है, बुद्धि उसकी भी तीक्ष्ण है, हालाँकि औपचारिक शिक्षा वह ज़्यादा हासिल नहीं कर पायी। लेकिन सबसे अधिक वह विश्वासी है और विश्वास के सहारे ही तर जाना चाहती है। विश्वास का सहारा तो तुम भी लेती हो न ! इसी विश्वास के सहारा शायद तुम मेरे इतने निकट चली आयीं और फिर बहुत महीन दूरी बनाये रखते हुए झटके से एकाएक खड़ी हो गयीं। लेकिन यह कैसा संयोग है कि दो स्त्रियाँ एक ही समान सोचें-समझें। वैसे यह सृष्टि बहुत विलक्षण है। तुम्हारी सोचवाली स्त्रियाँ और भी बहुत हो सकती हैं। पर ऐसी स्त्रियों की भी कमी नहीं जो खुद ही दूसरे पुरुषों की ओर बही चली जाती हैं। मैं मनोवैज्ञानिक तो नहीं हूँ, पर यह सिंगल-ट्रैक ब्रेनवाला परिदृश्य मुझे अबूझ पहेली-सा लगता है। कैसे सम्भव है कि कोई अपने मन को इस तरह कस ले कि उसमें अनिच्छित कुछ समावेश पा ही न सके ?

अब मैं अपने मन की ही कहूँ—इसमें हर वक्त न जाने क्या-क्या चलता रहता है। दरअसल, यह मन ही तो है जो आदमी को एक ही क्षण में कहाँ से कहाँ पहुँचा देता है। कभी अतल गहराइयों में, कभी गगनस्पर्शी शिखरों पर, कभी भूत में, कभी भविष्य में। अब देखो न, मेरे ताऊ, पता नहीं कहाँ से आकर एकाएक मेरी आँखों के सामने खड़े हो गये। बड़े साधारण जीव थे यह ताऊ ! प्रागैतिहासिक पुरुष से। सिर पर बड़ा-सा पग्गड़, कानों में सोने की छोटी-छोटी बालियाँ, बदन पर गाढ़े की कुर्ती और निचले हिस्से पर लंगोट-नुमा धोती। बिलकुल निरक्खर प्राणी थे यह ताऊ ! कुछ कमाते-धमाते तो थे, पर मेरे पिताजी

के प्रति सदा ईर्ष्या पाले रहते और किसी-न-किसी बहाने उनसे कुछ-न-कुछ ऐंठने की फिराक में रहते। अब यह मन ही है न जिसमें ईर्ष्या भी रहती है और प्रेम भी, निर्ममता भी है और दया भी। कैसी विचित्र रचना है इस मन की, जो मस्तिष्क में होते हुए भी वहाँ नहीं है, जो दिल में होते हुए भी वहाँ नहीं, जो सूक्ष्म होते हुए भी स्थूल से स्थूल आकार को अपने में समाहित किये रहता है। तब तुमने कैसे कहा, ऋचा, कि तुम अपने मन में केवल एक ही पुरुष की प्रतिमा बैठाये हुए हो और दूसरे पुरुष के लिए वहाँ कोई जगह नहीं ? क्या कभी ऐसा नहीं हो सकता कि हवा के झोंके इतने तेज़ आयें कि जब तक तुम खिड़कियाँ-दरवाज़े बन्द करने की सोचो, वे बिलकुल तुम्हें आप्लावित कर दें और क्षण-भर के लिए ही सही, तुम्हें लगे कि सच्चाई यही है ? पर नहीं, तुमने कहा था कि ऐसी अवस्था में तुम होश पलटते ही अपने को शेष कर दोगी। यह कैसी विडम्बना है ! एकदम आहिल्या, सीता, सावित्री के नाम मन पर कौंधने लगते हैं। रचनाकार के मन ने शायद उस समय भी दौड़ लगायी हो और एकदम ऐसे एकनिष्ठ पात्रों की रचना कर डाली हो।

एकनिष्ठ ! निष्ठ ! निष्ठा ! हाँ, निष्ठा शब्द ही मुझसे बार-बार दूर भागा जा रहा था। ध्यान में भी तो निष्ठा ही चाहिए। मुझे याद है जब तुमने कहा था कि एकनिष्ठ होकर ध्यान में बैठने से कुछ समय बाद बन्द आँखों के सामने खुद-ब-खुद एक ज्योति-सी उतरने लगती है और जब यह ज्योति उतरने लगे तो समझ लो कि कुण्डलिनी जाग्रत होनी शुरू हो गयी। और जब यह कुण्डलिनी जाग्रत होनी शुरू हो जाये तो समझ लो कि त्रिकाल-दर्शी होने की प्रक्रिया शुरू हो गयी। सच, त्रिकालदर्शी शब्द ने मुझ पर कैसा जादू-सा डाला था और मैंने उसी दिन से ध्यान-अवस्था में बैठना शुरू कर दिया था। त्रिकाल-दर्शी शब्द से मुझे वैसे भी कुछ लगाव था। मैं आज भी यह मानकर चलता हूँ कि एक रचनाकार त्रिकाल-दर्शी हुए बिना महानता की ओर कभी बढ़ ही नहीं सकता। पर क्या मैं उस बिन्दु तक पहुँच पाऊँगा ? शायद उसकी छुअन भी मुझे अभी तक नहीं मिली। चाहे ख्याति बराबर मेरा साथ निभा रही है। उधर तुम्हारे दमकते चेहरे को देखता हूँ तो लगता है कि ज़रूर तुम इस अवस्था को पा गयी होगी, वरना कैसे कोई ऐसी निकटता के बावजूद निस्संगता की ऐसी महीन रेखा बनाये रख सकता है ? फिर कहीं विरोधाभास मुझे परेशान किये दे रहा है। तुम्हारे-मेरे बीच यह अदृश्य रेखा भी मुझे परेशान किये दे रही है। मन में हमेशा तुम मेरे साथ-साथ चलती हो, मेरे साथ-साथ उठती-बैठती हो, मुझे एकटक देखती हो, कभी सस्मित आँखों से, कभी भाव-शून्य-सी होकर। लेकिन भाव-शून्यता तुममें कम ही दिखाई देती है। भाव-शून्य मैं ही हो जाता हूँ जब तुम एकाएक कुछ ऐसी बात कह देती हो जिसका मेरे पास तुरन्त उत्तर नहीं

होता। तब मेरी नज़र उड़ती-उड़ती-सी तुम्हारे उभरे उरोजों के बीच या ऐसे ही किसी बिन्दु पर जा टिकती है और मैं फुर-फुरा-सा उठता हूँ। नहीं ऋचा, शरीर और मन अलग-अलग नहीं हो सकते। शरीर है तो मन भी है, चाहे वह शरीर में अवस्थित न होकर शरीर के आस-पास ही कहीं मंडराता रहता हो।

ऋचा, तुम्हीं ने कहा था न कि मन को मन से जोड़ना कोई मुश्किल नहीं, केवल ध्यान को उस व्यक्ति-विशेष पर केन्द्रित कर देना होता है। अब तुम्हीं बताओ कि मैं जब-जब तुम पर ध्यान केन्द्रित करता हूँ, क्या कोई सूक्ष्म तरंगें तुम तक पहुँचती हैं ? और अगर वे तरंगें तुम तक पहुँचती हैं तो क्या वे तुम्हारे भीतर कोई उद्वेलन भी पैदा करती हैं ? देखो, तुम्हीं से सीखा पाठ तुम्हीं पर इस्तेमाल कर रहा हूँ। और फिर तुम्हीं ने तो कहा था कि मंत्र के बार-बार उच्चरित होने से वह अंततोगत्वा सिद्ध हो जाता है और फल देने लगता है। अब यह क्या इसलिए सिद्ध नहीं हो रहा कि मैं इसका अपने स्वार्थ के लिए उपयोग करना चाह रहा हूँ ?

स्वार्थी तो हैं ही हम सब लोग। इस स्वार्थ के सहारे तो बहुत कुछ चलता है। मेरा चाहना यह स्वार्थ ही है कि मेरी रचनाओं को नये चक्षु मिल जायें। मेरा यह चाहना भी स्वार्थ ही है कि मैं एक ऐसे बिन्दु पर पहुँच जाऊँ जहाँ से मुझे हर चीज साफ-शफ्फाफ दिखाई देने लगे। तुमने कहा था न कि जितना निस्सीम ब्रह्मांड हमारे बाहर है, उतना ही हमारे भीतर भी है। बाहर के ही ब्रह्मांड को देखो, कोई है ओर-छोर इसका ! फिर भी देखो कोई-न-कोई शक्ति तो है जो इस समूचे को एकसाथ बाँधे हुए है। हम सबको भी तो एक-दूसरे से बाँधे हुए है, जैसे मुझे तुम से। किन्हीं तंतुओं से। क्या तुमने कभी वे तंतु देखे हैं ? कितने विलक्षण होंगे वे तंतु। भारी से भारी और हलके से हलके पदार्थ को भी उठा सकते हैं वे। जब चाहें झटका भी दे सकते हैं। देखो न, कभी-कभी सब कुछ बना-बनाया एक-दो क्षणों में ही नेस्तोनाबूद होने लगता है। ऐसे मौकों पर मुझे उन सब करोड़पतियों की याद आ जाती है जिनकी जड़ें जाने कहाँ, पाताल तक पहुँची हुई हैं। कहाँ-कहाँ नहीं हैं वे ! पहाड़ों पर, जंगलों में, वादियों में, पठारों पर, नदियों में, समुद्रों में। अभी उसी दिन एक करोड़पती के बारे में पढ़ रहा था कि कई कारखानों का मालिक तो वह है ही जहाँ दवाइयाँ भी बनती हैं और कई तरह का साजो-सामान भी। उसके कई जहाज भी चलते हैं। और फिर, यह सारी सम्पत्ति कुछ ही वर्षों में खड़ी की है उसने। कहनेवाले कह भी देंगे कि यह तो शोषण और बेईमानी का कमाल है, पर शोषण और बेईमानी का सहारा लेनेवाले तो और भी अनेक हैं। तब वे क्यों नहीं इस शिखर तक पहुँच पाये ? वैसे ज़ाहिरा तौर पर तो हम यही जानते हैं कि शोषण और बेईमानी का इस आदमी ने कोई ऐसा सहारा नहीं लिया और फिर भी वह सीढ़ी दर सीढ़ी

चढ़ता गया। अब गिरे तो ऐसा गिरे कि उसकी कहीं चिंदी भी दिखाई न दे। मिसालें ढूँढ़ने पर अनेक मिल भी सकती हैं।

अभी-अभी तुम्हारी एक बात की याद करके मुझे मन ही मन हँसी आ गयी। अब यह 'मन' जाने फिर कहाँ से आ टपका। कोई आकार तो इसका कहीं दिखता नहीं, और फिर भी यह हर वक्त कहीं-न-कहीं नमूदार होता ही रहता है। मैंने शायद तुम्हारे सौन्दर्य की तरफ इशारा किया था और तुमने झट से पलटकर कहा था—कहाँ है यह सौन्दर्य ? उसी हाड़-मांस की ही तो मैं बनी हूँ जिससे दूसरे बने हैं। वही आँखें, वही कान। वही हाथ-पाँव। बेशक, वही आँखें हैं, पर आँखों-आँखों में भी तो फर्क होता है। एक वे आँखें हैं जो वितृष्णा उपजाती है, एक वे हैं जो अनजाने ही बाँध लेती है। जैसे तुम्हारी। अब यह बनानेवाले से पूछो कि उसने यह फर्क कैसे पैदा किया। चमड़ी और मांस-मज्जा तो सबका वही है। तब यह अलग-अलग आकार, अलग-अलग चितवन, अलग-अलग सोच कैसे निर्मित होती जाती है ? सच, मुझमें बच्चों जैसा कौतूहल जग गया दिखता है। आतुर आँखों से सब कुछ देख रहा हूँ। यकीन नहीं हो पाता कि ऐसा वैभिन्न्य भी सम्भव था। इतने रंग ! इतने आकार ! इतनी गतियाँ ! कल्पना भी यहाँ अपना दम तोड़ने लगती है। अब तुम ही बताओ, माँस-मज्जा तो तुम्हारा वही है, तब क्यों तुममें सब कुछ बनागी लिये हुए है ? क्यों तुम में भराव अधिक है जबकि अन्यत्र छीजन ही छीजन दीख पड़ती है ? कैसे तुम दूर-दराज़ की सोचती हो जब कि दूसरे पास की भी नहीं सोच पाते ? शायद ऐसी ही किसी स्थिति ने 'करिश्मा' शब्द भी ईजाद कर दिया हो।

एक दिन जाने क्यों यौनेच्छा मुझमें कुछ ज़्यादा ही प्रबल थी। लेकिन एक बात पहले ही स्पष्ट कर दूँ, कोरा यौन मेरे लिए कोई महत्त्व नहीं रखता, क्योंकि पशु-पक्षी भी यौन की स्थिति में प्रेम की स्थिति की राह से ही पहुँचते हैं। और इस पर जब पत्नी यह कहे कि जो करना है करो और बात एक तरफ करो तो लगता है जैसे अनुभूतियों को किसी ने एकदम बधिर कर दिया हो। और फिर जब वह यह कहे कि यह सब अब उससे नहीं करते बनता और मुझे इसकी व्यवस्था कहीं और कर लेनी चाहिए तो लगता है जैसे वह मुझे क्रय-विक्रय की स्थिति में धकेल रही हो। मैंने कई बार सोचा—क्या कोरा यौन सम्भव है ? सम्भव होगा, तभी तो यौन-मण्डियाँ सजती हैं। वह अलग बात है कि कोई दुकानदार थोड़ा सद्भाव दिखाये और कोई एकदम दुत्कार दे। पर सच तो यही है न कि सौदा आप वहीं से खरीदेंगे जहाँ रुचेगा। हाँ, पैसे पल्ले न होने पर शायद सड़ी-गली चीज़ भी स्वीकारनी पड़ जाये। जैसे लोग कूड़े की ढेरियों से

चीज़ें बीन लेते हैं।

पर पत्नी मुझे क्यों धकेल देती है ऐसी संकीर्ण स्थिति में ? यौन क्या एक फूहड़ हरकत है ? यौन से क्या ऊर्जा नहीं फूटती ? घर पहुँचते ही सबसे पहले मेरी नज़रें उसी को तो ढूँढ़ती हैं। वह घर पर नहीं होती तो लगता है जैसे घर पर कोई है ही नहीं। वह लौट आती है तो जैसे शीतल समीर बहने लगता है। लेकिन थोड़ी देर बाद ही किसी-न-किसी बात को लेकर हमारी तकरार शुरू हो जाती है। और फिर...। मिसाल के लिए उसे लगता है कि मैं केवल सोचनेवाला प्राणी हूँ, ठोस कुछ भी नहीं करता। जैसे वह चाहेगी कि गाड़ी लेकर खूब घूमो-फिरो, रिश्तेदार-दोस्तों के यहाँ आओ-जाओ, जबकि मैं चाहूँगा कि पढ़ने-लिखने का बकाया काम खत्म करूँ, रचनात्मकता के नये आयाम ढूँढूँ। हाँ, वह कुछ और भी चाहती है। जैसे—घर की काया-पलट हो जाये, किचन में मार्बल की स्लैब पड़ जायें, वाश-बेसिन के पास डिज़ाइनदार टाइलें लग जायें, बाथरूम और टायलेट में भी कुछ ऐसे ही परिवर्तन हो जायें। उसकी किटी-पार्टी की सहेलियों के घर एक-से-एक बढ़कर आबदार हैं। उन्हीं की बात दोहराती हुई वह कहती है—आजकल किसी के स्टैंडर्ड का अन्दाज़ लगाना हो तो उनका बाथरूम और टायलेट देखो। फ्रिज-टी. वी. का क्या है। वे तो जे. जे. कालोनियों के घरों में भी दिख जायेंगे।

खुदाया ! मैं ठण्डी साँस लेता हूँ। इतना पैसा कहाँ से आये ! ज़ाहिर है कि अब सिंगल कमाई से तो कुछ होने का नहीं। दुहरी-तिहरी कमाई हो तभी बात बनती है। पर दुहरी-तिहरी कमाई हो भी कैसे ? अपने चारों ओर नज़र दौड़ाओ। हर स्थिति को सोचो-रखो, और जहाँ भी गुंजाइश दिखे, वहीं चोंच गड़ा दो। बस, यही हल हो सकता है। नैतिकता-वैतिकता के चक्कर में पड़ो नहीं। जो करवाता है, वही तो करवाता है। क्या गीता में भगवान् कृष्ण ने नहीं कहा—अच्छा करवानेवाला भी मैं हूँ और बुरा करवानेवाला भी मैं हूँ।—अब यह है उसकी तीक्ष्ण बुद्धि का कमाल। हर बात के लिए उसके पास दलील हाज़िर है। ज़्यादा बहस में पड़ जाओ तो पुरानी-से-पुरानी घटना को ज़िन्दा कर देगी। याद है आपको, वह कहेगी, एक बार आपने मुझे चालीस रुपये के लिए तरसाया था। या एक बार आप सीधे बीस दिन के लिए बाहर चले गये थे, और जाने से पहले यह भी न सोचा कि घर में कुछ खाने को भी है कि नहीं। नयी-नयी शादी हुई थी। अब मैं माँगूँ भी तो किससे माँगूँ ? ले दे के वही मधु थी। एक दिन न दूध और न चीनी। अब चाय बने भी तो कैसे ? आधा दिन होने को आया। सरदर्द भी कहे कि आज ही हूँ। ऐसे ही साँस घसीटे पड़ी रही। फिर मधु को जाने कैसे सूझी और वह बुलाकर मुझे अपने घर ले गयी और फिर ...अब है इन सब बातों का मेरे पास कोई जवाब ? चुप रहूँ तो वह हँस-हँसकर

बताती है, टोक दूँ तो झट आँखों में पानी भर लेती है और अगर चुप्पी ठान ले तो बस, दो-चार दिन की छुट्टी समझो। यह है हमारे पति-पत्नी सम्बन्धों का लेखा-जोखा।

अब तुम बताओ ज़रा तुम्हारी अपने पति से कैसी कटती है ? तुम्हारी रचनात्मकता में वह तुम्हारा कितना सहायक रहा ? पर तुमने तो अपने पति को हमेशा ऊँचे-से-ऊँचा बैठा दिखाया, हालाँकि तुम्हारी बेटी ने एक बार कहा था—बेचारे पापा ! आई पिटी हिम ! सबकी सुन लेते हैं, फिर भी उफ तक नहीं करते ! मम्मी भी कभी-कभी बहुत बुरी तरह घुड़कती हैं उन्हें !

तब तुम कितनी समान हो एक-दूसरे के। पत्नी भी सुन्दर और तुम भी सुन्दर। तुम भी तेज़ धार की और पत्नी भी लगभग वैसी ही। तुम भी एकनिष्ठ और पत्नी भी एकनिष्ठ। तब क्या तुम मेरी पत्नी का प्रतिरूप ही हो ? तभी शायद तुम दोनों की आपस में पटती भी इतनी है। एक बार मुझे लगा भी कि ऐसा न हो कहीं तुम्हारे आपस में ईर्ष्या फूट पड़े। पुरुषों में ऐसी ईर्ष्या फूटने की ज़्यादा सम्भावना रहती है। इसीलिए जब-जब मेरी तुम्हारे पति से भेंट हुई, मैं बराबर उसकी आँखें पढ़ने की कोशिश करता रहा। मुझे डर था कि कहीं उसमें प्रागैतिहासिक पुरुष न जाग उठे। पर मेरे हाथों में तुम्हें सौंपकर जैसे कि वह अधिक आश्वस्त हो जाता है। एक बार तुमने मुझसे कहा भी था—मुझे आपसे सब कुछ चाहिए, दोस्ती भी, स्नेह भी, संरक्षण भी। संरक्षण भी ? मैंने हैरत से दोहराया था और तुमने 'हाँ' में अपना सिर हिला दिया था। कैसा अद्‌भुत क्षण था वह ! कैसा अटूट विश्वास ! बेशक, तुम्हें किसी चीज़ की कमी नहीं, फिर भी लगा कुछ कमी है। इतनी सम्पन्नता में विपन्नता ! 'विपन्नता' कह कर शायद मैं तुम्हें लघुता में डाल रहा हूँ। नहीं, तुम लघु नहीं हो, तुम दीर्घ हो, दीर्घ और विस्तृत, चारों दिशाओं में छायी हुई ! चारों दिशाओं में अनुगुंजित !

सुनो ऋचा, सुनो, और सुनती रहो मेरी बात। यह बात कभी खत्म न होगी। यह बात ही ऐसी है। यह बात स्त्री-पुरुष के बीच की है। यह बात चिर-स्नातन है। यह बात...

□□

मैं और वह

रात ठिठुरी हुई थी, सड़क सुनसान थी और उस पर मैं निरुद्देश्य भटक रहा था। मेरे भीतर एक प्रकार की आग-सी धधकती रहती थी जो मुझे कभी-कभी इस तरह भटकने पर मजबूर कर देती थी।

मुश्किल से ग्यारह बजे होंगे। सड़क को रोशन करनेवाली बिजली की बत्तियों का प्रकाश उस ठण्ड में जमा हुआ-सा लगता था। कहीं, किसी प्रकार का स्वर नहीं था। धुआँ भी ठिठुर कर उस प्रकाश के साथ जम गया था। चारों ओर एक अजब-सा सन्नाटा व्याप रहा था और उस सन्नाटे में मैं चौंक-चौंक जाता था।

मोड़ पर एकाएक मुझे एक कार दिखी, और वह लपकती हुई मेरी ओर ही चली आयी। मुझे लगा जैसे मैं उसके नीचे दब जाऊँगा। लेकिन कार बड़ी सफाई से मुझे बचाती हुई ठीक मेरे पास से निकल गयी। सिहरन से मैं झनझना उठा। इनकी क्या मंशा है ? क्या ये मेरी हत्या करना चाहते हैं ? लेकिन मैंने तो इनका कुछ नहीं बिगाड़ा ?

कार इतने में घूमकर फिर आयी, और जैसे ही मेरे नज़दीक पहुँची, वैसे ही खट से वह रुकी। किसी ने फुर्ती से उसका दरवाज़ा खोला, फिर लपककर दूसरे दरवाज़े की ओर गया और किसी चीज़ को घसीटते हुए उसने उसे बाहर पटक दिया। उस समय मैं बिलकुल स्तंभित हो रहा था। इतनी ठण्ड में मेरा दुहरा होता शरीर एकाएक कस गया था।

फिर जैसे ही मैं अपने में आया, मैंने वहाँ से भाग जाना ही ठीक समझा। लेकिन भागकर जाता भी कहाँ ? लगा जैसे चारों ओर से मैं घिर गया हूँ, या भयावने स्वर मेरे ऊपर मंडराने लगे हैं। कार अब तक वहाँ से जा चुकी थी।

इतने में सुनता हूँ कि मुझे कोई पुकार रहा है। मुड़कर देखा तो वह गठरी

खुलकर खड़ी हो गयी थी। वह कोई प्रेत तो नहीं है ?

लेकिन वह मुझे पुकार रही थी, 'मुझे बचाओ।'

न जाने कैसे मैं उसकी ओर खिंचता चला गया। मन मैं भय तो था, लेकिन नारी देह के प्रति तृष्णा उससे कहीं ज़्यादा थी।

समीप से देखने पर वह एक कमनीय सुन्दरी दिखी। ठीक वैसी ही जिसके लिए मेरे मन में हमेशा चाह रही थी। कन्धों तक झूलते, कटे हुए केश (यद्यपि वे थोड़े अस्तव्यस्त थे), शरीर को कसती कमीज़ और चूड़ीदार पाजामा जो उसके अंग-अंग को उभार रहे थे। मैं उस जादू में बँधता-सा गया।

मैंने फिर सुना। वह कह रही थी कि उसे मेरी मदद की ज़रूरत है, वे रफ़्फ़ियन (बदमाश) उसे वहीं फेंक गये, वह चल नहीं सकती, मैं मेहरबानी करके उसे उसके घर पहुँचा दूँ।

"लेकिन ये लोग थे कौन ?" मेरे मुँह से अनायास निकला। मेरा स्वर भर्राया हुआ था।

वह शायद मेरे किसी भी प्रश्न का उत्तर देना नहीं चाहती थी। फिर भी धीरे से बोली, "मेरे फ्रेंड्स ही थे।"

"फ्रेंड्स ?" मैं सकते में आ गया।

"जी। हम एक ही क्लास में पढ़ते हैं। कॉलेज में ड्रामे की रिहर्सल होती है न, इसीलिए वहाँ जाते हैं। इनके पास कार है। इन्होंने कहा हम रोज़ ले जायेंगे, रोज़ छोड़ जायेंगे। हमारे घर के पास ही इनका घर है। लेकिन आज कमीनों ने धोखा दिया। वहशी ! पहले तो अकेली के साथ चार-चार ने बीस्ट्स की तरह व्यवहार किया और फिर यहाँ पटक गये। मेरी जान लेना चाहते होंगे ताकि मैं कहीं कुछ बोल न दूँ। ...ओ, अब तो मुझसे चला भी नहीं जाता।" और पीड़ा से सी-सी करते हुए उसने अपना कदम उठाना चाहा।

कुछ अजब किस्सा लगा। मैंने देखा उसके एक पाँव में जूता भी नहीं है। ज़मीन पर गिरी पड़ी अपनी ओढ़नी और कोट भी वह उठा नहीं पा रही थी।

"आप लोगों के घरवाले क्या करते हैं ?"

"जी, एक के पिताजी, जिसकी कार है, कमीशन एजेंट हैं। बहुत अमीर लोग हैं। मेरे पिताजी बैंक में काम करते हैं।" वह अब कुछ-कुछ स्वस्थ होती दिखती थी।

"लेकिन इस तरह घूमने से आपको कोई टोकता नहीं ?"

"टोकते क्यों नहीं ? मेरी मम्मी तो बहुत सख्त हैं। वह तो मुझे हर वक्त डाँटती रहती हैं। अच्छे कपड़े पहनो, तब डाँटती हैं। बाल बनवाने जाऊँ, तब डाँटती हैं।"

शायद उसे यह सफाई देना अच्छा लगा। लेकिन मुझे लगा कि यह जो

कुछ घटा उसके प्रति उसे ग्लानि नहीं है, रोष है, इस तरह क्रूरता से व्यवहार किये जाने पर, इस तरह क्रूरता से पटक दिये जाने पर। लेकिन फिर मुझे लगा कि जिसके लिए मेरे भीतर इतनी कुण्ठाएँ जमा हो गयी हैं, इन लड़के-लड़कियों के लिए वह इतना असहज नहीं है। लेकिन न जाने कैसे, उस समय मुझे लग रहा था कि ये लोग अमॉरल हैं। हाँ, अमॉरल, जब आचार-दुराचार की कोई संज्ञा नहीं रहती, जब मान-मर्यादाएँ सब बालाए ताक रख दी जाती हैं, जब दरिंदों की तरह आदमी आदमी को खाने लगता है। फिर मुझे याद आया कि मैं चालीस का हो चला हूँ, अविवाहित हूँ और नारी के लिए बराबर तरसता रहता हूँ। फिर रुपये-पैसे की भी यह हालत है कि सब पढ़ाई-लिखाई के बावजूद हर महीने वेतन के रूप में नपी-बँधी रकम ही कमा पाता हूँ जबकि इन कारवालों को खुदा छप्पर फाड़ कर देता है।

लेकिन वह फिर कह रही थी, "आपकी बड़ी मेहरबानी होगी। आप मुझे मेरे घर पहुँचा दीजिए।"

पुलिस स्टेशन वहाँ से दूर नहीं था। एक बार मैंने यह भी सोचा कि मैं उसे वहाँ पहुँचा दूँ और अपने सिर से बला टालूँ, लेकन यह सोचकर कि पुलिसवाले कहीं मुझे ही न पकड़कर बैठा लें, मैंने यह विचार छोड़ दिया। फिर ऐसे ही बिना सोचे-समझे मैंने उससे कहा, "चलिए।"

लेकिन वह चल नहीं सकती थी। बड़ी मुश्किल से वह दो-एक कदम उठा पायी।

"मैं चल नहीं सकती," उसने याचना-भरे स्वर में कहा, "अगर मुझे आप किसी तरह अपनी पीठ पर...।"

उसके इस सुझाव पर मेरा जमता शरीर एकाएक उमगने लगा। मैं कभी इसकी कल्पना भी नहीं कर सकता था। उसके स्पर्श के विचारमात्र ने ही जैसे कि मुझे उफनती लहरों पर छोड़ दिया। अपनी पीठ पर उसके शरीर की गरमी का मुझे तीखा एहसास हो रहा था। उसके उरोज उसके भारी कोट के बावजूद जैसे कि मेरे भीतर गड़े जा रहे थे। उसके पेडू एवं जंघाओं का भी मुझे तीखा एहसास था। उसका संतुलन ठीक रखने के लिए मेरे हाथ उसके नितंबों पर दबाव दे रहे थे। आह, मुझे लगा, जिसके लिए मेरी बराबर भकटन थी, वह मुझे अनायास मिल गया। मैं चाह रहा था कि बाकी सब भी उसी क्षण पूरा कर डालूँ, लेकिन न जाने क्यों, मैं फिर भी एक प्रकार की भीरुता के वशीभूत रहा।

हम कुछ ही कदम गये थे कि उसको वह लदने की अवस्था अच्छी न लगी। उसने मेरी पीठ से उतरना चाहा। अब वह मेरे कंधे का सहारा लिश्क एक बार फिर चलने की कोशिश कर रही थी, और धीरे-धीरे उसके कदम उठने भी लगे।

सामने से आती हुई कार का प्रकाश हमें फिर दिखा। कार लपकती हुई वैसे ही हमारी ओर चली आयी। फिर वैसे ही ब्रेक लगने पर पहियों की चीखें। किसी ने खिड़की से सिर निकालकर उस लड़की को पुकारा।

''नहीं-नहीं, मैं अब तुम्हारे साथ कभी नहीं जाऊँगी,'' वह चिल्लायी, ''तुम कमीने हो। तुम वहशी हो। तुमने मुझे धोखा दिया। तुम मेरी हत्या करना चाहते थे।''

खिड़की से बाहर निकला सिर फिर भीतर हो गया। कार ने झटके से रफ्तार पकड़ी और पल भर में ग़ायब हो गयी।

हम वैसे ही पाँव साधे चले जा रहे थे। वह इस बीच कुछ न बोली। क्या मैं इसे अपने कमरे में ले जाऊँ ?

हम फिर थोड़ी ही दूर गये थे कि सामने से दो आकृतियाँ आती दिखीं। उनका एकाएक ऐसे प्रकट हो जाना मुझे खतरे से खाली न लगा।

वे आकृतियाँ जब हमारे समीप आयीं तो एक ने उस लड़की का नाम लेकर पुकारा। लड़की ने पहले तो कुछ आना-कानी की, लेकिन फिर उनसे बात करने को राज़ी हो गयी। 'एक मिनट के लिए' मुझसे आज्ञा लेकर वह अलग से उनसे कुछ घुसर-पुसर करने लगी। फिर तत्परता से वह मेरी ओर बढ़ी और मेरा 'बहुत-बहुत धन्यवाद' करते हुई बोली, ''अब इन्होंने क्षमा माँग ली है। अब वे मुझे मेरे ठिकाने पर पहुँचा देंगे।'' और उनका सहारा लिये वह वैसे ही कदम साधती हुई बढ़ चली।

मैं स्तबध था और मेरा शरीर फिर वैसे ही ठण्ड से जमने लगा था।

□□

चौपाये

नहीं, यह नहीं कि मैं पहली बार यहाँ आया था। इससे पहले भी मैंने ऐसी कई जगहें देखी थीं। इसके अलावा मैंने कई ऐसे घर भी देखे थे जिन्हें 'प्राइवेट' कहा जाता है और जहाँ रिक्शा-टैक्सीवाला तुम्हें चुपके से पहुँचा देता है। सबसे पहले मैं ऐसे ही किसी घर में गया था। साथ में एक सहपाठी था। वह वहाँ अक्सर जाता रहता था। उसने कहा, ''चलो, बड़ा मज़ा आयेगा। बीमारी का भी कोई डर नहीं है। वह कुछ-एक इने-गिने लोगों को ही लेती है।'' और मैं उसके साथ चल दिया था। घर से ताज़े-ताज़े पैसे आये थे। होस्टल-कॉलेज का सब खर्चा चुकाकर दस-एक रुपये बच ही जाते थे। बड़ा तनाव रहता था माथे में।

मेरे सहपाठी का सुझाव बुरा न था। मैं अनुभव चाहता था, और उसी के विचार से मैं सनसना रहा था। मैं सिगरेट पीते हुए अपने साथी के साथ उस 'प्राइवेट' के यहाँ जा रहा था। ज़्यादा दूर भी नहीं था उसका घर। दोपहर का खाना खाने के बाद हम टहलते हुए वहाँ पहुँच गये थे। गलियों में ज़्यादा खम-पेच नहीं थे। लेकिन वहाँ पहुँचे तो वह कमरे में नहीं थी। मेरे साथी ने ऊपर-नीचे देखा और फिर एक 'और' से पूछा। इतने में वह बाथरूम से निकली। धड़ पर एक अंगोछा और नीचे भी एक अंगोछा। मुझे गन्दी-सी लगी, स्थूल-सी। मैंने साथी से कहा, ''यह तो बुढ़िया है !'' ''धत !'' साथी ने मुझे झटका। वह हमें भीतर लिवा ले गयी। छोटा-सा कमरा था, सँकरा। ज़मीन पर ही चटाई बिछी थी। मेरे साथी ने वहीं उसे पकड़कर चूम लिया। फिर उसने मेरा परिचय करवाया। उसे यह भी बताया कि यह मेरी पहली बार है। फिर उसने मुझसे कहा, ''करो।'' ''तुम बाहर जाओ,'' मैंने कहा। ''बैठा रहने दो,'' उस 'प्राइवेट' ने कहा। फिर बोली, ''अच्छा ठीक है, मैं खुद ही देख लूँगी।''

मेरा साथी बाहर चला गया। जाते समय उसने सिगरेट सुलगा ली। मैंने

उस 'प्राइवेट' से कहा, "कुण्डी लगा लो।" कुण्डी लगाने की क्या ज़रूरत है ?" उसने कहा, और फिर उड़का दी। उसके तन पर कपड़े पहले ही नहीं थे। अँगोछों को भी उसने खींचकर एक तरफ कर दिया। "आओ," उसने कहा, और वह टाँगें फैलाकर लेट गयी। मैं तब तक वैसे ही बैठा रहा। उसको वैसे पसरा देखकर भी मुझमें कोई हरकत नहीं हुई। फिर मैंने ज़बरदस्ती अपने को उस पर डाल दिया, और उसके होंठों को चूमने की कोशिश की। "छिः, छिः, यह क्या पिच-पिच लगा रखी है !" उसने कहा। फिर मैंने उसकी छाती से खेलना चाहा। पर इस पर भी उसने मुझे टोका, "ये क्या फुटबाल हैं ?" तब मैं क्या करूँ, मुझे अचरज हुआ, क्योंकि मैं पहले से भी ज़्यादा ढीला पड़ गया था। "तुम वाकई अनाड़ी हो," उसने कहा। मैं हताश होकर हट गया। मेरी शक्ति मुझे पूरी तरह जवाब दे चुकी थी। वह भी समझ गयी थी। उसने कहा, "ठीक है, अब उसको आने दो। तुम बाद में आ जाना," और उसने अंगोछे की ओट करके कुण्डी खोल दी।

हम लौट रहे थे तो मैंने साथी से पूछा, "यह थी कौन ?"

"है कोई।" उसने कहा।

"पर साली बिलकुल खूसट थी," मैंने अपनी झेंप मिटाने के लिए कहा, "तुम पता नहीं कैसे उसके पास जाते हो !"

उस दिन हम डायमंड हारबर पहुँच गये थे। एक जीप मिल गयी थी। दो किलो मीट फ्राई कर लिया था। पहले डटकर वहाँ खाया, फिर तफरीह की तलाश में इधर-उधर 'सू' लेने लगे। पहले हम नदी के तट पर गये। नदी क्या, समुद्र है। दूर-दूर तक कहीं कूल-किनारा नज़र नहीं आता। बस, पानी की रंगत वैसी समुद्री नहीं है। यानी गंदला है। समुद्र जैसी वहाँ लहरें भी नहीं दौड़तीं।...नाव में सैर करने का हमारा इरादा नहीं था। इसीलिए मेरे साथी इधर-उधर फैलने लगे। पहले उन्होंने कुछ पूछने के बहाने वहाँ के स्थानीय लोगों को अपनी दूर-दराज़ की भाषा में ढेर सारी मोटी-मोटी गालियाँ दे डालीं, और इसकी जब उन पर कोई प्रतिक्रिया न देखी, तो हँसते हुए उनसे उन्हीं की भाषा में मतलब की बात पूछने लगे। मैं पहले तो उनका मंतव्य समझ न पाया, लेकिन जब समझ गया तो उनके पीछे-पीछे चलने लगा। सात-आठ लोग जब हँसी-तमाशा करते एकसाथ किसी गली में से गुज़र रहे हों तो लोगों का उनकी ओर बार-बार देखना स्वाभाविक है। इतना ही नहीं, कुछ औरतें तो घरों से बाहर झाँक-झाँककर देखने लगीं। लेकिन हम उन गलियों में से होते हुए ऐसी गलियों में पहुँच गये जहाँ मकानों की रंगत गाँवड़ी थी। औरतों का पहनावा भी अधिक सादा था। तब

मेरे साथी एक मकान के सामने रुके और एक बुढ़िया से बतियाने लगे। बुढ़िया की मुद्रा में बड़े स्वागत का भाव था, और वह बार-बार निमंत्रण-सा देती दिख रही थी। फिर वह एक कच्ची-सी लड़की को बाहर लायी और उसे हमारे सामने खड़ा कर दिया।

"इसके कुछ है भी कि नहीं ?" मेरे एक साथी ने हाथ से गोल-गोल इशारा करते हुए पूछा।

"है क्यों नहीं !" बुढ़िया ने बड़े विश्वास से कहा। "नहीं यकीन तो भीतर जाकर देख लो।" और वह मेरे साथी को भीतर लिवा ले गयी। उस समय हम सब बड़ी उत्सुकता से उसके बाहर आने का इन्तजार कर रहे थे।

वह बाहर आया और थोड़ा असंतोष-सा जताते हुए बोला, "नहीं, अभी माल ठीक से पका नहीं," और हम लोग ही-ही करते वहाँ से चल दिये।

इसी तरह हम दो-एक घरों के सामने और रुके, कुछ भाव-ताव किया और आगे चल दिये। मेरे साथी को सब माल अधपका लग रहा था।

"क्यों, ये इतनी कमउम्र लड़कियाँ कहाँ से पकड़ लाते हैं ?" मैंने साथी से पूछना चाहा, लेकिन उनकी शहज़ोरी के सामने मुझे चुप रह जाना पड़ा।

मेरा ऐसा कोई दावा नहीं है कि मैं औरतों के बारे मैं बड़ा पटु हूँ, या इस क्षेत्र में मेरा अनुभव बड़ा व्यापक है। बल्कि हुआ अक्सर यह है कि औरत के मामले में मैंने हमेशा हार ही खायी है, क्योंकि औरत ने जब चाहा कि मैं आगे बढ़ूँ, मैं वहीं का वहीं, स्तब्ध-सा खड़ा रहा और जब तक मैं आगे बढ़ने को हुआ, वह वहाँ से जा चुकी होती। इसीलिए मेरे एक साथी ने सलाह दी थी कि औरत इन्तजार नहीं माँगती, वह शब्दों में भी यकीन नहीं करती, वह ऐक्शन चाहती है। लेकिन यहाँ बात औरत-सम्बन्धी अनुभव की नहीं, आवश्यकतानुसार क्रय-विक्रय की है।

मेरा एक मित्र था, कला समीक्षक। तिमंजिले पर अकेले कमरे में अकेला रहता था। इसीलिए हम वहाँ बिना रोक-टोक आ-जा सकते थे। बल्कि अक्सर वह हमारा अड्डा रहता था। वहाँ और भी कई लोग आते, जिनमें कई कलाकार और लेखक थे। मेरा मर्मज्ञ मित्र अक्सर कहा करता कि बिना औरत का संसर्ग किये गहराई नहीं आती। वह अल्बर्ती मोराविया का बड़ा भक्त था, और उसके 'टू एडोलेसेंट्स' का विशेष उल्लेख किया करता था। इसी प्रसंग में वह कभी-कभी अपनी भाभी का भी ज़िक्र करता जिसने बचपन में ही उसे जवान बना दिया था। भाभी के अलावा उसका और किसी घरेलू औरत से सम्पर्क नहीं था। जाने क्यों, वह किसी घरेलू औरत के पक्ष में था भी नहीं। जब कभी बात

चलती, वह जी. बी. रोड की तरफ इशारा कर देता। उसके अनुसार अब तक उसकी कइयों से घनिष्ठता हो चुकी थी। वह कहता, "असली जीवन वहीं है। बाकी सब भावुकता है।" शराब भी वह रोज़ पीता था। बस, दो-एक पेग लगाता और उधर चल देता। कभी-कभी वह वहाँ नीचे बाज़ार से खरीदता और वहीं दुकान में बैठकर लगा लेता। पास पैसे न होने पर किसी दोस्त से ले लेता। अक्सर यह भी होता कि उसे वहीं कोई पिला देती, और खुद भी पीती। उसी ने मुझे बताया था कि ये औरतें नौसिखिये को चीख-चिल्लाकर डरा देती हैं और उससे बिना हाथ लगवाये पैसे ऐंठ लेती हैं, लेकिन जिससे बन आये उसे वह मज़ा देती हैं कि अपनी औरत भी क्या देगी।

एक दिन हम सब ने उसके साथ चलने का प्रोग्राम बनाया। साथ में हमारे एक पुराना मित्र भी था। वह महीने-दो महीने बाद दिल्ली आता था। पंजाब के एक शहर में देहातियों को इंगलैण्ड-कनाडा भिजवाने का 'बिजनेस' करता था। एयर इंडिया का महाराजा इसका गवाह था। जब दिल्ली आता, उसकी जेबें नोटों से भरी होतीं। वह भी जी. बी. रोड से काफी परिचित दिखता था। बल्कि एक से तो, उसके अनुसार, उसका इश्क भी था। उस दिन दो अनुभवी लोग हमारे साथ थे। दोनों बढ़-चढ़कर बातें कर रहे थे। वहाँ पहुँचकर दोनों ने अपनी-अपनी धुरंधरता का परिचय देना चाहा। लेकिन इत्तफाक कि उस दिन दोनों की परिचितें ग़ायब थीं। हमने एक के बाद एक, कई फ्लैट देख डाले। बंगाली, मराठी, पंजाबी, हर प्रदेश की लड़कियाँ थीं। सोफों पर सजी हुईं। लेकिन सीढ़ियों के अगल-बगल कुछ कोठरियाँ भी थीं जिनमें तिब्बती-नेपाली औरतें, ढेरों की ढेर, मक्खियों-सी बैठी थीं। सच, उनकी तरफ देखने तक की मेरी जुर्रत नहीं होती थी, क्योंकि लगता था वे मुझे ज़बरदस्ती घसीटकर वहीं पटक लेंगी। उनमें कई औरतें पिद्दी-सी लगती थीं, और जाँघिये-ब्रेज़ियर में तैयार-बर-तैयार दिखती थीं। कइयों के मुँह में बीड़ियाँ थीं। सीढ़ियों को पार करके फ्लैटों में पहुँचकर ही साँस थोड़ी ठीक हुई। वहीं कहीं झगड़ा भी हो रहा था। कोई मनचला छिपाकर अपने साथ कटा नींबू ले गया था, और उसी को लेकर बात बढ़ी थी।

"क्या तू ने इसे अपनी माँ की समझ रखा था ?" कोई चिल्ला रही थी, "मैं तो तेरी...पेशाब भी नहीं करूँगी।"

सुनकर मेरे कान सनसना गये थे। फिर हम उन्हीं सीढ़ियों से होते हुए उन फ्लैटों से नीचे उतर आये थे, क्योंकि उनमें हमें तसल्लीबख्श कोई शक्ल दिखाई नहीं दी थी। हाँ, एक थी, काफी सलौनी, लेकिन वह उसी क्षण किसी दूसरे आदमी के आगे-आगे केबिन से निकली थी, और मेरे साथी किसी ऐसी 'सद्यस्नाता' के हक में नहीं थे। वह शायद हमारी खबर पाकर ही निकली थी, क्योंकि उसके किसी मर्द ने हमें देखते ही उसे पुकारा था, "हे नीला, कब तक

उसी के साथ अन्दर बँधी रहेगी ? जल्दी निकल। ताड़ातड़ी।'' और वह ऐसे ही अपनी टाँगों के बीच साड़ी से पोंछते-पोंछते बाहर आ गयी थी। उसने हम पर एक मुस्कराहट-सी फेंकी थी और बाथरूम का दरवाज़ा थोड़ा-सा उड़काकर अपने को धोने लगी थी, और फिर कुछ ही मिनटों में हमारे सामने आ खड़ी हुई थी। पर न जाने क्यों, हममें से कोई भी उस समय उसके पास नहीं रुका था और हम तुरन्त सीढ़ियाँ उतरने लगे थे। नीचे आये थे तो हम सब ने ठर्रे के एक-एक, दो-दो पैग लगाये थे और फिर सिगरेट सुलगाकर दूसरी सीढ़ियों पर चढ़ गये थे। यहाँ भी सीढ़ियों में बनी कोठरियों में वैसे ही लोग बैठे या लेटे दिखाई दिये। कहीं-कहीं कोनों में भिखमंगे भी थे जो चौपायों की तरह घिसट रहे थे। कुछ-कुछ की हालत खुजलाये कुत्तों की-सी थी, यानी उनके ज़ख्मों से खून-सा चू रहा था, और उस पर भी वे खुजली किये जा रहे थे। पर सीढ़ियाँ चढ़ गये तो वहाँ हमें खुशबू बिखेरते मोतियों के हार वाले मिले। हम सब ने एक-एक हार ले लिया और उसे अपने-अपने बाज़ू में टाँग लिया। अब हममें उन चूते ज़ख्मों का एहसास खत्म हो चुका था। सीढ़ियाँ खत्म हुईं तो तीन फ्लैट अगल-बगल लगे मिले। हम तीनों में एक के बाद एक घूम लिये। आखिरी फ्लैट में कुछ नाच-गाना चल रहा था। इसीलिए हम वहीं खड़े तमाशा देखने लगे। काफी भीड़ थी। अधिकतर लोगों को उचक-उचककर देखना पड़ रहा था। उनमें मैले-उजले, सभी तरह के लोग थे। आगे बैठे प्रशंसकों में प्रायः उजले लोग ही थे। जहाँ नाच चल रहा था, वहाँ काफी नोट फेंके जा रहे थे। लेकिन नोट फेंकनेवालों में अधिकतर आगे बैठे प्रशंसक ही थे। पीछे बैठे या खड़े लोग केवल तमाशा देखते और चले जाते। हमने भी कुछ देर तमाशा देखा और चल दिये। अब हम फिर किसी शरीर की टोह में थे, और इसीलिए अब हम फिर सीढ़ियों से उतरकर बाज़ार में आ गये थे।

"अब ?" हमारे पंजाब से आये मित्र ने पूछा।

"अब तुम हमें अपने 'घर' ले चलो," हमारे कला मर्मज्ञ मित्र ने कहा।

"साले, मेहमान तो हम तेरे हैं," पंजाब से आये मित्र ने कहा।

"पर ससुराल तो यह तेरा है।"

और हम सब हो-हो करके हँस दिये।

"देखो, हमें सोलह साल की चाहिए," मेरे मित्र ने कहा।

"हाँ जी, आप इत्मीनान रखिए। ठीक सोलह साल की ही मिलेगी," हमारे साथ आये हमारे रहनुमा ने कहा।

हम ड्राइंग रूम में बैठे थे और हमारे सामने एक-एक करके छः लड़कियाँ

आ खड़ी हुई थीं।

“पसन्द करो,” हमारे रहनुमा ने कहा।

“कहाँ की हो ?” मेरे साथी ने एक को सम्बोधित करते हुए कहा।

“गुजरात की,” उसने चट से उत्तर दिया।

“लेकिन तुम गुजरात की तो नहीं दिखतीं ?” मेरे साथी ने जिरह करनी चाही।

“नहीं जी, गुजरात की ही हूँ,” उसने समर्पण भाव से कहा।

लेकिन मेरा साथी तब तक दूसरी का इंटरव्यू ले रहा था। “तुम तो सोलह साल की कतई नहीं हो।”

“तो क्या हम तुमको स्कूल का सटिर्फिकेट लाकर दिखायेगा ?” उसने तुनककर कहा।

इस पर हमारे रहनुमा ने मदद करनी चाही, “नहीं जी, इसकी तो अभी दो-चार दिन ही हुए नथ टूटी है। खैर, यह नहीं पसन्द तो मैं नथवाली बुला देता हूँ,” और उसने 'अणिमा' कहकर आवाज़ लगायी।

अणिमा आयी और एक अदा से दरवाज़े से सटकर खड़ी हो गयी। वह वाकई नथ पहने हुए थी।

“कहिए, पसन्द है ?” हमारे रहनुमा ने पूछा।

मेरा साथी चुप था।

“अरे, इनकी जेब में इतने पैसे ही नहीं होंगे !” एक ने व्यंग्य किया। इस पर सब खिलखिलाकर हँस पड़ीं।

मेरे साथी ने हुज्जत की, “यह नथ तो लगता है अभी-अभी बनकर आयी है।”

“जैसे बनानेवाले तुम्हीं थे।” अणिमा से भी रहा न गया। फिर एकाएक उसमें जाने कहाँ का आक्रोश उमड़ा कि वह चिल्लायी, “सोने का इतना बड़ा पारखी समझते थे अपने आपको तो यह आटे-दाल का भाव क्यों करने लगे ? ...वैसे तुमने क्या समझ रखा है हमें ? हम क्या पशु हैं ?” और वह दरिंदों की तरह हम पर झपटी पड़ रही थी।

“चलो, लौट चलें,” मैंने साथी के कुहनी मारी, और हम खिसियाते-से वहाँ से लौट आये।

उस दिन हम न्यू मार्केट गये थे। एस्प्लेनेड से लगा हुआ क्षेत्र है। सड़क पर चलो तो हर कदम पर रहनुमा मिलेंगे, “चलिए साहब, बिलकुल ताज़ा माल है।” कहीं-कहीं रिक्शावाले भी अपने धुँधरू ठुनठुना देंगे, “चलो बाबू। बिलकुल

हीरा है।''

लेकिन हम उन सबको ठेलते हुए अपने गंतव्य की ओर जा रहे थे। न्यू मार्केट के लकदक बाज़ारों से गुजरते हुए अब हम वहाँ की अंधेरी, तंग गलियों में दाखिल हो चुके थे। रोशनी बस इतनी ही थी कि हम नज़र गड़ाकर एक-दूसरे को पहचान सकें। अधिकतर तो दरवाजों में ही खड़ी थीं, और आवाज़ें लगा-लगाकर निमंत्रण दे रही थीं। एक कुछ गुनगुना भी रही थी। काफी अच्छा तरन्नुम था। मैं थोड़ा बँधा। उसके निकट हुआ। खूबसूरत लगी।

''आइए,'' उसने कहा।

मैं उसके पीछे हो लिया। मेरे साथी ने रोकना चाहा, पर मैं रुका नहीं।

अन्दर भी अधिक रोशनी न थी। मुश्किल से राह दिखती थी। दालान के साथ ही कुछ टाट लगे थे। वह हमें उन्हीं के भीतर लिवा ले गयी। वहाँ एक बिछौना बिछा था। वह उसी पर बैठ गयी। मैं भी उसी के पास बैठ गया। मेरा साथी मेरे पास वहीं खड़ा था। वह मेरे साथ सट गयी। मैंने उसके कन्धे पर से हाथ ले जाकर उसकी छाती को दबाया। बड़ी नरम थी। लगभग पहली बार ही मैं किसी की छाती इतनी आसानी से छू पा रहा था। लेकिन मेरे साथी को मुझ से काफी चिढ़ हो रही थी। वह बार-बार कह रहा था, ''चलो, चलें।'' लेकिन मैं बराबर डटा रहा।

उसने फिर वही धुन गुनगनायी, ''दम भर में कोई हो गया दीवाना किसी का।''

वाकई अच्छा गाती है, मैंने सोचा।

''अच्छा,'' मैंने कहा, ''मैं कुछ करूँ-कराऊँगा नहीं, बस तुम्हें एक बार बिना कपड़ों के देखना चाहता हूँ।'' मैंने सुरुचि दिखाते हुए कहा। दरअसल, मुझे डर बीमारी का था। ऐसी जगह बीमारी लगना शर्तिया है।

''हाँ, हाँ, क्यों नहीं ?'' उसने बिना हीलो-हुज्जत कहा। ''लेकिन पैसे निकालो।''

''कितने ?''

''चार रुपये।''

''चार ?''

''हाँ।''

''सिर्फ देखने के ?''

''अच्छा, चलो दो निकालो।''

''पर यहाँ लाइट तो है नहीं ?''

''अभी लगवाये लेती हूँ।''

मैंने देखा वहाँ केवल एक मोमबत्ती जल रही थी, यद्यपि बिजली की

फिटिंग हो रही थी। मैंने सोचा, चलो बल्ब मँगवा लेगी। पर उसने दो रुपये लेकर अपनी छातियों के बीच खोंच लिये और बोली, ''जाओ।''

''क्यों, दिखाओगी नहीं ?''

''देखा नहीं ?''

''किसे ?''

''मुझे !''

मैं अवाक् था। मेरे साथी को लगा, कहीं लफड़ा न हो जाये। इसलिए वह मेरा बाज़ू पकड़कर मुझे बाहर की ओर घसीटने लगा।

मैं जब बाहर घिसटता आ रहा था तो मैंने सुना वह कह रही थी, ''काम करने आये हो, तो काम करो। यह क्या हुआ भला, सारे कपड़े उतार दो। हमारी जैसे कोई इज्जत ही नहीं।''

और फिर मैंने सुना गला खँखारकर थूकते हुए उसने मुझ पर एक बड़ी-सी गाली दे मारी थी।

□□

बीवियाँ और बीवियाँ

पहले तो रात के ग्यारह बजे तक पड़ोस में रेडियो वैसे ही चिल्लपों मचाता रहा। वह बन्द हुआ तो दो-चार मच्छरों ने अपना राग अलापना शुरू कर दिया। हर किसी की दुहाई दी कि भई, बहुत हो लिया, अब तो रहम करो, लेकिन मच्छर मच्छर ही ठहरे (मच्छर क्या और कलाकार क्या, जब रियाज़ शुरू कर दें तो किस की सुनते हैं !) वह घूँ-ऊँ, घूँ-ऊँ मचायी कि मैं हाय-तोबा कर उठा। पत्नी से खीझकर बोला, "भई, मच्छरदानी ही लगा लिया करो।" लेकिन उसने सहज ही बताया कि मच्छरदानी का एक बाँस तोड़कर उसने रसोई की नाली खोली थी।

मौसम भी अब बदलने लगा है। रज़ाई ओढ़ी नहीं जा रही। पति-पत्नी के शरीर की गरमी अब एक-दूसरे को सताने लगी है। पत्नी भी करवटें बदल रही है। एक-दूसरे की ओर पीठ करके लेटें तो वह भी अच्छा नहीं लगता। आखिर मैंने हारकर फ्लिट का पम्प उठाया, और लगा इधर-उधर गैस के गुब्बार उड़ाने। पर इससे क्या होता है ! पत्नी ने कहा, "जानते नहीं, ये तो अब आयेंगे ही। कल शिवरात्रि थी। शिवजी ने अपनी गादी झाड़ दी है।"

पत्नी की दलीलों में कभी-कभी मन उलझ जाता है। हँस भी देता हूँ और खीझ भी उठता हूँ। यह हँसी-भरी खीझ अपनी ही तरह की होती है। इसी तरह हँसते-हँसते, खीझते-खीझते हम कभी-कभी आपस में लड़ भी पड़ते हैं, और बात एक-दूसरे से अलग होने तक जा पहुँचती है।

खैर, छोड़िए इस सबको। मैं इसमें गुलाबी पुट कुछ ज़रूरत से ज़्यादा दे गया। बात आँखों से नींद उड़ जाने के बारे में थी। पत्नी इस बीच शायद सो भी जाती, लेकिन एक तो मैं अपने हाथों से मच्छर उड़ाता हुआ उसे किसी तरह अपनी बातों में उलझाये रहा, और दूसरे हमारे पिछवाड़े में पकौड़ी-चाटवाले उठ

गये थे (वे रात के बारह बजे सोते हैं और ढाई-तीन बजे उठकर फिर काम में लग जाते हैं। ताज्जुब होता है हमें उनकी जीवन शक्ति पर ! हम जो सुबह आठ बजे उठकर भी ताज़ा नहीं हो पाते।) और अपने नियमानुसार दाल इत्यादि पीसने में लग गये थे। साथ में उनकी मेमी-चंपा भी जग गयी थीं। इसलिए उस हो-हल्ले में अब नींद का आ पाना असम्भव ही था। नींद आयी भी होगी तो सुबह पाँच बजे के करीब, जब दुनिया जग गयी होगी और उनके हो-हल्ले को उसने अपने हो-हल्ले में डुबो लिया होगा। यह सब हमें हमारे सोने के कमरे में कोई खिड़की-रोशनदान न होकर एक साधारण झरोखा-सा होने के कारण भुगतना पड़ता है।

पत्नी मेरी चाहे और किसी काम में पटु हो या न हो, बातें करने में खूब है। उसने मुझे बताया कि बगल में फलाँ साहब के यहाँ तीन-तीन सरकारी चपरासी काम करते हैं। एक खाना बनाता है, दूसरा कपड़े धोता है, (चाहे कैसे भी हों) और तीसरा सफाई इत्यादि करता है, और दौरे पर इनके साथ एक और जाता है। चपरासी तो चपरासी, यदि किसी को उनके महकमे में नौकरी की गरज़ हो तो वे तो क्या, उनकी औरतें भी उनके यहाँ आकर काम करती हैं। कोई दाल बीनती है, कोई...। मुआ मदमाश है, बदमाश ! महल्ले में दाखिल हुआ नहीं कि उसकी आँखें चारों ओर घूमने लगती हैं। कोई औरत उसकी नज़र पड़ जाये सही, उसे ऐसे देखेगा जैसे पता नहीं क्या करेगा। आजकल एक शरणार्थी लड़की उसके यहाँ उसके बच्चों को पढ़ाने आती है। तभी तो उसकी बीवी की उससे बहुत कम पटती है !

पत्नी की बात पर मैं क्या कहता। मैंने कहा, हाँ भई, अपने यहाँ तो चपरासियों का दूसरा ही आलम है। मोती सिंह को जब खाने को नहीं मिलता था तब हाथ जोड़कर आ खड़ा हुआ था—साहब, किसी तरह नौकरी दिलवा दीजिए, आप जो भी कहेंगे, करूँगा। और अब है कि यदि कोई काम बता भी दो तो जो चीज़ दो आने में मिलती है, वह चार आने में लायेगा और लायेगा भी गली-सड़ी। दौरे पर मेरे साथ गया तो उसके ठाठ ही दूसरे थे। किसी के सामने इससे कोई काम कह दिया तो ऐसे दिखता जैसे इसे साँप सूँघ गया हो। बाद में पता चला कि जनाब से यदि कोई पूछता तो कह देता, साहब का पी. ए. हूँ। मोती सिंह जो है सो है, बड़े बाबू केशवदास को देख लो। दफ्तर में साहब हुए तो कलम घसीट ली, वरना खुद तो निकम्मा बैठेगा ही, दूसरों को भी अपने साथ बिठा लेगा। और यदि पूछो कि भई, जो आप से कहा था किया, तो वोह बेसर पैर की हांकेगा कि सुनो तो सुनते ही जाओ। दफ्तर का अनुशासन बिगड़ता है तो ऐसे ही लोगों के कारण, वरना एक चपरासी क्या जाने कि साहब उसका घर का काम न करने पर उसका कुछ नहीं बिगाड़ सकते !

विषय थोड़ा गम्भीर हो गया था, इसलिए बात को मोड़ देने की जैसे कि हम दोनों ने एक-दूसरे को मौन स्वीकृति दे दी। इन्हीं दिनों पत्नी की एक सहेली को अस्पताल में कुछ दिन रहने का इत्तफाक हुआ (बेचारी के बहुतेरा कहने पर भी उसके पति ने अपना ऑपरेशन नहीं करवाया, और सात बच्चों की माँ होते हुए भी इस बार उसे फिर भुगतना पड़ा)। वहाँ एक मेहतरानी है। ब्याह के बाद तो उसे समझ लेना चाहिए था कि अब वह कुँआरी नहीं है, लेकिन वह अपने काम पर वैसे ही जाती रही। दरअसल, पहले के दो-तीन महीनों में तो औरत को बहुत सावधानी बरतनी चाहिए। एक दिन उसकी तबीयत काफी बिगड़ गयी। पर वह फिर भी अपने काम में लगी रही। आखिर, कुछ नर्सों ने उसे देखा और डॉक्टर को बताया और डॉक्टर ने ज़बरदस्ती उसे इंजेक्शन देकर छुट्टी पर कर दिया। वह दिन और यह दिन, दस साल होने को आये, जाने क्या हुआ कि उसके अभी तक कोई बच्चा नहीं हुआ। खैर, यह तो उसे बहुत पहले पता चल गया था कि उसके बच्चा होने की कोई सम्भावना नहीं है। शुरू में उसने अपने पति को बहुत मनाया कि वह दूसरी शादी कर ले ताकि वह बच्चे का मुँह देख सके, लेकिन पति उसकी एक न सुनता। उधर पति के रिश्तेदार भी हर समय उसे उनके किसी बच्चे को गोद ले लेने के लिए उकसाते रहते। आखिर, पत्नी की पति के सामने कोई पेश न गयी तो उसने स्वयं ही उसके लिए एक लड़की ठीक की और सब कुछ पक्का करके पति को उनके वहाँ जा भिड़ाया। शादी हो गयी और फिर वर की नयी वधू से पटने भी लगी और फिर नयी वधू ने घर के सूने आँगन में फूल भी लगा दिये और इधर पुरानी वधू ने उन्हें अपनी झोली में भी भर लिया। अब वर अपने काम पर जाता है, पुरानी वधू भी अपने काम पर जाती है, नयी वधू घर सम्भालती है और रिश्तेदार उनका मुँह देखते हैं।

सौत की डाह तो वैसे जगत्-प्रसिद्ध है, लेकिन पत्नी की यह कहानी भी किसी तरह झूठी नहीं लगी। पत्नी ने ठीक इसी तरह का एक और किस्सा सुनाया। मुझे भी ठीक इसी तरह की एक बात याद आ गयी। वह महोदय तो सरकारी कर्मचारी हैं। उनकी दोनों बीवियों में ऐसी पटती है कि सगी बहनों में क्या पटेगी, बल्कि ऐसी स्थिति में तो सगी बहनें भी सौत बन जाती हैं। मैंने पत्नी से कहा यह सब आदत की बात है। मातृ-सत्ता समाज में देखो, वैसे तो क्या मजाल कि किसी की औरत की तरफ कोई मैली आँख से देख भी जाये। सभ्यता के नाते न बोल पाये तो दूसरी बात है, लेकिन वहाँ एक पत्नी के चार-चार पति होते हैं। जैसे तिब्बत में। यह तो हमारा देश ही है और उसमें भी विशेषकर

उसका मध्यम वर्ग, जहाँ एक-पतिव्रत धर्म चला आ रहा है। पश्चिमी समाज को देखो, एवं अपने यहाँ के आदिवासी समाज को ही देखो। कहाँ है अखण्ड पातिव्रत्य वहाँ ?

मैं जानता हूँ कि अपनी बात कहते-कहते मैं विषयांतर कर गया था। यह मेरा दोष है लेकिन अपनी बात जब कोई कहना शुरू करे, तो कब बन्द करता है ? कुछ-कुछ लोग तो अपनी कहने को इतना ललक उठते हैं कि उन्हें यह भी नहीं सूझता कि पहले दूसरा खत्म कर ले, तब शुरू करेंगे। खैर, कहना तो मैं और भी बहुत-सी बातें चाहता था। पत्नी की बात ही पत्नी को सुनाना चाहता था। हमारे यहाँ एक कपड़े धोनवाली है। पति जब मरा तो जेठ-जेठानी, सब ने कहा कि दूसरी शादी कर लो, कहाँ यह जवानी लिये फिरोगी, लेकिन तब उसने एक न मानी। लेकिन जब अपनी खुशी हुई तब वैसे ही एक होटलवाले के पास जा रही। होटलवाला भी कुछ अजीब है। यह तो है ही, उसकी अपनी ब्याहता भी है। और इनके साथ-साथ एक और फाँस रखी है। समय-समय पर तीनों के साथ रहता है। एक का समय हुआ तो दूसरी के पास...। और उधर मेरी पत्नी की एक और सहेली है। उसी की बुआ की बात है। सोलह वर्ष की उम्र में शादी हुई, लेकिन एक दिन भी पति के साथ रह न पायी, और वह बेचारा चल बसा। और कोई होती तो शायद अब तक कहीं बैठ गयी होती, लेकिन उसकी तो एक ही रट रही...अगर मेरे नसीब में सुख होता तो वह ही ज़िन्दा रहता। अब वह पच्चीस की होने को आयी है, लेकिन अपने विश्वास से डिगी नहीं।

मैंने अपनी पत्नी से पहले भी पूछा है, और अब भी पूछा, ''भला, जब औरत को पता चल जाये कि उसका आदमी कहीं और झक मार रहा है, तो वह कैसे बरदाश्त करती है ?'' इसका उत्तर मैं पत्नी को स्वयं ही कई बार दे चुका हूँ, लेकिन फिर भी उससे प्रश्न किये बिना रह न सका। मैंने उससे यह भी कहा, ''मैं नहीं समझता कि कोई औरत या मर्द ऐसे ही अपना जीवन बिता सकता है। किसी न किसी समय तो उसके मन में तरंगें उठेंगी ही।'' लेकिन मेरे ये दोनों प्रश्न प्रायः अनुत्तरित ही रहे। बातें ऐसे ही अपनी राह बनाती रहीं। मै, जाम और साक़ी की बात चल पड़ी। आगरा में अपने मित्र के संग देखे, यमुना तट पर खड़े एतमादुद्दौला के मकबरे में खिंचे ऐसे ही कुछ चित्रों की याद आ गयी। एक स्त्री के होते हुए दूसरी स्त्री के प्रति अनुराग की बात मैंने उससे भी छेड़ी थी और उसने अपना ही उदाहरण देकर बताया था कि समय सब कुछ

ठीक कर देता है। औरत शुरू में माथा पीटेगी, रोयेगी, चिल्लायेगी, लेकिन बाद में सब ठीक हो जाता है।

मेरा यहाँ बता देना असंगत न होना कि रात के ऐसे समय ऐसी बातें यूँ ही नहीं चला करतीं। इस बीच पत्नी ने कई बार मुझे अपनी छाती से लगाया और कई बार मैंने उसे अपनी बाँहों में कसा। इसके बावजूद वह अब तक सो गयी होती (क्योंकि नींद की वह बहुत पक्की है) यदि मैंने उसे निम्नलिखित बात न बतायी होती :

आज से प्रायः छः वर्ष पहले की बात है। मैं अभी अविवाहित था। इस युग में मध्यम श्रेणी के ऐसे किसी व्यक्ति के लिए रहने को कोई ठिकाना मिल जाये, बहुत बड़ी बात है। और फिर वह भी दिल्ली में ! बड़ी मुश्किल से, रो-धोकर एक कमरा मिला। समूचा मकान एक दूसरे सज्जन ने किराये पर उठा रखा था। कमरा मिला तो उसी की कृपा से। मज़े-मज़े दिन कटने लगे। उसके बच्चे थे, बीवी थी। सब मुझे अपना समझने लगे। रहते-रहते अब प्रायः छः-सात महीने हो चले थे। एक दिन पता चला कि मालकिन की छोटी बहन आ रही है। उसके प्रति औत्सुक्य होना सहज था। फिर एक दिन वह वाकई आ गयी। मैले-कुचैले कपड़े, लेकिन रूप निखरा हुआ। सामान वह जो लायी, वह थे गन्दी-सी एक गठरी और एक टूटा-सा कनस्तर। इस सामान को जो व्यक्ति उठाकर लाया था, वह था उससे भी मैले-कुचैले कपड़ों में एक ऐसा जीव जिसे पहली नज़र में ही देखकर कोई भी कह सकता था कि पागल है। पागल ? जी हाँ, पागल कहिए, बावला कहिए। खैर, जैसे भी हो। चेहरे से ऐसे व्यक्ति की उम्र का अंदाज़ा लगा पाना प्रायः असम्भव-सा ही होता है, क्योंकि दाढ़ी उसकी काफी बढ़ी हुई थी और बाल भी आधे से ज़्यादा पके हुए थे, और फिर ताज़गी का कोई निशान तक न था। दाँत भी पीले-पीले से, टेढ़े-मेढ़े। इस पर कद चाहे पाँच फुट हो और चाहे पाँच फुट दस इंच, कोई अन्तर नहीं पड़ता, यदि मुझे यह न बताया गया होता कि बह शान्ति का (उस लड़की का यही नाम था) पति है...मेरे अन्दाज़ से वह चालीस वर्ष का होना चाहिए था, लेकिन बाद में पता चला कि उसकी उम्र तो केवल तीस वर्ष ही है। ऐसा भी अनमेल मेल हो सकता है, इसकी मैंने कभी कल्पना तक न की थी। रेखा ने (मेरी मकान मालकिन) भी उसका पहले कभी ज़िक्र नहीं किया था। अब पता चला कि गरीब माँ-बाप की मजबूरी भी क्या-कुछ नहीं कर सकती। पाँच वर्ष बीत गये हैं, और बीत जायेंगे। गौरवशील भारतीय नारी के क्या कहने ! मेहतन-मज़दूरी करती है और जो भी मिल जाता है, उसे भगवान् का शुक्र करके ले लेती है। यह

महोदय हैं, अपने इधर-उधर भटकते रहते हैं। जहाँ जैसा चला, चला लिया। किसी ने कुछ कह दिया तो कहीं गालियाँ बरसा दीं और कहीं पत्थर। लेकिन हाँ, बीवी का पीछा नहीं छोड़ते। सदा उसके साथ-साथ लगे रहते हैं। गुस्से में आकर वह कभी हाथ भी उठा बैठती है तो ऐसी मुद्रा बना लेते हैं कि दिल पसीजे नहीं रहता। अब क्या हो ऐसे आदमी का !

शान्ति से मेरी पहली बात शायद उसके पति को लेकर ही हुई थी। दिल्ली में आ गयी थी, इसलिए अब उसका समूचा रूप निखर आया था, यद्यपि उसके पति के रूप में कोई अन्तर नहीं पड़ा था। वैसे पहले तो प्रायः वह घर से बाहर ही रहता था, लेकिन इधर जैसे ही उसे आभास हुआ कि शान्ति मुझसे मिलती-जुलती रहती है, उसने बाहर जाना प्रायः छोड़ ही दिया। शान्ति रसोई में है, तो वह भी रसोई में, शान्ति बाथ-रूम की ओर जा रही है तो वह भी उसके पीछे-पीछे। शान्ति किसी से बात कर रही है तो वह वहीं-कहीं अटका खड़ा है। खूब झुँझलाती है शान्ति उस पर। मुझसे कोई बात करनी हो तो जैसे किसी की आँख बचा रही हो। ऐसे ही कुछ दिन चलता रहा। हम दोनों के मन में मानों किसी ने चोर ला खड़ा किया था।

फिर कुछ इत्तफाक ही ऐसा हुआ कि मेरे मालिक मकान को बाल बच्चों समेत कहीं जाना पड़ गया। घर में रह गये शान्ति, उसका पति, और मैं। सूबेदार (शान्ति के पति को हमने ऐसा ही नाम दे रखा था, यद्यपि शुरू-शुरू में वह इससे चिढ़ उठी थी) की आँख तो अब और भी चौकस हो गयी थी। आँगन में वह अब ऐसी जगह बैठता जहाँ से एक साथ हम दोनों पर निगाह रख सके। पहले तो दो-चार पैसे के लालच में वह हमारा छोटा-मोटा काम कर भी देता था, लेकिन अब तो चाहे कुछ भी प्रलोभन दो, अपनी जगह से टस से मस नहीं होता था। शान्ति उसके व्यवहार से अब बहुत परेशान हो उठी थी।

होली आयी और शान्ति और मैंने अपने को एक-दूसरे के क़ाफी करीब पाया। मैंने सूबेदार का मुँह रंगा तो शान्ति की छाती रंग दी और उस दिन यह सब सहज-स्वाभाविक रूप से होता रहा। मुझे भी उन दोनों ने मिलकर खूब रंगा ! फिर सूबेदार की बारी आयी और हम दोनों ने उठाकर उसे पानी के हौद में पटक दिया। पर इससे उसमें जाने कहाँ का द्वेष उमड़ पड़ा। जहाँ भी, जैसे भी, उससे बन पड़ा उसने शान्ति को धर दबाया, और फिर किसी न किसी तरह ठेल कर उसे भी पानी के हौद में दे पटका। इससे शान्ति की गत बहुत बुरी हुई। कोहनियाँ तो बेचारी की छिलीं ही, साथ में शरीर के कपड़े भी कुछ क्षणों के लिए अपने स्थान से हट गये। उस समय शान्ति के रंगे चेहरे पर और भी कई रंग आ गये थे। सूबेदार उस समय बुरी तरह हाँफ रहा था, और उसके शरीर में कुछ इस प्रकार का तनाव आ गया था मानों थोड़ी देर ऐसे ही रहा

तो टूट जायेगा। फिर वह एकाएक मेरी और मुड़ा ओर अपनी आँखों के एक तीर से मेरा उसने सब कुछ भेद दिया। मुझे उस समय अनायास कँपकँपी हो आयी। शान्ति तब तक पूर्णतः सम्भल चुकी थी। फिर न जाने सूबेदार को क्या हुआ कि वह वहीं बैठ कर घुटनों में अपना सिर देकर कुछ अजब ढंग से रोने लगा। शान्ति और मैं उस समय बिलकुल विमूढ़-से खड़े थे।

मेरी बात खत्म हो चुकी थी। पत्नी की प्रतिक्रिया जानने के लिए मैंने उसे हिलाया, लेकिन मुझे ऐसे लगा जैसे वह जागते हुए भी सो गयी हो।

❏❏

कायर

कभी-कभी ऐसा भी होता है कि तुम्हारे पास सोचने को कुछ नहीं होता और तुम ज़बरदस्ती इधर-उधर की सोचने की कोशिश करते हो। जैसे कि इस समय मैं...पत्नी के बारे में सोच रहा हूँ, जिसके साथ मेरी कई बार टूटती और कई बार बनती है। 'उसके' बारे में सोच रहा हूँ जिसके साथ, लगता है, मेरी नियति जुड़ गयी है और जो मेरे चेहरे को अपने दोनों हाथों में लेकर अक्सर पूछती है, "यह कब तक ?" पड़ोसिन के बारे में सोच रहा हूँ जिसकी गदरायी देह को मैंने कई बार भोग लेना चाहा है। बेटी के बारे में सोच रहा हूँ जिसके प्रति मैं एक वहम पाले हुए हूँ। माँ के बारे में सोचता हूँ जिसके साथ मेरा संवाद एकदम टूट चुका है और जिसकी उपस्थिति भी मुझे असह्य लगती है। बहन के बारे में सोचता हूँ जो पागलपन में अपनी छातियाँ नोचने लगती है और फिर एड़ियों के बल खड़ी होकर अपनी आँखें गोल-गोल घुमाती हुई मुँह से झाग निकालते हुए दहला देनेवाला चीत्कार करती है या किवाड़ों को इस ज़ोर से बजाती है कि सारा मकान ही हिल उठे। मालिक-मकान के बारे में सोचता हूँ जिसकी उपस्थिति मेरे अस्तित्व को हमेशा एक चुनौती-सी लगती है। कर्ज़ के बारे में सोचता हूँ जिसे उतार पाने का मुझे कोई ज़रिया नज़र नहीं आता। उन 'मित्रों' के बारे में सोचता हूँ जिन्होंने हमेशा मुझे अपना उपग्रह बना लेना चाहा। बॉस के बारे में सोचता हूँ जिसे हमेशा आँखें बन्द किये अधलेटे पड़े रहना ही भाता है। सबके बारे में सोच रहा हूँ और किसी के बारे में भी नहीं सोच रहा...

तब मैं घर से बाहर निकल पड़ता हूँ। खाना खाकर सिगरेट पीने का सुख छोड़ नहीं सकता। पत्नी भभकती है तो भभका करे। उसने इसी बात पर एक दिन अपना माथा पीट लिया था। तब मैं भी डट गया था। तब मैं बाज़ार से

दो-एक सिगरेट ले आया था और उसे चिढ़ा-चिढ़ाकर धुआँ उड़ाता रहा था। तब उसने भी मेरी पगली बहन की तरह दरवाज़े तोड़े थे और रसोई में अपने पर तेल छिड़ककर तीली लगाने को हुई थी। तब वाकई वह मुझे बड़ी दयनीय लगी थी और मैंने उसे ढेर सारा प्यार कर लिया था। पर नहीं, प्यार करने से पहले मैंने उसे ढेर सारी गालियाँ भी दी थीं और तब वह और भभकी थी, ठीक मेरी पगली बहन की तरह, जो मुँह से फू-फू करती कभी-कभी ज़मीन पर लोटनी भी लगती है, और बेबसी में ज़मीन को ही नोचने लगती है। मेरी पत्नी भी तब अपने दाँत भींचकर दीवार से अपना सर तोड़ डालना चाह रही थी, और तब मेरी बेटी अपनी माँ की ऐसी अवस्था देखकर ज़ोर-ज़ोर से रोने लगी थी, और तब मुझे लगा था कि वाकई, वाकई मैं एक बहुत बड़ा मुजरिम हूँ, मैंने बहुत जुर्म किये हैं और मेरा सबसे बड़ा जुर्म यह है कि मैं अपने ढंग से जीना चाहता हूँ। तब वाकई, शायद अपने को दयनीय समझकर, मैं उसी को दयनीय समझ बैठा था और उसे मैंने ढेर सारा प्यार कर लिया था। और तब...तब...मुझे लगा था कि जीवन फिर शुरू हुआ चाहता है...

हाँ, मैं मुजरिम हूँ, और मेरा खास जुर्म यह है कि मैं खाना खाकर टहलने के बहाने चोरी-छिपे सिगरेट पीता हूँ और सिगरेट पीते-पीते मैं जबरदस्ती इधर-उधर की सोचने की कोशिश करता हूँ। इस इलाके की सोचता हूँ जहाँ पहले ऊसर खेत थे और 'उजाड़' थी और जहाँ अब एक से एक बढ़िया बिल्डिंगें खड़ी हो गयी हैं। उन लोगों की सोचता हूँ जिन्होंने ये बिल्डिंगें खड़ी की हैं और जो देश की अर्थ-व्यवस्था को एक 'नया मोड़' देते हुए 'नये मूल्य' स्थापित कर रहे हैं, जिनके बच्चे पढ़ते तो कानवेंट में हैं लेकिन हगते गली में हैं, जो ब्याह-शादियों पर घर के पिछवाड़े में कैबरे करवाते हैं, जिनकी बीवियाँ पेटीकोट और कच्छे पहने अब भी फर्श पर पोछे लगाती हैं, जो अपने 'खुदा' हो हमेशा खुश रखने की फिराक में रहते हैं, जिनके कमउम्र बच्चे सड़कों पर बेतहाशा स्कूटर-कारें दौड़ाते हैं और 'एक्सीडेंट' हो जाने पर उलटे 'अग्रीव्ड पार्टी' को ही कसूरवार ठहरवा देते हैं, जिनकी बदौलत 'प्रॉस्टीचूशन' अब एक सभ्य शब्द बनता जा रहा है...

ऐसी ही एक बिल्डिंग में वह रहती थी, वह जो इस इलाके की सबसे खूबसूरत औरत थी, वह जिसकी झलक पाने के लिए मैं तरसता रहता था। वह जो अब...हाँ, मैं इस इलाके की पानी की उस टंकी के बारे में भी सोच रहा हूँ जो इन सब बिल्डिंगों से ऊँची है, जिसमें अगर ज़हर मिला दिया जाये तो यहाँ के सभी लोग सुबह मरे हुए पाये जायेंगे। पाकिस्तान के साथ हुए युद्ध के दिनों में ऐसा ही डर था। एक दिन मैंने सोचा था कि इस टंकी पर चढ़कर मैं इन सब बिल्डिंगवालों को चिढ़ाऊँगा और कहूँगा कि देखो, मैं तुम सबसे ऊँचा

हूँ, बहुत ऊँचा। तुम मुझे कभी नहीं पा सकते। लेकिन मैं उस पर कभी चढ़ नहीं पाया, क्योंकि उस पर चढ़ना भी जुर्म है, शदीद जुर्म, जिसकी सज़ा कुछ भी हो सकती है...

नहीं, मैं सोच नहीं रहा। सोचने लायक मेरे पास है भी क्या ? हाँ, वाकई एक अवस्था ऐसी आती है जब सोचने को तुम्हारे पास कुछ नहीं होता। तब तुम आगे-पीछे, दायें-बायें सब तरफ देखते हो, लेकिन शून्य के सिवा तुम्हें कुछ नहीं मिलता। ऐसे ही, जैसे कोहरा सब कुछ धुँधला देता है और तुम्हें पास खड़ा आदमी भी दिखाई नहीं देता। तब, सब सन्दर्भ बदल जाते हैं। तब मैं अपने से ही सवाल करता हूँ—क्यों, क्यों है ऐसा ? माँ के चेहरे पर मुझे एक अजब-सी भयावहता दिखती है। क्यों, क्यों है ऐसा ? माँ अब पहले की तरह रोती भी नहीं। वह अब पहले की तरह 'उदाहरण' दे-देकर परेशान भी नहीं करती। फिर भी, फिर भी मुझे लगता है कि माँ कहेगी—"फलाँ की बहू ने अपने घरवाले को ऐसी पट्टी पढ़ायी कि उसने मार-मारकर अपनी माँ की पसली ही तोड़ दी। ...या अब मेरे पास कुछ नहीं है, जो था वह मैंने बेचकर खा डाला"...तब माँ को हमेशा यही डर लगा रहता था कि हम उससे कोई जेवर माँगेंगे। "ज़ेवर ? हम तो तुम्हारे ज़ेवरों पर..." और तब माँ ने ताबड़तोड़ अपना माथा पीटा था और प्रलाप करती-सी बोली थी, "ठीक है, तुम्हारा इन पर कोई हक नहीं... आज से माँ बेटे का रिश्ता भी खत्म हुआ।"

तब माँ हमारे यहाँ से चली गयी थी और कई महीनों तक उसका कोई पत्र नहीं आया था। मैंने भी उसे कोई पत्र नहीं लिखा था। तब उसी का पत्र आया था कि—पुत्तर कुपुत्तर हो सकता है, माता कुमाता नहीं हो सकती। न जाने मुझे क्या हुआ था कि पत्र पढ़ते ही मैंने उसकी चिंदियाँ कर दी थीं और उन्हें कूड़े के डिब्बे में डाल दिया था। फिर मैं खुद ही बड़बड़ाया था—तुम्हारे मुकद्दर में यही लिखा है, माँ। तुम्हारे प्राण अन्दर पड़े-पड़े ही निकल जायेंगे और अड़ोस-पड़ोस के लोग ही तुम्हें लूट ले जायेंगे, पर जीते-जी तुम किसी को एक कौड़ी भी नहीं दोगी।...न जाने उस समय मुझे क्यों लगा था कि ये लोग धन पर कुण्डली मारे बैठे साँप हैं, जो मरकर भी अपनी 'सुर्त' घर में ही रखेंगे और फिर साँप बनकर लौट आयेंगे।...क्यों मैं इतना क्रूर हूँ माँ के प्रति ? माँ लौट आयी है। वह अब धन-दौलत की भी बात नहीं करती, लेकिन फिर भी मुझे लगता है कि उसके और मेरे बीच सब कुछ टूट चुका है। उसे देखकर सहज ही मेरे भीतर उन सब बातों की पुनरावृत्ति होने लगती है... तब, तब मैं एक बार बिलकुल नंगा होकर घर से भाग जाना चाहता था—यह लो, यह लो, सब ले लो, और मैंने अपनी घड़ी, पैन, पर्स, सब उसके सामने पटक दिये थे। तब मेरे जीवन की अभी शुरुआत नहीं हुई थी। उस कोमल वय में मैं अभी रास्ता

बनाना ही चाहता था, लेकिन सब रास्ते अवरुद्ध पा रहा था। तब माँ केवल पैसे को लेकर कलपती थी। तब उसे मेरा कॉलेज में पढ़ना भी बेकार लगता था। वह चाहती थी कि मैं भी महल्ले के दूसरे लड़कों की तरह खोमचा लगाऊँ या बीस-पच्चीस रुपये माहवार पर किसी दुकान पर बैठ जाऊँ। तब पिताजी ने अगर कभी मेरी तरफदारी करनी भी चाही, तो उसने उन्हें एक ही झपट्टे में धराशायी कर दिया। फिर पिताजी चल बसे, लेकिन वह कुछ जायदाद भी छोड़ गये। माँ को लगा जैसे कि हम उसी जायदाद पर झपट पड़ने को हैं...

नहीं, मैं कुछ नहीं सोच रहा। सोचने लायक है भी क्या ? पुरानी बातें हैं। उन्हें भूल जाना चाहिए। भूत-भूत है। अब भविष्य की बात करो। वर्तमान हमारा दुश्मन है। भविष्य में ही हम गरीबी-अमीरी के बीच पुल बना पायेंगे।

राष्ट्र में फिर एक बार जोश आया है...शायद सभी लोग भीतर से खोखले हो चुके थे। शायद सभी लोग भीतर के अंधकार से जूझ रहे थे। भीड़ को रहनुमा चाहिए था। भीड़ को रहनुमा मिला। भीड़ के उल्लास को देखकर न जाने क्यों उस समय मेरी आँखों से आँसू ढुलके पड़ रहे थे। मुझे लगा था कि अब ज़रूर मालिक-मकान हर तीसरे-चौथे, किसी आड़ में, हमें अपने मकान से नहीं खदेड़ेंगे, अब ज़रूर सूरज ऐसे निकलेगा कि हर घर में उसकी किरण पहुँचेगी, अब ज़रूर हवा ऐसे बहेगी कि कहीं घुटन नहीं होगी। उस समय और भी कइयों की आँखों में आँसू तिरे होंगे। वे खुशी के आँसू थे। जब आकांक्षाएँ पूरी होने को हों, तब ऐसे ही आँसू आँखों में तिर आते हैं। और, जब आकांक्षाएँ डूबने लगें, तब... ?

उसने ठीक ही कहा था—मैं कायर हूँ। कायर। केवल छटपटाता हूँ, करता कुछ नहीं। स्थिति का सामना करते समय मैं हमेशा पसोपेश में पड़ जाता हूँ। एक कदम आगे, एक कदम पीछे, यानी वहीं खड़े-खड़े छटपटाता रहता हूँ। जब कि मुझे चाहिए था कि उन पर बम की तरह फट पड़ूँ और उनकी चिंदियाँ कर दूँ, मैंने एक कदम आगे, एक कदम पीछे करते हुए समय को बीत जाने दिया था। तब वे मुझ पर खूब हँसी थीं, मेरी खूब खिल्ली उड़ायी थी उन्होंने और मैं कमर के पीछे हाथ बाँधे, माथा झुकाये, गुलाम की तरह उनके सामने मिमियाता-सा खड़ा रहा था। और अब, जबकि मुझे लगा कि इस औरत से बदला ज़रूर लेना चाहिए तो बदला लेने के बजाय मैं इतना ही कह पाया था, "आई एम कंपलीटली डिमॉरलाइज्ड।" तब उसने मुझे खूब गालियाँ दी थीं, खूब टुहनियाँ मारी थीं, और मैं एक बार भी उसे उसकी ज़बान में पलटकर कुछ न कह पाया था। क्या मैं इस पर हाथ उठाऊँ ? इसका मामा डी. एस. पी. है।

अगर उसने यों ही मुझे बात का बतंगड़ बनाकर फाँस लिया तो ? तब मैंने निश्चय किया था कि ऐसे पड़ोसियों से फौरन दूर भाग जाना चाहिए, और तब मैंने तुरन्त मकान बदलकर ही साँस ली थी...लेकिन तब वह बस ड्राइवर ? जब सब सवारियाँ उतर गयीं और वह उतरने को थी...उतर जाओ, पहले आप ही उतर जाओ, ड्राइवर ने कहा था। लेकिन उसने छूटते ही ड्राइवर को बदतमीजऋ कहा था, और ड्राइवर ने, जिसने अपनी कमीज़ बदन से उतारकर क़न्धे पर डाल रखी थी, जिसकी छाती के बाल उसकी बनियान में से नुमायाँ थे, उसे एकदम डपटते हुए कहा था, ''इधर आ, तुझे तमीज सिखाऊँ। साली, कन्धे पर डालकर घर ले जाऊँगा। पहले खुद...फिर पड़ोसियों से भी...।''

उस समय उसके चेहरे का खून एकदम गायब हो गया था और वह वहाँ से किसी तरह मुँह नीचा करके भाग खड़ी हुई थी। सच, तब मुझे कितनी खुशी हुई थी। सच, तब मुझे लगा था कि किसी ने मेरा बदला ले लिया है। वाकई, मैं कितना कायर हूँ कि...।

□□

असमर्थ

सामने के पहाड़ों को देखकर कभी-कभी ऐसे लगता है जैसे कि उनमें सीढ़ियाँ तराशी गयी हों।

बताशो उन्हीं सीढ़ियों पर से उतरकर आयी थी, कोहरे की चादर को चीरती हुई। यह कोहरा कभी-कभी हमारे घरों में भी घुस आता है, खिड़कियों की राह से, दरवाज़ों को पार करके, और फिर हर चीज पर छा जाता है, और कुछ दिखाई नहीं देता।

बताशो भी पहले पहाड़ों की उन्हीं सीढ़ियों पर से उतरती हुई मुझे दिखाई नहीं दी थी। पहाड़ भी दिखाई नहीं दिये थे। लेकिन फिर एकाएक सब कुछ थोड़ी देर के लिए साफ हो गया था, और मैंने पहाड़ों पर से उतरती हुई बताशो को देख लिया था। फिर मैंने उसे चाय के बागों में पत्ती तोड़ते हुए देखा था, दूसरी लड़कियों के साथ। उनके बीच कुछ लड़के भी थे। लड़कों ने कुछ ऐसे ही कह दिया था और लड़कियाँ हँसते-हँसते बेहाल होने लगी थीं। कितना किलकिलाती हैं ये लड़कियाँ—मैंने मन ही मन गुदगुदाया-सा अनुभव किया था। काश, काश...! और मैंने मौज में आकर सीटी बजा दी थी।

लेकिन मेरी सीटी को उन्होंने सुना नहीं था। सुना भी होता तो शायद उसे कोई महत्त्व न दिया होता। महत्त्व देने लायक है भी क्या ! मैं उनका अपना तो हो नहीं सकता। मैं उनके लिए किसी और दुनिया का प्राणी जो हूँ।...वह, जिसके चेहरे की रंगत भी कुछ और तरह की है। मेरे जैसा चेहरा उनके लिए किसी दूसरी चीज़ का प्रतीक रहा है। मैं, यानी मैं, यानी साहब !

"साहब जी, कितने बजे हैं ?"

मैं घूमकर पीछे देखता हूँ। अरे, वही तो है, वही ! सच, बहुत खूबसूरत है। ढीले-ढाले कपड़ों में भी शरीर कितना कसा-कसा लग रहा है !

मैं...मैं कुछ कहना चाह रहा हूँ। पर मैंने केवल उसे एक गहरी नज़र से देख-भर लिया है। फिर एकाएक मेरे मुँह से निकल ही जाता है, "क्या नाम है तुम्हारा ?"

स्पष्ट है कि मेरे स्वर में कम्पन है। लेकिन उसके स्वर में कम्पन नहीं है।

"बताशो !" वाह, क्या नाम है ! जैसे कि एकाएक मीठा बताशा मुँह में आ जाये !

"क्या हमारे यहाँ काम करोगी ?"

हुँ, मेरी यह जुर्रत !

"जी, घर से पूछ कर बताऊँगी।"

और मैंने घर पहुँचकर बताया था कि मैंने एक काम करनेवाली ढूँढ़ ली है। बहुत दिनों से हमें तलाश थी एक काम करनेवाली की।

थोड़ी ही देर बाद बताशो आयी और बीस रुपये महीना पर काम करने की हामी भर गयी। पत्नी बहुत खुश थी। ठण्डे पानी में हाथ डालने की ज़हमत से बची।

यह यू. पी. एस. सी. भी क्या बला है ! कई बार चारों खाने चित पटक चुकी है मुझे। इस बार भी नहीं बख़्शा। "द यू. पी. एस. सी रिगरेट्स...।" स्वाट रिगरेट ? किसी को जूता मार कर 'सॉरी' कहनेवाली बात है ! लेकिन मुझे लगता है कि मैं चारों तरफ से इस 'जीवन' नामी इम्तिहान की यूपीएससीयों से घिर गया हूँ और ये मुझे कभी पास नहीं होने देंगी। यू. पी. एस. सी. रिगरेट्स...! स्वाट सिगरेट ? कुचल दो, कुचल दो मुझे, और बाद में 'सॉरी' कह देना। लेकिन याद रखो मैं भी इतनी आसानी से मरनेवाला नहीं, चाहे तुम मुझे लाख कुचलते रहो। मैं, मैं हूँ। यह सख़्तजान मैं !

"कितना बजे होंगे ?" पत्नी पूछ रही है।

...बताशो ने भी ऐसे ही पूछा था। तब चारों ओर हरियाली ही हरियाली थी और चाय के बागों में कुछ-कुछ कलियाँ भी चटख रही थीं। पर मेरे मन में हरियाली नहीं थी, चाहे मैंने सीटी भी बजायी थी। दरअसल, मेरे अन्दर एक ऐसा आदमी बैठा हुआ है जिसे मैं कभी यकीन नहीं दिला सकता कि वह हारा हुआ नहीं है। मैंने उससे काफी जिरह भी की है, लेकिन उस हारे हुए आदमी को कभी आश्वस्त नहीं कर सका हूँ।

"बताओ, बताओ, कितने बजे हैं ?"

बताशो भी ऐसे पूछ सकती थी, लेकिन वह अब नहीं पूछती। वह अब कभी नहीं पूछती। आती है और बुहारी उठा लेती है। चुप-चुप सी। आँखें भी जैसे कि उसकी कहीं और होती हैं। किन्तु जब कभी मैं घर पर होता हूँ, मेरी नज़रें उसके पीछे-पीछे लगी रहती हैं, उसे खोजती हुईं, उसे सूँघती हुईं। कई बार मन में आया भी कि इसको ऐसे झुके-झुके ही पीछे से अपने घेरे में ले लूँ। जैसे प्रायः मैं अपनी पत्नी लेता हूँ। पत्नी को मेरा यह अन्दाज़ अच्छा लगता है। शायद बताशो को भी अच्छा लगे। लेकिन पत्नी...! साहस नहीं कर पाता। पत्नी की अनुपस्थिति में भी नहीं।

एक दिन पत्नी ने कहा, "बताशो आपसे कुछ लिखवाना चाहती है !"

"क्या लिखवाना चाहती है ?" मुझे कुछ हैरत हुई।

और बताशो ने मेरी ओर एक कागज़ बढ़ा दिया। मैंने पढ़ा। मेरे किसी हमनाम का पत्र था, बताशो के नाम। मेरी हैरत बढ़ी, "कौन है यह ?"

"मेरा पति !"

सच ! मुझे लगा जैसे कि मेरा उससे एकाएक कुछ रिश्ता क़ायम हो गया है।

पत्र किसी अनभ्यस्त हाथ ने लिखा था। कागज़ भी मुचड़ा हुआ था। बताशो से ही शायद मुचड़ गया होगा। उसमें बताशो को बहुत दिलासा दिया गया था। बताशो के नाम बहुत-बहुत प्यार था। उदास होने की कोई बात नहीं, बताशो, किसी अच्छे पढ़े-लिखे से एक बढ़िया-सी दरख़्वास्त लिखवाकर मेरे कमांडिंग अफ़सर को भिजवा दो, काम बन जायेगा। उसमें लिखो कि तुम्हारी सेहत ठीक नहीं रहती, और तुम्हारा पति तुमसे कई वर्षों से दूर रह रहा है।

क्यों लिखूँ मैं यह पत्र, मेरे दिल में एकाएक आया।

तब पत्नी ने उसकी तरफ से वकालत शुरू कर दी, "बताशो बेचारी बड़ी दुखी है !"

क्या दुख है बताशो को ? मैंने मन ही मन पड़तालना चाहा। अच्छी-भली है, हट्टी-कट्टी है, हमसे ज़्यादा उसमें फुर्ती है। अब भी वक्त निकालकर जब वह चाय की पत्ती तोड़ती है तब देखो उसकी बहार ! और कह दिया कि दुखी है !

"अच्छा बताशो, इसे छोड़ जाओ, कल बताऊँगा।"

बताशो चली गयी। तब पत्नी बताती रही, "पाँच साल से ऊपर होने को आये इसके पति को परदेश गये। तब से बार्डर पर है। बीच-बीच में जब कभी वह घर आया, घरवालों ने और-और काम बता दिये। कभी बहन को ससुराल

पहुँचाना है, कभी...। फिर सास-जेठानियाँ तो बैठें पलंग पर चढ़कर, और बताशो घर का काम भी निपटाये ! सच, गरीब की हर तरह से शामत है।"

मैंने देखा, पत्नी काफी भावुक हो रही है। फिर, पत्नी कहे जा रही थी, "कभी आपस में बात करने का मौका नहीं। मिल भी पाते तो रात को कभी मुश्किल से। उस पर भी डर कि कोई जग न रहा हो। और कुछ नहीं तो चलो एकाध बच्चा ही हो जाता जिससे मन तो थोड़ा दूसरी तरफ लगता। वह भी नहीं हुआ। एक बार उम्मीद बँधी थी तो वह भी जाती रही। किसी ने यह भी नहीं सोचा कि चलो, इसे दो-चार दिन तो आराम करने दो।"

"छोड़ो जी, घर-घर में यही हाल है !"

पत्नी कुछ और दलील देना चाहती है, लेकिन मैं...मैं क्यों सुनूँ यह लफड़ेबाजी ! हमारे अपने ही घरों में ये सब लफड़ेबाजियाँ क्या कम हैं ?

बताशो फिर मेरे सामने खड़ी है। क्या जवाब दूँ इसे ? मुझे लगता है, अब बताशो की आँखों में आँसू भी हैं।

"छिः बताशो, क्या यह कोई रोने की बात है ?" अब मैं वकील बन गया हूँ। तुम्हें तो उलटा खुश होना चाहिए कि–कि तुम्हारा आदमी फ्रंट पर है। इससे बढ़कर फख्र की बात और क्या हो सकती है ? बताशो, बाकी लोग जो फ्रंट पर हैं, वे भी तो किसी न किसी के कुछ लगते होंगे–किसी के भाई, किसी के पति, किसी के बेटे...। फिर तुम ही, तुम ही क्यों ...?"

जाने मैं क्या-क्या कहता जा रहा हूँ ? फिर मैं देखता हूँ कि बताशो जो सच बड़ी सुन्दर दिखती थी, जिसका नाम लेते ही मुँह में बताशे का स्वाद आ जाता था, जिसे पहले मैंने पहाड़ों पर तराशी गयी सीढ़ियों पर से उतरते देखा था, वह बताशो अब चेहरे पर अजब-सी मुर्दनी लिये खड़ी है, और वह मुर्दनी उस पर और-और गहरी होती जा रही है।

□□

जंगल

नहीं, यह महज़ इत्तफाक नहीं था कि जहाँ हमारे नगर में जगह-जगह फव्वारे लगाये गये और तरह-तरह की रोशनियों से जगमगाहट की गयी, वहाँ कहीं-कहीं जंगल भी उगाये गये। बचपन में पढ़ा करते थे कि जंगलात के कई फायदे होते हैं। मसलन, जंगलात से बारिश होती है, जंगलात रेगिस्तान को नख़लिस्तान बनाते हैं, जंगलात...। लेकिन किसी ने यह नहीं बताया था कि जंगलात में भेड़िये भी खूब पनपते हैं...

वह भी एक भेड़िया था। लाल-लाल आँखोंवाला, जिसकी आँखें अँधेरे में भी लपलपाती थीं। दरअसल, भेड़ियों की आँखें अँधेरे में ही ज़्यादा लपलपाती हैं। उजाले में तो वे पालतू कुत्तों की तरह वफादार और निगेहबान होते हैं।

नहीं, यह भेड़िया शायद कई दिनों से भूखा था। बेचारा उजाले में अपने लिए खाने की तलाश करता भी तो कहाँ करता ? और इधर रोशनियों का यह आलम था कि अँधेरे में भी उजाले का सा समाँ बँधा रहे। उधर भूख और इधर ये रोशनियाँ ! हड्डी चिचोड़े बहुत दिन हो जाने के कारण भेड़िये की जिधर भी आँखें उठतीं, उधर ही वह सब कुछ चिचोड़ डालना चाहता। और भूख भी आप जानते हैं कई प्रकार की होती है—ऊपर की भूख और नीचे की भूख, और इस भेड़िये को हर तरह की भूख ने सता रखा था।

रात के नौ बजे तक तो आप जानते हैं जंगल में काफी अँधेरा हो जाता है। भेड़िया अपनी माँद में से निकला और रोशनियों से बचता, छिपता-छिपाता, फव्वारों के करीब जा पहुँचा। आह, भला हो इस नगर के संरक्षकों का ! कितनी शान्ति मिलती है इन फव्वारों की बौछार में ! उसने धीरे से अपना मुँह खोला और दूर से ही उस बौछार को अपने मुँह में महसूस करने लगा। आह, क्या मज़ा है ! चाहे खाने को न भी मिले, फव्वारों की इस बौछार से दो घड़ी के

लिए तरोताज़ा तो हुआ ही जा सकता है ! हाँ, इन संरक्षकों ने एक बात की खूब अकलमंदी की। फव्वारों के इर्द-गिर्द कुछ ऐसे स्थल भी बना दिये, जहाँ कोई भी मज़े से पड़ा रहे। दरअसल, भेड़िये ने अपनी तेज़ आँखों से देख लिया था कि उससे थोड़ी ही दूर उसके दायें-बायें कुछ जोड़े बड़े इत्मीनान से पड़े हुए हैं। काश ! उसने मन ही मन लार टपकाते हुए कहा, मेरी बगल में भी कोई होता ! बल्कि यूँ कहिए कि जैसे ही उसकी लार टपकी, उसकी भूख फिर एकदम भड़क उठी और उसने दृढ़ निश्चय कर लिया कि आज कहीं-न-कहीं हड्डियाँ चिचोड़ी ही जायेंगी।

भेड़िया तो आखिर भेड़िया ही है ! उससे तो लोग डरेंगे ही। लेकिन इधर जब भेड़ियों की तादाद दुगुनी-चौगुनी हो गयी तो लोगों पर एक अजब तरह का आतंक छा गया। पहले तो इकला-दुकला भेड़िया देखकर लोग उसकी पिटाई भी कर देते थे, लेकिन अब तो भेड़िये का नाम सुना नहीं कि वे दुबक कर भाग जाते। न भाई, इनसे दूर ही रहो ! और तो और, नगर के संरक्षक तक उनसे ख़ौफ खाने लगे थे और उनके सामने भी यदि वे हड्डी चिचोड़ते रहते तो आँखें मूँदकर वे वहाँ से हट जाते।

उस दिन कुछ इस तरह हुआ। वह भेड़िया फव्वारों की बौछार में तरोताज़ा हुआ, घूमघामकर उस बस स्टैंड के पीछे के एक नाले में घात लगाकर बैठ गया। वह काफी दूर से एक शिकार को सूँघता हुआ उसके पीछे लगा हुआ था। कोई बात नहीं, शिकार चाहे पका हुआ भी हो, उसने मन ही मन सोचा। वैसे तो उस शिकार के साथ नरम-नरम गोश्तवाली दो हिरणियाँ भी थीं, लेकिन जब वे हिरणियाँ कहीं चली गयीं तो वह शिकार अकेली रह गयी। बस, यही मौका है, भेड़िये ने सोचा, अब नरम-गरम, किसी चीज़ का लिहाज़ न करो और टूट पड़ो शिकार पर। बस स्टैंड था, इसलिए ज़्यादा रोशनी का वहाँ भला काम भी क्या ! फिर था भी वह जरा फव्वारों से हटकर, और जंगल के ऐन किनारे। बस, भेड़िये ने आव देखा न ताव और एक ही झपट्टे में उस पके मांसवाली हिरणी को नाले में घसीट लिया और लगा उसके दाँत गड़ाने। उसे उसकी जाँघों का खून कुछ ज़्यादा ठीक लगा, इसलिए उसने ज़्यादा दाँत वहीं गड़ाये। वैसे दो-एक बार उसने उसकी छाती तथा उसके मुँह पर भी दाँत मारे। उसे पता था कि हिरणी चिल्लायेगी। इसलिए इसके लिए वह पहले से ही तैयार था। एक बार एक संरक्षक-से लगनेवाले व्यक्ति ने उसे दूर से शिशकारने की कोशिश की, लेकिन उसने वहीं से अपने मुँह में छिपी छुरी उसे दिखा दी। बाप रे, यह भेड़िया तो कुछ ज़्यादा ही खतरनाक है, और वह वहीं से अपनी जान की खैर चाहता हुआ

और अपने बीवी-बच्चों की दुआ माँगता हुआ, भाग खड़ा हुआ।

खैर, भेड़िये ने अपने शिकार को खूब चिचोड़ा, खूब चिचोड़ा, ठीक अपनी भूख के अनुपात में, और जब महसूस किया कि ज़्यादा चिचोड़ने से उसे गिरानी हो जायेगी तो उस शिकार को वह वहीं छोड़ खरामाँ-खरामाँ चहलकदमी करता हुआ जंगल में ग़ायब हो गया।

कहना न होगा कि वह पके मांसवाली हिरणी उस नाले में काफी रात गये तक अचेत पड़ी रही और चूँकि भेड़िये आम तौर पर पके मांसवाले शिकार की ज़्यादा परवाह नहीं करते, उस पर दूसरे किसी भेड़िये ने हमला नहीं किया।

□□

आई एम ऑलसो सॉरी

लम्बा-चौड़ा महकमा, लम्बे-चौड़े काम और इन लम्बे-चौड़े कामों को सरंजाम देने के लिए लम्बी-लम्बी मीटिंगें।

एक दिन ऐसी ही एक लम्बी मीटिंग चल रही थी। बड़े साहब इस लम्बी मीटिंग का संचालन कर रहे थे। ऊपर से एक नयी योजना आयी थी जिसे कार्यरूप दिया जाना था। बड़े साहब ने सभी प्रबन्धकों को बुला रखा था। एक से बढ़कर एक अनुभवी प्रबन्धक थे। तमाम उम्र बिता दी थी उन्होंने एक ही काम में।

लेकिन इनमें एक प्रबन्धक ऐसा भी था जो कुछ अपनी ही तरह का था। काम तो बेवकूफ लोग करते हैं, वह अक्सर कहता। जिन्होंने काम किया, उन्होंने क्या पा लिया ? प्रबन्धक वे भी हैं, प्रबन्धक मैं भी हूँ। मज़े-मज़े चलो तो दिल की रफ्तार भी ठीक रहती है। बहुत तेज़ चलोगे तो इस रफ्तार को भी खो बैठोगे। बल्कि हो सके तो बीच-बीच में झपकी भी ले लेनी चाहिए, सारी थकावट एकबारगी उतर जाती है। यह मैं नहीं कह रहा, बड़े-बड़े कह गये हैं। और वह एक बहुत बड़े नेता की मिसाल देता।

और वाकई, अभी मीटिंग चल ही रही थी कि उसे लगा झपकी ले ही लेनी चाहिए ताकि ताज़गी आ जाये, और वह आनन-फानन खर्राटे लेने लगा। खर्राटे भी वह हलके नहीं ले रहा था, जमकर ले रहा था।

अभी उसने कुछ ही खर्राटे लिये थे कि साहब एकाएक चौंके—यह क्या ! इसकी इतनी हिम्मत ! अभी तक तो सोये हुए लोग भी उनका नाम सुनकर जग जाते थे, यह जगा हुआ व्यक्ति कैसे नींद के हवाले हो गया ? उन्होंने भवें चढ़ाकर उसकी तरफ देखा। लेकिन तब तक तो वह कई खर्राटे ले चुका था। अब क्या हो ? उन्होंने उन्हीं चढ़ी आँखों से उसकी बगल में बैठे प्रबन्धक की

ओर देखा। मतलब साफ ही था...कि इसे झकझोर कर आगाह किया जाये, लेकिन ताज्जुब, साथी प्रबन्धक ने अभी उसे छुआ भी नहीं था कि उसने खुद-ब-खुद अपनी आँखें खोल दीं और चारों ओर ऐसे देखने लगा जैसे कोई कौतुक हुआ हो।

बड़े साहब को काफी गुस्सा आ रहा था। वह अब उस पर घुड़क रहे थे। इतना भी शऊर नहीं कि मीटिंग का कोई डेकोरम रखा जाये ! और फिर योजना भी कोई ऐसी-वैसी नहीं है। पूरी जान लगा देनी होगी इसे अमली जामा पहनाने में। कई विदेशी विशेषज्ञों का इसमें योग है। साहब खुद इसी योजना के कुछ पहलुओं को समझने विदेश गये थे। ठीक से अमल में आ गयी तो देश की काया ही पलट जायेगी, और फिर आका भी खुश, और जनता भी खुश। गरीबी तो ऐसे दुम दबाकर भागेगी ! माँगने पर भी उसे कहीं शरण नहीं मिलेगी !

प्रबन्धक को अपनी करनी का एहसास हुआ। पर वह लाचार था। बरसों से पड़ी आदत अब कैसे दूर हो ? बड़े साहब उसकी लाचारी को समझ नहीं रहे हैं। पद में चाहे वह बड़े हैं, पर उम्र में तो छोटे ही हैं न ! ट्रेनिंग के दौरान इंग्लैंड में उन्होंने यही तो सीखा था कि खुद को झपकी आये तो आँख बचाकर ले लो, लेकिन दूसरों को मत लेने दो। और इधर यह प्रबन्धक है जो खुलेआम खर्राटे ले रहा है। चाहते तो प्रबन्धक को चार्ज-शीट कर सकते थे, पर चार्ज-शीट करने के लिए वह पहले ही काफी बदनाम हो चुके थे। इसलिए उन्होंने केवल इतना ही आदेश दिया कि यह प्रबन्धक कुछ दिन तक उन्हें अपनी हर रोज़ की प्रगति से अवगत कराता रहेगा।

प्रबन्धक को साहब की यह कार्यवाही बड़ी नागवार गुजरी। साहब कुछ देखते समझते तो हैं नहीं और दे दिया यह आदेश।

उसने आदेश को एक बार उलटा-पलटा, और फिर उसे एक तरफ पटक दिया। तमाम दिन वह आदेश मेज के एक कोने पर पड़ा फड़फड़ाता रहा। शाम हुई तो उसे याद आया—आदेश का पालन तो करना ही होगा। इसलिए वह उस दिन की रिपोर्ट लिखने बैठ गया। लेकिन लिखे भी तो क्या लिखे। काम तो ऐसे ही चलता है। मीटिंग से लौटा था तो उसे फिर झपकी आ गयी थी, और इस बार वह कुछ ज़्यादा ही लम्बी खिंची थी। फिर भी कुछ लिखना तो होगा ही। अब उसकी कलम उसकी मदद करने लगी थी। उसने लिखा—मीटिंग के फौरन बाद मैंने मुख्य डिज़ाइनर से सम्पर्क करने की कोशिश की। इण्टर-कॉम की घण्टी बजती थी, पर चोंगा कोई उठाता नहीं था। मुख्य डिज़ाइनर से सम्पर्क करना क्योंकि ज़रूरी था, इसलिए मैं खुद ही उन्हें देखने गया, पर उनके कमरे में कोई नहीं था और बतानेवाला भी कोई नहीं था।

कुछ समय बाद मैं दूसरी बार फिर गया। अब कमरे की चिटखनी बाहर

से चढ़ी हुई थी। लाचार मैं लौट आया।

अब तक लंच का वक्त हो चुका था, इसलिए इस दौरान मैंने किसी को डिस्टर्ब करना ठीक नहीं समझा। लंच ऑवर खत्म हुआ तो मैं फिर उनके कमरे की तरफ बढ़ा। पर इस बार पता चला कि वह लंच के बाद आराम फरमा रहे हैं, और उन्होंने खास हिदायत दे रखी है कि उन्हें डिस्टर्ब न किया जाये। अब हो भी तो क्या हो ? मुख्य डिज़ाइनर तो ठहरे मुख्य डिज़ाइनर, नामी-गिरामी कलाकार हैं, उनका मूड खराब हो गया तो बाकी काम से भी हाथ धोने पड़ेंगे। इसलिए मैंने वैसे तो आज के दिन उनसे बात करने का ख्याल छोड़ दिया था, लेकिन आखिरी बार एक चान्स और ले लेना ठीक समझा। लेकिन इस बार पता चला कि साहब दफ्तर से जा चुके हैं, इसलिए अब कल ही उनसे बात हो सकती है। इत्तफाक से आज मेरा चपरासी भी ग़ायब रहा और पी. ए. ने तो पहले ही छुट्टी ले रखी थी, इसलिए जितना काम मुझसे बन पड़ा, मैंने यथा-शक्ति किया—अवलोकनार्थ प्रस्तुत है।

बड़े साहब ने रिपोर्ट पढ़ी। रिपोर्ट पढ़ते ही एकदम झल्ला गये। झल्लाना वैसे उनकी आदत तो है ही, लेकिन फिर वह थोड़ा सम्भले। उन्हें अपने पर अफसोस हुआ—क्यों उन्होंने सब कुछ जानते-बूझते हुए उसे दिन की रिपोर्ट लिखने को कहा ? तमाम उम्र तो ऐसे ही काट दी, अब एक-डेढ़ साल में कौन-सा करिश्मा कर दिखायेगा ? किसी ज़माने में महकमे में घुस आया होगा। तब कोई रोक-टोक नहीं रही होगी। बस, सरकते आये तो सरकते ही आये। अगले साल अब रिटायरमेंट पा जायेगा।

साहब ने ऐसी रिपोर्ट लौटा देना ही ठीक समझा। उस पर उन्होंने केवल इतना ही लिखा—'आई एम सॉरी'।

प्रबन्धक ने साहब की टिप्पणी देखी। भला, वह कहाँ चुप रहनेवाला था। उसने भी नीचे फौरन अपनी टिप्पणी जड़ दी—'आई एम ऑलसो सॉरी', और रिपोर्ट साहब को वापस भिजवा दी।

□□

सैलाब

सपने आखिर सपने ही होते हैं। जाने कहाँ-कहाँ के कुलाबे मिला देते हैं। फिर कभी-कभी दहशत भी ऐसी भर देते हैं कि आदमी चिल्ला भी न सके, और चिल्लाये बिना रह भी न सके।

अब बताओ न, भैंसों से मेरा क्या लेना-देना ? लेकिन मैं हूँ कि अपनी भैंस को मिंटो ब्रिज की ओर हाँके लिये जा रहा हूँ। सामने से भैंसों का एक और झुंड आ रहा है और हमें रौंदने को हो रहा है। हम (मेरी पत्नी भी मेरे साथ है) उससे बचने की भरसक कोशिश करते हैं, लेकिन आखिर वह हमें घेर ही लेता है, और फिर एक भैंस (शायद वह भैंसा है) मुझे इस बुरी तरह से उछालती है कि मैं आसमान में जैसे कि खोने को होता हूँ। मैं चिल्लाता हूँ, लेकिन मेरी चीख कोई सुनता नहीं, क्योंकि चारों ओर शून्य ही शून्य है। फिर मेरी आँख खुल जाती है। मैं हैरान हूँ। इस सपने के पीछे क्या हो सकता है?

मुझे याद आता है कि मैं तो पिछले कई दिनों से सामने झुग्गीवालों पर एक कहानी लिखने की सोच रहा था। ये झुग्गीवाले भी खूब हैं। भाई लोगों ने जहाँ देखा डेरा जमा लिया। आये तो थे यहाँ रेल की पटरी जमाने, लेकिन जम गये खुद यहाँ। बस, एक आया तो दूसरा भी आया, दूसरा आया तो तीसरा भी आया, और ऐसे ही धीरे-धीरे सैकड़ों की तादाद में ये जमते गये। हमारे घरों के सामने ही क्या, दिल्ली का क्या कोई ऐसा कोना बचा है जहाँ इनका जमाव न हो ? और दिल्ली ही क्यों, क्या देश का कोई ऐसा नगर या महानगर दीख पड़ता है जहाँ ये कुकुरमुत्तों की तरह प्रकट न हुए हों ? घिन होती है अब तो इनसे मुझे। चारों तरफ ऐसी गन्दगी फैला रखी है कि खुद गन्दगी भी तोबा कर उठे। पहले मेरे मन में इनके प्रति कुछ रोमानी-सा भाव रहता था, क्योंकि

रात के वक्त जब इनके यहाँ ढोल-मजीरे बजते तो मन होता मैं भी वहीं, इनके बीच जा बैठूँ। और तो और, बीच-बीच में औरतों की किलकारियाँ भी सुनने को मिलतीं। अब औरतें किलकारी मार रही हों और आदमी के दिल में सुरसुराहट न हो !

दरअसल, मैं इन झुग्गियों में कई बार घूमा भी हूँ। कुछ लोगों से बातचीत भी की है, फोटो भी लिये, लेकिन बात इससे आगे नहीं बढ़ पायी, क्योंकि मैं कभी भी उनके बीच रम नहीं सका। बस, सैलानी भाव ही बना रहा। और रमूँ भी कैसे ? हमेशा तो उन्हें लेकर मन में कुढ़न-सी भरी रही है। ग़नीमत है हमने उनके और अपने बीच एक दीवार खींच ली, वरना हो सकता है इनके मल-मूत्र का सैलाब हम तक पहुँचे बिना न रहता। अब देखो न, कहने को रेलवे वालों ने वहाँ रेलवे स्टेशन बनाया है, दो प्लेटफार्म हैं, प्लेटफार्मों को जोड़ने के लिए ओवरब्रिज है, एक प्लेटफार्म पर मुसाफिरों को धूप-बारिश से बचाने के लिए शेड हैं, उनके बैठने के लिए पत्थर की बैंचें थीं, लेकिन धीरे-धीरे जैसे कि सब ग़ायब होता रहा। शेड न जाने कैसे इतना खस्ताहाल हो गया ! बैंचें कहीं तो टूटी पड़ी हैं, और कहीं उन्हें जड़ से उखाड़कर झुग्गियों के भीतर रख लिया गया है। और ओवरब्रिज ? वह तो उनके लिए खुला संडास बन गया है। कोई है माई का लाल जो उस पुल-रूपी वैतरणी को लाँघ सके ? और फिर उस पुल की सीढ़ियों के नीचे एक-आध और डेरा डालने की गुंजाइश तो रहती ही रहती है।

क्या-क्या बताऊँ इन झुग्गीवालों के कारनामे। जहाँ पहले साफ-सुथरा प्लेटफार्म था, वहाँ अब उसके ऊपर बहती गंधाती नालियाँ हैं, जहाँ पहले सपाट मैदान था, वहाँ अब भरपूर कीच है जिसमें सूअर लोट लगाते हैं, जहाँ पहले हरियाली थी, वहाँ अब वीराना है, जहाँ पहले मच्छरों का नामोनिशान तक न था, वहाँ अब मच्छर ही मच्छर हैं, और वे भी बड़े-बड़े मच्छर। आपको किसी भी बीमारी के कीटाणु कहीं और ढूँढ़ने जाना नहीं होगा। वे सब यहीं मौजूद हैं। और तो और, भाई लोगों ने प्लेटफार्म पर से रेल की पटरी में इतना पानी बहाया कि उसके नीचे की ज़मीन को पोला ही कर दिया, जिससे रेल के वहाँ से निकलने पर हमारी बिल्डिंगें काँप-काँप कर दुहरी होने को होती हैं। अब बताओ मैं इनके प्रति झींकूँ नहीं तो क्या करूँ ?

लेकिन इसके बावजूद मेरे मन में इनके प्रति एक प्रकार का रोमानी भाव तो रहा ही। क्या हुआ अगर ये सुबह-सुबह अपने चूल्हे-अंगीठियों से इस किस्म का धुआँ छोड़ते हैं जो वातावरण में जम-सा जाता है, और ठण्ड के मौसम में तो और भी जमता है और हटने का नाम नहीं लेता। दीवाली की रात को तो इन्होंने इस बार हद ही कर दी। इधर हमारे भाई लोगों ने बम-पटाखों का वह

सिलसिला शुरू किया कि घरों की खिड़कियाँ बार-बार बज उठतीं और बारूदी धुआँ, खिड़कियाँ बन्द होने के बावजूद, छिद्रों की राह, कमरों में भरता रहा। लेकिन मानना पड़ेगा प्रकृति के नियामक को। जाने कैसे वह इतने प्रदूषण के बीच हमें बचाता रहा ? उधर झुग्गीवाले भी कहाँ पीछे रहनेवाले थे। उनके पास बम-पटाखों पर खर्च करने के लिए हजारों-लाखों नहीं थे तो वे कहीं से पुराने टायर उठा लाये और उन्हीं को जलाकर अपनी दीवाली मनाने पर उतारू हो गये। अब टायर तो आदमी के दिल की तरह जलते भी हैं और सुगलते भी हैं, और जब सुलगते हैं तो ऐसी कड़ुवाहट भरते हैं कि बारूदी धुएँ की कड़ुवाहट को भी मात दे दें।

शायद रात भर वे टायर सुलगते रहे थे, क्योंकि अगली सुबह जब आँख खुली तो हमारे घरों के निकट बने पार्क में भी राहत न थी। बस, बदबू ही बदबू थी। या कड़ुवाहट ही कड़ुवाहट। जाने झुग्गीवालों ने अपनी नाक पर कोई मास्क पहन रखा था कि बदबू के एहसास से वे जैसे कि पूरी तरह से बरी थे, या हो सकता है उनके पास इतनी ऑक्सीजन हो जो हवा की कार्बन डायोक्साइड, मोनोक्साइड सभी को तिरोहित कर रही हो। पर वाह रे झुग्गीवालो, तुम्हें खुदा ने एक ही बनाया !

अब खीझ तो थी ही मेरे मन में। मैंने पत्नी से कहा कि वह मेरे साथ चले, हम देखें तो सही ये लोग क्या गुल-गपाड़ा करते हैं। पर पत्नी ? तोबा ! तोबा ! बोली, "मैं अगर गयी भी तो समझ लो एक महीने तक खाना नहीं खा पाऊँगी।" मैंने पूछा, "क्यों ?" तो उसका उत्तर था, "इतनी गन्दगी क्या कोई इन्सान बर्दाश्त कर सकता है ? हर वक्त वह अन्दर समायी रहेगी।"

पत्नियों के तर्क की पतियों के पास वैसे भी कोई काट नहीं होती। वे बात ही कुछ इस ढंग से करती हैं कि पति मुँह बाये देखते रह जायें।

आखिर, मैंने फैसला किया कि मैं खुद ही जाऊँगा, इन झुग्गियों में भी और उन झुग्गियों में भी जो थोड़ा और आगे बनी हैं। वहाँ तो, मुझे किसी ने बताया था, पूरे गली-टोले हैं, यानी समूचे टीले का टीला झुग्गीवालों ने घेर रखा है।

हवा में थोड़ी खुनक तो थी ही। इसलिए मैंने अपना गाऊन ओढ़ा और निकल पड़ा उन परे की झुग्गियों का मंज़र देखने। अब इसे 'मंज़र' न कहूँ तो क्या कहूँ ? दुनिया ही यह निराली है। बिलकुल अपनी तरह की। अपनी तरह का रहन-सहन, अपनी तरह का खान-पान, अपनी तरह का पहनावा, और अपनी ही तरह की सोच। लेकिन गन्दगी से इन्होंने जाने क्यों इतना निकट का रिश्ता बना लिया है ? अघोरी तो मल-मूत्र का सेवन करते ही होंगे, लेकिन ये जैसे

कि मल-मूत्र से अपनी किलेबन्दी करते हैं। अब जिसे भी इनके इलाके में प्रवेश पाना है, उसे पहले इस किलेबंदी से दो-चार होना होगा, यानी अपने नाक-मुँह को ठीक से ढाँपना होगा और अपनी आँखों से कहना होगा कि वे देखी को अनदेखी कर दें, वरना भीतर बार-बार किसी-न-किसी तरह के उबाल आते ही रहेंगे।

खैर, मैंने अभी अपने नाक-मुँह को ढाँपा नहीं था और न ही अपनी आँखों से कहा था कि वे देखी को अनदेखी कर दें, क्योंकि अगर मैंने भी ऐसा किया होता तो हो सकता है मैं उन तमाम 'सूक्ष्मताओं' से वंचित रह जाता जिनकी तलाश में मैं यहाँ आया था। और फिर मैं तो एक लेखक हूँ जिसका हर स्थिति के साथ समरस हो जाना एक अनिवार्यता है। इसलिए मैं कुछ ज़्यादा ही आँखें खोले और अपनी घ्राण-शक्ति से कुछ ज़्यादा ही अपेक्षा करता हुआ उस परे वाली झुग्गी-बस्ती में दाखिल हो गया। पर नहीं, अभी दाखिल कहाँ हुआ था, बस, दाखिल हो ही रहा था। वहाँ कोई प्रवेश-द्वार तो था नहीं, लेकिन प्रवेश-द्वार जैसा कुछ ज़रूर था। यानी वही कूड़े-गन्दगी के ढेर, जिन पर छोटे-छोटे बच्चे इत्मिनान से बैठे अपनी सुबह ही हाजत पूरी कर रहे थे। अब पेट तो कुत्ते-सूअरों को भी भरना ही होता है। इसलिए बच्चे जो अपने पेट से बाहर कर रहे थे, उन्हें वे कुत्ते और सूअर अपने मुँह की राह अपने-अपने पेट के भीतर कर रहे थे। कहते हैं न कि प्रकृति अपना संतुलन बनाये रखती है, कभी भूकंप के ज़रिये अपने ऊपर से ज़्यादा बोझ को झटककर, कभी नदियों में बाढ़ लाकर और कभी समुद्र में उफान पैदा करके। यहाँ भी हिसाब-किताब प्रायः बराबर ही था। अब कूड़े के ढेर हैं, उन्हें तो कोई खा नहीं सकता। हाँ, खेतों में बिछा देते तो शायद कोई बात बन जाती। पर कागज-प्लास्टिक का खेतों में क्या काम ? तब कहाँ जाये यह कूड़ा ? पर इसकी फिक्र मैं क्यों करूँ ? नगर निगम से कहिए कि किसी इमारत की नींव में इसे भर सकते हैं तो भर दें। पर हाँ, यमुनाजी में न बहायें। यमुना बेचारी का तो पहले ही साँसत से दम घुटा जा रहा है।

मैंने कहा न कि मैं एक लेखक हूँ और हर स्थिति से समरस होना मेरी नियति है। मुझे ठण्ड भी झेलनी होती है और गरमी भी, बू भी सहनी पड़ती है और खुशबू भी। पहले भी मैं किन्हीं झुग्गियों में घूमा था और वहाँ मैंने शरबतिया को ढूँढ़ निकाला था। शरबतिया बड़े गठीले बदन की युवती थी। पुलिस के अनुसार वह 'अच्छे' घरों के युवकों को फुसलाती थी और उनसे धन्धा करती थी। पर ज़ाहिरा तौर पर वह चटाई बुनती थी। अब चटाई बुनकर किसी का पेट न भरे तो वह क्या करे ? यानी हाथ की मेहनत-मशक्कत से अगर किसी की बर न आये तो वह किधर जाये ? एक बड़ा अहम सवाल है यह !

हमें इसका उत्तर पाना ही होगा।

खैर, अब मैं उस झुग्गी-बस्ती में दाखिल हो चुका था। वहाँ पानी के नल थे, बिजली थी, बिजली से चलनेवाला साज़ोसामान था, फिर झुग्गीनुमा दुकानें थीं, औरतें थीं, बच्चे थे, आदमी थे, जानवर थे, छोटी-छोटी नालियाँ थीं, एक बड़ा नाला भी था जो पूरी तरह बहता नहीं था, इसलिए गंधाता था, बुलबुले छोड़ता था और कीड़े मकोड़े, मच्छरों को पैदा करता था, यानी, कहीं, किसी तरह की कोई बाधा न थी। हर किसी को हक था कि वह कहीं भी आये-जाये। बकरियाँ अपनी जगह, भैंसें अपनी जगह। सभी तो समाये हुए थे अपने-अपने गोशे में।

अब मैं नाक ढाँपने को मजबूर था। बस्ती नाले के साथ-साथ ही तो चल रही थी—एक तरफ नाला, दूसरी तरफ झुग्गियों की कतार। बीच-बीच में छोटी-छोटी गलियाँ, ऐसे ही जैसे बड़ी गली में से छोटी गलियाँ निकलती हैं जो कुछ ही दूरी पर जाकर बन्द हो जाती हैं। मैं हैरान था आदमी के जीवट पर। वह हर कीमत पर जिन्दा रहना चाहता है। और नाली में रेंगनेवाले कीड़े, वे आसानी से कहाँ मरना चाहते हैं ?

ऐसे में मैं किससे बात करूँ ? एक झुग्गी में एक बालक अपने हाथ में आईने का एक छोटा-सा टुकड़ा लिये अपने बालों में कंघी कर रहा था। वह मैली-कुचैली, मुचड़ी हुई किसी स्कूल की वर्दी भी पहने हुए था। किसी स्कूल की क्या, नगर निगम के स्कूल की होगी। इन्हें और कहीं दाखिला भी कहाँ मिलेगा ? न कोई स्थाई पता, न ढंग का ठौर-ठिकाना। आज अगर नगर निगम या विकास प्राधिकरण वाले चाहें तो पूरी की पूरी बस्ती नेस्तोनाबूद कर दें। पर कौन नेस्तोनाबूद कर सकता है इनकी बस्ती को ? नागरिकता के लिए जो-जो शर्तें पूरी करनी होती हैं, वे सब तो इन्होंने पूरी कर दीं। सब से पहली शर्त तो राशन कार्ड ही है न ? वे तो बनानेवालों ने कब के बना दिये। पुख़्तगी की इससे बढ़कर निशानी और क्या होगी ! खूँटा ज़मीन में अच्छी तरह से गड़ा है।

किससे बात करूँ ? सब को तो मुझ में कुछ-न-कुछ कौतुक दिख रहा है। वे समझ गये हैं कि मैं उनके बीच का नहीं हूँ। वैसे मेरे जैसे यहाँ और भी तो आते ही होंगे। सब का अपना-अपना धन्धा है। रात को यहाँ आता तो शायद कुछ और भी देखने को मिल जाता। पर अभी तो सूरज की किरणें यहाँ अपनी राह खोज चुकी हैं। ग़नीमत है वह गंधाता नाला भी यहाँ खत्म हो गया है और झुग्गियों की कतार पीछे की ओर मुड़ गयी है। कतार क्या, कतारें हैं, एक में से एक उगती हुई। फिर रेल की पटरी है।

अब मुझे नाक को ढाँपना नहीं पड़ रहा, क्योंकि गंधाता नाला पीछे छूट

गया है। अब मैं खुली हवा में साँस ले सकता हूँ। उधर सूरज की किरणें भी चमक उठी हैं। कुछ लोग अपने हाथ में पानी से भरा डिब्बा या बोतल लिये रेल की पटरी के परे एक दूसरे टीले की ओर बढ़ रहे हैं, और कुछ उधर से खाली डिब्बे या बोतल के साथ लौट भी रहे हैं। जाने क्यों उस टीले पर इन्होंने अपना कब्जा नहीं जमाया ?

ताज्जुब, मुझे सभी देख रहे हैं और कोई भी नहीं देख रहा। किसी को मुझसे गर्ज़ जो नहीं है। वे मुझसे यह भी नहीं पूछ रहे कि मैं किसे ढूँढ़ रहा हूँ। बस, मैं हूँ और मैं हूँ।

आखिर, मैं ही एक से बात शुरू करता हूँ। वह अपने मुँह में दातुन लिये हुए है। पास ही पानी का एक छोटा-सा हौज़ है। लगता है ताज़ा-ताज़ा बना है। मैं उसके प्रति उत्सुकता दिखाता हूँ और एक से पूछता हूँ कि इसे किस काम में लाया जायेगा।

उत्तर देने को अब एक से अधिक लोग तैयार हैं। एक कहता है, "यहाँ पूजा होगी।"

"कैसी पूजा ?" मेरी उत्सुकता बढ़ गयी है।

"छठी की पूजा।" वह फिर कहता है, और बताता है कि "यह पूजा दीवाली के छठवें दिन होती है और लोग बहते जल में खड़े होकर सूर्य भगवान् से अपनी मनोकामना की पूर्ति चाहते हैं। यहाँ बहता पानी नहीं तो यह हौदी ही सही।"

जाने कैसी-कैसी पूजा करते हैं हमारे ये लोग ! फिर मेरा ध्यान उस चबूतरे की ओर जाता है जिसे मैं थोड़ा पीछे छोड़ आया हूँ। वहाँ कुछ लड़के जूडो-कराटे के दाँव-पेंच चला रहे थे। वहाँ एक छोटा-सा मन्दिर भी था।

मैं पूछता हूँ, "उस मन्दिर में कौन से देवता की मूर्ति प्रतिष्ठित है ?"

"भगवान् शिव की। मन्दिर हमने खुद बनाया है।" उत्तर वही व्यक्ति देता है जिसके मुँह में अभी-अभी दातुन थी। वह दातुन फेंक चुका है और वहीं नल पर कुल्ला करने को है। मैंने कहा न, यहाँ पानी की किल्लत बिलकुल नहीं है, क्योंकि जगह-जगह तो नल लगे हैं, और कुछ लोग तो अपनी झुग्गी के भीतर भी पाइप खींच ले गये हैं। दरअसल, खुद ही वे मिस्त्री हैं और खुद ही प्लम्बर भी।

अरे, यहाँ तो मुंशीराम भी खड़ा है। और यह, यह तो वह बेलदार है जो कुछ दिन तक हमारे यहाँ काम करता रहा था। हमारे यहाँ की लिपाई-पुताई का ठेका तो मुंशीराम ही लेता है न।

मुंशीराम और बेलदार, दोनों ही एकसाथ मेरा अभिवादन करते हैं। मैं भी उनके प्रति कुछ ज़्यादा ही तपाक दिखाता हूँ। दोनों की झुग्गियाँ पास-पास हैं,

लेकिन दोनों की झुग्गियों में काफी अन्तर है। मुंशीराम की झुग्गी एक तरह से पक्की ही है, क्योंकि उसका फर्श सीमेंट का है। वहाँ और सुविधाएँ भी हैं। दो कोठरियाँ हैं। भीतर की कोठरी सामान से ठसाठस भरी पड़ी है। वहीं एक लम्बी सिल पर टेलीविज़न सेट है, टू-इन-वन और दो-चार ट्रंक हैं। ज़मीन पर स्टोव जल रहा है। उस पर शायद चाय बन रही है। वहाँ एक चारपाई भी बिछी है जिस पर एक महिला बैठी एक नन्हे बच्चे को खिला रही है। कोठरी की दीवारों पर बेशुमार कैलेंडर टँगे हैं।

मैं समझ गया हूँ कि यह महिला मुंशीराम की घरवाली है, और यह बच्चा भी उसी का होगा। मुझे खुशी है कि मुंशीराम के केवल एक ही बच्चा है। मैं अपने मन का भाव किसी तरह प्रकट भी करता हूँ। ''अरे, नहीं साहब, नहीं,'' पास ही खड़ा बेलदार फौरन बोल उठता है, ''यहाँ तो लाइन लगी है, लाइन।''

इस पर मुंशीराम मुस्करा देता है। उसकी पत्नी भी। शायद उन्हें झेंप भी हुई है। पर इसका मुझे पता नहीं चलता। मुंशीराम अब खुद ही बाहर के कमरे में चल रहे पानी के नल की ओर मेरा ध्यान खींचता है और कहता है कि पानी के लिए उसे कहीं जाना नहीं पड़ता। मुझे यहाँ यह भी इशारा मिलता है कि मुंशीराम यहाँ का रईस है और वक्त-बे वक्त लोगों की रुपये-पैसे से मदद भी कर देता है। यहाँ कुछ लोग ऐसे भी हैं जो दूसरों को सूद पर पैसा देते हैं।

बेलदार चाहता है कि मैं उसके यहाँ भी चलूँ। बेशक, बेशक। बेलदार की घरवाली अपनी झुग्गी के बाहर ही खड़ी अपने नन्हे को काख में लिये, जैसे कि हमारा इंतज़ार कर रही है। लेकिन बेलदार की झुग्गी में दाखिल होना आसान नहीं। यहाँ सर झुकाकर दाखिल होना पड़ता है। झुग्गी के भीतर भी आप आसानी से खड़े नहीं हो सकते, क्योंकि सर के छत से टकरा जाने का डर है। पर हो सकता है अपनी झुग्गी की ऊँचाई बेलदार ने अपनी ऊँचाई के मुताबिक रखी हो, क्योंकि वह खुद तो नाटा है ही, उसकी पत्नी भी नाटी है, चाहे वह उतनी नाटी दिखती नहीं, क्योंकि उसका शरीर गदराया हुआ है। हाँ, मुझे याद आया—यह भी तो बेलदार के साथ काम पर आती थी, और इनका बच्चा अपनी नाक बहाता हुआ वहीं बजरी के ढेर पर पड़ा रहता था।

लेकिन यहाँ वह साजोसामान नहीं है, जो मुंशीराम की झुग्गी में था। यहाँ फर्श भी सीमेंट का नहीं है, न ही यहाँ पानी का नल है। यहाँ टी. वी. सैट भी नहीं, टू-इन-वन भी नहीं, चारपाई भी ढंग की नहीं। यानी हर चीज़ में अन्तर है। क्या अमीरी-गरीबी यहाँ भी जड़ें जमाये हुए है ?

वह व्यक्ति जो अभी दातुन कर रहा था, खुद ही अब मुझसे बात करना

चाह रहा है। मैं बेलदार की झुग्गी से बाहर आता हूँ तो वह मुझे अपनी झुग्गी की ओर लिवा ले जाता है। उसकी झुग्गी में घुसना तो और भी दुश्वार है। जैसे किसी गह्वर में उतर रहे हों। भीतर एक झिलंगी चारपाई बिछी है। बैठना चाहो तो उसी पर बैठ जाओ। सामान भी वही—एक-आध पुरानी रजाई, ज़ंग-लगी एक-दो संदूकचियाँ और एक फटा-पुराना शिव-पार्वती का कैलेंडर। क्या है सम्पत्ति के नाम पर यहाँ ? वहीं एक दूसरा व्यक्ति बैठा चाय बना रहा है। दातुनवाला व्यक्ति मुझे बताता है कि यह उसका रिश्तेदार है और गाँव से आया है।

"क्यों आया है यह गाँव से ?" मैं एकाएक कह उठता हूँ। फिर मुझे ख़्याल आता है कि क्या इन्हें हक नहीं अपनी इच्छा से इधर-उधर आने-जाने का ?

लेकिन वह खुद ही कहता है, "हमारे गाँव में सिंचाई की व्यवस्था बिलकुल नहीं है। भूमि बंजर हुई जा रही है।"

मैं उस व्यक्ति के लहज़े से अंदाज़ा लगा लेता हूँ कि यह बिलकुल अपढ़-गँवार नहीं है, उसमें शायस्तगी है।

"कहाँ गाँव है आपका ?" मैं 'आप' शब्द पर थोड़ा अटकता हूँ। मैं जानता हूँ कि हमारे यहाँ काम करने आये ऐसे लोगों का हम 'तुम' या 'तू' से सम्बोधन करते हैं।

"बिहार में।" वह सहज ही उत्तर देता है।

"पर बिहार में तो अब गरीब राज है। वहाँ गरीबों के लिए ही सब कुछ हो रहा है।"

"ये राजनीतिवाले किसी के सगे नहीं हैं, साहब। बस, अपना घर भरते हैं। या अपने जात-भाइयों का। बाकी के लिए तो वही परेशानी ही परेशानी है।"

"कुछ पढ़े-लिखे भी हो ?" मैं बात को आगे बढ़ाना चाहता हूँ।

"इण्टर पास हूँ।" वह उत्साह से कहता है। शायद उसके मन में मेरे प्रति कोई भावना जगी है। भई, नौकरी चाहते हो तो उसे दिलवाना अपने बस का नहीं है, मैं मन ही मन कहता हूँ। पर ज़ाहिरा तौर पर मैं अपनी गरमजोशी बनाये रखता हूँ।

"यहाँ किस उम्मीद से आये हो ?" फिर एक सवाल।

"काम खोज रहा हूँ।"

"कैसा काम ?"

"कोई भी काम।"

मेरा चेहरा शायद अब बुझ गया है, क्योंकि उसका चेहारा भी बुझ गया है। चलो, एक क्षण के लिए ही सही, मैं उसके चेहरे पर खुशी तो लाया, चाहे

झूठी ही सही। मैं उसे क्या दे सकता हूँ, जिसने खुद जीवन-भर इतने उतार-चढ़ाव देखे हों ? अगर इन्हें मेरी असलियत का पता चल जाये तो हो सकता है इनका भाव मेरे प्रति एकदम बदल जाये। कहने को ही लेखक हूँ, लेकिन किसी की कामयाबी पैसे से ही मापी जाती है न ? यह तो मेरी पत्नी और बेटे का मुझ पर कृपा-भाव बना रहा कि उन्होंने कमाया और मैंने खाया। या कभी एक-आध, छोटा-मोटा पुरस्कार मिल गया। वरना यहाँ भी आपका हक छीननेवाले कम नहीं। और फिर यह तो उपभोक्तावाद का युग है।

बहरहाल, मैं देखता हूँ कि इस कोठरी में एक दरवाज़ा पीछे की ओर खुलता है। मैं पूछता हूँ, "उधर क्या है ?"

"उधर मैं रहता हूँ," दातुन वाला व्यक्ति कहता है। "उसके लिए दरवज्जा उधर से है।"

मैं उसके साथ अब उसकी कोठरी में प्रवेश करता हूँ। यहाँ भी वही आलम है—कच्चा फर्श, जहाँ चूहों का भी दखल है, ज़ंग-खाया एक कनस्तर जिसमें शायद थोड़ा आटा पड़ा है, इधर-उधर से इकट्ठे किये गये कुछ डिब्बे, और...और...। यहाँ एक पलंग-सा भी बिछा है जिसके नीचे एक और पलंग है। वह व्यक्ति मुझसे उसी पर बैठने के लिए आग्रह करता है, और मैं हूँ कि बराबर झिझक रहा हूँ। कहीं ऐसा तो नहीं कि मेरे बैठते ही यह पलंग 'धच' हो जाये ?

"आप आराम से बैठिए, साहब। यह जायेगा नहीं।" वह व्यक्ति स्वयं ही कहता है।

मैं काफी सँभलकर बैठता हूँ। मुझे डर है कि उसमें कहीं खटमल न हों। और भी जाने क्या-क्या हो ! मेरी नज़रें, इधर-उधर, कोनों में कुछ ढूँढ़ रही हैं।

"रात को मच्छर तो बहुत होते होंगे ?" मैं फिर यों ही सवाल के लिए सवाल करता हूँ, और फिर अपने से कहता हूँ—क्या यह सवाल गैर-ज़रूरी नहीं है ?

"होते हैं। होंगे ही।" उसकी हर भंगिमा से लाचारी टपक रही है।

"कैसे सो पाते हो ?" फिर एक ग़ैर-ज़रूरी सवाल।

"रजाई पूरी तरह ओढ़ लेते हैं।" वह अपनी युक्ति बताता है।

"पर रजाई पूरी तरह ओढ़ लेने से भी वे कब पीछा छोड़ते हैं !" यहाँ मेरा अनुभव बोल रहा है।

"अब आप में और हम में अन्तर भी तो है !" वह जैसे कि कहना चाह रहा है कि उनकी खाल नुचते-नुचते अपनी संवेदन-क्षमता खो चुकी है।

"क्या तुम्हें हम से ईर्ष्या नहीं होती ?"

धत्त तेरे की ! कोई ऐसे भी प्रश्न करता है ? पर मुझे इस प्रश्न का उत्तर

चाहिए। दरअसल, मुझे एक अर्से से लग रहा था कि एक दिन ये लोग टिड्डी दल की तरह हम पर टूट पड़ेंगे और फिर देखते ही देखते हमें चट कर जायेंगे। कई बार मेरी आँखों के सामने ऐसा चित्र भी उभरा जब ये दीवारें फाँदकर, ड्रेन पाइपों की राह, हर तरफ से हमारी ओर बढ़े चले आ रहे हैं और हम से सब कुछ छीनकर उस पर काबिज़ हो गये हैं। फ्रांसीसी तथा रूसी क्रान्ति के समय यही तो हुआ था। पर अमीर तो एक से एक बढ़कर हैं। हमारी उनके सामने क्या कोई बिसात है ? उनके जानवरों को जो नसीब होता है, क्या वह हमें मयस्सर है ? तभी तो कहनेवाले कहते हैं कि हर कोई अपनी-अपनी किस्मत लेकर पैदा होता है !

उस व्यक्ति को जैसे कि मुझ से दहशत होने लगी है। वह मुझे एकटक देखता है। शायद वह यह भी जानना चाहता है कि ऐसे प्रश्न करने वाला मैं हूँ कौन ?

अब मैं खुद ही उससे कहता हूँ, "भई, मेरी बात से परेशान न होना। मैं तुम्हारी जासूसी करने नहीं आया।"

"अच्छा, तो आप करते क्या हैं, साहब ?" प्रश्न करने का उसका भी तो हक है।

"मैं ?" मैं एक गहरी साँस लेता हूँ। "एक तरह से बेकार ही समझो। एक काम है कलम-घिसाई। बस, वही करता हूँ। ऊपरवाले की जब इच्छा होती है, तब थोड़ा-सा टपका देता है, वरना सूखे के सूखे।"

वह मेरी बात समझ नहीं पाता। उजबक-सा हुआ मुझे देखता है।

"सच कहता हूँ, मेरे भाई। चाहिए तो यही था कि मैं भी तुम्हारी तरह किसी झुग्गी में रहता। यह समाज बड़ा ज़ालिम है। जब तक कोई तिकड़म न चलो, तुम्हारा वजूद खतरे में पड़ा रहता है।" जाने मेरे मुँह से ये शब्द क्यों निकल गये ! क्या मुझे अपने चारों ओर रचे गये साज़िशों के मकड़जाल का एहसास हो रहा है ?

वाकई, मैं उसके लिए और-और अबूझ होता जा रहा हूँ, या शायद वह अपने में मेरे लिए नैकट्य महसूस करता है। वह खुद ही कहता है कि वह वहीं पास की एक फैक्टरी में काम करता था, कई बरसों से कर रहा था, लेकिन मालिक ने एक दिन उसे अलग कर दिया।

"क्यों ?" अब उजबक बनने की बारी मेरी है।

"मालिक यहाँ से काफी दूर एक और फैक्टरी खोल रहा था। कहने लगा हमें वहीं काम करना होगा। अब इत्ती दूर, आने-जाने की क्या व्यवस्था करें ? इसलिए नौकरी छोड़नी पड़ी।"

"बस, इत्ती सी बात !" मैं ज़ाहिरा तौर पर कहता हूँ, लेकिन मुझे लगता

है कि चक्कर ज़रूर कोई-न-कोई और रहा होगा। मुझे भी तो, पिछले दिनों जब मैंने एक के यहाँ जाना शुरू किया था, काम से अलग करने के लिए कैसी-कैसी चालें चली गयी थीं। मुझे हर कदम पर ज़लील होना पड़ रहा था।

मृत्युंजय, हाँ, यही उसका नाम है, कहता है कि वह अपने परिवार को गाँव छोड़ आया है। वे सब पहले इसी कोठरी में रहते थे। दो बच्चे, एक अदद बीवी। नौकरी छूटे चार महीने हो गये। सत्रह सौ रुपया माहवार मिलता था। अब ऐसे ही गुज़र हो रही है।

"ऐसे ही ?" विस्मय से मेरी आँखें सिकुड़ती हैं।

"गाँव में थोड़ी-सी ज़मीन है।" वह कहता है।

थोड़ी-सी ज़मीन से क्या होता है, मैं अपने से कहता हूँ। अगर यह ज़मीन कोई करतब दिखा सकती, तब देश का नक्शा कुछ और ही होता। तब गाँवों से ये लोग बेतहाशा शहरों की ओर न दौड़ते।

उसका साथी भी अब वहाँ चला आया है। वह आते ही कहता है, "पण्डित जी, साहब से कहो न, कहीं नौकरी लगवा दें।"

"पण्डित ?" क्या यह ब्राह्मण है ? मैं इसकी तस्दीक चाहता हूँ। पर क्यों ?

"हाँ, हम ब्राह्मण जैसे ही हैं। हम भूमियार हैं। मैं उस मन्दिर का पुजारी भी हूँ।" वह स्पष्टीकरण-सा देते हुए कहता है।

"पुजारी के लिए ब्राह्मण होना क्या ज़रूरी नहीं ?"

यह कैसा सवाल किया है मैंने ? क्या इसमें मेरी जिज्ञासा बोल रही है या कि रूढ़िवादिता ?

मृत्युंजय मेरे सवाल का जवाब नहीं देता। शायद देना ज़रूरी भी नहीं। अब ऐसे सवालों का जवाब मिलना भी नहीं चाहिए।

"अच्छा, वहाँ कुछ चढ़ावा तो चढ़ता ही होगा ?"

यह मैं क्यों कुरेद रहा हूँ ?

"यहाँ चढ़ावा क्या चढ़ेगा ? बस, सुबह-शाम थोड़ी सफाई कर आता हूँ। अगरबत्ती-धूपबत्ती जला आता हूँ।" वह निरपेक्षता से उत्तर देता है।

"पर उसके लिए भी तो पैसे चाहिए ?" मैं फिर कुरेदता हूँ।

"उतना तो चढ़ावे का आ ही जाता है।" उसकी निरपेक्षता पहले की तरह बनी हुई है।

जाने मुझे क्यों लगता है कि यह आदमी सख़्त तकलीफ में है, लेकिन अपनी तकलीफ को ज़ुबान पर आने नहीं दे रहा। फिर मुझे लगता है कि ऐसी तकलीफ में यहाँ न जाने और कितने लोग होंगे ! क्या कर सकता हूँ मैं इनके लिए ?

मेरे कानों में मृत्युंजय के साथी की आवाज़ फिर गूँजती है, ''साहब से कहो न कहीं नौकरी लगवा दें।''

मृत्युंजय मेरी स्थिति समझता है। वह ऐसी कोई माँग नहीं करता। मैं अभी उससे बातचीत कर ही रहा हूँ कि वहाँ एक अन्य व्यक्ति आ खड़ा होता है। वह मेरी ओर संशयभरी नज़रों से देखता है और फिर मृत्युंजय को चेताते हुए कहता है, ''एक घण्टे में सब तैयार हो जाओ। हमें लैंड कमिश्नर के यहाँ धरना देना होगा। वे ये झुग्गियाँ यहाँ से हटाना चाहते हैं।''

मृत्युंजय कोई उत्तर नहीं देता। वह जानता है कि यह व्यक्ति समय-समय पर ऐसे ही शोशे छोड़ता रहता है।

उस व्यक्ति के साथ ट्रैक सूट पहने एक युवक भी है। मैं उसे पहचान रहा हूँ। क्या यह हमारे यहाँ से चलने वाली बस का वही कंडक्टर नहीं है जो एक दिन मुझ से पचास का नोट लेकर बाकी के पैसे लौटाने को हो ही नहीं रहा था, और जब मैंने उसे दो-एक बार याद दिलाया तो उलटे-सीधे ढंग से बोलने लगा था ?

वे चले गये तो मृत्युंजय कहने लगा, ''हमें यहाँ से हटाना क्या आसान है ? हमारे वोटों की कीमत इन्हें पता नहीं ?''

मैं मृत्युंजय के तर्क पर हैरान हूँ। क्या इन्हें अपनी ताकत का इस कद्र एहसास है ? क्या इन्हें यह एहसास भी है कि अगर ये एकजुट हो जायें तो पहाड़ को भी हिला सकते हैं ? तब क्यों नहीं ये एकजुट होकर सभी खुराफातों को जड़ से उखाड़ फेंकते ? तब क्यों ये सब कुछ हालात पर छोड़ देते हैं ? तब क्यों ये गंदगी में और गंदगी मिलाये जा रहे हैं ?

मैं मृत्युंजय से क्या कहूँ ? उसके पिचके हुए गाल देखकर मुझे उस पर तरस भी आ रहा है। वह खुद यहाँ है, परिवार गाँव में पड़ा कसमसा रहा होगा। खुद कुछ कमा नहीं पा रहा, गाँव में उनकी हालत क्या बेहतर होगी ? एक बार जब मैं केरल के वाइनाड इलाके में गया था तो वहाँ मैंने कुछ आदिवासी परिवारों की हालत लगभग ऐसी ही पायी थी। सब कुछ जर्जर हो रहा था जैसे। सब खाली ही खाली। झुग्गी क्या थी, बस, दीवारें ही दीवारें थीं, मिट्टी की कच्ची दीवारें। तब मैंने अपने दिल को तसल्ली देने के लिए दो-चार लोगों के हाथ पर कुछ सिक्के रख दिये थे। मैं समझ रहा था कि मैं उनके साथ एक तरह से मज़ाक कर रहा हूँ। वे पलट कर उन सिक्कों को मेरे मुँह पर भी दे मार सकते थे, पर उन्होंने मारा नहीं। उन्होंने मेरे मज़ाक को बर्दाश्त किया।

क्या मृत्युंजय मेरा ऐसा ही मज़ाक बर्दाश्त करेगा ? मैं झिझकते-झिझकते अपनी जेब से दस का एक नोट निकालता हूँ और उसे किसी तरह उसकी ओर

बढ़ा देता हूँ। मृत्युंजय को शायद इसकी आशा नहीं थी। वह भी मेरी तरह झिझकता है और फिर वह नोट अपने हाथ में ले लेता है।

मैं मृत्युंजय की झेंप बिलकुल मिटा देना चाहता हूँ। मैं कहता हूँ। ''इसे मेरी ओर से दक्षिणा समझो, पुजारी जी।''

मृत्युंजय की आँखें न जाने क्यों एकाएक भीग आयी हैं। आँखें तो मेरी भी कुछ भीगी हैं, पर मैं अपने पर काफी काबू पाये हुए हूँ।

मैं चलने को होता हूँ तो मृत्युंजय, बस, इतना ही कहता है, ''कभी फिर आइएगा।''

''कभी फिर आइएगा।'' यही शब्द कुछ समय तक बराबर मेरे कानों में गूँजते रहते हैं।

□□

भीतर तक प्रवेश करती शिथिलता की पैनी धार

''मेरी कहानी आनंददायक नहीं है, न ही इसमें कोई मिठास है, जैसी कि अन्य गढ़ी हुई कहानियों में होती है। इनमें अस्पष्टता, पागलपन और सपनों का स्वाद है—जैसा कि उन सभी लोगों की जिन्दगी में होता है, जो स्वयं को धोखा देना बन्द कर देते हैं।''—हरमेन हैस ['डेमिआन' (उपन्यास) के प्राक्कथन से]

श्रवणकुमार के कथासाहित्य पर बात करने से पहले हरमन हैस के इस उद्धरण का औचित्य केवल इस तथ्य में निहित है कि हिन्दी कथासाहित्य में मिठासवाली, आनन्ददायक, गढ़ी हुई कहानियों और श्रवणकुमार की 'अस्पष्ट', बिखरी हुई सी, (कहीं-कहीं) 'पागलपनभरी' और 'सपनों का स्वाद' देती कहानियों में फर्क किया जा सके। इसके अलावा हरमन हैस और श्रवणकुमार के कथा साहित्य में केवल एक और समानता है और वह भाषा को लेकर है।

''हरमन हैस की भाषा के बारे में कहा गया है कि ढेरों विशेषणों, लम्बे वाक्यों के छल्लों के बावजूद वह एक बिलकुल सीधी, सपाट भाषा है, जो अक्सर एक सुखद आश्चर्य बन जाती है।'' (महेश दत्त, अनुवादक की भूमिका, 'डेमिआन' पृष्ठ 5)

मेरा कत्तई इरादा नहीं है कि मैं श्रवणकुमार को विश्वविख्यात जर्मन कथाकार के समकक्ष रखने की कोशिश करूँ। ऐसी कोशिश हास्यापद भी होगी। मेरा इरादा केवल यह दिखाना है कि अस्पष्टता (बिखराव), पागलपन और सपनों के स्वादवाली कहानियों को—जैसी कि वाकई श्रवणकुमार की अधिकांश कहानियाँ हैं—गढ़ी हुई, मीठी और आनंददायक कहानियों की तुलना में ओछी, निरर्थक और महत्त्वहीन न मान लिया जाये, बल्कि उन पर ग़ौर किया जाये, गहरे उतरकर देखा जाये कि वे क्या कहना चाहती हैं; जो कहना चाहती हैं, उसमें

कहाँ तक सफल हुई हैं, क्योंकि अपनी सारी कमज़ोरियों के बावजूद श्रवणकुमार ने कथासाहित्य की रचना करते समय कभी स्वयं को धोखा नहीं दिया। उनमें दोहराव है, एक बेढंगापन (Awkwardness) है, एक संशयग्रस्तता है, बिखराव है, एक शिथिलता है, पर कहीं पर खुद को (और पाठक को भी) धोखा देने की कोशिश नहीं है। इसीलिए इनका अपना महत्त्व है। और श्रवणकुमार महान् कथाकार भले न हों, महत्त्वपूर्ण कथाकार हैं; उन कथाकारों से ज़्यादा महत्त्वपूर्ण जो न केवल स्वयं को धोखा देते हैं, बल्कि पाठक को भी एक गढ़ी हुई, असम्भव और नकली दुनिया में ले जाकर भरमाते हैं, चाहे ऐसा करने के पीछे उनका इरादा कुछ भी हो—प्रतिष्ठा, लोकप्रियता, पैसा या अमरत्व।

श्रवणकुमार की भाषा को लेकर भी विद्वानों में (पाठकों में नहीं) एक ताच्छिल्य और असहमति का भाव पाया जाता है। उनका आरोप है कि उनकी भाषा सीधी, सपाट और उलझाववाली है। यहाँ फिर हरमन हैस की भाषा पर लगाये गये आरोपों पर एक नज़र डालनी होगी तथा उस सीधी, सपाट और उलझावदार भाषा की शिथिलता के पीछे व्यंग्य और आक्रोश की तीखी धार को पहचानना होगा जिसे महसूस किये बिना नहीं रहा जा सकता, क्योंकि यह शिथिलता जीवन की शिथिलता के अथाह गर्त से साक्षात्कार करने से, उसके भीतर छिपी पैनी धार की चुभन को महसूस करने से पैदा हुई है।

श्रवणकुमार के कथा लेखन के आरम्भ में ही, यानी 954 में, प्रकाशित 'भिखमंगे' कहानी में वाचक नायक कहता है : ''मेरे दिल मे आया कि पूछूँ, क्या वे भी उसी अथाह गर्त में पड़े थे, जिसमें शिथिलता है, जिस शिथिलता की एक पैनी धार भी है, जो अन्दर घुसती चली जाती है और कुछ क्षणों के लिए व्यग्र बना देती है ?'' (श्रवणकुमार की चुनी हुई कहानियाँ, खण्ड-2, पृ. 86) इस आरम्भिक दौर में ही श्रवणकुमार की भाषा में यदि ढेरों विशेषणों और लम्बे वाक्यों के छल्लों के बावजूद बिलकुल सीधी, सपाट भाषा के हरमन हैसीय अवगुण (?) हैं, तो वह सुखद आश्चर्य पैदा करनेवाला गुण भी है। क्या अथाह गर्त की शिथिलता और उस शिथिलता की पैनी धार और उसका अन्दर घुसते चले जाना और कुछ क्षणों के लिए व्यग्र कर देना अस्पष्टता, पागलपन और सपनों का स्वाद नहीं देता ? लेखक की सीधी, सपाट भाषा के सुखद आश्चर्य से भर देनेवाले कितने ही उद्धरण पेश किये जा सकते हैं। एक-दो उदाहरण देना असंगत न होगा :

1. ''स्वार्थी तो हैं ही हम सब लोग। इस स्वार्थ के सहारे तो बहुत कुछ चलता है। मेरा यह चाहना स्वार्थ ही है कि मेरी रचनाओं को नये चक्षु मिल जायें। मेरा यह चाहना भी स्वार्थ ही है कि मैं एक ऐसे बिन्दु पर पहुँच जाऊँ जहाँ से मुझे हर चीज़ साफ-शफ्फाफ दिखाई देने लगे।

तुमने कहा था न कि जितना निस्सीम ब्रह्मांड हमारे बाहर है, उतना ही हमारे भीतर भी है। बाहर के ब्रह्मांड को देखो, कोई है ओर-छोर इसका। फिर भी देखो कोई-न-कोई शक्ति तो है, जो इस समूचे को एकसाथ बाँधे हुए है। जैसे मुझे तुमसे। किन्हीं तंतुओं से। क्या तुमने कभी वे तंतु देखे हैं ? कितने विलक्षण होंगे वे तंतु ! भारी-से-भारी और हलके से हलके पदार्थ को भी उठा सकते हैं वे। जब चाहें झटका भी दे सकते हैं। देखो न, कभी-कभी सब कुछ बना-बनाया एक-दो क्षणों में भी नेस्तोनाबूद होने लगता है। ऐसे मौकों पर मुझे उन सब करोड़पतियों की याद आने लगती है जिनकी जड़ें जाने कहाँ पाताल तक पहुँची हुई हैं। कहाँ-कहाँ नहीं हैं वे।'' ('मैं और तुम', 'स्पंदन', पृ. 74)

यहाँ स्त्री-पुरुष सम्बन्धों की व्याख्या करते हुए कथाकार का वाचक नायक अपनी रचनाओं को 'नये चक्षु' मिल जाने, सब कुछ साफ-शफ्फाफ दिखाई देने[1] के स्वार्थ से लेकर, मनुष्य की भीतरी और बाहरी दुनिया की विराटता और जटिलता, और उन्हें जोड़नेवाले अदृश्य, किन्तु विलक्षण तंतुओं की चर्चा करता-करता अचानक करोड़पतियों की याद करने लगता है। व्यक्ति-व्यक्ति के सम्बन्धों को जोड़नेवाली भीतरी (ईश्वरीय) शक्ति के बरअक्स करोड़पतियों की बाहरी शक्ति और उसके उतने ही सूक्ष्म और सक्षम तंतुओं की चर्चा में जहाँ अस्पष्टता, पागलपन और सपनों का स्वाद है वहीं एक गहरा व्यंग्य भी है। जिस पूँजीवादी दुनिया में हम रहते हैं, वहाँ क्या बहुराष्ट्रीय कंपनियाँ इसी तरह के अदृश्य तंतुओं से हमारे जीवन-मरण को नियंत्रित नहीं कर रहीं ?

2. ''उठो, उठो, किशनू, उठ जाओ, भाई। अभी चले जाओगे कूड़ा बीनने तो कुछ उम्मीद भी है। देर से जाओगे तो हाथ कुछ नहीं लगनेवाला। करनेवाले पहले ही हाथ साफ कर जायेंगे। कूड़ा बीनना है तो मुँह-अँधेरे जाओ। सब-कुछ तरोताज़ा मिलता है। तब तक उसमें गउएँ भी मुँह नहीं मार पातीं। तब तो वह सोना होता है, सोना।'' ('लक्ष्मी', 'स्पंदन', पृ. 86)

गंदगी और बदबू से भरे कूड़े के संदर्भ में गरीब लक्ष्मी की सोच को कितने गहरे और सार्थक व्यंग्य से भर देते हैं 'तरोताजा' और 'सोना होता है, सोना' जैसे शब्द।

3. ''मशीन चल पड़ी है। मशीन चलती रहेगी। दिल को कितनी राहत मिली हैं ! बल्कि दिल की धड़कन और मशीन की धड़कन एक हो गयी है।

---

1. ''सृजनात्मक रचनाकार के लिए सहस्राक्षी होना मैं अनिवार्य मानता हूँ।'' श्रवणकुमार, आत्मकथ्य, 'काँपती आवाज', पृ. 5

...अगर हम सब के दिलों की धड़कनें भी एक हो जायें तो।...तब समस्या ही क्या रहे ! सब एक-दूसरे में गुँथ न जायें।...तू मेरे लिए, मैं तेरे लिए। सारा चक्कर दुई की भावना को मिटाने का है न !'' (एक और मरजीवा', ''स्पंदन', पृ. 122-23)

मशीन और मनुष्य के इस सम्बन्ध के बीच मालिक और नौकर का सम्बन्ध भी है और 'एकोऽहं द्वितीयो नास्ति' का भारतीय अद्वैतवाद भी और इनके पीछे सब पर मुस्कराता खड़ा कथाकार भी।

शुद्ध व्यंग्य के उदाहरण के रूप में 'गली रायसन' कहानी के कुछ टुकड़े पेश किये जो सकते हैं।

''ओमी की माँ पनवाड़िन बड़ी मसालेदार थी। कहते हैं उसके सोने के दाँत ने बहुतेरों के कान काटे। और पानवाले बटन जी (जो एक भजनीक भी थे) प्रायः हर कीर्तन में ढोलक बजाते-बजाते जब जोश में आ जाते तो ढोलक गले में डालकर खूब नाचते। उस समय लोग उन्हें भगवान् कृष्ण का ही रूप समझते। कहते हैं उनकी पड़ोसिन पारो जमादारिन उन पर मोहित थी और वह भी उसका दम भरते थे।

''बाबूराम अल्पावस्था में ही अपनी एक रिश्ते की बहन पर रीझ गया था, लेकिन उसे हमेशा इस बात का खतरा लगा रहता था कि कहीं उसके बच्चा न हो जाये। मुंशी की बहन छन्नो हमारी छत पर धूप तापा करती थी। वह बगलवाले मकान के निचले तल्ले की एक कोठरी में रहती थी। उसका पति राजगीर था। खाना खा चुकने के बाद दोनों एकाध घण्टे के लिए कोठरी में ही बन्द रहते। एक दिन मैंने मुंशी से कह दिया कि वे दोनों कोठरी में वही करते हैं...

''लेकिन ये सब कहने से मेरा मतलब यह नहीं कि हमारी गली में केवल कुम्हार, कहार और धोबी ही बसते थे। नहीं, यहाँ रत्तीमल जैसा सेठ भी था, जिसने अपनी बीवी को, बूढ़ी हो जाने पर, नदी में डुबवा दिया था और फिर चौदह वर्ष की एक वेश्यापुत्री को वर लाया था। जब वह कोई मुकदमा लड़ता था तो कहा जाता है न्यायाधीशों को अपनी ओर करने के लिए प्रायः वही नज़राना पेश करता था। और यहाँ कमल किशोर जैसा चित्रकार भी था, जिसने स्विच ऑफ करके अपने बेटे की बहू को अपने अंक में भर लिया था और फिर चाहा था कि यदि वह एक बार 'हाँ' कह दे तो वह सारी जायदाद उसी के नाम कर दे। यहाँ रघुबर दयाल जैसा ब्राह्मण भी था, जिसके लिए बच्चे जनाना, और जिसकी पत्नी के लिए बच्चे जनना इतना ही स्वाभाविक था जितना कि दाल-रोटी खाना। धर्मपत्नी नित्यप्रति दो मील चलकर यमुना-स्नान करने जाती थी और गर्भावस्था में तो और दौड़-दौड़ कर जाती थी। पंडित जी की मासिक आय

सौ-सवा सौ रुपये थी, संतान-निरोध वह पाप समझते थे, भागवत-पारायण वह मूल में सिर के बल खड़े होकर करते थे और संस्कृत को राष्ट्रभाषा बनाने के पक्ष में थे।'' ('काँपती आवाज' पृ. 91-92-93)

सीधी-सादी, उद्वेगरहित, अलंकारहीन शब्दावली में जीवन के धड़कते अन्तर्विरोधी प्रसंगों को सपाट ढंग से बयान करने की यह 'गाल में जीभ' (Tongue in Cheek) कला श्रवणकुमार की भाषा की एक विशेषता है। यह शैली ठीक-ठीक सीधी-सपाट भी नहीं कही जा सकती। इसमें व्यंग्य ज़्यादातर विद्रूप के स्तर तक पहुँचा हुआ है। ठंडा लहजा और निरपेक्ष भाव व्यंग्यकार का सबसे बड़ा हथियार होता है और श्रवणकुमार अक्सर व्यंग्य की यह शैली इस्तेमाल करते हैं और कहीं-कहीं हरिशंकर परसाई की याद दिलाते हैं।

अभी रचनाकार के सहस्राक्षी होने का ज़िक्र आया है। श्रवणकुमार की रचनाएँ धीरे-धीरे अपनी हजारों आँखों का इस्तेमाल सीख गयी हैं, इसीलिए उनकी इधर की रचनाओं में (1980 के बाद की) कहानी का ढाँचा आदि-मध्य-अन्त की सरलरेखीय ऋजुता की जगह वर्तुलाकार होता जा रहा हैं। किसी घटना या विचार को केन्द्र में रखकर कथाकार अपनी हजारों आँखें खोल लेता है और सबकुछ उस केन्द्र बिन्दु के चारों ओर सजा देता है (कभी-कभी तारतम्य न दे या सकने से या पाठक के अधैर्य के कारण विचार बिखरे हुए भी दीख पड़ते हैं) मगर रचनाकार की हजारों आँखों से देखे गये ये विवरण बेहद सटीक, सार्थक, गम्भीर और केन्द्र-विन्दु से पूरी तरह जुड़े होते हैं। यहाँ यह कहना गलत न होगा कि गम्भीर वैचारिकता से भरी कथारचना पाठक से भी एक खास तरह की वैचारिक परिपक्वता और धैर्य की माँग करती है। इसीलिए जहाँ कथातत्त्व ठोस न होकर तरल होता है और क्षिप्र गति के स्थान पर मंथर गति में संचरित होता है, (ज़ाहिर है कि जहाँ गहराई होगी वहाँ सतह पर गति मंथर ही होगी) वहाँ रचना पाठक से भी गम्भीरता और बौद्धिकता की अपेक्षा करेगी। वहाँ 'मिठास' और 'रंजकता' के स्थान पर एक 'अस्पष्टता, पागलपन और सपनों का स्वाद' जैसा कुछ होगा, जिसमें पाठक को अस्पष्टता के साथ तालमेल बिठाने और 'पागलपन' में से सत्य के अंश चुनने और सपनों के संकेत समझने का प्रयास करना होगा। यह यात्रा तेज़ धारवाली नदी में मोटरबोट की सैर जैसी आसान और प्रयासहीन हो ही नहीं सकती। इसीलिए आधुनिक विश्वसाहित्य की सभी भाषाओं का सार्थक साहित्य, चाहे वह सार्त्र के उपन्यास हों या कामू, काफ्का की कहानियाँ, पास्तरनाक का 'डॉ. ज़िवागो' (उपन्यास) हो या लातीनी अमेरिकी कथाकारों की रचनाएँ या 'लोलिता' जैसे उपन्यास, बहुत आसान पठन के उदाहरण नहीं हैं।

उन्हें पढ़ना उन रचनाओं से, उनमें निहित वैचारिकता से, जूझना है। जीवन के जो नये आयाम वे दिखाना चाहते हैं, उनके लिए एक तीसरी आँख के निर्माण जैसी दारुण और यातनादायक (और समान रूप से उत्तेजक भी) प्रक्रिया से जुड़ना भी है। (यहाँ फिर मैं कह दूँ कि श्रवणकुमार की रचनात्मकता के विकास को समझने के लिए ये उदाहरण पेश किये जा रहे हैं, न कि उक्त रचनाकारों से उनकी तुलना के लिए)। श्रवणकुमार की रचनाओं में सार्त्र के उपन्यासों की अस्तित्व-सम्बन्धी यातना की गहन त्रासदी नहीं है, कामू और काफ्का की रचनाओं की बौद्धिकता का तनाव और शैली की विदग्धता और कौशल भी नहीं है, न ही 'लोलिता' जैसी मनो-वैज्ञानिक तथा मांसल वर्णनक्षमता है और न लातीनी अमेरिकी रचनाकारों की अपने संपूर्ण सांस्कृतिक मिथकों को नये संदर्भों में फिर से रचने की कोशिश। मगर एक बात है, जो इन्हें उन्हीं रचनाकारों की तरह आधुनिक, यातनाग्रस्त और संवेद्य बनाती है, और वह है मानव नियति की त्रासद स्थिति के प्रति सहज सजगता और उसे लगातार नये तरीके से परिभाषित करने की कोशिश। श्रवणकुमार का एक पात्र कहता है, "आशा का संदेश जो मुझे पहुँचाना है लोगों तक, चाहे मेरे दिल में कोई आशा न हो।" एक रचनाकार के रूप में श्रवणकुमार की रचनात्मकता की यह एक पहचान है और दूसरी है शिथिलता का वह अथाह गर्त, जिसमें पड़ा रचनाकार उसकी पैनी धार को महसूस करता है और व्यग्र हो कर रचना के रूप में अपना प्रतिवाद दर्ज कराता है।

श्रवणकुमार की रचनाओं में एक प्रकार की एकरसता या समरसता भी दिखाई देती है। मगर यह सच नहीं है, क्योंकि श्रवणकुमार की कहानियों में पठनीयता और कौतूहल की कभी कमी नहीं खलती। दरअसल, यह समरसता दो कारणों से प्रतीत होती है। पहला यह कि श्रवण की रचनाएँ उनके अपने बोध का ही विस्तार हैं। वह हर 'सच' को अपने अनुभव में से छानकर ही पेश करते हैं। दूसरे, वह विशिष्ट चरित्रों की जगह सामान्य स्थितियों के चितेरे हैं। हम देखते हैं कि उनकी प्रायः हर कहानी का एक वाचक नायक होता है, जो कुल मिलाकर एक पढ़े-लिखे संवेदनशील शहरी (या कह लें निम्नमध्यवर्गीय) का औसत प्रतिरूप होता है। हमें कहीं भी श्रवणकुमार की रचनाओं में हनहनाते हुए आदर्श, विद्रोही रणबाँकुरे नहीं मिलेंगे। बड़े या बड़बोले सूरमा यहाँ सिरे से अनुपस्थित हैं, यहाँ तक कि बड़े अपराधी, बड़े लीडर या बड़े शातिर भी यहाँ नहीं होते। ज़्यादातर चरित्र अपनी छोटी-छोटी आकांक्षाओं, छोटे-छोटे अभावों और छोटी-छोटी कमज़ोरियों को लेकर जीने के लिए जूझते हुए मिलेंगे। यह जीने की ललक अपने जीवन में कोई आशा न होते हुए भी दूसरों को आशा का संदेश देने की पुरज़ोर कोशिश है जो इन पात्रों और चरित्रों की रीढ़ है। खतरनाक

दबावों को झेलते हुए भी ये पात्र पूरी तरह टूटते नहीं, क्योंकि वे पाश्चात्य कथा साहित्य के चरित्रों की तरह पूरी तरह विच्छिन्न और अकेले नहीं हो पाते, किन्हीं तंतुओं से जुड़े रहते हैं, जो 'विलक्षण' हैं और अदृश्य हैं—ईश्वर की तरह। इन्हीं अर्थों में श्रवणकुमार आधुनिक होते हुए भी भारतीय हैं। निर्मलवर्मा की तरह उनका कोई भी पात्र एकदम अकेला और टूटा हुआ नहीं होता, क्योंकि वह अपने समाज से पूरी तरह विच्छिन्न नहीं होता। वही 'विलक्षण' और अदृश्य तंतु उसे जोड़े रहते हैं। यह विलक्षणता भारतीय मन की विलक्षणता है, जो निर्मल में गायब है (शायद जानबूझ कर गायब कर दी गयी है, वर्ना कथाकार निर्मल के मन में तीर्थयात्रा की बात क्यों उठती ?) इसीलिए निर्मल अपनी तमाम तराश और बौद्धिकता के बावजूद पराये लगते हैं और श्रवणकुमार एकदम अपने, इतने अपने कि उन पर हमारी नजर ही नहीं जाती, विशिष्ट मानने की तो बात ही अलग।

इन्हीं 'विलक्षण' तंतुओं से जुड़े साधारण मनुष्यों को जब हम श्रवणकुमार की रचनाओं में देखते हैं तो वे हमें एकदम विलक्षण नहीं लगते। पर क्या वे हमें 'सच' नहीं लगते ? लगते हैं, एकदम सच्चे, एकदम पहचाने हुए, एकदम अपने से, कभी-कभी तो स्वयं अपने ही प्रतिरूप। अगर यह है तो श्रवणकुमार अपनी कोशिश में पूरी तरह सफल हैं, क्योंकि यही उनकी मुराद है। 'ज़हर' (कहानी संग्रह, 1973) में श्रवणकुमार ने अपने आत्मकथ्य ('इन कहानियों के पीछे') में स्वीकार किया है : "हमारा उद्देश्य मनोरंजन करना नहीं है, हमारा उद्देश्य स्थिति का विश्लेषण करना, उसे परखना और फिर उसे उसके सही परिप्रेक्ष्य में प्रस्तुत करना है। 'क्राफ्ट' की अहमियत वहीं से शुरू होती है जहाँ प्रस्तुतीकरण का सवाल उठता है। जब सचाई को ही हमें निबाहना है, तब क्यों न हम अपनी बात इतने सहज रूप से कहें कि सचाई के निकटतम बने रहें ? तब हमें ऐसे ही शब्द खोज निकालने होंगे अथवा निर्मित करने होंगे, जिनमें अधिक से अधिक सचाई हो, जो मानव नियति के गहनतम अर्थ लिये हुए हों। ...कहानी में जहाँ गहनता हो वहाँ व्यापकता भी हो। जहाँ वह सहज हो, वहाँ वह बारीक से बारीक रेशे को पकड़ने का सामर्थ्य भी रखती हो।"

यहाँ हरमन हैस द्वारा अपनी रचनाओं में आनन्द और मिठास का अस्वीकार क्या श्रवणकुमार के 'मनोरंजन' के इनकार से अलग कोई बात है ? अपने को भ्रम में न रखने और खुद को धोखा न देनेवाले हर रचनाकार के लिए मानव नियति के गहनतम अर्थों और मानव जीवन की सचाइयों से जुड़ना ज़रूरी है।

वस्तुतः यह शिथिलता, यह बिखराव, यह सहजता (या सपाटपन) सचाई के निकटतम रहने की कथाकार की प्रतिबद्धता का परिणाम है। यह एक अर्जित

साधारणता और शिथिलता है, जो मानव जीवन और मानव नियति की सचाई को उजागर करती है। पर इतना ही नहीं, उसकी एक तीखी धार भी है जो इन कहानियों से गुजरते हुए हमारे भीतर तक धँसती है और हमें व्यग्र कर देती है।

'विरोध' कहानी का नायक जब कहता है : "बाँध पर बाँध उठ रहे हैं। उनमें बिजली भी पैदा हो रही है, लेकिन किसी भी बाँध से चमक क्यों नहीं पैदा हो रही है ? इंसानी दिल का चिराग़ जाने उनसे क्यों रोशन नहीं हो पा रहा ?" (श्रवणकुमार की चुनी हुई कहानियाँ, खण्ड-2, पृ.10)

बिजली पैदा हो रही है, शायद गरीब भी डोरी डालकर अपनी झुग्गी में एक लट्टू झुलाये हुए है या रेडियो बजा रहा है, पर जब तक इंसानी दिलों के चिराग़ रोशन नहीं होते, तब तक बिजली पैदा करनेवाले इन बाँधों में कोई चमक पैदा नहीं हो सकती। श्रवणकुमार जब कहते हैं कि "ऐसे शब्द खोज निकालने होंगे अथवा निर्मित करने होंगे, जिनमें अधिक से अधिक सचाई हो, जो मानव नियति के गहनतम अर्थ लिये हुए हों" तो वह इस कोशिश में सफल भी होते दिखाई देते हैं, जैसे कि उपरोक्त उद्धरण में।

श्रवणकुमार ने मानव जीवन की दो महत्त्वपूर्ण और आधारभूत गुत्थियों को सुलझाने में अपनी कलम को लगाया है : आर्थिक सम्बन्ध और मानवीय सम्बन्ध। उनकी रचनाओं के केन्द्र में हमेशा निम्नवर्ग और निम्नमध्य वर्ग रहा है। शोषित वर्गों के प्रति यह प्रतिबद्धता श्रवणकुमार को लगातार प्रेरित करती रही है। निम्नवर्ग और निम्नमध्य वर्ग की आर्थिक नियति की पहचान करने में श्रवणकुमार ने कोई भूल नहीं की। अपने आरम्भिक लेखन में ही उन्होंने उनकी नियति को एकाकार होते हुए देख लिया था। 'भिखमंगे' (1954) और 'अँधेरे की आँखें' (1957) शीर्षक कहानियाँ कथाकार के इस यथार्थबोध के अन्यतम प्रमाण हैं। एक शिक्षित बेकार, व्यक्ति अपने व्यवसायी मित्र से अठन्नी माँगने के लिए छटपटा रहा है, क्योंकि उसके पास पैसे एकदम नहीं हैं। अब तक वह कई दिनों से आलू उबाल-उबाल कर खा रहा था। उसकी हिम्मत अठन्नी माँगने की तब होती है जब एक भिखमंगा उसके मित्र से दो पैसे मांगता और पा जाता है। पर अठन्नी पाकर भी वह व्यक्ति भिखमंगे के साथ जुड़ी अपनी नियति के साक्षात्कार से जितना मर्माहत होता है, इस सचाई को थोड़े से शब्दों में कहानीकार ने बड़ी सफलता से चित्रित किया है।

इसी तरह 'अँधेरे की आँखें' नामक कहानी में घायल बकरी के बच्चे के साथ पैसों के लिए अपना शरीर अर्पित करनेवाली पहाड़ी युवतियों की नियति को जोड़कर रचनाकार ने एक अद्भुत मार्मिक प्रसंग को उसकी पूरी

अमानवीयता में उघाड़कर रख दिया है। साथ ही निम्नमध्यवर्ग के सैलानी और पंजाबी होटल मालिक को भी शोषण-तंत्र की पैशाचिक क्रूरता के औजार के रूप में चित्रित न करके उसमें फँसे हुए दयनीय चरित्रों के रूप में पेश किया है, यद्यपि ये दोनों निम्नमध्यवर्गीय चरित्र एक ही वर्ग के दो पक्षों को सामने रखते हैं। सैलानी जबकि बकरी के टूटे पाँव में अपना रूमाल बाँधने को तत्पर हो जाता है, वहीं होटल मालिक उसे काटकर उसे खलियाने की उतावली में होता है। मगर यहाँ भी कथाकार उस होटल मालिक के जीवन की निरर्थकता, उसके चारित्रिक क्षय और स्वार्थपरता के साथ-साथ पैसों की बचत के लिए अपने को मौत के मुँह में डालते दिखाकर उसकी निरुपायता और उसके विमानवीकरण (Dehumanisation) की प्रक्रिया की ओर इशारा करता है।

'गली-रायसन' भी उन्हीं दिनों (1955) लिखी गयी कहानी है। इसमें शिक्षित नायक, जो उस गली के गलीज़पन से त्राण पाकर एक खुली हवादार बस्ती में रहता है, उस गली के लोगों से न केवल घृणा नहीं करता, बल्कि उनसे जुड़ा महसूस करता है, जबकि स्मृतियों के अलावा अगर कोई और चीज़ उसे उनसे जोड़ती है, तो वह है उसका यह बोध कि उनकी मानवीय और आर्थिक नियति में कोई खास अंतर नहीं है। उस गली में भी निम्नवर्ग और निम्नमध्यवर्ग एक साथ, एक ही तरह की तुच्छताओं में जी रहे हैं। मगर श्रवणकुमार की कथाचेतना इन दोनों के एक महत्त्वपूर्ण अंतर को सही-सही पहचानती है : "हम लोअर मिडल क्लासवाले बग़ावत का दिमाग तो बन सकते हैं, उसके हाथ-पाँव नहीं बन सकते। जो हाथ-पाँव बन सकते हैं, वे हमेशा बेहिस रहते हैं।" (सलाख पर घूमता आदमी)। बगावत का हाथ-पाँव बननेवाला निम्नवर्ग, अर्थात् मजदूर-किसान, में चेतना के अभाव में ही यह पूँजीवादी दमनचक्र बरकरार है। वरना "हमारी स्थिति क्या एक भूलभुलैया में पड़े व्यक्ति की नहीं है ? हम लाख कोशिश करते हैं, पर यह और जटिल होती जाती है। अब और कोई तरीका नहीं बचा है इससे बाहर निकलने का सिवा इसके कि इसे हम सब मिलकर तोड़ डालें।" (नहीं, यह कोई कहानी नहीं)

श्रवणकुमार का वाचक नायक साफ-साफ देखता है कि पूँजीवादी उत्पादन और ऊपरी समृद्धि की चमक-दमक खोखली है, क्योंकि यह समृद्धि मुट्ठी भर लोगों के हाथों में कैद है। 'विरोध' कहानी में वह इसे स्पष्ट करता है। जब वह कहता है "बाँध पर बाँध उठ रहे हैं..."

अपनी अनेक कहानियों में श्रवणकुमार दबे-कुचले वर्ग की नियति से अत्यंत निस्संगता और बेबाकपन से साक्षात्कार करते और उन्हें वर्ग चेतना से समृद्ध करने का प्रयास करते दिखाई देते हैं। 'भिखमंगे', 'खण्डहर', 'नहीं, यह कोई कहानी नहीं', 'विरोध','दाता का शुक्र है !', 'कहकहे' 'दीमक' 'ज़हर',

'अँधेरे की आँखें', 'भीतर का आदमी', 'मैं' आदि कहानियाँ हिन्दी की श्रेष्ठ कहानियाँ मानी जा सकती हैं।

श्रवणकुमार की एक दूसरा प्रिय 'थीम' है—स्त्री-पुरुष सम्बन्ध। उन्होंने इस विषयवस्तु पर आधारित अनेक कहानियाँ लिखी हैं और अभी भी लिख रहे हैं। (यद्यपि अब वे अपने को दोहरा रहे हैं, इसका कोई नया कोण नहीं ढूँढ़ पा रहे हैं।) स्त्री-पुरुष सम्बन्धों पर श्रवणकुमार ने कुछ नायाब कहानियाँ दी हैं, जैसे 'नयी सुबह और मेरी पत्नी', 'मैं और वह' 'चौपाये', 'बीवियाँ और बीवियाँ', 'चमड़ी पर जमता मोम', 'दंश', 'चेहरे', 'धुआँ', 'असमर्थ' 'अभाव-पूर्ति' 'मैं और तुम' आदि।

इन कहानियों में स्त्री कदम-कदम पर अपमानित, लांछित और प्रताड़ित दिखाई गयी है, मगर साथ ही उसकी परम्परागत सती-साध्वी और पतिव्रता छवि को भी बदलकर आधुनिक बना दिया गया है। स्त्री के प्रति पुरुष के 'सैडिस्ट' और उत्पीड़नकारी स्वभाव का चित्रण 'चेहरे' कहानी में बड़ी खूबसूरती से हुआ है। 'चौपाये' में भी वेश्याओं के रूप में स्त्री की दुर्दशा और उसके प्रति पुरुष की अमानवीयता का खाका खींचा गया है। इसके विपरीत 'बीवियाँ और बीवियाँ', की शांति, 'चमड़ी पर जमता मोम' की पत्नी, 'दंश' कहानी की मालिन, 'धुआँ' की बिन्दो और (वह) उच्चवर्ग की महिला, 'मैं और वह' की 'कमनीय सुन्दरी युवती आधुनिक स्त्रियाँ हैं, जो पुरुषों की कमजोरी का लाभ उठाकर उनका तिरस्कार करने और उन्हें अपमानित करने से भी नहीं चूकतीं। श्रवणकुमार के स्त्री पात्रों में समर्पित महिलाएँ हैं, तो पुरुषों का शारीरिक, मानसिक शोषण करनेवाली, केवल शरीर में जीनेवाली स्त्रियाँ भी हैं। स्त्रियों के साथ खेलनेवाले, उन्हें केवल 'अपना बोझ' हलका करने का माध्यम माननेवाले या बच्चे पैदा करनेवाली मशीन माननेवाले पुरुष हैं तो दूसरी ओर ज़रूरत पड़ने पर घायल होने का स्वांग भरनेवाली स्त्री को पीठ पर लाद कर चलनेवाले, वेश्याओं के प्रति आंतरिक सहानुभूति से भरे, किसी स्त्री को प्यार किये बिना सहवास में असमर्थ, फलस्वरूप 'नपुंसक' घोषित किये जानेवाले श्रेष्ठ पुरुष भी हैं।

वस्तुतः श्रवणकुमार स्त्री-पुरुष सम्बन्धों को हर कोण से पड़तालने की कोशिश में इनकी सचाई के निकटतम पहुँचने का प्रयास करते हैं और आम पुरुष द्वारा आम स्त्री के उत्पीड़न, पुरुष पर आर्थिक, सामाजिक तथा सांस्कृतिक रूप से निर्भर स्त्री की असहायता का चित्रण करते हुए इस सचाई तक पहुँचते हैं कि स्त्री-पुरुष सम्बन्धों और दांपत्य की सार्थकता तभी सम्भव है, जब दोनों

परस्पर शारीरिक, मानसिक तथा आर्थिक रूप से एक-दूसरे के पूरक हों, बराबरी के रिश्ते को मान कर चलें, जब उनके पारस्परिक आकर्षण में कोई अंतर्निहित छल, स्वार्थ और मजबूरी न हो। हम सभी जानते हैं कि ऐसे स्त्री-पुरुष सम्बन्ध कितने विरल हैं। श्रवणकुमार की दृष्टि में सहज आकर्षण और स्वाभाविक प्रेम ही स्त्री-पुरुष सम्बन्धों की वास्तविक बुनियाद है मगर इसके निर्वाह में हमारे समाज की रूढ़ियाँ, सामाजिक मान्यताएँ और सबसे बढ़कर हमारा अर्द्धपूँजीवादी-अर्द्धसामंती आर्थिक ढाँचा बाधा बने हुए हैं। इसीलिए कई बार (बल्कि प्रायः) पति-पत्नी के बीच उनके आर्थिक दृष्टिकोण ही सहज सम्बन्धों के सबसे बड़े शत्रु साबित होते हैं।

ऐसा नहीं है कि श्रवणकुमार ने शुद्ध आर्थिक और मानवीय सम्बन्धों से अलग विषयों पर कहानियाँ नहीं लिखीं। राजनीतिक घटनाओं और सामाजिक असंगतियों पर भी उनकी कुछ कहानियाँ बड़े तीखेपन से और नये कोण लेकर उपस्थित हुई हैं। मसलन विभाजन की त्रासदी पर उनकी कहानी 'मामूली लोग' बड़ी शिद्दत से इस तथ्य को रेखांकित करती है कि छोटी से बड़ी राजनीतिक भूल और प्राकृतिक आपदा के शिकार मामूली लोग ही होते हैं। उच्च वर्ग अपनी आर्थिक तथा राजनीतिक शक्ति के बल पर बड़ी से बड़ी सामाजिक विपत्ति में भी अपने को सुरक्षित रखने में समर्थ होता है।

इसी तरह 'गली रायसन' में श्रवणकुमार एक निम्नमध्यवर्गीय बस्ती के विभिन्न चरित्रों के शब्दचित्र बड़ी बारीकी और सूक्ष्मता पेश से करते हैं। कुछ ही शब्दों में एक पूरा चरित्र और कुछ ही पृष्ठों में एक पूरा जीता-जागता माहौल पाठक के सामने जीवंत हो उठता है।

'डायन' कहानी में श्रवणकुमार ने परिवार में वृद्धों की स्थिति पर बड़ी मार्मिक टिप्पणी की है। एक भरे-पूरे मध्यवित्त घर की बूढ़ी, तिरस्कृत माँ गृहस्थी की सारी गतिविधियों और सुविधाओं से महरूम होकर मन बहलाने के लिए घर में आये पुराने अखबार से बने लिफाफे को बड़ी सावधानी से खोलकर उस पर छपी इबारतें पढ़ती है और अपना समय काटती है। शहरी मध्यवर्गीय घरों में वृद्धों, खासकर वृद्धाओं की अवांछनीय स्थिति और तिरस्कृत जीवन पर बहुत मार्मिक टिप्पणी है यह कहानी।

'महल्ले की बेटी' कहानी में सिख आतंकवाद के कारण सामान्य सिख-हिन्दू सम्बन्धों पर पड़नेवाले दबाव की समस्या को बड़ी सूक्ष्मता और खूबसूरती से हल करने की कोशिश की गयी है। मनुष्य के रागात्मक सम्बन्ध और परस्पर सद्भावना तथा एक-दूसरे के लिए कुछ कर गुज़रने की आकांक्षा

से ही इन विभेदकारी भावनाओं का शमन होगा—इस तथ्य को कहानी बड़ी सहजता से हमारे सामने रखती है।

'एक और मरजीवा' भी अपने ढंग की अलग कहानी है जिसमें एक छोटे व्यवसायी को, जो अपने कर्मचारियों के प्रति सदाशयता का भाव रखता है और बिना उनका शोषण किये सम्पन्न होने की आकांक्षा रखता है, उसके अशिक्षित और काहिल कर्मचारी किस तरह ठगते और परेशान करते हैं—इस सचाई को सामने रखा गया है। पूँजीवादी सभ्यता की इस आपाधापी और उत्पीड़न पर आधारित संस्कृति का यह भी एक रूप है। आर्थिक सम्बन्धों के पूँजीवादी मकड़जाल का यह नया ढाँचा है जहाँ बड़ी पूँजीवाले एक तरफ कामगारों का उत्पीड़न करते हैं तो दूसरी तरफ कामगार छोटी पूँजीवाले व्यवसायी का उत्पीड़न करते हैं।

इसी तरह विभिन्न सामाजिक तथा नैतिक मुद्दों पर श्रवणकुमार ने सार्थक कहानियाँ लिखी हैं, जैसे 'ज़हर', 'दीमक, 'जंगल', 'धब्बा' आदि।

श्रवणकुमार अपनी कहानियों के माध्यम से अपने समाज में फैली शिथिलता और उसके भीतर की पैनी धार का वर्णन करना चाहते हैं, जो अन्दर घुसती चली जाती है और कुछ क्षणों के लिए व्यग्र बना देती है। वस्तुतः श्रवणकुमार हिन्दी के उन विरल कहानीकारों में हैं जो अपनी कहानियों को जीवन के प्रतिरूप में ढालते हैं। वे अपनी इस मान्यता को ही शिल्प का रूप देते हैं। उनकी कहानियाँ एक नज़र में शिथिल और फैली हुई सी लगती हैं। वे एक ऐसे व्यक्ति की तरह ज़िन्दगी को देखते और चित्रित करते हैं जो यह मानकर चलता है कि जिन्दगी खुद अपनी बात कह देगी। मगर इस अनायासता के पीछे कथाकार का एक चौकस, सजग, शिल्प भी काम करता है, जो कथा के तत्त्वों को इस तरह मिलाता है, और कथानक के उन्हीं अंशों को पाठक के सामने रखता है जिनसे उसका उद्दिष्ट, उसका मंतव्य सामने आ जाये।

किसी व्यक्ति के मन में जैसे चिन्ता का एक केन्द्रीय विचार रहता है, मगर वह उनसे जुड़े दूसरे विचारखण्डों तथा दृश्यखण्डों पर भी भटकता रहता है, यद्यपि वह ऐसा बिना किसी उद्देश्य के नहीं करता, उसी तरह श्रवणकुमार एक केन्द्रीय विचार को बीच में रखकर भिन्न-भिन्न विचारखण्डों और खण्डचित्रों का उसके चारों ओर संयोजित कर देते हैं और उनकी अवस्थिति से एक ऐसे वैचारिक कोण, नैतिक आदर्श या निष्कर्ष की ओर इशारा करते हैं जो उनका उद्दिष्ट है। वे पाठक को अपने पर्यवेक्षण और विश्लेषण पर आधारित नैतिक निष्कर्षों तक ले तो जाना चाहते हैं, पर वह ऐसा शिल्प अपनाते हैं कि पाठक समझे कि वह

खुद उन निष्कर्षों तक पहुँच रहा है।

कभी-कभी वह दो विपरीत या विरोधी स्थितियों को एक-दूसरे के सामने प्रस्तुत करके पाठक को अपने निष्कर्ष निकालने का आमंत्रण देते हैं। इसके लिए आम तौर पर वह प्रायः ठंडी और निस्संग भाषा का प्रयोग करते हैं। कई बार इसी कारण उनकी भाषां पाठक को सम्मोहित नहीं कर पाती। वस्तुतः वह सम्मोहित करना भी नहीं चाहते क्योंकि अन्य कई कहानीकारों की तरह अपने निष्कर्षों तक पाठक को सम्मोहित करके ले जाने को वह सही नहीं मानते। वह जान बूझकर बहुत कसे हुए और चमकीले ढाँचे का प्रयोग नहीं करते और प्रायः ऐसी जगह से कहानी शुरू करके ऐसी जगह खत्म कर देते हैं जिससे लगे कि किसी लगातार चलते हुए चलचित्र के किसी टुकड़े पर, अथवा किन्हीं टुकड़ों पर रोशनी फेंक भर दी गयी हो।

कई बार उनकी कहानियाँ ऊब भी पैदा करती हैं, क्योंकि उनमें घटनाएँ प्रायः नहीं होतीं। होती भी हैं तो इतनी धीमी अथवा आकस्मिक और सूक्ष्म कि पाठक की न तो उत्सुकता को बाँधे रह पाती हैं और न उसे चमत्कृत कर पाती हैं। दरअसल ये कहानियाँ चमत्कृत करने, उपदेश देने, किसी विचारधारा का प्रचार करने या किसी का मनोरंजन करने और पाठक की उत्सुकता को जगा कर फिर उसे चामत्कारिक ढंग से शांत करने के लिए लिखी ही नहीं गयीं। ये सचाई की तलाश की कहानियाँ हैं। यथार्थ अनुभवों को ज़िन्दगी के समानांतर रखकर उन्हें परखने और एक नयी आधुनिक दृष्टि विकसित करने की गम्भीर कोशिश इन कहानियों में पायी जाती है। समकालीन बोध को सर्जनात्मक स्तर पर पारिभाषित करने की यह कोशिश श्रवणकुमार को सही मायनों में एक आधुनिक रचनाकार साबित करती है। अपने इस प्रयास में वह हिन्दी कहानी के परम्परागत ढाँचे को लगातार तोड़ने की कोशिश करते रहे हैं।

पचास और साठ के दशक की छोटी-छोटी कहानियों की जगह अब वह अपेक्षाकृत विस्तृत, परन्तु घटनाविहीन और विचारों से परिपूर्ण कहानियाँ लिख रहे हैं। पिछले तीन दशकों में उन्होंने इस निजी और विशिष्ट कथाशैली का निर्माण किया है। इसमें कोई विजातीय या विदेशी तत्त्व नहीं है। सातवें दशक में कथाकारों की एक विशेष प्रवृत्ति की तरह न तो वह कामू और काफ्का की शैली अपनाने की कोशिश करते हैं, न मार्क्सवादी कथाकारों की तरह बने-बनाये जुझारू चरित्रों की कहानियाँ लिखते हैं, न ही अकहानी की तरह अराजक व्यक्तिवाद की प्रतिष्ठा में रत हैं, न निर्मल वर्मा की तरह आधुनिकतावादी और रहस्यवादी प्रवृत्तियों की कहानी में घोल ही मिलाते हैं और न ही एकदम युवा कथाकारों में उदय प्रकाश की तरह प्रतीकात्मकता और जादुई यथार्थवाद का सहारा लेते हैं।

वस्तुतः उनकी चाह है कि "उनकी रचनाओं को नये चक्षु मिल जाते," ('मैं और तुम', 'स्पंदन', पृ. 74)

अपनी रचनाओं को नये चक्षु और नयी दृष्टि से सम्पन्न करने की इस लालसा के पीछे केवल यशःप्रार्थिता नहीं है, गम्भीर कथालेखन द्वारा आधुनिकतम भावबोध तक पहुँचने की एक कोशिश भी है। जीवन को हस्तामलकवत् मान कर, कच्ची मिट्टी की तरह उसके मनमाने इस्तेमाल से मानमानी और झूठी या मायावी मूर्तियाँ गढ़ने की जगह बेहद विनम्रता के साथ नयी जीवन-स्थितियों से नये भावबोध तक पहुँचने की यह कोशिश एक सच्चे सर्जक की सच्ची सृजन यात्रा है।

श्रवणकुमार की कथायात्रा झाड़-फानूस से जगमगाते, बैंड-बाजोंवाली, दुंदुंभी बजाती किसी तथाकथित कथा-सम्राट् की यात्रा भले न हो, पर अपनी रचनाओं के लिए 'नये चक्षु' की तलाशवाले इस एकांकी साधक के चरणचिह्नों को आसानी से मिटाया भी न जा सकेगा।

बी-206, सादतपुर
दिल्ली—110094

—डॉ. माहेश्वर